일제 식민지기
경성 상공회의소 월보 기사 해설

이 책은 한국학중앙연구원 한국학토대연구지원사업의 수행 결과물임
(AKS-2015-KFR-1220001)

일제 식민지기
경성 상공회의소 월보 기사 해설

정일영·조재곤·최재성·최진욱

도서출판 온샘

책머리에

서강대학교 한국학토대연구팀(연구책임자: 최기영 서강대학교 사학과 교수)은 2015년 한국학중앙연구원의 한국학토대연구지원사업에 선정되어 지난 3년 동안 연구를 진행했다. 그 주제는 '한말~식민지 시기 상공회의소 관련자료 조사 분석 및 DB화'이다. 이 연구의 골자는 한말부터 식민지 시기 조선의 가장 대표적인 민간 경제기구인 상공회의소에 관한 각종 자료와 통계를 체계적으로 분류·정리하고 전산화하여 연구자와 일반인에게 제공하는 것이다.

또 이 과제에서는 장기간에 걸쳐 상공회의소를 통해 이루어진 근대 자본가의 동향과 기업 진화의 추이를 일목요연하게 이해하는 것을 목적으로 했다. 이 연구는 근대 한국 기업과 기업인의 장기 전화과정을 본다는 전제에 기반을 두고 있다. 외환위기를 맞아 국제통화기금(IMF)의 구제금융을 받으면서도 굴하지 않고 성장한 21세기 현대 한국 경제발전의 원동력은 어디에서 찾을 것인가? 근대 이행기 이후 자본주의 방식을 처음 접하게 된 우리의 상공업 경제시스템은 장기간에 걸쳐 역동적으로 변화한 것이었다. 이는 그간의 역사적 경험을 바탕으로 한 것이 아닐 수 없다.

그리하여 동 시기 경제적 변화상을 과학적으로 정리하고 역사학 및 통계학적 접근과 분석이 필요하다. 근대 국민국가 수립 과정에서 자본가의 역할과 그 변화상을 살피는 것은 지배적 경제구조, 근대 상공업체제 변형, 기업과 자본, 자본가의 성장과 가치의 지향 등과 긴밀한 관계를 갖고 있는 것으로 중요한 의미를 갖는다.

우리 연구팀은 목록집, 자료해설, 통계표, 통계그래프 작성과 통계분석, DB화 등 다양한 결과물을 생산하였다. 자료해설 및 데이터베이스, 통계지수와 통계표, 통계분석 및 상공회의소 활동의 전반적인 흐름과 인적 정보에 대한 데이터는 심층적인 후속연구를 위한 기초자료가 될 것이다. 특히 전국 각 지역 상공회의소 발간 『통계연보』, 『경성상업회의소월보』, 『조선경제잡지』, 『경제월보』 등의 각 지역 월보, 각종 조사보고서 등 상공회의소에서 생산한 통계자료는 인구, 재정, 금융, 무역, 시장, 물가, 교통, 공업, 회사 등의 자료를 비교적 풍부하게 기록하고 있기 때문에 본격적인 실증분석을 위한 시계열화가 가능할 것으로 판단된다.

이에 월보 해설 자료를 출판하여 연구자에게 자료로 제공하고자 한다. 이 자료는 1911년부터 1943년까지를 포괄한다. 부분적으로 결락(缺落)된 월보가 있어 개월수로는 327개월분이다. 월보의 제호도 여러 차례 변경되어 1911년은 『상공월보』이고, 1916년과 1917년은 『경성상업회의소월보』이며, 1918년부터는 『조선경제잡지』, 그리고 1932년 2월 이후는 『경제월보』이다. 이 월보에는 산업별, 업종별, 시기별, 지역별 정보와 기업인 정보는 물론 미시적으로는 금융, 무역, 교통, 통신, 전기, 물가, 임금 등에 관한 시공간적 정보를 담고 있다.

이 자료집은 월보의 목차, 그리고 주요 기사에 대한 간략한 해설로 이루어져 있어 해제집의 성격을 갖고 있다. 따라서 독자는 목차와 해설을 통해 방대한 월보 가운데 본인이 관심을 갖고 있는 주제를 수록한 월보에 보다 손쉽게 접근할 수 있을 것이다. 특히 한국 근대의 경제상황을 시계열적으로 탐색하는 데 효과적으로 이용할 수 있으리라 생각한다.

이 자료집은 네 사람이 분담하여 작성하였다. 먼저 세 사람이 시기와 분량을 고려하여 분담하였는데, 1911년도 분부터 1926년 상반기 분까지는 정일영, 1926년 하반기 분부터 1934년도 분까지는 최진욱, 1935년도 분부터 1943년도 분까지는 조재곤이 작성하였다. 이후 추가로 수집된 월보에 대해서는 최재성이 보충, 작성하였다. 작성자별 분담 연월은 권말에 수록하여 확인할 수 있도록 했다.

2018년 8월

작성자 일동(정일영·조재곤·최재성·최진욱)

【범례】

▣ 경제월보 중 1911년은 『상공월보』이며, 1916년, 1917년은 『경성상업회의소월보』, 1918년 이후는 『조선경제잡지』, 그리고 1932년 2월 이후는 『경제월보』임.

▣ 일본의 고유명사(인명, 회사·단체명, 지명 등)는 일부를 제외하고, 편의상 대체로 우리말 발음대로 표기했음.

【목차】

연번	지역	연월일	자료명	호수	키워드
001	경성	1911.5	상공월보	19	공인, 은행, 전국상업회의소연합회, 수형조합, 연합회시찰

【목차】

[실업논설]

금일 조선인의 상업 – H.S.K. / 공인(工人)에게 고(告)함 – L生 / 은행업가에게 망(望)함 – SW

[실업논설]

연합회와 조선인 – H.S.K.

[실업학계]

은행실무 (2회) – 尹生

[잡찬]

연합회 시찰단의 조선에 대한 감상기

[휘보]

[기사]

본 회의소 기사

[통계]

수출과 이출품[輸出及移出品] 수입과 이입품[輸入及移入品] 가액(價額) 등

[자료]

금융 / 물가 / 상황(商況)

【해설】

본호에는 '실업논설(實業論說)'이 4건, '실업학계(實業學界)'가 1건, 잡찬(雜纂)이 1건 수록되었으며 휘보(彙報)와 회의소 관련 기사도 포함되었다. 마지막에는 각종 통계자료가 수록되었다.

가장 처음 수록된 실업논설 '금일 조선인의 상업'은 상업의 중요함을 역설하며 상업 품목에도 적합한 것과 그렇지 않은 것이 있으니 구별하여 택할 필요가 있다고 주장했다. '공인(工人)에게 고(告)함'이라는 논설은 영국인들의 직업관에서 배울 점을 논하며 나라의 근본이 공업에 있음을 강조하였다. 따라서 조선 또한 공업을 중요하게 여겨야 한다는 것이었다. '은행업가에 망(望)함'은 은행업자에게 바라는 바를 쓴 글로, 특히 높은 '매개료(媒介料)' 때문에 '일부 부자의 방탕자들'만 은행거래를 해서는 안 될 것이라고 강조하였다. '聯合會와 朝鮮人'은 조선인이 전국상업회의소와 연합대회에 적극 참여하여 상업발전에 기여해야한다고 주장하였다. 모든 논설의 필자는 필명을 사용하였다.

'실업학계(實業學界)'는 은행실무를 다루어, 은행 업무에 필요한 여러 가지 개념, 그리고 실무 관련 유의사항 등을 소개하였다.

'잡찬'에는 연합회 시찰단의 일원이 쓴 조선에 대한 감상기를 수록하였다.

'휘보'에는 일자별 전국상업회의소연합회 활동, 연합회 개회식 식사, 연합회의 회의 안건, 경회루에서 열린 대환영회 소식, 은사금을 재원으로 하여 양잠 등을 하는 생산장[恩賜授産場] 개시 소식 등 다수의 단신이 수록되었다. 그밖에 남대문 도로 확장이나 토지 조사구역 설정 등의 지역 소식과 서해의 어황(漁況), 일본인과 외국인의 소유 토지 현황, 인삼경작 현황, 축우 현황 등의 간단한 통계를 서술형으로 제시하였다.

'기사(記事)'에는 회의소가 언급된 기사를 일괄 정리하여 수록하였다.

통계란에는 각 지역별 수출입액 현황, 각 품목별 수출입액 현황, 입항 선박 수, 경성 각 은행 대출 현황, 한성 수형조합(手形組合) 업무 상황 등이 수록되었다.

이밖에 금융 현황, 1911년 5월 중 각종 품목 물가표, 간략한 5월의 상황(商況)이 포함되었다.

연번	지역	연월일	자료명	호수	키워드
002	경성	1911.6	상공월보	20	상업, 공업, 정가제, 연합회시찰단, 수형조합

【목차】

【해설】

본호에는 '실업논설(實業論說)'이 3건, '실업학계(實業學界)'가 2건, 잡찬(雜纂)이 1건 수록되어 있으며 휘보(彙報)와 회의소 관련 기사가 포함되어 있다. 마지막에는 각종 통계자료가 수록되어 있는데,

전호와는 달리 금융 부문은 빠져있다.

표지는 한반도를 눕힌 모양으로 호랑이가 그려져 있고, 경성 각 은행 당좌예금[任金] 대금 비교표를 제시하였다. 처음 수록된 실업논설과 마지막 논설은 필명 H.S.K.가 썼으며, 두 번째 논설은 박해원(朴海遠)이 쓴 글이다. 첫 실업논설은 현재 조선에서의 상업이 전당국(典當局)이나 잡화상점에만 그치는 것은 문제이며 다양한 분야의 상업이 필요하다고 역설하였다. 두 번째 논설 "조선 상업가에 대하여"라는 글은, 상업이 중요한 시대에 상업가가 염두에 두어야 할 점을 지적하고 있다. 상가의 위치, 고객접대, 상품 진열 등을 고려해야 한다고 언급하였다. 마지막 논설은 상인들이 상품의 가격을 지나치게 높게 부른다든지 일관성이 없다든지 하는 악습을 고쳐야 한다고 주장하였다.

'실업학계'는 토목공업, 조선(造船)공업, 채광야금업(採鑛冶金業) 등 각 분야의 공업을 소개하였고, 지난 호에 이어 은행 실무도 소개하였다. 특히 이번 호에서는 약속수형(約束手形), 즉 약속어음 양식 등을 제시하며 자세한 설명을 덧붙였다.

'잡찬'에는 지난 호에 이어 연합회 시찰단의 일원이 쓴 조선에 대한 감상기를 수록하였다.

'휘보'에는 서기장 회의, 은행조례 개정, 대구 상업은행, 어업 금지구역 설정, 금융조합 신설, 「어업령 시행규칙」 제정 등의 소식과 경성의 정미액(精米額), 경성에서 도축한 소의 수(屠牛數) 등을 제시하였다.

'기사(記事)'에는 회의소가 언급된 기사를 일괄 정리하여 수록하였다.

통계란에는 각 지역별 수출입액 현황, 각 품목별 수출입액 현황, 입항 선박 수, 경성 각 은행 대출 현황, 한성 수형조합(手形組合) 업무 상황 등이 수록되었다.

이밖에 1911년 6월 중 각종 품목 물가표, 간략한 6월의 상황(商況)이 포함되었다.

연번	지역	연월일	자료명	호수	키워드
003	경성	1911.9	상공월보	23	여관, 숙박업, 제지업, 은행실무, 당좌예금, 면화, 이발소, 연극, 우편요금, 천일염

【목차】

[통계]
수출과 이출품[輸出及移出品] 수입과 이입품[輸入及移入品] 가액[價額] 등
[자료]
물가 상황(商況)

【해설】

본호에는 '실업논설(實業論說)'이 1건, '실업학계'가 2건, 잡찬(雜纂)이 1건 수록되어 있으며 휘보(彙報)와 회의소 관련 기사가 포함되어 있다. 마지막에는 각종 통계자료가 수록되어 있는데, 전호와는 달리 금융 부문은 빠져있다.

우선 가장 앞부분에는 '실용요람(實用要覽)'을 수록하였는데, 철도속달 요금표, 소포우편 요금표, 기차 시간표, 전보요금, 1911년 일요일 날짜 등이 포함되었다.

본호에 실업논설은 단 한 편만 수록되었다. '경성은 하고(何故)로 여관이 무(無)□는가'라는 제목의 논설로 저자 미상의 글이다. 시민들이 사는 사회라면 당연히 갖추어야 할 시설로 호텔, 여관, 하숙실 등 숙소를 꼽고 있다. 설립방법으로는 주식, 합자, 혹은 '의협심'과 '공덕심'이 간절한 유지인사가 힘을 쓸 수도 있다고 주장하였다. 뜻이 있는 인물이 있어 '본보 발행소'로 연락을 주면 큰 편의를 제공하겠다고 적극 나서는 모습이 인상적이다.

'실업학계(實業學界)'는 '제지업(製紙業)의 대요(大要)'로 종이의 종류, 종이의 원료, 제지의 순서를 상세히 설명하였다. 연재물인 '은행실무(銀行實務)'에서는 은행의 업무를 상세히 소개하며 특히 '당좌예금[任金, current account]'을 자세히 설명하였다.

'잡찬(雜纂)'에는 우선 조선 각도의 면화 재배지를 소개하고 재배 구역과 전체 재배 면적과 앞으로의 전망을 간략하게 서술하였다. 그밖에 전사한(田舍漢)이라는 필명으로 경성의 이발소 내의 문제점을 지적한 글, 정확한 간판이 필요하다는 주장, 연극계에 음악이나 시설면의 보강을 권유하는 글 등이 수록되었다.

'휘보(彙報)'에는 한성은행의 평양지점 개업, 상공조사회 설립, 우편요금 격증, 작황 예상, 천일염 생산량 등을 게재하였다.

통계란에는 각 지역별 품목별, 수출입액 현황, 입항 선박 수, 경성 각 은행 대출 현황, 경성 각 은행 금리표, 지방금융조합 대출금, 농공은행 임대금(任貸金) 및 금리표, 한성 어음조합[手形組合] 업무 상황 등이 수록되었다.

이밖에 1911년 9월 중 각종 품목 물가표, 간략한 9월의 상황(商況)이 포함되었다.

연번	지역	연월일	자료명	호수	키워드
004	경성	1916.1	경성상업 회의소월보	1	상취인, 공채, 주권, 곡가, 금융, 상황, 무역

【목차】

[녹사]

경성상업회의소녹사

[시사]

조선상공계의 추이와 경성상업회의소의 사명 - 조중응 / 과거의 선인(鮮人) 상업과 장래의 희망 - 송병준 / 중앙상공기관의 책무 - 길원삼랑(吉原三郎) / 경성상업회의소에 바란다 - 야전묘태랑(野田卯太郎) / 상업회의소에 대한 희망 - 청목계삼(青木戒三) / 경성상업회의소의 설립과 내선인의 융화 - 한상룡 / 내선인 신용 취인의 복구 - 정본등차랑(釘本藤次郎)

[조사]

경성 상취인(商取引)의 현상(現狀) / 조선에서의 주요 공채 주권(株券) 상장(相場) / 전국 회사 은행 1월중 및 2월 이후 불입액 / 전국 회사 은행 자본금 및 국채 지방채 대정4년 중 불입금 / 조선에서 내지인 농사 경영의 정황(情況) / 조선에서 곡류 포장구(包裝具)의 타급(他給)과 자작(自作) / 조선산 곡가 등락의 정황 노국(露國) 관세의 개정 / 경성 금융개황(金融槪況) 및 금융 제(諸) 통계 / 경성 상황(商況) 및 물가표 / 경성 직공임금

[무역]

경성 및 각 항(港) 수이출입품 / 정화(正貨) 및 지금(地金) 수이출입

[운수교통]

선박 / 조선철도운수수입 / 경성 삼역(三驛) 하객수(荷客數) / 창고

[통신]

우편 위체(爲替) 및 저금 수불(受拂) / 우편 발착 / 전화 / 전보 발착

【해설】

본호에는 '녹사(錄事)', '시사(時事)' 7건, '조사(調査)' 10건, '무역(貿易)', 운수교통(運輸交通)', '통신(通信)'이 수록되었다.

'회의소녹사'의 내용은 경성상업회의소의 창립 과정에 대한 내용으로 설립 이유서, 평의원 선거, 평의원회, 역원회, 위원회, 특별평의원 임명, 경비 부과 징수 방법 등이다.

'시사'는 경성상업회의소 설립에 즈음하여 경성상업회의소 특별평의원인 자작 조중응, 자작 송병준과 동양척식주식회사 총재 요시하라(吉原三郎)를 비롯하여 조선총독부 상공과장 아오키(青木)와 경성상업회의소 평의원이자 한성은행 전무 취체역인 한상룡 등 관련인의 기고문이다. 창간호의 취지에 맞춘 특집 코너라고 할 만하다.

'조사'의 '경성 상취인(商取引)의 현상(現狀)'에서는 경성에서 이뤄지는 상거래를 조선인측의 미곡상·포목상·직뉴상(織紐商)·연초상·잡화상·지물상·시탄상(柴炭商)·재목상(材木商)·구약상(舊藥商)·양약상(洋藥商)·장상(欌商)·관탕망상(冠宕網商)·혜상(鞋商)·양화상(洋靴商)·건물상(乾物商)·과물상(果物商)·금은상(金銀商)·요리상(料理商)·시계상(時計商)·서적상(書籍商)·우육상(牛肉商)으로 나누고 조선인간의 거래방법, 일본인과 조선인간의 거래방법, 외국인과 조선인과의 거래방법을 설명하고 있다. 그밖에 위의 목차에서 보듯이 여러 경제 관련 10종의 조사 자료 및 통계 등이 수록되어 있다.

'무역'에는 경성무역가액, 조선무역개황, 정화(正貨)와 지금(地金)에 대한 통계를 수록했고, '운수교통'에는 선박 및 철도 관련 통계와 동대문, 용산, 서대문에 위치한 시내 3역의 운수 현황(1915년 1월~12월)과 조선상업은행 남대문지점 창고 출입액(1915년 12월분) 통계를 수록했으며, '통신'에서는 경성우편통계(1915년 1월~12월)를 수록하였다.

연번	지역	연월일	자료명	호수	키워드
005	경성	1916.2	경성상업 회의소월보	2	조선미, 선로 무역, 육의전, 양잠, 작잠, 하얼빈, 산동, 조선우, 용산

【목차】

[회의소녹사]

[시사]

조선미(朝鮮米)의 근본적 개량과 지방농민 - 천일상차랑(天日常次郎) / 선로(鮮露) 무역의 기운(機運) / 삼선(三線) 연락운임제의 계속 / 무역화물의 손상 및 도난 / 몽매도(朦昧度) 난(難)

[조사]

육의전(六矣廛) / 경성 상취인(商取引)의 현상(現狀) 속(續) / 선로(鮮露) 무역 유망품(有望品) / 구주(歐洲) 동란(動亂)과 물가의 등락 / 대두(大豆)의 용도 / 조선에서의 양잠업(養蠶業) / 조선에서의 작잠업(柞蠶業) / 조선에서의 맥수(麥收) 실고(實高) / 조선 미두(米豆)의 대판(大阪)에서의 상장(相場) / 조선 주요 공채 주권(株券) 상장(相場) / 대정(大正) 4년 조선 금융 개황 / 경성 금융 개황 및 금융통계 / 대정(大正) 4년 조선 경제 개황 / 경성 상황(商況) 및 물가표 / 경성 제(諸) 직공 임금

[무역]

경성 및 각항 수이출입품 / 정화(正貨) 및 지금(地金) 수이출입 / 대정(大正) 4년 경성 무역 개황 / 대정(大正) 4년 조선 무역 개황 / 조선 대(對) 대판(大阪) 무역의 개황

[운수교통] [통신]

[참고자료]

대정(大正) 4년 본방(本邦) 외국무역 개황 / 하얼빈(哈爾賓)에서 일로(日露) 무역 정황 / 산동(山東)의 돈모(豚毛) / 대정(大正) 4년 런던(倫敦) 은괴(銀塊) 상장(相場)

[잡록]

조선우(朝鮮牛)의 노령(露領) 수출과 수입세의 불려(拂戾) / 일본의 해운업 / 용산의 장래 / 경성 각 은행의 성적 / 은행 지점 설치 / 인(籾) 매매 개선법의 보급

【해설】

본호에는 '회의소녹사(會議所錄事)', '시사(時事)' 5건, '조사(調査)' 15건, '무역(貿易), '운수교통(運輸交通)', '통신(通信)', '참고자료(參考資料)', '잡록(雜錄)'이 수록되었다.

'회의소녹사'에는 평의원회 회의록과 평의원 2명의 중국 시찰 소식을 수록하였다. '시사' 중 '조선미(朝鮮米)의 근본적 개량과 지방농민'에서는 '지방 각소의 관헌의 수이출 미곡검사의 여행(勵行)과 일반 농민에 대한 지도 장려 등으로 강제적으로 미곡 조제를 단행케' 하자는 경성상업회의소 평의원이자 천일정미소 업주 천일상차랑(天日常次郎)의 주장을 수록하였다.

'조사'의 '육의전'에서는 당시 경성의 조선인 상공업 수준이 빈약 유치하다고 하면서, 조선시기 상업정책, 즉 육의전 제도에 그 원인(遠因)이 있다는 시각을 보여준다. 구체적 내용을 보면, 명칭 위치, 조직 성질, 연혁, 의무, 권리, 영업법, 도중(都中), 가옥 소유권, 현상(現狀)으로 구분하여 작성하였다. '경성상거래의 현상'은 전호에 이은 연속 기사로서 '일본인측'의 업종별 상거래를, 일본인간의 거래, 일본인과 조선인간의 거래, 일본인과 외국인간의 거래로 분류하여 다루었다. '선로 무역 유망품'에서는 조선과 러시아 사이의 무역 거래의 '수출유망품'과 '수입유망품'으로 나누어 제시하였다.

'무역'에서는 목차에서 분류한대로 각각의 통계자료를 정리, 수록하였다. '운수교통(運輸交通)' 역시 마찬가지로 목차의 통계 자료들이다. '통신'에서도 경성의 1월 우편통계, 우편 발착수, 통화도수 및 전화가입자수, 전보발착수를 나타낸 통계표를 실었다.

'참고자료'에서는 조선과 직접 관련 없는 여러 통계 자료 및 정보들을 수록하였다. '잡록'의 '조선우의 노령 수출과 수입세의 불려'에서는 훈춘 주재 일본영사관으로부터의 '노령 수출 조선우의 훈춘 통과 수입세의 반환 수속에 관한 통지'를 소개하였다. '용산의 장래'는 용산이 경성의 일부이긴 하나 용산의 경기나 시황은 미진했는데, 2개 사단 문제가 해결됨으로써 용산에 건설공사가 시작되어 공사장 부근에 작은 요리점이 증가하는 등 장래가 기대된다는 내용이다.

연번	지역	연월일	자료명	호수	키워드
006	경성	1916.3	경성상업 회의소월보	3	요업, 한강 연안, 노령, 진남포, 견사, 경편철도, 소준항, 선린상업학교

【목차】

[회의소녹사]

[시사]

심(心)에 부(浮)한 진(儘) - 고야성삼(高野省三) / 조선 대(對) 하얼빈(哈爾賓) 무역의 장래 - 천일상차랑(天日常次郎)

[조사]

조선 요업계(窯業界)의 장래 - 삼용삼랑(森勇三郎) / 한강 연안에서의 경제 정태(情態) / 경성 경제계의 해부(상) / 노령(露領)에서의 조선인 / 조선 금융기관과 운전자금 / 조선 주요 공채 주권 상장(相場) / 조선산 미두(米豆)의 대판(大阪) 상장(相場) / 경성 금융개황 및 금융통계 / 경성 상황(商況) 및 물가표 / 경성 제(諸) 직공 임금

[무역]

경성 및 각항 수이출입품 / 정화(正貨) 및 지금(地金) 수이출입 / 조선 대 오사카 무역 개황 /

[운수교통]

[통신]

[참고자료]

국경의 대부원(大富源) (상) / 진남포항과 대외무역 / 대만(對滿) 국경무역의 개황 / 산동(山東)의 계란 / 전란과 노국(露國) 견사(絹絲) 공업 / 식료품으로서의 대두(大豆)

[잡록]

보조화의 보충 / 각국 전비(戰費) 부담액 / 조선 경편(輕便)철도회사의 창립 / 소준항(小樽港)과 조선 / 경성직물동업조합 강화회 / 선린상업학교 졸업식 / 동양협회전문학교 졸업식 / 동서남북 / 적십자사원인 회원 각위(各位)에게

【해설】

본호에는 '회의소녹사(會議所錄事)', '시사' 2건, '조사(調査)' 10건, '무역(貿易), '운수교통(運輸交通)', '통신(通信)', '참고자료(參考資料)', '잡록(雜錄)' 9건이 수록되었다.

'회의소녹사'에는 3월 14일에 개최된 역원회의 회의록, 하얼빈지방 상황 시찰을 마친 평의원의 귀경 소식, 2월 14일부터 3월 15일까지 각 관청과 상공업자로부터 의뢰받은 조사 사항 목록이 기재되었다. '시사' 중 삼정물산주식회사 경성지점장 다카노[高野省三]가 쓴 '심(心)에 부(浮)한 진(儘)'에서는 1차 세계대전 발발에 따른 일본의 무역액 증가 현상을 돌아보고, 이를 이용하여 각종 조사연구를 통해 공업상 신생면(新生面)의 개척에 노력함이 최대급무라고 주장했다. 경성상업회의소 평의원[天日常次郎]이 2월 남만주철도 연선과 하얼빈의 상황(商況)을 시찰하고 돌아와 쓴 '조선 대(對) 하얼빈(哈爾賓) 무역의 장래'는 하얼빈을 비롯한 북만주 일대에 조선 물산을 수출할 전망을 담고 있다.

'조사' 중 조선총독부 중앙시험소 기사(技師) 모리[森勇三郎]가 쓴 '조선요업계의 장래'에는 큰 제조지로서 적당한 지방, 소규모 제조지로 적당한 지방, 내화(耐火) 연와(煉瓦) 및 도가니[감과 ,坩堝] 제조에 적당한 지방이 소개되었다. '한강 연안에서의 경제 정태'에서는 경성부터 춘천에 이르기까지 대두 집산 및 수이입품 소비정황이 기재되어 있다. '경성 경제계의 해부(상)'에서는 경성시내 민족별 호구, 직업별 수입과 지출, 일본인 자산가·관리·상류 상점 점원·회사원·직공 가정과 조선인 자산가·중류

(中流)·하류민(下流民) 가정의 경비가 상세하게 조사되어 있다.

그밖의 '조사'와 '무역' '운수교통' '통신'에는 목차에서 분류한대로 각각의 통계자료를 정리, 수록하였다.

'참고자료' 중 '국경의 대부원(大富源) (상)'은 간도지방의 개척을 촉구하는 글이고, '대만(對滿) 국경무역의 개황'은 평안북도청에서 관내 각군(초산, 희천, 창성, 용천, 강계, 위원, 철산, 벽동, 의주, 정주, 영변, 선천, 강계, 박천)의 경제 상태를 조사한 것을 소개한 것이다.

'잡록(雜錄)'에서 '각국 전비 부담액'은 1차대전 발발 이래 1915년 12월말까지 각 교전국(영국, 프랑스, 러시아, 이탈리아, 벨기에, 세르비아, 독일, 오스트리아, 터키, 불가리아, 일본)의 기채액 통계 수치이고, '조선경편철도주식회사의 창립'은 대구에서 경주, 포항, 울산, 동래 등을 연결할 목적으로 설립인가를 받은 철도회사의 주주 모집, 제1회 불입 종료 등 과정을 수록하였다.

연번	지역	연월일	자료명	호수	키워드
007	경성	1916.4	경성상업회의소월보	4	기업, 도축, 남만주, 오사카, 노국, 산동, 경성공업전문학교

【목차】

[회의소녹사]

[시사]

조선측 금융기관에 대하여 - 조중응

[조사]

조선의 기업(機業)에 대하여 - 실전무린(室田武隣) / 경성 경제계의 해부 / 조선 제(諸) 제품 시험의 성적 / 조선 우량 가잠견(家蠶繭)의 판매 정황 / 조선의 상전(桑田) / 조선미의 실수고(實收高) / 조선산 곡물 3개년 고저비교 / 조선 미두(米豆)의 대판(大阪) 상장(相場) / 조선의 도축(屠畜) 정황 / 개인 대부금리의 저하 / 경성 금융개황 및 금융통계 / 경성상황(京城商況) 및 물가표 / 경성 제(諸) 직공 임금

[무역]

경성 및 각항 수이출입품 / 정화(正貨) 및 지금(地金) 수이출입 / 조선 대(對) 대판(大阪) 무역의 개황

[운수교통] [통신]

[참고자료]

국경의 대부원(大富源) / 남만주의 본방인(本邦人)의 경제 정황(情況) / 노국(露國) 금융 및 경제 정황 / 산동(山東)의 마(麻)

[잡록]

조선산품과 내지 이입세 / 경성공업전문학교의 개교 / 점주와 점원 / 점원 강화회

[현상모집]

가정공업 실시 방법안

【목차】

본호에는 '회의소녹사(會議所錄事)', '시사(時事)' 1건, '조사(調査)' 13건, '무역(貿易), '운수교통(運輸交通)', '통신(通信)', '참고자료(參考資料)', '잡록(雜錄)'이 수록되었다.

'회의소녹사'에는 4월 20일 개최된 역원회 회의록, 4월 3일 조선총독이 경성상업회의소와 인천상업회의소 역원들을 초대하여 만찬을 베풀었다는 소식, 평의원의 동정, 그리고 3월 16일부터 4월 15일까지 여러 관청과 일반 상공업자로부터 의뢰받은 조사사항 목록이 수록되었고, '시사'에는 경성상업회의소 특별평의원인 자작 조중응의 '조선측 금융기관에 대하여'가 게재되었다.

'조사'에는 조선총독부 중앙시험소 기수이고 경성공업전문학교 조교수[室田武隣]가 쓴 '조선의 기업에 대하여'라는 글이 있는데, 기업(機業)의 상황과 그 거래가 주 내용이다. '경성 경제계의 해부(중)'은 전호에 이은 두 번째 기사로서 공업에 대하여 자본, 노(동)력, 기술자, 직공, 기계, 경영, 경성 공업의 조선 내 각지에 대한 우월점, 기술의 개량 진보에 요하는 기관, 노(동)력의 공급, 상업상의 보조기관, 경성공업의 현황, 제조공장(경성, 고양 공장표 포함), 공업경영의 정황 등으로 구분하여 상세히 조사한 결과를 담고 있다. 그밖의 '조사'와 '무역' '운수교통' '통신'에는 목차에서 분류한대로 각각의 통계자료를 정리, 수록하였다.

'참고자료'에는 전호에 이어 두 번째 연재 기사인 '국경의 대부원(하)'가 있는데, 청진항을 통과하여 간도 및 훈춘 지방으로 수이입되는 무역 통계가 첨부되어 있다. '남만주의 본방인(本邦人)의 경제 정황(情況)'에는 동3성 중 흑룡강성을 제외한 장춘, 길림 이남의 지방을 대상으로 1909년부터 1913년까지 5년간의 통계가 소개되어 있다. 그 내용은 인구(인구총수, 유업자와 가족, 본업자의 직업), 회사, 공장, 금융, 무역, 결론의 순으로 이뤄져 있다.

'잡록(雜錄)'의 '경성공업전문학교의 개교'에는 4월 25일 열린 개교식에서 낭독된 총독의 훈시와 경성상업회의소 회두의 축사가 실렸다. 마지막으로 '현상모집'의 '가정공업 실시 방법안'은 50~51쪽에 수록되었다.

연번	지역	연월일	자료명	호수	키워드
008	경성	1916.5	경성상업 회의소월보	5	잠종, 치잠, 금광업, 소상공업자, 동양장공주식회사, 동양척식주식회사

【목차】

[회의소녹사]

[시사]

도시의 연구 문제

[조사]
경성 경제계의 해부 / 조선 잠종(蠶種) 제조 현황 / 조선 치잠(稚蠶) 공동 사육의 성적 / 조선 곡물 3개년 고저 비교 / 경원(京元) 연선 경제 정태(情態) / 임진강안 경제 정태 / 경성 부근 금광업 현황 / 경성 금융개황 및 금융통계 / 경성상황(京城商況) 및 물가표 / 경성 제(諸) 직공 임금
[무역]
경성 및 각항 수이출입품 / 정화(正貨) 및 지금(地金) 수이출입 / 조선 육접(陸接) 국경 무역의 개황 / 조선 대(對) 내지무역의 개황 / 조선 대(對) 대판(大阪) 무역의 개황
[운수교통]
[통신]
[참고자료]
소상공업자의 금융기관
[잡록]
동양 장공(獎工) 주식회사의 창립 / 동양척식주식회사의 업무
[현상모집]
가정공업 실시 방법안

【해설】
본호에는 '회의소녹사(會議所錄事)', '시사(時事)', '조사(調査)' 10건, '무역(貿易), '운수교통(運輸交通)', '통신(通信)', '참고자료(參考資料)', '잡록(雜錄)'이 수록되었다.
'회의소녹사'에는 5월 8일 개최된 역원회와 5월 17일 개최된 정기 평의원회의 회의록, 정기 평의원회에서 승인된 1915년도 경비 수지 결산, 5월 8일 조선총독부의 인가를 거친 1916년도 경비 수지 예산을 수록하였다.
'시사'의 '도시의 연구문제'(상)은 '경성의 현재 및 장래에 대하여'라는 부제로 작성된 기사이다. 일본의 6대 도시와 경성의 면적, 호수, 남·녀 인구수를 비교한 표와 1914년도와 1915년도의 경성부민 부담액 통계표가 본문 중에 삽입되어 있다.
'조사' 중 '경성경제계의 해부(하-1)은 전호에 이은 세 번째 기사로서 상업에 대하여 시내 상업, 대 선내 상업, 대 해외무역으로 나누고, 산업보조기관에 대해 금융업, 전당업[質屋業], 강회(講會)로 분류하여 서술하였다. '경원(京元) 연선 경제 정태(情態)'는 철원에서 원산에 이르는 지방의 수이출입 화물의 경로와 그 변천, 미가의 하락, 수해 및 시국의 지방 경제상태에 미치는 영향을 다루었다. '임진강안 경제 정태'에서는 강화도조약에 따른 개항 이래 일본으로의 주요 수이출품 가운데 하나였던 대두에 대하여 그의 생산, 거래상황, 수출지에 이르기까지의 운반상황, 수출에 이르기가지의 모든 비용, 창고의 이용상황, 금융기관의 이용상황, 이입 중요품의 거래상황을 상세히 조사한 것이다.
그밖의 '조사'와 '무역' '운수교통' '통신'에는 목차에서 분류한대로 각각의 통계자료를 정리, 수록하였다.

‘참고자료’의 ‘소상공업자의 금융기관’은 서민은행의 연혁, 서민은행의 조직 목적, 자금 운용의 방법 및 조건, 서민은행의 성적, 서민은행의 효과로 나누어 작성되었는데, 유럽에서 서민은행 역할을 하는 금융기관(라이파이젠, 슐체 등)을 소개한 글이다.

‘잡록’의 ‘동양척식주식회사의 업무’는 5월 22일 동 회사의 주주총회에 제출된 제8기(1915년 4월 1일부터 1916년 3월 31일) 결산 중 소유토지, 수확물, 자금의 공급 정태, 이주민 분포 현상을 담고 있다.

연번	지역	연월일	자료명	호수	키워드
009	경성	1916.6	경성상업 회의소월보	6	기업, 작잠, 잡곡, 맥작, 소채, 과실, 상묘, 호구, 동업조합, 공장표

【목차】

[회의소녹사]

[시사]

도시의 연구 문제

[조사]

조선의 기업(機業)에 대하여 - 실전무린(室田武隣) / 경성 경제계의 해부 / 경원(京元) 연선 경제 정태(情態) / 조선 작잠(柞蠶) 직물업의 유망 / 조선 잡곡 실수고(實收高) / 조선 맥작(麥作) 예상 / 조선 소채(蔬菜) 실수고 / 조선 과실(果實) 실수고 / 조선 상묘(桑苗) 생산 정황(情況) / 조선의 호구(戶口) / 경성 금융개황 및 금융통계 / 경성상황(京城商況) 및 물가표 / 경성 제(諸) 직공 임금

[무역]

경성 및 각항 수이출입품 / 정화(正貨) 및 지금(地金) 수이출입 / 조선 대(對) 대판(大阪) 무역의 개황

[운수교통]

[통신]

[참고자료]

일로(日露) 무역

[잡록]

경원선 운송수속의 개시 / 조선중요물산동업조합의 설치 / 상점원 수양강화회

[부록]

경성 공장표

【해설】

본호에는 ‘회의소녹사(會議所錄事)’, ‘시사(時事)’, ‘조사(調査)’ 10건, ‘무역(貿易), ‘운수교통(運輸交通)’, ‘통신(通信)’, ‘참고자료(參考資料)’, ‘잡록(雜錄)’ 3건, ‘부록(附錄)’이 수록되었다.

'회의소녹사'에는 5월 16일부터 6월 15일까지 여러 관청과 일반 상공업자로부터 의뢰받은 조사사항 목록과 평의원의 동정이 수록되었다. '시사'의 '도시의 연구문제'(중)은 전호에 이은 연재 기사인데, 전염병 예방, 전염병원(순화원), 오물 소제 등 경성의 위생 사업 중심으로 작성되었다.

'조사'에는 조선총독부 중앙시험소 기수이고 경성공업전문학교 조교수[室田武隣]가 쓴 '조선의 기업에 대하여(중)'이라는 글이 있는데, 4월호에 이은 두 번째 기사이다. '경성경제계의 해부(하-2)는 전호에 이은 네 번째 연재 기사로서 은행이외의 금융업 산업보조기관을 계, 금대업, 창고업, 해상보험으로 나눠 설명하였다. '경원(京元) 연선 경제 정태(情態) (2)'는 전호에 이은 연재 기사로서 평강, 김화군, 이천군, 세포, 고산, 안변, 원산의 수출 중요품 도착비별[仕向地別] 톤량[屯量], 수이출 중요품 집산상황, 재곡(在穀) 창고 및 금융기관, 부근 교통기관, 참고 사항 등을 수록했다.

그밖의 '조사'와 '무역' '운수교통' '통신'에는 목차에서 분류한대로 각각의 통계자료를 정리, 수록했다.

'참고자료'의 '일로무역'에는 현재의 호황은 전란의 부산물, 성효(成效)는 노력을 요한다, 전란 전의 노국 무역, 독일의 무역 발전의 실정, 일로(日露) 무역 발전의 가장 좋은 기회, 노국의 상관습, 대로거래상 본방(本邦) 상인의 심득(心得)할 일의 순서로 작성되었다.

'잡록'의 '경원선 운송수속의 개시'는 전년 가을 경성일본인상업회의소에서 개최된 제14차 상업회의소 조선연합회의 결의로써 당국에 청원했던 '조선철도 지선에 조선관세령 상의 운송수속 개시의 건'에 대해 6월 10일부터 경원선에 이를 실행키로 하였다는 인천세관장으로부터 송달된 통첩을 소개한 글이다. '상점원 수양강화회'는 6월 1일 오후 8시 식료품 도매상[卸商] 및 주상(酒商)조합 연합회 제2회 강화회 소식이다. '부록'으로 경성 공장표가 수록되어 있다.

연번	지역	연월일	자료명	호수	키워드
010	경성	1916.7	조선경제잡지	7	무역, 춘잠, 가축, 양봉업, 간도, 권연초, 조선주세령

【목차】

[회의소녹사]

[조사]

경성무역정황(京城貿易情況) 대정(大正) 4년 / 조선춘잠정황(朝鮮春蠶情況) / 조선의 가축과 가수(家禽)수 / 조선의 가축과 시장 / 조선의 양봉업(養蜂業) / 조선금융개황(朝鮮金融槪況) / 경성상황(京城商況) / 6월 중 경성물가표 / 직공임금 조선의 양봉업

[무역]

경성무역가액(京城貿易價額) / 조선무역개황(朝鮮貿易槪況) / 정화(正貨)와 지금(地金) / 금괴 매입 및 이출량

[운수교통]

[참고자료]

간도의 권련초상황(卷煙草商況) / 올해 상반기 일본의 대외무역 개황

[잡록]

상점원수양강화회(商店員修養講話會) / 상취인(商取引)의 개시(開始) / 조선주세령(朝鮮酒稅令)

【해설】

본호에는 '회의소녹사(會議所錄事)', '조사(調査)' 10건, '무역(貿易)', 운수교통(運輸交通)', '참고자료(參考資料)', '잡록(雜錄)'이 수록되었다.

'회의소녹사'에는 역원회(役員會)의 출석자 명단과 협의 사항, 평의원 동정, 관청에서 의뢰한 조사 사항 목록을 수록하였다. 각종 관청에 의뢰한 조사 사항 목록은 총 20여 건으로 경성부청과 경기도청을 비롯하여 각 지방 군청, 제17사단 경리부, 조선총독부 탁지부장관, 조선총독부 철도국, 타 지역 상업회의소, 동경 신용교환소, 조선은행 등 다양한 기관에서 상공업 관련 자료를 의뢰한 것을 알 수 있다.

'조사'에는 대정 4년(1915)의 '경성무역정황(京城貿易情況)'이 수록되었다. 경성의 수이출무역액(輸移出貿易額)을 월별, 연차별로 정리하여 분석하였다. 특히 쌀, 소맥분, 청주, 대두(大豆)나 소가죽[牛皮], 생사(生絲) 등 다양한 품목을 중요품목으로 선정하여 따로 수이출액을 정리해두었다. 금은 화폐의 이출 현황, 일본 본토 및 타 국가와의 무역 현황도 국가별, 품목별로 정리하고 분석하였다. 또 '조선춘잠(春蠶)정황', '조선에 있는 가축과 가금수', '조선에 있는 가축과 시장', '조선의 양봉업(養蜂業)', 6월 중 '조선금융개황(朝鮮金融概況)', '경성상황(京城商況)'은 상단에는 일본어 조사 자료를 배치하고 하단에는 그것을 한글로 번역하여 수록한 점이 특기할만 하다. 그밖에 6월 중 경성 물가표와 직공임금도 수록하였다.

'무역'에는 경성무역가액, 조선무역개황, 정화(正貨)와 지금(地金)에 대한 통계를 수록했다. '운수교통'에는 선박 및 철도 관련 통계와 동대문, 용산, 서대문에 위치한 시내 3역의 운수 현황과 우편통계를 수록하였으며, '참고자료'에는 간도 지역의 권련초상황(卷煙草商況)과 상반기 일본의 대외 무역 개황을 조사하여 수록하였다. 마지막 '잡록(雜錄)'에는 상점원을 대상으로 개최된 강화회(講話會) 소식과 상거래[商取引] 개시 소식, 그리고 「주세령(酒稅令)」 53조 전문을 수록하였다.

연번	지역	연월일	자료명	호수	키워드
011	경성	1916.8	조선경제잡지	8	도기, 방직업, 견사공업, 도작, 누에, 우유, 오사카, 만주, 러시아, 소득세법, 주세령

【목차】

[회의소녹사]

[조사]

반도(半島) 도기(陶器) 공업의 실제적 경영 - 삼용삼랑(森勇三郎) / 조선의 기업(機業)에 대하여 - 실전무린(室田武隣) / 조선의 견사(絹絲) 공업 / 조선 도작(稻作) 정황 / 조선 하잠(夏蠶) 정황 / 조선 우유 착취고(搾取高) / 조선 현 거주인구(現住人口)의 직업 / 경성금융개황(京城金融槪況) / 경성상황(京城商況) / 직공임금(職工賃金)

[무역]

경성무역가액(京城貿易價額) / 조선무역개황(朝鮮貿易槪況) / 정화(正貨)와 지금(地金) / 금괴 매입 및 이출량 / 올해 상반기 조선 대 오사카 무역 개황

[운수교통] [통신]

[참고자료]

만주, 러시아 세관의 일본 제품 조사 실황 / 러시아 무세(無稅) 수입지 / 간도(間島) 주요 농작물

[잡록]

영국 수출 화물 증명서 / 구 경성일본인상업회의소 청산 완료

조선 내 소득세법 시행 / 조선주세령 시행규칙

【해설】

본호에는 '회의소녹사(會議所錄事)', '조사(調査)' 10건, '무역(貿易), '운수교통(運輸交通)', '통신(通信)', '참고자료(參考資料)', '잡록(雜錄)'이 수록되었다.

'회의소녹사'에는 평의원 동정과 의뢰 받은 조사사항 목록을 수록하였다. 7월 16일부터 8월 15일간 조선총독부, 경기도청, 영국영사관, 경성부청, 17사단 경리부, 각 지방 상업회의소와 나남상업회 등 각종 기관 및 단체로부터 의뢰받은 조사 건수는 총 17건이었다.

'조사'에는 조선총독부 중앙시험소(中央試驗所) 기사(技師) 모리(森勇三郎)가 조선의 도기 공업의 다양한 형태와 현황에 대해 쓴 '반도 도기 공업의 실제적 경영'이 게재되었다. 조선총독부 중앙시험소 기사(技師)이자 경성공업전문학교(京城工業專門學校) 조교수였던 무로타(室田武隣)가 조선의 방직업에 대해 쓴 '조선의 방직업에 대하여'의 세 번째 연재가 수록되었다. 이 글에는 일본과 조선의 방직업 생산 및 유통 과정을 도표로 제시, 비교하였으며, 면, 마, 모 등의 종별 생산량, 생산액, 주요 수출지 등의 통계를 제시하였다. 다음으로는 조선의 견사(絹絲) 공업의 생산액, 수출입 현황, 여공, 공장 설비 등을 정리한 '조선의 견사공업'이 게재되었다. 그밖에 조선의 벼 작황 상황, 하잠(夏蠶) 상황, 우유 생산 상황, 조선 거주 인구의 직업, 경성 금융 개황, 직공들의 임금을 정리하였다.

'무역'에는 경성의 각종 무역 수치를 표로 제시 후, 조선의 무역 개황을 설명하였고, 정화(正貨)와 지금(地金)에 관련된 통계, 또 1916년 상반기 조선과 오사카의 무역 현황을 정리, 분석하였다. '운수교통(運輸交通)'에는 선박에 관련된 통계, 철도 운영 현황, 경성 3역 운수 통계, 조선상업은행 남대문 지점 창고 출입 현황, 보관화물과 은행자금에 대한 통계를 제시하였다. '통신'에는 경성우편통계, 전화 가입수, 전보 발착수, 조선 전보 이용수, 조선 시외전화 이용수 등을 통계로 제시하였다. '참고자료'에는 만주, 러시아 지역 세관을 통과하는 일본 제품의 조사 실태를 자세히 보고하고, 러시아 무세(無稅)

수입지를 소개하였으며, 간도 주요 농작물 생산량을 표로 정리하였다. '잡록(雜錄)'에는 재경성영국총영사가 수출 화물 증명서에 관련하여 알려온 내용을 게재하였고, 이전 경성일본인상업회의소의 정산 완료 보고를 수록하였다. 마지막으로 칙령 제183호 조선 내 「소득세법」 시행과 관련하여 관련 법안과 「주세령 시행규칙」을 소개하였다.

연번	지역	연월일	자료명	호수	키워드
012	경성	1916.9	조선경제잡지	9	화학공업, 섬유공업, 소상업, 농업, 잠업, 리듐

【목차】

[회의소녹사]

[조사]

조선의 화학공업에 대하여 - 금진명(今津明) / 족답직기(足踏織機) 사용법 / / 실력주의의 소상업(小商業)

조선의 지방 공업기관 / / 조선의 경지면적 / 조선의 농업자 수 조선 도작(稻作) 정황 / 조선 속작(粟作) 예상 조선 면작(綿作) 예상 / 조선 추작(秋蠶) 정황 / 조선 쌀, 대두(大豆) 생산과 오사카 상장(相場) 조선 주요 공채주권 시세 / 조선금융개황(朝鮮金融概況) / 경성상황(京城商況) / 8월 중 경성 물가표 / 직공임금

[무역]

경성무역가액(京城貿易價額) / 조선무역개황(朝鮮貿易概況) / 정화(正貨)와 지금(地金) / 금괴 매입 및 이출량 올해 상반기 조선 대 오사카 무역 개황 /

[운수교통]

[통신]

조선 전화요금 수입액

[참고자료]

'라듐'에 대하여 - 금진명(今津明) / 일본으로 발송되는 안동 잠사(蠶絲)

[잡록]

상원점(商員店) 수양강화회(修養講話會) / 경성 직물 동업조합 강화회

【해설】

본호에는 '회의소녹사(會議所錄事)', '조사(調査)' 16건, '무역(貿易), '운수교통(運輸交通)', '통신(通信)', '참고자료(參考資料)', '잡록(雜錄)'이 수록되었다.

'회의소녹사'에는 8월 29일과 9월 12일 개최된 임시평의원회의 출석자와 협의 사항을 기록하였고,

9월 6일과 9월 20일 개최된 역원회(役員會) 출석자와 협의사항도 기록하였다. 특히 역원회에서는 '경성상업회의소분과규정(京城商業會議所分科規程)'을 신설하여 그 세부 내용도 포함하였다. 이전 호와 마찬가지로 의뢰 받은 조사사항 목록도 수록되었는데, 8월 16일부터 9월 15일 간 조선총독부 상공과, 동경상업회의소, 평양상업회의소, 대구상업회의소, 조선은행 등으로부터 조사 의뢰 받은 건수는 총 10건이었다. 그밖에 평의원 동정도 수록하였다.

'조사'에는 조선총독부 중앙시험소(中央試驗所) 기사(技師)이자 경성공업전문학교(京城工業專門學校) 교수 이마즈 아키라(今津明)가 조선에 유망한 화학공업과 양호한 실험 결과를 보인 성분 등을 소개한 '조선의 화학공업에 대하여'가 첫 글로 수록되었다. 다음으로 섬유공업에 사용되는 족답직기(足踏織機: 발로 페달을 밟아 가동하는 직조기)의 사용법과 주의사항을 상세히 소개하는 글이 수록되었다. '실력주의의 소상업(小商業)'이라는 글에서는 야간 우동가게, 만두상, 콩 과자 가게, 두부가게, 신발가게, 인력거업 등의 개황, 제품 제조법, 경영, 수지타산에 대한 자세한 내용을 소개하였다. 그 뒤에는 조선의 지방공업 기관, 경지면적, 농업자 수, 벼 작황 정황, 조와 면의 작황 예상, 추잠(秋蠶) 정황, 주요 공채주권 시세, 조선 쌀, 대두 생산과 오사카의 시세 등을 정리, 소개하였다. 또 금융개황과 경성상황(京城商況), 8월 중 경성물가표, 직공임금처럼 매 호마다 수록되는 통계도 제시되었다.

'무역'에는 경성의 각종 무역 수치를 표로 제시 후, 조선의 무역 개황을 설명하였고, 정화(正貨)와 지금(地金)에 관련된 통계, 또 1916년 상반기 조선과 오사카의 무역 현황을 정리, 분석하였다.

'운수교통(運輸交通)'에는 선박에 관련된 통계, 철도 운영 현황, 경성 3역 운수 통계, 조선상업은행 남대문 지점 창고 출입 현황, 보관화물과 은행자금에 대한 통계를 제시하였다. '통신'에는 경성우편통계, 전화가입수, 전보발착수, 조선 전화요금 수입액 등을 통계로 제시하였다. '참고자료'에는 앞서 조사란에 글을 작성한 바 있는 금진명(今津明)이 '라듐에 대하여'라는 제목으로 라듐의 효용성, 특히 약수로서의 효용성을 검토하였다. 뒤에는 안동에서 생산되는 잠사(蠶絲)의 일본 수출 현황을 정리하였다. '잡록(雜錄)'에는 각종 강연회에 대한 단신을 수록하였다.

연번	지역	연월일	자료명	호수	키워드
013	경성	1916.10	조선경제잡지	10	회사, 시장, 대두, 땅콩, 오사카, 블라디보스토크

【목차】

[무역]

경성무역가액(京城貿易價額) / 조선무역개황(朝鮮貿易概況) / 정화(正貨)와 지금(地金) / 금괴 매입 및 이출량

[운수교통]

[통신]

[참고자료]

일본의 대외무역 호조 / 블라디보스토크[浦潮斯德] 경제 개황

[잡록]

상점원(商店員) 수양강화회(修養講話會)

【해설】

본호에는 '회의소녹사(會議所錄事)', '조사(調査)' 9건, '무역(貿易), '운수교통(運輸交通)', '통신(通信)', '참고자료(參考資料)', '잡록(雜錄)'이 수록되었다.

'회의소녹사'에는 9월 16일부터 10월 15일 간 탁지부 이재과(理財課), 평양북도청, 함경북도청, 원산우편국, 오사카 상업회의소, 평양상업회의소, 조선은행 등 각종 기관과 단체에서 의뢰한 조사사항 목록이 수록되었는데, 총 12건이었다. 그밖에 평의원 동정을 수록하였다.

'조사'에는 '조선의 회사사업'이라는 제목으로 조선에 본점을 두고 있는 회사와 일본이나 외국에 본점을 두고 조선에 지점을 두고 있는 회사의 목록, 자본금 등을 정리하였다. 그밖에 조선 대두(大豆) 작황 예상, 조선 땅콩[落花生] 수확량, 조선산 쌀, 대두의 오사카 시세, 경성금융개황, 경성상황(京城商況), 9월 중 경성 물가표, 직공임금 등이 표로 정리되어 있다.

'무역'에는 경성의 각종 무역 수치를 표로 제시 후, 조선의 무역 개황을 설명하였고, 정화(正貨)와 지금(地金)에 관련된 통계, 또 1916년 상반기 조선과 오사카의 무역 현황을 정리, 분석하였다.

'운수교통(運輸交通)'에는 선박에 관련된 통계, 철도 운영 현황, 경성 3역 운수 통계, 건설과 개량비, 대중교통 성적표, 여객운수 성적표, 화물운수 성적표, 철도 여객 성적표, 조선상업은행 남대문 지점 창고 출입 현황 등에 대한 통계를 제시하였다. '통신'에는 경성우편통계, 우편 발착수, 통화도수와 전화 가입수, 전보 발착수, 조선 전화요금 수입액, 전보통수 등을 통계로 제시하였다. '참고자료'에는 일본이 대외 무역에서 호조를 보이고 있다는 소식과 통계표, 블라디보스토크[浦潮斯德] 경제 개황 등을 수록하였다. '잡록(雜錄)'에는 상점원 수양강화회(修養講話會) 소식이 실렸다.

연번	지역	연월일	자료명	호수	키워드
014	경성	1916.11	조선경제잡지	11	염색업, 포백 가공공업, 미투리, 신발끈, 오사카, 간도

【목차】

[회의소녹사]

[조사]

조선의 염색업에 대하여 - 상전가조(上田嘉助) / 수출을 위한 포백(布帛) 가공공업 - 신궁신삼랑(神宮新三郎) / 미투리[麻鞋] 제조업 - 김봉진(金鳳鎭) / 신발끈[履物鼻緖] 제조업 - 청산안삼랑(青山安三郎) / 조선산 쌀, 대두의 오사카 시세 / 경성금융개황 / 경성상황(京城商況) / 10월 중 경성 물가표 / 직공임금

[무역]

경성무역가액(京城貿易價額) / 조선무역개황(朝鮮貿易概況) / 정화(正貨)와 지금(地金) / 금괴 매입 및 이출량

[운수교통]

[통신]

[참고자료]

일본 대외무역 개황 / 간도의 각종 공장과 생산액

【해설】

본호에는 '회의소녹사(會議所錄事)', '조사(調査)' 9건, '무역(貿易), '운수교통(運輸交通)', '통신(通信)', '참고자료(參考資料)'가 수록되었다.

'회의소녹사'에는 조선총독부 총독 사임 후 내각총리 대신으로 이임하는 데라우치(寺內正毅) 백작에게 전달할 감사장을 결정하기 위해 10월 28일 소집한 긴급평의원회의 소식과 감사장 전문을 게재하였다. 그밖에 11월 2일 개최된 공업부위원회 소식과 11월 8일과 11월 21일 개최된 역원회 소식, 10월 16일부터 11월 15일 간 조선총독부, 경성도청, 일본과 조선 각지의 상업회의소 등 총 14개의 기관과 단체에서 의뢰한 조사 건명을 수록하였다. 마지막으로 평의원 동정도 게재했다.

'조사'에는 경성공업전문학교(京城工業專門學校) 조교수인 우에다 가스케(上田嘉助)가 '조선의 염색업에 대하여'라는 글을 게재하였다. 이 글에서는 조만간 조선인들도 백의(白衣)가 아닌 염색한 옷을 입기 시작할 것이며, 따라서 직물업과 표백업을 주목해야한다고 주장했다. 뒤이어 표백법, 염료의 종류와 효과 등을 소개하였다. 특히 염색업의 발달과 진보는 화학의 발달과 비례하는데, 조선에서도 공업전문학교를 세워 교육을 하고 있어 전망이 밝다고 보았다. 다음으로는 경성 남산정(南山町)에 거주하는 진쿠신사부로(神宮新三郎)가 수출을 위한 포백(布帛) 가공공업에 대한 전망과 대책, 필요사항에 대한 글을 게재하였다. 경상북도 청도군 읍내에 거주 중인 김봉진(金鳳鎭)은 "미투리[麻鞋] 제조업"이라는 글에서

미투리가 무엇인지 설명하고 그것의 원료와 제조를 위한 기구, 수지타산, 판로, 판매방법 등을 소개하였다. 경성 서사헌정(西四軒町)에 거주하는 청산안삼랑(青山安三郎)은 신발끈[履物鼻緒] 제조업에 대한 글에서, 제조 순서, 경영과 관리, 재료를 모으는 방법 등을 소개하였다. 그밖에 오사카의 조선산 쌀과 대두 시세, 경성금융개황, 경성상황(京城商況), 10월 중 경성 물가표, 직공임금을 표로 정리했다.

'무역'에는 경성의 각종 무역 수치를 표로 정리하였고, 조선의 무역 개황을 설명했다. 또 정화(正貨)와 지금(地金)에 관련된 통계 등을 정리하였다.

'운수교통(運輸交通)'에는 선박에 관련된 통계, 철도 운영 현황, 경성 3역 운수 통계, 조선상업은행 남대문 지점 창고 출입 현황 등에 대한 통계를 제시하였다. '통신'에는 경성우편통계, 우편 발착수, 통화도수와 전화 가입수, 전보 발착수, 조선 전신전화 사용수, 시외전화도수와 시수표 및 요금표, 전보통수와 요금표 등을 통계로 제시하였다. '참고자료'에는 일본의 대외무역 개황과 통계표, 간도의 각종 공장과 생산액을 표로 정리했다.

연번	지역	연월일	자료명	호수	키워드
015	경성	1916.12	조선경제잡지	12	노령, 블라디보스토크, 보험, 기업, 곡가, 오사카, 불입금

【목차】

[조사]

노령(露嶺) 시찰 보고 / 조선의 보험사업 / 조선의 기업(機業)에 대하여 / 조선 곡가(穀價) 등귀(騰貴) 정황 / 조선산 쌀, 대두의 오사카 시세 / 조선 주요 공채 주권(株券) 시세 / 경성금융개황 / 경성상황(京城商況) / 직공임금

[무역]

경성무역가액(京城貿易價額) / 조선무역개황(朝鮮貿易概況) / 정화(正貨)와 지금(地金) / 금괴 매입 및 이출량 / 조선의 대 오사카 무역 개황

[운수교통]

[통신]

[참고자료]

일본 대외무역 개황 / 일본 사업계와 불입금(拂込金)의 팽창 / 블라디보스토크(浦潮斯德) 경제 개황

【해설】

본호에는 '조사(調査)' 9건, '무역(貿易), '운수교통(運輸交通)', '통신(通信)', '참고자료(參考資料)'가 수록되었다.

'조사'에는 노령(露嶺) 시찰 보고가 수록되었는데, 시찰단 개개인이 휴대한 조선 물품, 여행 경로,

하얼빈에서의 작업 내용, 북만주 지역에서 하얼빈의 지위, 북만주의 재력[富力], 하얼빈의 일본 상인 세력, 일본과 중국 상인의 특색, 시가지와 주택의 투입되는 자본, 하이라얼(海拉爾)과 만주, 시베리아 주민의 직업, 시베리아의 외국 자본가, 극동 노령과 북만주 지역의 쌀 등의 다양한 내용을 포함하였다. 다음으로는 조선의 보험 사업을 다룬 조사 자료로서 각종 보험의 신규 가입, 중도 해약 건수와 금액을 표로 정리하고 일본의 생명보험 사업성적을 제시하여 비교하였다. 또 조선총독부 중앙시험소 기사(技師)이자 경성공업전문학교 조교수인 무로타(室田武隣)가 기고한 '조선의 방직업에 대하여(朝鮮の機業に就て)'도 게재되었다. 이 글은 조선에서 생산되는 견직물(絹織物)의 종류와 생산량, 산지와 품질, 수요와 자급 현황을 분석했다. 그밖에 10월 중 조선의 곡가(穀價) 상승 정황, 오사카의 조선산 쌀과 대두 시세, 경성금융개황, 경성상황(京城商況), 11월 중 경성 물가표, 직공임금을 표로 정리했다.

'무역'에는 경성의 각종 무역 수치를 표로 정리하였고, 조선의 무역 개황을 설명했다. 또 정화(正貨)와 지금(地金)에 관련된 통계 등을 정리하였으며, 조선의 대 오사카 무역 개황도 수록하였다. '운수교통(運輸交通)'에는 선박에 관련된 통계, 철도 운영 현황, 경성 3역 운수 통계, 조선상업은행 남대문지점 창고 출입 현황 등에 대한 통계를 제시하였다. '통신'에는 경성우편통계, 우편 발착수, 통화도수와 전화 가입수, 전보 발착수, 조선 전신전화 사용수, 시외전화도수와 시수표 및 요금표, 전보통수와 요금표 등을 통계로 제시하였다. '참고자료'에는 일본의 대외무역 개황과 통계표, 일본 사업계와 불입금의 팽창, 블라디보스토크(浦潮斯德)의 경제 개황을 수록하였다.

연번	지역	연월일	자료명	호수	키워드
016	경성	1917.7	조선경제잡지	19	약속어음, 밀랍, 조선제조조합, 쌀, 잠사, 가축, 야채, 잡곡, 농기구, 곡가, 조선우선주식회사, 동양척식주식회사

【목차】

[시사]

약속 어음[約束手形] 지불 장소에 대하여 / 부정(不正) 밀랍(蜜蠟)의 단속(取締) / 조선제조조합(朝鮮製造組合) 창립 / 조선인(鮮人) 노동력(勞力)의 이출(移出) / 조선 쌀에 대하여 / 조선 가내 잠사(蠶絲) 생산액 / 조선 가축과 가금(家禽) 수 / 조선 축우(畜牛) 조사 / 조선 잡곡 실제 수확량 / 조선 야채[蔬菜] 실제 수확량 / 조선 개량 농구(農具) 보급 상황 / 조선 곡가(穀價) 등락 상황 / 오사카의 조선산 쌀, 대두 가격 / 조선 주요 공채 주권 시세 / 경성금융개황(京城金融概況) / 경성상황(京城商況) / 6월 중 경성물가표 / 직공임금(職工賃金)

[무역]

경성무역가액(京城貿易價額) / 조선무역개황(朝鮮貿易概況) / 정화(正貨)와 지금(地金) / 금괴 매입과 이출량

[운수교통]

[참고자료]

일본의 대외무역 개황(6월분) / 중국의 대외 무역 국가별 수출액

[잡록]

조선-만주 철도의 통일 / 동양척식주식회사법의 개정 / 조선우선주식회사(朝鮮郵船株式會社) 인천-청도(青島) 항로의 복구

【해설】

본호에는 '시사(時事)', 3건, '조사(調査)' 15건, '무역(貿易)', 운수교통(運輸交通)', '참고자료(參考資料)', '잡록(雜錄)'이 수록되었다.

'시사'에는 '약속어음[約束手形] 지불 장소에 대하여'라는 글이 게재되었다. 일본 내 각 지역별 약속어음 교환 건수와 금액을 정리하였고, 경성의 늘어나는 약속 어음 교환액을 비교하며 무모한 발행과 매입을 경계하기도 했다. 농가의 부업으로 양봉업이 유행하자 '파라핀'을 혼합하는 등 부정한 방법으로 밀랍(蜜蠟)을 만드는 행태를 단속해야한다고 주장한 '부정 밀랍의 단속'이라는 글도 게재되었으며, 조선제조조합 창립 소식을 전하는 글 또한 게재되었다.

'조사'에는 우선 오사카 상업회의소가 조사한 조선인 노동자의 이출 상황을 소개하고 그 경향과 전망을 수록하였다. '조선 쌀에 대하여'라는 글에서는 조선 쌀의 경제상 지위, 수확량, 쌀 수이출(輸移出) 상황, 조선 쌀의 개량, 쌀 가격, 쌀 가격 폭등이 미치는 영향 등을 분석하여 게재하였다. 또 최근 5년

간 조선의 가내 잠사(蠶絲) 생산액을 조사하였고, 조선의 가축과 가금(家禽) 수를 조사하였다. 그밖에 조선 축우(畜牛) 통계, 조선 잡곡 수확량, 조선 야채 수확량, 조선 개량 농기구(農具) 보급 상황, 조선 곡가(穀價) 등락 상황, 오사카의 조선산 쌀, 대두 가격, 경성 금융 개황, 경성 상황(商況), 경성 물가표, 직공임금(職工賃金) 등을 조사하여 게재하였다.

'무역'에는 경성무역가액(京城貿易價額), 조선무역개황, 정화(正貨)와 지금(地金)에 대한 통계가 수록되었다. '운수교통'에는 선박과 경성 3역 관련 통계와 조선상업은행 남대문 지점 창고 출입표를 정리하였고, '통신'에는 경성우편통계, 우편 발착수, 통화도수와 전화 가입수, 전보 발착수, 우편요금, 증권, 전신전화이용수, 전보 통수 등을 통계로 제시하였다. '참고자료'에는 일본의 6월 대외무역 개황과 중국의 대외무역 국가별 수출액 통계를 정리하였다. 마지막으로 '잡록'에는 조선-만주 철도의 통일, 동양척식회사법 개정에 대한 소식과 개정된 법의 전문을 수록했고, 조선우선주식회사(朝鮮郵船株式會社)의 인천-청도(靑島) 간 항로 복구에 대한 소식도 전했다.

연번	지역	연월일	자료명	호수	키워드
017	경성	1917.8	조선경제잡지	20	조면, 오사카, 직공임금, 대두, 하얼빈, 경의연선

【목차】

[회의소녹사]

[조사]

조선인(鮮人) 노동력(勞力)의 이출(移出) / 조선 생산 조면(繰綿) 공장 생산액 / 오사카의 조선산 쌀, 대두 가격 / 조선 주요 공채 주권 시세 / 조선 대두(大豆)에 대하여 / 경성금융개황(京城金融概況) / 경성상황(京城商況) / 7월 중 경성물가표 / 직공임금(職工賃金)

[무역]

경성무역가액(京城貿易價額) / 조선무역개황(朝鮮貿易概況) / 정화(正貨)와 지금(地金) / 금괴 매입과 이출량

[운수교통]

[참고자료]

일본의 대외무역 개황(7월분) / 하얼빈의 미국·영국 상업회의소 조직

[잡록]

경의 연선(京義沿線)의 경제 상황

【해설】

본호에는 '회의소녹사(會議所錄事)', '조사(調査)' 9건, '무역(貿易)', 운수교통(運輸交通)', '참고자료

(參考資料)', '잡록(雜錄)'이 수록되었다.

'회의소녹사'에는 7월 16일부터 8월 15일간 조선총독부, 평안북도, 농상공부장관, 경성부, 황해도, 강원도, 경성부윤, 오사카 상업회의소, 진남포 상업회의소, 대구상업회의소, 조선은행 등에게 의뢰받은 조사 목록을 게재하고, 평의원 동정을 간략히 소개하였다.

'조사'에는 우선 전호에 이어 '조선인 노동력의 이출(鮮人勞力移出)'을 세 번째 연재로 게재하였다. 또 조 공장에서 생산하는 조면(繰綿)의 생산량을 재래면(在來棉)과 육지면(陸地棉)으로 나누어 정리하였다. 다음으로는 매달 수록하는 오사카의 조선산 쌀 대두 가격표를 제시한 후 조선 대두(大豆)에 관한 글을 게재하였다. 이 글에서는 조선 산업상 대두의 지위, 품질과 용도, 일본 시장에 미치는 영향, 거래상황[取引狀況]과 폐해, 운송 경로와 운임, 포장 방법과 경성의 주요 취급 업소를 상세히 소개하였다. 그밖에 경성금융개황, 경성상황, 경성물가표, 직공임금표를 게재하였다.

'무역'에는 경성무역가액(京城貿易價額,) 조선무역개황, 정화(正貨)와 지금(地金)에 대한 통계가 수록되었다. '운수교통'에는 선박과 철도, 경성 3역 관련 통계와 조선상업은행 남대문 지점 창고 출입표를 정리하였고, '통신'에는 경성우편통계, 우편 발착수, 통화도수와 전화 가입수, 전보 발착수, 우편요금, 증권, 전신전화 이용수, 전보 통수 등을 통계로 제시하였다. '참고자료'에는 일본의 7월 대외무역개황과 하얼빈에서 조직된 미국과 영국의 상업회의소 소식을 전했다. 마지막으로 '잡록'에는 판교생(板橋生)이라는 필명의 인물이 쓴 '경의 연선의 경제 상황'이라는 글을 수록하였다. 이 글에는 평양, 진남포, 신의주, 의주의 경제 상황을 간략히 소개하였다.

연번	지역	연월일	자료명	호수	키워드
018	경성	1917.9	조선경제잡지	21	관세, 농업, 곡가, 오사카, 운임, 상업회의소, 조선미곡검사규칙, 조선대두검사규칙, 조선곡물무역상대회

【목차】

[회의소녹사]

[시사]

관세 개정에 대하여(1)

[조사]

조선 농사에 관한 여러 가지 조사 / 조선 곡가 등락 정황 / 오사카의 조선산 쌀, 대두 가격 / 조선 주요 공채 주권 시세 / 경성금융개황(京城金融槪況) / 경성상황(京城商況) / 8월 중 경성물가표 / 직공임금(職工賃金)

[무역]

경성무역가액(京城貿易價額) / 조선무역개황(朝鮮貿易槪況) / 조선 국경의 무역 개황 / 정화(正貨)와

지금(地金) / 금괴 매입과 이출량

[운수교통]

곡류, 콩깻묵[豆粕] 등 특정 운임 개정과 올해 가을 이후 수송에 대하여 / 한강 하류의 운수 상황

[참고자료]

상업회의소의 연구(1) / 일본의 대외 무역 개황

[잡록]

조선미곡검사규칙의 개정 / 조선대두검사규칙의 제정 / 제2회 조선곡물무역상대회

【해설】

본호에는 '회의소녹사(會議所錄事)', '시사(時事)', '조사(調査)' 8건, '무역(貿易)', 운수교통(運輸交通)', '참고자료(參考資料)', '잡록(雜錄)'이 수록되었다.

'회의소녹사'에는 8월 16일부터 9월 15일 간 조선총독부, 충청북도청, 영국총영사관, 강원도청, 경주군청, 양주군청, 원산상업회의소, 평양상업회의소, 조선은행, 일본면화회사, 남선일보사 등에서 의뢰한 조사사항 목록을 게재하고, 평의원의 동정을 간략히 소개하였다.

'시사'에는 관세 개정을 논하는 글이 게재되었다. 이 글은 조선이 일본의 다른 식민지인 대만이나 사할린[樺太]과는 달리 본토와 다른 특수 관세를 적용하는 것은 문제가 있다고 주장하였다. 주장에 근거를 대기 위해 영국이나 프랑스, 독일, 네덜란드의 사례를 언급하였는데, 관세 개정의 이유로 재정상의 필요, 사회상의 이유, 산업보호상의 이유를 들었다.

'조사'에는 조선의 농사에 관련된 여러 가지 사항을 조사한 것이 가장 앞에 실렸다. 여기에는 경지면적, 대두(大豆) 작황 예상, 육지면(陸地棉) 작황 예상, 추잠(秋蠶) 작황 예상에 대한 통계를 제시하고 간단한 설명을 덧붙였다. 조선 곡가 등락 정황 조사도 게재되었으며, 매달 공통적으로 게재하는 오사카의 조선산 쌀과 대두의 가격, 경성상황, 조선무역개황, 직공임금에 대한 통계가 수록되었다. '무역'에는 경성무역가액(京城貿易價額), 조선무역개황, 조선 국경의 무역 개황, 정화(正貨)와 지금(地金)에 대한 통계가 수록되었다.

'운수교통'에는 기존에 통상적으로 게재되던 선박과 철도, 경성 3역 관련 통계와 조선상업은행 남대문 지점 창고 출입표 외에 '곡류, 콩깻묵[豆粕] 등 특정 운임 개정과 올해 가을 이후 수송에 대하여', '한강 하류의 운수 상황'이라는 글과 관련 통계가 게재되었다. '통신'에는 경성우편통계, 우편 발착수, 통화도수와 전화 가입 현재 수, 전보발착수, 우편요금, 증권, 전신전화 이용수, 전보 통수 등을 통계로 제시하였다. '참고자료'에는 '상업회의소의 연구'라는 제목으로 영국, 프랑스, 독일의 상업회의소를 소개하는 글이 실렸다. 그밖에 일본의 대외 무역 개황이 다양한 통계로 제시되었다. '잡록'에는 9월 8일 개정된 「조선미곡검사규칙」 전문과 같은 날 제정된 「조선대두검사규칙」을 수록하였다. 마지막으로 제2회 조선곡물무역상대회 단신을 게재하였다.

연번	지역	연월일	자료명	호수	키워드
019	경성	1917.10	조선경제잡지	22	관세, 쌀, 목탄, 생사, 누에, 잡화상점, 여관업, 하숙업, 이발업, 미용업, 목욕탕업, 예창기업, 오사카, 금괴, 소가죽

【목차】

[회의소녹사]

[시사]

관세 개정에 대하여 (2) / 관세 개정에 대하여 - 신호정웅(神戸正雄) / 조선 미곡의 거래[取引]에 대하여 - 소원신삼(小原新三) / 경성 지방의 목탄 / 조선의 누에고치와 생사업(生絲業) / 물가가 폭등하는 조선 지방경제가 미칠 영향(2) / 조선 각 지방의 화양잡화상점(和洋雜貨商店) 명단(1) / 조선인(鮮人) 노동력(勞力)의 이출(移出) / 전국 주요 도시의 여관업, 하숙업, 이발업, 미용업[女髮結業], 목욕탕업[湯室業], 예창기업(藝娼妓業)의 현황 / 조선 곡가 등락 정황 / 오사카의 조선산 쌀, 대두 가격 / 조선 주요 공채 주권 시세 / 경성금융개황(京城金融槪況) / 경성상황(京城商況) / 9월 중 경성물가표 / 직공임금(職工賃金)

[무역]

경성무역가액(京城貿易價額) / 조선무역개황(朝鮮貿易槪況) / 조선 국경의 무역 개황 / 가공(加工) 수입 면세품목의 증가 / 정화(正貨)와 지금(地金) / 금괴 매입과 이출량

[운수교통]

[참고자료]

상업회의소의 연구(2) / 일본의 대외 무역 개황 / 금괴[金地金]의 가격 상승

[잡록]

염건우피(鹽乾牛皮) 공동판매 입찰

【해설】

본호에는 '회의소녹사(會議所錄事)', '시사(時事)' 3건, '조사(調査)' 13건, '무역(貿易)', 운수교통(運輸交通)', '참고자료(參考資料)', '잡록(雜錄)'이 수록되었다.

'회의소녹사'에는 경성상업회의소 평의원을 선출하기 위한 투표 일정과 자격사항을 공시했고, 역원회 소식을 게재했다. 그리고 9월 16일부터 10월 15일간 조선총독부, 황해도청, 함경북도청, 각 지방 상업회의소, 동척 평양출장소, 공우구락부, 조선은행 등에서 의뢰한 조사사항 목록 23건을 게재했다.

'시사'에는 지난 호에 이어 관세 개정을 논하는 글이 게재되었다. 여러 지역과 품목의 관세율을 비교하면서 현행 조선의 관세가 개정되어야 한다는 이전 글의 논지를 계속 이어나갔다. 바로 뒤이어 경성상공회의소가 관세 문제에 대해 자문을 구한 것에 대해 경성제국대학 교수이자 법학박사인 간베 마사오(神戸正雄)가 동경제국대학 내 잡지 경제논총에 발표한 글을 재수록했다.

앞의 글과 같은 제목의 글을 게재하였고, 9월 15일 경성상공회의소에서 개최한 제2회 조선곡물무역상대회에 참석했던 농상공부장관 오하라 신조(小原新三)가 연설한 것을 '조선 미곡의 거래[取引]에 대하여'라는 제목으로 수록하였다. 이 연설은 9월 개정된 「조선미곡검사규칙」과 관련하여 했던 것으로 보인다.

'조사'의 첫 글로는 경성 지역의 목탄을 다룬 글로, 종류와 산지, 경성의 목탄 소비량, 원산의 상황과 생산량, 가격 상승의 원인, 앞으로의 전망 등을 다루었다. 다음으로는 조선의 누에고치와 생명주실에 관한 글이 수록되었다. 이 글은 가정에서 누에치는 것이 발달한 조선의 상황과 판매상황, 품질 및 평판, 이출량과 이출 상황, 거래와 수송 상황, 앞으로의 전망 등을 포함하고 있다. 또 물가가 폭등하는 상황에서 지방 경제에 미칠 영향을 분석한 연재의 두 번째 글도 게재되었는데, 이번호에서는 황해도, 평안남도, 강원도, 함경남도, 함경북도 내 각 군의 경제 상황을 정리하였다. 다음으로는 조선 각 지방의 화양잡화상점(和洋雜貨商店)의 명칭과 사장명, 주소를 정리하였다. 조선인 노동자의 이출 상황을 조사한 연재 조사 4번째도 게재하였으며, 전국 주요 도시의 여관업, 하숙업, 이발업, 미용업[女髮結業], 목욕탕업[湯室業], 예창기업(藝娼業妓)의 현황을 자세히 다루었다. 그밖에 매월 수록하는 조선산 곡가(穀價) 등락 정황, 오사카의 조선산 쌀과 대두의 가격, 경성상황, 조선무역개황, 경성물가, 직공임금에 대한 통계가 수록되었다. '무역'에는 경성무역가액(京城貿易價額), 조선무역개황, 조선 국경의 무역 개황, 정화(正貨)와 지금(地金)에 대한 통계 외에 가공 수입 면세품목의 증가에 대한 내용도 수록하였다.

'운수교통'에는 기존에 통상적으로 게재되던 선박과 철도, 경성 3역 관련 통계와 조선상업은행 남대문 지점 창고 출입표를 수록하고, '통신'에는 경성우편통계, 우편 발착수, 통화도수와 전화가입 현재수, 전보발착수, 우편요금, 증권, 전신전화 이용수, 전보 통수 등을 통계로 제시하였다. '참고자료'에는 '상업회의소의 연구'라는 제목으로 전호에 이어 미국의 상업회의소를 소개하고 상업회의소의 「모범규칙」에 대해 설명하는 글이 실렸다. 그밖에 일본의 대외 무역 개황을 다양한 통계로 제시하였고, 금괴[金地金] 가격 상승에 대한 내용도 다루었다. '잡록'에서는 염건우피(鹽乾牛皮) 공동판매 입찰에 대한 소식을 전하였다.

연번	지역	연월일	자료명	호수	키워드
020	경성	1917.11	조선경제잡지	23	관세, 석탄, 물가, 회사, 은행, 광산업, 호구, 여관업, 하숙업, 이발업, 미용업, 목욕탕업, 예창기업, 오사카, 일본위체

【목차】

[회의소녹사]

[시사]

관세 개정에 대하여 (3)

[조사]

경성의 석탄 / 조선의 회사, 은행, 공장, 광산업의 현황(1) / 물가가 폭등하는 조선 지방경제가 미칠 영향(3) / 조선 각 지방의 화양잡화상점(和洋雜貨商店) 명단(2) / 조선 현재 호구 통계 / 조선 농사에 관한 여러 가지 조사 / 조선 곡가 등락 정황 / 오사카의 조선산 쌀, 대두 가격 / 조선 주요 공채 주권 시세 / 경성금융개황(京城金融槪況) / 경성상황(京城商況) / 10월 중 경성물가표 / 직공임금(職工賃金)

[무역]

경성무역가액(京城貿易價額) / 조선무역개황(朝鮮貿易槪況) / 정화(正貨)와 지금(地金) / 금괴 매입과 이출량

[운수교통]

[참고자료]

상업회의소의 연구(3) / 일본의 대외 무역 개황 / 일본 사업계의 호황과 불입금의 팽창 / 일본쌀과 일본 위체(爲替)의 관계에 대하여

【해설】

본호에는 '회의소녹사(會議所錄事)', '시사(時事)', '조사(調査)', 13건, '무역(貿易)', 운수교통(運輸交通)', '참고자료(參考資料)'가 수록되었다.

'회의소녹사'에는 경성상업회의소 평의원을 선출하기 위한 투표 일정과 장소 등을 공시하였고, 역원회와 임시평의원회 소식을 게재하였다. 그리고 10월 16일부터 11월 15일간 논산군청, 평원군청, 경성부윤, 각 지방 상업회의소, 조선은행, 조선상업은행, 강계지방 금융조합, 조선농회 등에서 의뢰한 조사사항 목록 21건을 게재하였다. 마지막으로 사무소 이전 소식을 전하였다.

'시사'에는 지난 호에 이어 관세 개정을 논하는 마지막 글이 게재되었다. 앞의 글과 마찬가지로 각 품목별 관세를 비교하면서 현행 조선의 관세가 개정되어야 한다는 이전 글의 논지를 계속 이어나갔다. 글의 마지막에는 현행 「조선관세정율령(朝鮮關稅定率令)」과 수입세표를 게재했다.

'조사'에는 지난호의 목탄에 이어 석탄을 다룬 글이 가장 먼저 등장한다. 이 글에서는 세계의 석탄 생산액, 조선의 석탄광과 생산량, 조선 내 석탄 수급 상황, 경성 내 석탄 수급 상황, 경성의 석탄 시황(市況) 변천, 시가 폭등의 원인, 석탄 가격 전망 등을 수록하였다. 다음으로는 조선의 회사, 은행, 공장, 광산업의 현황을 게재했는데, 조선에 본점을 둔 회사와 지점을 둔 회사를 나누어 통계를 정리하고 각 지방별 회사의 목록도 제시하였다. 이번 호에서는 충청북도, 전라북도, 황해도, 평안남도의 현황을 수록하였다. 또 물가가 폭등하는 상황에서 지방 경제에 미칠 영향을 분석한 연재의 세 번째 글도 게재되었는데, 이번호에서는 경기도, 충청남도, 전라북도, 전라남도, 경상북도, 경상남도, 황해도, 평안남도, 평안북도, 강원도, 함경남도, 함경북도 내 각 군의 경제 상황을 정리하였다. 조선 각 지방의 화양잡화상점(和洋雜貨商店)의 명칭과 사장 이름, 주소를 정리한 두 번째 글도 지난 호에 이어 게재되었다. 다음으로는 1916년 현재 조선의 호구 관련 각종 통계를 수록하였고, 농사에 관련된 통계, 조선 곡물

가격 등락 정황, 오사카의 조선산 쌀과 대두의 가격, 경성상황, 조선무역개황, 경성물가, 직공임금에 대한 통계가 수록되었다. '무역'에는 경성무역가액(京城貿易價額), 조선무역개황, 조선 국경의 무역 개황, 정화(正貨)와 지금(地金)에 대한 통계를 수록하였다.

'운수교통'에는 기존에 통상적으로 게재되던 선박과 철도, 경성 3역 관련 통계와 조선상업은행 남대문 지점 창고 출입표를 수록하고, '통신'에는 경성우편통계, 우편 발착수, 통화도수와 전화 가입 현재 수, 전보 발착수, 우편요금, 증권, 전신전화 이용수, 전보 통수 등을 통계로 제시하였다. '참고자료'에는 '상업회의소의 연구' 세 번째 글을 수록했다. 여기에서는 클리블랜드(クリーブランド)의 상업회의소를 소개하고 상업회의소가 도시 발전에 기여하는 사례를 소개하였다. 그밖에 일본의 대외 무역개황을 다양한 통계로 제시하였고, 일본 사업계의 호황과 불입금 팽창에 대해 다루었다. 마지막으로 10월 25일 제24회 전국상업회의소연합회에서 '일본쌀과 일인(日印) 위체(爲替)의 관계에 대하여'라는 제목으로 발표된 연설문을 수록하였다.

연번	지역	연월일	자료명	호수	키워드
021	경성	1917.12	조선경제잡지	24	통계, 산업, 평의원, 공업, 식료품 제조업, 회사, 은행, 공장, 광산업, 오사카

【목차】

[회의소녹사]

[시사]

통계(計數)로 본 산업 추세 / 평의원의 포부

[조사조사]

공업(1) / 조선의 회사, 은행, 공장, 광산업의 현황(2) / 조선 곡가 경성의 등락 정황 / 오사카의 조선산 쌀, 대두 가격 / 조선 주요 공채 주권 시세 / 경성상황(京城商況) / 11월 중 경성물가표 / 직공임금(職工賃金)

[무역]

경성무역가액(京城貿易價額) / 조선무역개황(朝鮮貿易概況) / 정화(正貨)와 지금(地金) / 금괴 매입과 이출량

[운수교통]

[참고자료]

상업회의소의 연구(완) / 일본의 대외 무역 개황

【해설】

본호에는 '회의소녹사(會議所錄事)', '시사(時事)', '조사(調査)' 8건, '무역(貿易)', 운수교통(運輸交

通)', '참고자료(參考資料)'가 수록되었다.

'회의소녹사'에는 평의원 선거 결과를 공시하였다. 2급 선거에서는 일본인 10명과 조선인 5명을 새로 선출했고, 1급 선거에서는 일본인 12명, 조선인 3명을 선출하였다. 그밖에 임시평의원회 소식과 11월 16일부터 12월 25일간 조선총독부, 경성부윤, 러시아 총영사관, 강원도청, 각 지방 상업회의소, 주식회사 공익사, 조선농회, 조선은행 등에서 의뢰한 조사사항 목록 21건을 게재하였다.

'시사'에는 '조사 통계로 본 산업의 추세'라는 글이 게재되었다. 조사 의뢰 건을 주제별로 분류하고 또 의뢰자의 지방을 분류하여 앞으로의 산업 추이를 예측하였다. 다음 글은 선거를 통하여 새로 구성된 평의원의 포부를 밝힌 글이다.

'조사'에는 경성의 공업에 대한 조사 자료를 수록했다. 여기에는 경성의 각 부문 공장과 생산량, 식료품공장 생산량과 가격을 조사하였다. 다음으로는 조선의 회사, 은행, 공장광산업의 현황 두 번째 조사를 수록했다. 이번 호에는 평안북도, 전라남도, 함경북도의 은행, 회사, 공장, 광업에 대한 자료를 실었다. 또 10월 조선 곡가(穀價) 등락 정황과 오사카의 조선 쌀, 대두 가격, 경성상황, 11월 경성 물가, 직공 임금등을 조사하여 수록했다. '무역'에는 경성무역가액(京城貿易價額), 조선무역개황, 조선 국경의 무역 개황, 정화(正貨)와 지금(地金)에 대한 통계를 수록하였다.

'운수교통'에는 기존에 통상적으로 게재되던 선박과 철도, 경성 3역 관련 통계와 조선상업은행 남대문 지점 창고와 시촌(市村) 창고 출입표를 수록하고, '통신'에는 경성우편통계, 우편 발착수, 통화도수와 전화 가입 현재 수, 전보 발착수, 우편요금, 증권, 전신전화 이용수, 전보 통수 등을 통계로 제시하였다. '참고자료'에는 '상업회의소의 연구' 마지막 글을 수록했다. 이 글에는 각 도시 간 경쟁의 사례를 구체적으로 기재하였다. 그밖에 일본의 대외 무역 개황을 다양한 통계로 제시하였다.

연번	지역	연월일	자료명	호수	키워드
022	경성	1918.1	조선경제잡지	25	1차 세계대전, 석탄, 한강, 양봉, 회사, 은행, 공장, 광산업, 가공무역, 간도, 조선토목건축청부조합

【목차】

[시사]

세계대전 종식 후의 조선 재계(財界) / 탄가(炭價) 문제

[조사]

경성과 인접한 한강 연안의 진포(津浦) / 조선 양봉(養蜂) 상황(1917년) / 조선의 회사, 은행, 공장, 광산업의 현황(3) / 경성금융개황 / 조선무역개황 / 가공무역상황(1917년)

[참고자료]

일본과 조선의 시국 전후 각 3년간 무역 비교(1) / 일본의 대외 무역 개황

[잡록]

간도 지방의 백두(白豆) 수출 상황 / 1918년도 총독부 예산 강요(綱要) / 남대문 역구내(驛構內) 화물 하역 임금표 / 철도 창고 영업 개시 / 미국(合衆國)의 수입 금지에 관한 통첩 / 조선토목건축청부조합(朝鮮土木建築請負業組合)의 설립

[회의소녹사]

[중요경제통계]

【해설】

본호에는 '시사(時事)' 2건, '조사(調査)' 6건, '참고자료(參考資料)' 2건, '잡록(雜錄)' 6건, '회의소녹사(會議所錄事)' 그리고 중요경제통계(重要經濟統計)가 수록되었다. 이번 호부터 편집이 약간 바뀐 것이 눈에 띈다. 기존에 있던 무역, 운수교통, 통신 등이 모두 맨 뒷부분의 중요경제통계로 따로 빠지고, 가장 앞에 있던 회의소녹사가 제일 뒤로 자리를 옮겼다. 중요경제통계는 책의 뒤편에서 따로 넘겨볼 수 있도록 본문과 반대인 왼쪽에서 오른쪽으로 페이지가 배열되었다. 그리고 광고 지면이 생긴 것도 특기할만한 내용이다.

'시사'의 첫 글은 '세계대전 종식 후의 조선 재계'로 세계대전 이후 전쟁이 조선 경제에 미칠 영향에 대해 논평하였다. 여러 가지 측면에서 전쟁 후의 국제 정세가 조선 경제에 나쁘지 않은 영향을 미칠 것이라고 내다보았다. 다음의 글은 석탄 가격 문제를 다룬 글로 석탄은 쌀이나 보리 이상으로 중요한 필수품인데 최근 가격이 치솟고 있음을 지적하였다. 가격을 안정시키기 위해서는 만철회사(滿鐵會社)가 조선 사회를 위한 기업 정책을 운영해야 하고, 일본식 주택을 개량할 필요가 있으며 조선 내 탄광을 더 개발해야 한다고 주장하였다.

'조사'에는 경성에 인접한 한강연안의 진포(津浦)를 다루었는데, 동막(東幕), 마포(麻浦), 서빙고(西

氷庫), 한강(漢江), 뚝섬[纛島] 등에 위치한 운수 시설과 창고 현황을 소개하였다. 그리고 1917년 조선의 양봉(養蜂) 상황을 표와 함께 제시한 글과, 조선의 회사, 은행, 공장, 광산업 현황을 소개한 세 번째 연재글이 수록되었다. 그밖에 경성금융개황, 경성상황(京城商況), 조선무역개황, 가공무역상황을 조사하여 게재하였다.

'참고자료'에는 세계대전 전후 일본과 조선의 각 3년간 무역 현황을 정리하였다. 1914년부터 1917년까지의 무역액, 금은 이동량, 수출/수입 현황, 신설 회사 등의 내용을 자세히 정리하였다. 그밖에 일본 대외무역 개황도 수록했다.

'잡록'에는 간도 지방의 흰콩(白豆) 수출 상황과 1918년도 조선총독부 예산에 대해 특별 예산, 세입, 세출, 조선의원과 제생원 자금 등으로 나누어 간략히 설명하였다. 또 남대문 역구(驛構) 내 화물 하역 비용을 품목별로 정리하였고, 철도 창고가 영업을 시작했다는 소식도 전하였다. 그밖에 미국[合衆國]의 수입 금지에 관한 통첩을 소개하였고, 조선토목건축청부업조합(朝鮮土木建築請負業組合)이 신설된다는 소식을 전하면서 설립 취의서 초안과 창립위원 명단, 조합 규약 초안을 소개하였다.

마지막 '회의소녹사'에는 1월 8일과 1월 24일에 개최된 역원회와 1월 12일 개최된 정기평의원회, 1월 15일 개최된 상업부위원회, 1월 18일 개최된 임시평의회 소식을 실었다. 그리고 1917년 12월 26일부터 1918년 1월 15일 간 조선총독부, 각 지방 군청, 상업회의소, 대전실업회, 조선은행, 조선제지주식회사, 조선농회 등으로부터 의뢰받은 조사 목록을 나열하였다. 마지막에는 페이지 좌우를 바꾸어 중요경제통계를 수록하였다.

연번	지역	연월일	자료명	호수	키워드
023	경성	1918.2	조선경제잡지	26	시장, 철도, 체화, 쌀, 콩, 세계대전, 전기사업, 중국, 조선노동자모집취체규칙, 경성미곡검사소, 조선운수연합, 경성운송업조합, 간도

【목차】

[조사]

시장문제(1)

경성금융개황 / 경성상황 / 조선무역개황 / 조선 철도의 체화(滯貨) / 쌀과 콩의 조사 상황

[참고자료]

일본과 조선의 시국 전후 각 3년간 무역 비교(2) / 일본의 대외 무역 개황 / 중국 전기사업계 내 일본인 세력

[잡록]

조선노동자모집취체규칙의 제정 / 경성미곡검사소 설치 / 조선운수연합 제21회 총회 사업보고 / 경성운송업조합 취급 수수료 / 간도산 백두(白豆) 거래[取引] 상황

[회의소녹사]

[중요경제통계]

【해설】

본호에는 '조사(調査)' 6건, '참고자료(參考資料)' 3건, '잡록(雜錄)' 5건, '회의소녹사(會議所錄事)' 그리고 중요경제통계(重要經濟統計)가 수록되었다.

'조사'의 첫 글은 시장 문제에 관련된 글이다. 이 글에서는 공설시장의 효과를 설명하고 파리, 하얼빈, 홍콩, 텐진, 칭따오, 선양, 그리고 일본 각 지방과 타이완의 시장도 소개하였다. 마지막으로 조선의 시장, 특히 경성의 시장도 언급하였다. 그리고 경성금융개황, 경성상황(京城商況), 조선무역개황, 조선철도의 체화(滯貨)를 다룬 글도 게재하였다. 각 역별로 자세한 체화 내역을 정리한 것이 특기할만 하다. 그밖에 쌀과 콩의 조사 상황도 포함하였다.

'참고자료'로는 일본과 조선의 시국 전후 각 3년간 무역을 비교한 두 번째 글을 수록하였고, 일본의 대외무역 개황을 소개하였다. 마지막으로 체신 기사(遞信技師) 오오야 아츠시(大屋敦)가 중국 전기사업계 내 일본인 세력에 대해 보고하였다. 여기에서도 제1차 세계대전 전후의 상황을 나누어 비교하였다.

'잡록'에는 1월 29일 발포된 「조선노동자모집취체규칙」을 소개하였다. 이 시기 일본 본토에서 조선인 노동자를 들여오는 것이 유행처럼 번지고 있었다는 것을 알 수 있다. 그밖에 경성미곡검사소 설치 소식과 조선운수연합 총회 사업보고 내용, 경성운송업 조합 취급 수수료, 간도산 흰콩[白豆] 거래 상황을 간략히 소개하였다.

'회의소녹사'에는 2월 21일 개최한 상업부위원회 소식과 1월 26일부터 2월 15일까지 조선총독부, 제생원, 각 지방 상업회의소, 조선농회, 조선은행 등으로부터 의뢰받은 조사사항 목록을 공개하였다. 또 동경시내의 전당포[質屋] 통계를 수록하였다. 마지막에는 중요경제통계를 수록하였다.

연번	지역	연월일	자료명	호수	키워드
024	경성	1918.3	조선경제잡지	27	시장, 작잠, 철도, 체화, 운송, 쌀, 보리, 소맥분, 엽연초, 경성공업전문학교, 공업전습소, 경성조선인직물판매조합

【목차】

[조사]

시장문제(완) / 조선의 이원(利原) (2) / 1917년 경성 무역 정황(상) / 1917년 조선 작잠(柞蠶) 상황 경성금융개황 / 경성상황 / 조선무역개황 / 조선 철도의 체화(滯貨) (완)

[참고자료]

일본과 조선의 시국 전후 각 3년간 무역 비교(3) / 경성부 현재 호구수와 일본인 본적 지방별 표

[잡록]

쌀, 보리 등의 수출에 관련한 주의사항 / 조선의 소맥분 소비량 / 조선산 엽연초(葉煙草) 상황 / 경성공업전문학교 부속공업전습소 졸업수여식 / 경성조선인직물판매조합의 설립

[회의소녹사]

[중요경제통계]

【해설】

본호에는 '조사(調査)' 8건, '참고자료(參考資料)' 2건, '잡록(雜錄)' 5건, '회의소녹사(會議所錄事)' 그리고 중요경제통계(重要經濟統計)가 수록되었다.

'조사'의 첫 글은 전호에 이어 시장 문제를 다룬 글이다. 이번 호에서는 시장에서 판매하는 상품과 공설시장의 수, 시장의 위치, 시장의 건축 양식, 시장의 기관, 시장의 수입에 대한 내용을 다루었다. 그밖에 1917년 조선 무역 상황과 조선 작잠(柞蠶) 상황, 경성금융개황, 경성상황(京城商況), 조선무역개황, 조선 철도의 체화 두 번째 글을 게재하였다. 특히 조선 철도의 체화를 다룬 글에서는 쌀과 콩 운수 정체량을 자세히 분석하였다. 그리고 경성부의 호구수와 재조선 일본인의 본적을 지방별로 분류한 표를 게재했다.

'잡록'에서는 쌀, 보리 등의 수출 시 주의해야할 사항을 소개했으며, 조선의 소맥분 소비량을 표로 정리하였다. 그밖에 경성공업전문학교 부속공업전습소 졸업수여식 소식과 경성조선인직물판매상조합 설립 소식을 전하였다.

'회의소녹사'에는 3월 12일 개최된 선만(鮮滿)상업회의소 서기장회의를 전하는 한편, 조선상업회의소와 선만(鮮滿) 상업회의소「연합회 규칙」초안 전문을 게재했다. 그밖에 역원회, 운수부위원회가 개최되었음을 알렸고, 1918년도 회계보고도 첨부하였다. 또 2월 16일부터 3월 15일까지 경성부윤, 각 지방 군청, 지방 상업회의소, 조선제지주식회사, 중앙일보 상업합자회사, 경성곡물상조합 등에서 의뢰한 조사사항 목록을 게재했다. 마지막에는 중요경제통계를 수록하였다.

연번	지역	연월일	자료명	호수	키워드
025	경성	1918.4	조선경제잡지	28	관세제도, 시장, 무순탄, 이입세, 청진, 쓰루가

【목차】

[조사]

조선 관세제도의 개정에 대하여(상) / 조선의 이원(利原) (3) / 1917년 경성 무역 정황(하) / 경성금융개황 / 경성상황사 / 조선무역개황사 / 다시 시장 문제에 대하여(1)

[참고자료]

20년 전의 조선 경제 사정
[잡록]
조선 생산품 이입세(移入稅) 면제 / 무순탄(撫順炭) 각지 판매가격 개정 / 청진(淸津) 쓰루가(敦賀) 간 항로 개항
[회의소녹사]
[중요경제통계]

【해설】

본호에는 '조사(調査)' 7건, '참고자료(參考資料)' 1건, '잡록(雜錄)' 3건, '회의소녹사(會議所錄事)' 그리고 중요경제통계(重要經濟統計)가 수록되었다.

'조사'에는 조선 관세제도의 개정을 다룬 글이 가장 처음 실렸다. 이 글은 법학박사 가와츠 스스무(河津暹)가 쓴 글로, 조선의 관세제도를 어떻게 개정할 것인가에 대해 검토한 글이다. 당시 관세제도 개정의 쟁점은 조선을 특수 관세지역으로 둘 것인지, 아니면 일본 본토와 같은 관세를 적용할 것인지에 대한 것이었다. 또 둘 중의 하나를 택하더라도 기존 제도를 그대로 운영할 것인지, 아니면 조선 사정을 조사하여 새로운 제도를 만들 것인지도 쟁점 중 하나였다. 이는 당시 식민지 동화정책과도 연관이 있는 사항이었음을 이 글을 통해 알 수 있다. 그밖에 1917년 경성 무역 정황을 다룬 두 번째 글과 경성금융개황, 경성상황, 조선무역개황과 같은 매달 게재되는 조사 내용이 포함되었다. 조사 부문의 마지막으로는 앞서 몇 차례에 걸쳐 다루었던 시장 문제를 다시 다룬 글을 게재하였다. 이 글에서는 공설시장 건설의 장애 사항을 살펴보고, 베를린의 공설시장, 봉천(奉天)과 대련의 시장을 소개하고 건축 도면까지 함께 수록하였다.

'참고자료'로는 20년 전의 조선 경제 사정을 돌아보는 글을 수록했다. 이 글은 통계를 제시하는 분석적인 글이라기보다는 처음 일본인들이 조선을 본격적으로 침략하기 시작할 무렵 조선에 대한 인상기라고 할 수 있다. 당시 조선인의 용모와 체격, 언어능력, 종교, 조선의 기후, 공업 수준, 도로 상태와 같은 내용을 다루고 있으며, 일본인들이 조선에 대해 가졌던 최초의 인상에 대해서도 언급하였다.

'잡록'에서는 1918년 4월 16일부로 발포된 「조선 생산품 이입세(移入稅) 면제법」의 전문을 게재하였다. 또 만철회사(滿鐵會社)에서 4월 10일부로 무순탄(撫順炭) 각지 판매 가격을 바꾼 것과 청진(淸津)과 쓰루가(敦賀) 간 개항 소식을 전하였다.

'회의소녹사'에는 경성운송업조합 화물취급 요금과 4월 4일 개최된 임시평의원회 소식, 4월 6일과 18일 개최된 건축위원회 소식을 수록했다. 또 3월 16일부터 4월 15일까지 조선총독부, 광화문우편국, 경성우편국, 경성부, 각 지방 상업회의소 등에서 의뢰한 조사사항 목록을 게재했다. 마지막에는 중요경제통계를 수록하였다.

연번	지역	연월일	자료명	호수	키워드
026	경성	1918.5	조선경제잡지	29	관세제도, 물가, 시장, 조선임야조사령, 전시이득세령, 후쿠시마현, 상공조사소

【목차】

[조사]

조선 관세제도의 개정에 대하여(하) / 조선의 이원(利原) (4) / 경성 물가 상승률의 증진(增進) / 다시 시장문제에 대하여(2) / 경성금융개황 / 경성상황 / 조선무역개황

[광고]

사업계획안 현상모집

[참고자료]

조선인의 해외 발전 정황 / 20년 전의 조선 경제 사정(2)

[잡록]

조선임야조사령과 시행규칙 공포 / 전시이득세령(戰時利得稅令)과 시행규칙 공포 / 후쿠시마현(福島縣) 물산진열관의 확장 / 상공조사소(商工調査所)의 신설

[회의소녹사]

[중요경제통계]

【해설】

본호에는 '조사(調査)' 7건, '참고자료(參考資料)' 2건, '잡록(雜錄)' 4건, '회의소녹사(會議所錄事)' 그리고 중요경제통계(重要經濟統計)가 수록되었다.

'조사'에는 전호에 이어 법학박사 가와츠 스스무(河津暹)가 조선의 관세제도 개정에 대한 글을 게재했다. 전호에 게재한 글의 논지를 이어받아, 동화주의의 식민정책을 적용하여 일본의 관세제도를 조선에도 도입, 두 지역에 동일한 관세제도를 운용하는 것이 좋다고 주장하였다. 다만 특수한 분야에서 현지 사정의 차이가 확연하게 나는 부분에서만 현지에 맞는 세율을 적용하되 일본 본국의 관세제도에 악영향을 미치게 해서는 안 될 것이라고 강조하였다. 다음 글은 조선 각지에 이익이 될만한 품목이나 사업을 소개한 글의 4번째 연재물로, 이번 호에서는 강원도, 함경남도의 현황을 소개하였다. 또 경성의 물가 상승률 급등 현상을 표로 정리하여 제시한 글과 시장문제를 다룬 글이 수록되었다. 특히 후자의 경우는 전호에 이은 두 번째 글로, 이번 호에서는 「경성공설중앙시장 조규안(條規案)」 전문을 소개한 후, 그에 대한 설명을 부기하였다. 그밖에 경성금융개황, 경성상황, 조선무역개황과 같은 매달 게재되는 조사 내용이 포함되었다. '참고자료'로 넘어가기 전에 광고가 하나 게재되었는데, 사업계획안 현상모집에 대한 광고였다. 공모규정을 살펴보면, 자본금 50만 원 이상, 사업지는 조선 내로 한정하고 사업의 종류는 농공상(農工商) 제한이 없었으나 광산 채굴업은 제외하였다. 상금은 3백 원 1명, 150원 1명, 50원 2명이었다.

'참고자료'로는 일본을 비롯한 해외에서 상공업에 종사하는 조선인에 대한 글을 수록하였다. 특히 일본 본토에서 각 직종에 종사하고 있는 조선인의 통계를 포함하였다. 다음으로는 20년 전의 조선 경제 사정을 돌아보는 연재글 두 번째를 수록했다. 전호의 글에 이어 이 글에서는, 경성인들에 대한 인상과 역참의 말[傳馬]을 이용한 여행에 대해 서술하였다.

'회의소녹사'에는 5월 2일과 5월 23일에 개최한 역원회, 5월 2일에 개최한 정기평의원회 소식을 전하였고, 1917년 경성상업회의소 세입출 결산을 보고했다. 또 4월 16일부터 5월 15일까지 조선총독부, 각 지방 상업회의소, 조선피혁주식회사, 조선은행, 조선농회 등에서 의뢰한 조사사항 목록을 게재했다. 마지막에는 중요경제통계를 수록하였다.

연번	지역	연월일	자료명	호수	키워드
027	경성	1918.6	조선경제잡지	30	시장, 쌀, 콩, 축우, 가축, 가금, 조선식산은행령

【목차】

[조사]

다시 시장문제에 대하여(완) / 조선의 이원(利原) (5) / 조선 미곡 실제 수확량(1917년) / 조선 콩류 실제 수확량(1917년) / 조선 축우(畜牛) 조사(1917년) / 조선 가축과 가금(家禽)의 수(1917년) / 경성 금융개황 / 경성상황 / 조선무역개황

[광고]

사업계획안 현상모집

[참고자료]

20년 전의 조선 경제 사정(3)

[잡록]

조선식산은행령 공포

[회의소녹사]

[중요경제통계]

【해설】

본호에는 '조사(調査)' 9건, '참고자료(參考資料)' 1건, '잡록(雜錄)' 1건, '회의소녹사(會議所錄事)' 그리고 중요경제통계(重要經濟統計)가 수록되었다.

'조사'에는 전호에 이어 시장문제를 다룬 마지막 글을 수록하였다. 이번 글에는 앞서 논의한 것을 보완하는 것으로 경성공설시장 설립과 관련하여 필요한 경찰의 원조, 생산자조합 간의 협동, 지방 관청 간의 제휴 등 협조사항에 대해 논하였다. 또 조선 내 이윤이 될 만한 품목이나 사업을 소개한 5번

째 연재 글도 수록되었는데, 이번 호에서는 함경북도, 황해도, 경기도, 충청북도, 충청남도의 현황을 소개했다. 그리고 1917년의 조선 미곡 실제 수확량, 콩류 실제 수확량, 축우(畜牛) 통계, 가축과 가금(家禽) 수 등을 통계 자료로 제시하였다. 그밖에 경성금융개황, 경성상황, 조선무역개황과 같은 매달 게재되는 조사 내용이 포함되었다. '참고자료'로 넘어가기 전에 전호에도 게재한 사업계획안현상모집에 대한 광고가 실렸다.

'참고자료'로는 20년 전의 조선 경제 사정을 돌아보는 세 번째 연재 글을 수록했다. 전호의 글에 이어 이 글에서는 한강 주변의 모습과 자연 풍광에 대한 묘사와 감상을 서술하였다.

'잡록'에는 6월 7일 공포된 「조선식산은행령」 전문을 수록하였다.

'회의소녹사'에는 5월 31일 개최된 건축위원회 소식을 전하였고, 또 5월 16일부터 6월 15일까지 조선총독부, 각 지방 상업회의소, 서산 군수, 경기부, 영국총영사관 등에서 의뢰한 조사사항 목록을 게재했다. 마지막에는 중요경제통계를 수록하였다.

연번	지역	연월일	자료명	호수	키워드
028	경성	1918.7	조선경제잡지	31	금융기관, 조선식산은행령, 지방금융조합령, 보리, 특별 작물, 쌀 매점, 상업회의소, 용정촌, 연초, 곡물 과세

【목차】

[조사]

금융기관의 개선 / 조선의 이원(利原) (6) / 조선 보리 실제 수확량(1917년) / 조선 특별 작물 실제 수확량(1917년) / 경성금융개황 / 경성상황 / 조선무역개황 / 사업계획안 현상모집

[참고자료]

조선 사업계의 추세 / 20년 전의 조선 경제 사정(4)

[잡록]

조선 쌀의 매점 / 지세령(地稅令) 시행규칙 / 조선식산은행 정관 / 조선상업회의소 일람 / 용정촌(龍井村) 지방 연초 수급 상황 / 수이출 곡물 과세 가격 결정

[회의소녹사]

[중요경제통계]

【해설】

본호에는 '조사(調査)' 7건, '참고자료(參考資料)' 2건, '잡록(雜錄)' 6건, '회의소녹사(會議所錄事)' 그리고 중요경제통계(重要經濟統計)가 수록되었다.

'조사'에는 6월 7일 공포된 「조선식산은행령」과 6월 27일 공포된 「지방금융조합령」 개정과 관련하

여 금융기관이 개선해야할 사항에 대해 다룬 글이 제일 첫 부분에 수록되었다. 또 조선 내 이윤이 될 만한 품목이나 사업을 소개한 6번째 연재 글도 수록되었는데, 이번 호에서는 경기도, 충청북도, 충청남도, 전라북도, 전라남도, 경상북도, 경상남도, 황해도, 평안남도, 평안북도, 강원도의 현황을 소개했다. 그리고 1917년 조선 보리 실제 수확량, 특별 작물 실제 수확량 등을 통계 자료로 제시하였다. 그밖에 경성금융개황, 경성상황, 조선무역개황과 같은 매달 게재되는 조사 내용이 포함되었다. '참고자료'로 넘어가기 전에 전호에도 게재한 사업계획안 현상모집에 대한 광고가 실렸다.

'참고자료'로는 최근 개업하거나 문을 닫은 회사의 목록을 제시하며 최근 조선 사업계의 추세를 살펴보았고, 20년 전의 조선 경제 사정을 돌아보는 네 번째 연재 글을 수록했다. 이번 글에서는 말을 타고 한 여행에서 보고 들은 것들과 감상을 기록하였다.

'잡록'에는 조선 쌀의 매점 문제를 짧게 다루었고, 7월 17일 발포된「지세령시행규칙(地稅令施行規則)」 전문, 7월 2일부로 인가를 받은「조선식산은행 정관」 전문을 수록하였다. 또 '조선상업회의소 일람'이라는 제목으로 1918년 5월 현재 전국 각지의 상업회의소의 설립 일자, 회원 자격, 회장(會頭), 부회장(副會頭), 서기장, 회원 수, 평의원 수, 선거 방법, 차기 선거일, 회계 내용 등을 표로 정리하였다. 그밖에 최근 간도 용정촌(龍井村) 지방 연초 수급 상황과 수이출 곡물 과세 가격 결정 사항을 수록하였다.

'회의소녹사'에는 7월 18일 개최한 역원회 소식을 전하였고, 조선총독부, 각 지방 도청, 각 지방 상업회의소, 조선은행, 수원 조선농회 등에서 의뢰한 조사사항 목록을 게재했다. 마지막에는 중요경제통계를 수록하였다.

연번	지역	연월일	자료명	호수	키워드
029	경성	1918.8	조선경제잡지	32	가임, 주택, 공설 셋집, 쌀, 노동자, 구제미, 조절미, 경상북도 물산공진회

【목차】

[조사]

가임(家賃)과 주택에 대하여 / 조선의 이원(利原) (7) / 최근의 쌀 가격 상승 / 경성상황 / 경성금융개황 / 조선무역개황

[광고]

사업계획안 현상모집

[참고자료]

경성 주요 물자 수급의 현황 / 전후의 경제 정책(1) / 20년 전의 조선 경제 사정(5) / 조선인 노동자 사역(使役)에 관한 조사

[잡록]

구제미(救濟米)와 조절미(調節米)의 매출 / 제2회 경상북도 물산공진회
[회의소녹사]
[중요경제통계]

【해설】

본호에는 '조사(調査)' 6건, '참고자료(參考資料)' 4건, '잡록(雜錄)' 2건, '회의소녹사(會議所錄事)' 그리고 중요경제통계(重要經濟統計)가 수록되었다.

'조사'에는 당시 문제가 되었던 집세[家賃]와 주택 문제를 다룬 글이 게재되었다. 이 글에서는 최근의 집세 상승 문제와 집을 빌리는[借家] 문제를 검토하고 공설 셋집[公設貸家]을 하나의 해결책으로 제시하였다. 또 조선 내 이윤이 될만한 품목이나 사업을 소개한 7번째 연재 글도 수록되었는데, 이번 호에서는 함경남도, 함경북도, 경기도, 충청남도, 전라북도, 전라남도, 경상북도, 경상남도, 황해도, 평안남도, 강원도의 현황을 소개했다. 그리고 최근 1개월 간 쌀 가격 상승의 추이를 표로 정리하였다. 그밖에 경성상황, 경성금융개황, 조선무역개황과 같은 매달 게재되는 조사 내용이 포함되었다. '참고자료'로 넘어가기 전에 전호에도 게재한 사업계획안 현상모집에 대한 광고가 실렸다.

'참고자료'로는 경성 주요 물자 수급 현황을 간략히 설명한 후 표로 정리하였다. 또 제1차 세계대전 이후 세계 각국의 경제 정책을 소개하였는데, 이번 호에는 프랑스의 정책을 자세히 정리하였다. 20년 전의 조선 경제 사정을 돌아보는 다섯 번째 연재 글을 수록했다. 이번 호에는 금강산을 올랐던 여정에 대해 서술하였다. 마지막으로 조선인 노동자 사역(使役)에 관한 조사를 수록하였는데, 이 글에서는 일본으로 유입되는 조선인 노동자들에 대한 내용이다. 조선인 노동자들이 일본으로 유입되는 동기, 모집과 채용 과정, 노동 종류와 능률, 대우, 이동, 조선인 노동자를 사용한 효과 등을 정리하였다.

'잡록'에는 최근의 쌀 가격 폭등으로 인해 불안한 민생을 안정시키기 위해 경찰서, 신문사, 상업회의소가 협조하여 8월 10일에 합의한 결과, 빈민에게 제공하는 구제미(救濟米)와 물가를 안정시키기 위한 조절미(調節米)를 매출하기로 했다는 내용을 수록하였다. 또 10월 30일부터 11월 12일까지 개최될 제2회 경상북도 물산공진회 소식을 전하였다.

'회의소녹사'에는 7월 16일부터 8월 15일까지 조선총독부, 각 지방 도청, 각 지방 상업회의소, 조선은행, 제19사단 경리부 등에서 의뢰한 조사사항 목록을 게재했다. 마지막에는 중요경제통계를 수록하였다.

연번	지역	연월일	자료명	호수	키워드
030	경성	1918.9	조선경제잡지	33	물가, 임금, 정미, 조선지, 구조 미속

【목차】
[조사]

경성의 물가와 품삯[勞銀] / 조선의 이원(利原) (8) / 경성상황 / 경성금융개황사 / 조선무역개황

[광고]

사업계획안 현상모집

[참고자료]

전후의 경제 정책(2)

[잡록]

정미(正米) 거래[取引] 개시 / 만주의 조선지(朝鮮紙) / 경성 구조(救助) 미속(米粟)의 누계

[회의소녹사]

[중요경제통계]

【해설】

본호에는 '조사(調査)' 5건, '참고자료(參考資料)' 1건, '잡록(雜錄)' 3건, '회의소녹사(會議所錄事)' 그리고 중요경제통계(重要經濟統計)가 수록되었다.

'조사'의 첫 글의 제목은 '경성의 물가와 품삯'이다. 이 글에서는 최근 경성의 물가가 치솟고 있음을 각종 물품의 가격표를 제시하며 지적하고, 이에 비해 노동자의 품삯[勞銀]의 추세를 비교하였다. 특히 경성의 수치를 도쿄, 오사카, 다롄의 그것과 비교하였는데, 현재 경성 노동자의 생활 상태가 어렵고 이것을 구제하거나 개선하지 않으면 큰 사회문제로 번질 것이라고 경고하였다. 다음으로는 조선 내 이윤이 될 만한 품목이나 사업을 소개한 여덟 번째 글이 수록되었다. 이번 호에서는 전국의 상황을 살펴본 결과를 분석한 내용이다. 조선 내 과거의 산업의 종류와 각광 받던 품목들을 정리하고 분석하였다. 그밖에 경성상황, 경성금융개황, 조선무역개황과 같은 매달 게재되는 조사 내용이 포함되었다. '참고자료'로 넘어가기 전에 전호에도 게재한 사업계획안현상모집에 대한 광고가 실렸다.

'참고자료'로는 제1차 세계대전 이후 세계 각국의 경제 정책을 소개한 두 번째 글이 실렸다. 이번 호에는 전 호에 이어 프랑스의 정책을 자세히 정리하였다.

'잡록'에는 기존에 동대문시장과 기타 쌀 상인들이 임의로 정하던 정미(正米) 가격에 문제가 있다고 보고, 곡물상조합에서 정미 거래 방법을 개선하기로 뜻을 모아 새롭게 정미 거래를 시작하였다는 소식을 전하였다. 그리고 만주의 조선지(朝鮮紙) 수요와 현황을 간단히 정리하였고, 경성 구조(救助) 미속(米粟)의 누계를 게재했다. 최근의 쌀 가격 폭등으로 인해 불안한 민생을 안정시키기 위해 경찰서, 신문사, 상업회의소가 협조하여 8월 10일에 합의한 결과, 빈민에게 제공하는 구제미(救濟米)와 물가를 안정시키기 위한 조절미(調節米)를 매출하기로 했다는 내용을 수록하였다. 또 10월 30일부터 11월 12일까지 개최될 제2회 경상북도 물산공진회 소식을 전하였다.

'회의소녹사'에는 8월 24일과 9월 18일 개최된 임시평의원회와 9월 14일 개최된 역원회 소식을 전하였고, 9월 21일부터 23일 간 개최되는 제1회 조선상업회의소연합회의 참석자 명단을 수록하였다. 마지막으로 8월 16일부터 9월 15일까지 조선총독부, 각 지방 도청, 각 지방 상업회의소, 조선은행, 경성세관출장소, 조선육군창고, 수원권업모범장 등에서 의뢰한 조사사항 목록을 게재했다. 마지막에는 중요경제통계를 수록하였다.

연번	지역	연월일	자료명	호수	키워드
031	경성	1918.10	조선경제잡지	34	목탄, 운수화물, 잠업, 동양축산흥업회사, 조선우선회사, 노동자, 조선식산은행, 제당회사, 예금 이자

【목차】

[조사]

목탄(木炭)문제 / 조선의 이원(利原) (9) / 경성상황 / 경성금융개황 / 조선무역개황

[참고자료]

전후의 경제 정책(3)

[잡록]

연락운수화물 운임(聯絡運輸貨物運賃) / 경기도 잠업(蠶業) 수입 / 회사 신설 허가 / 동양축산흥업회사 신설 / 조선우선회사(朝鮮郵船會社)의 성적 / 일본행 조선인 노동자에 관한 통첩 / 조선인 노동자 이출 제한 진정(陳情) / 곡물 철도 운임 개정 / 조선식산은행 개점 / 인천 갑선거(閘船渠) 낙성(洛城) / 제당회사의 합병 / 조선총독부예산 / 예금 이자의 인상

[회의소녹사]

[중요경제통계]

【해설】

본호에는 '조사(調査)' 5건, '참고자료(參考資料)' 1건, '잡록(雜錄)' 13건, '회의소녹사(會議所錄事)' 그리고 중요경제통계(重要經濟統計)가 수록되었다.

'조사'의 첫 글은 목탄 문제를 다룬 글이다. 목탄 부족 현상을 맞아 목탄의 종류별 수급 현황, 가격 현황과 공급에 문제가 생긴 원인을 논하였다. 다음으로는 조선 내 이윤이 될 만한 품목이나 사업을 소개한 아홉 번째 글이 수록되었다. 이번 호에서는 각 지방별 현재 발달한 산업과 앞으로 유망한 산업을 분석하고 소개하였다. 그밖에 경성상황, 경성금융개황, 조선무역개황과 같은 매달 게재되는 조사 내용이 포함되었다.

'참고자료'로는 제1차 세계대전 이후 세계 각국의 경제 정책을 소개한 세 번째 글이 실렸다. 이번 호에는 독일의 정책을 자세히 정리하였다.

이번 호 '잡록'에는 이전에 비해 다양한 내용이 수록되었다. 연락(聯絡) 운수화물 운임에 대한 내용, 경기도 잠업(蠶業) 수입을 항목별로 정리하였고, 회사 신설 허가, 동양축산흥업회사 신설, 조선우선회사(朝鮮郵船會社)의 성적, 일본으로 가는 조선인 노동자에 관련한 통첩 전문, 조선인 노동자 이출 제한 진정서 전문, 곡물철도 운임 개정 소식, 조선식산은행 개점 소식, 인천 갑선거(閘船渠) 낙성(洛城), 제당회사의 합병 등의 소식을 전하였다. 그밖에 조선총독부 예산과 예금 이자 인상 소식도 전하였다. 이번 호 잡록 란을 살펴보면 당시 일본으로 건너가는 조선인 노동자가 사회문제로 인식되고 있음을 알 수 있다.

'회의소녹사'에는 9월 19일부터 21일 간 개최된 제1회 조선상업회의소연합회 소식과 결의안 전문을 게재하였다. 또 9월 25일부터 3일간 개최된 제1회 선만(鮮滿)상업회의소연합회 소식도 함께 전하였다. 그밖에 건축위원회 개최, 임시평의원회 개최 소식을 전했으며, 9월 16일부터 10월 15일까지 조선총독부, 각 지방 도청, 각 지방 상업회의소, 러시아총영사, 경성지방법원 검사국, 등에서 의뢰한 조사사항 목록을 게재했다. 마지막에는 중요경제통계를 수록하였다.

연번	지역	연월일	자료명	호수	키워드
032	경성	1918.11	조선경제잡지	35	호구, 화물 운임, 시베리아, 쌀, 대두, 미곡급대두조사시행규칙, 엽연초, 북선상업은행, 조선우선회사, 소금

【목차】

[조사]

조선의 이원(利原) (10) / 조선 현재 호구수 조사(1917년말 현재) / 경성상황 / 경성금융개황 / 조선무역개황

[참고자료]

전후의 경제 정책(4)

[잡록]

대화물 운임 개정 / 원선(院線) 대두 운임 개정 / 화차(貨車) 적재 중량 / 특별 수송 개시 / 출품물 무임 운수 / 시베리아[西伯利亞] 경제 사정 조사 위원 / 경성 미곡과 대두 조사 시행규칙 개정 / 공업 원료품 수출 개정 / 경기도 엽연초(葉煙草) 등급과 수량 / 경기도 양돈 양계 사업

북선상업은행(北鮮商業銀行) 개시 / 신설회사 / 조우(朝郵) 운임 인상 / 관염(官鹽) 생산 상황

[회의소녹사]

[중요경제통계]

【해설】

본호에는 '조사(調査)' 5건, '참고자료(參考資料)' 1건, '잡록(雜錄)' 14건, '회의소녹사(會議所錄事)' 그리고 중요경제통계(重要經濟統計)가 수록되었다.

'조사'의 첫 글은 조선 내 이윤이 될 만한 품목이나 사업을 소개한 열 번째 글이 연재의 결론으로 수록되었다. 전 호에 이어 각 지방별 현재 발달한 산업과 앞으로 유망한 산업을 분석하고 소개하였다. 부록으로 이 연재에서 다룬 내용을 한눈에 살필 수 있도록 각 도별, 부별, 군별로 일람표를 만들었다. 다음으로는 1917년말 현재 조선의 현재 호구수를 조사한 표를 게재하였다. 그밖에 경성상황, 경성금융개황, 조선무역개황과 같은 매달 게재되는 조사 내용이 포함되었다.

'참고자료'로는 제1차 세계대전 이후 세계 각국의 경제 정책을 소개한 네 번째 글이 실렸다. 이번 호에는 전호에 이어 독일의 정책을 자세히 정리하였다.

'잡록'에는 대화물(大貨物) 운임 개정, 조선발철도원선(朝鮮發鐵道院線) 대두 운임 개정, 화물차[貨車] 적재 중량, 특별 수송 개시, 하얼빈 상품진열관 출품물을 무료로 운송한다는 소식 등을 화물 운송에 관련된 다양한 내용을 간략히 전하였다. 그밖에 시베리아 경제사정조사위원이 70일 간의 조사를 시작한다는 내용, 「경기도 미곡과 대두 조사 시행규칙」 개정 소식과 개정 규칙 전문, 공업원료품 수출 개정, 경기도 잎담배[葉煙草] 등급과 생산액, 경기도 양돈 양계 사업에 관한 소식, 북선상업은행(北鮮商業銀行)이 자본금 50만원으로 10월 28일에 영업을 시작한다는 소식, 신설 회사 소개, 조선우선회사(朝鮮郵船會社)의 운임 인상, 관에서 생산하는 소금의 상황 등을 다루었다.

'회의소녹사'에는 10월 16일부터 11월 15일까지 조선총독부, 경성우편국, 각 지방 도청, 각 지방 상업회의소, 수원 조선농회 등에서 의뢰한 조사사항 목록을 게재했다. 마지막에는 중요경제통계를 수록하였다.

연번	지역	연월일	자료명	호수	키워드
033	경성	1918.12	조선경제잡지	36	인천, 쌀, 수리사업, 영일만, 가스회사, 만철, 히노마루 시장, 조선척식회사, 면

【목차】

[조사]

세만소감(歲晩所感) / 인천론(상) / 조선의 이원(利原) (보유; 補遺) / 경성상황 / 경성금융개황 / 조선무역개황

[참고자료]

사회개량사업

[잡록]

조선 쌀 수이출력 / 수리(水利)사업 계획 / 영일만의 축항(築港) / 몽드[モンド] 가스[瓦斯] 회사록 / 인정미(籾正味) 척량(尺量) 매매 실시 / 경성 곡물 현물시장 출래(出來)양 / 만철(滿鐵) 야적(野積) 보관 취급 개시 / 히노마루(日丸) 시장 영업 계속 허가 / 인삼회사 계획[目論見] 변경 / 조선척식경철(輕鐵) 계획 / 면작(綿作) 제2기 실행 계획 / 일본행 수탁 방법 개정 / 창고 영업 개시 / 전 조선의 시장 상황

[회의소녹사]

[중요경제통계]

【해설】

본호에는 '조사(調査)' 6건, '참고자료(參考資料)' 1건, '잡록(雜錄)' 14건, '회의소녹사(會議所錄事)' 그리고 중요경제통계(重要經濟統計)가 수록되었다.

'조사'의 첫 글은 한 해를 마무리하는 감상을 적은 글이다. 다음으로는 8년의 공사기간, 5백만 원의 공사액을 들여 완성한 인천 갑문식 선거(閘門式船渠) 준공을 맞아, 인천의 지위, 경성과의 관계, 앞으로의 전망 등을 서술하였다. 또 조선 내 이윤이 될 만한 품목이나 사업을 소개한 11번째 글이 전호의 결론을 보충하는 글로서 게재되었다. 이번 호에는 전라북도, 전라남도, 경상북도, 경상남도, 강원도, 평안남도, 평안북도, 함경북도의 현황을 소개하였다. 그밖에 경성상황, 경성금융개황, 조선무역개황과 같은 매달 게재되는 조사 내용이 포함되었다.

'참고자료'로는 조선 특히 경성 사회를 개량하기 위한 사업을 검토한 '사회개량사업(社會改良事業)'이라는 글을 수록하였다. 이 글에서는 대도시에는 염가의 숙박 시설이나 간이식당이 마련되어 사회구제의 목적을 다할 수 있도록 해야 한다고 주장하였다.

'잡록'에는 조선 쌀의 수이출 현황, 수리사업 계획, 영일만 항구 개수, 평양에 설립한 몽드[モンド] 가스[瓦斯] 회사에 대한 소식, 벼 매매에 관련하여 결의한 사항, 경성 곡물 현물 시장 이출표, 만철(滿鐵) 야적(野積) 보관 취급을 개시했다는 소식, 히노마루(日丸) 시장 영업이 계속된다는 소식, 인삼회사의 설립 계획에 변경이 생겼다는 소식, 조선척식경철(輕鐵) 계획, 면 경작 제2기 실행 계획, 일본행 수탁 방법이 바뀌었다는 소식, 창고 영업 개시 소식, 전 조선 시장의 상황 등을 수록하였다.

'회의소녹사'에는 11월 16일부터 12월 15일까지 조선총독부, 경성우편국, 각 지방 도청, 각 지방 상업회의소, 조선은행, 수원 조선농회 등에서 의뢰한 조사사항 목록을 게재했다. 마지막에는 중요경제통계를 수록하였다.

연번	지역	연월일	자료명	호수	키워드
034	경성	1919.1	조선경제잡지	37	한강, 인천, 노동문제, 사회개량, 이출세, 기관차, 인쇄직공

【목차】

[조사]

경성 공업에 대한 한강의 가치 / 인천론(중) / 경성상황(京城商況)(12월분) / 경성금융개황(京城金融槪況)(12월분) / 조선무역개황(朝鮮貿易槪況)(12월분)

[참고자료]

노동문제에 대하여 / 사회개량사업

[잡록]

경성 수형(手形) 교환고(交換高)의 비교 / 조선 이출세 전폐 / 평양 몬드 와사(瓦斯)사업 / 기관차(汽鑵車) 제조 계획 / 선미(鮮米) 증(增) 능력(能力) / 대정(大正)7년 조선무역 / 인쇄직공 표창식 / 식료품조합 점원 표창식

[회의소녹사]

[중요경제통계]

【해설】

본호에는 '조사(調査)' 5건, '참고자료(參考資料)' 2건, '잡록(雜錄)' 8건, '회의소녹사(會議所錄事)' 4건, 중요경제통계가 수록되었다.

'조사'에는 '경성 공업에 대한 한강의 가치'를 수록하였는데, 이 글의 취지에 대해 '본론은 단지 기자가 감득(感得)한 것을 서집(書集)한 것이오, 특별히 조사한 것도 아닌즉 정확한 자료로 준거할 자도 아니며 단지 질문자에 대하여 자기의 추측을 말하는 것이라'라고 하여 상당히 조심스럽게 접근하였다. 이어 '동력공급기관으로 한강'을 가리킴은 '한강의 수력을 이용하여 전기를 기득(起得)할까, 만약 기득하리라 하면 공장 공업에 여하한 영향을 미칠까 함을 말함'이라고 하였다. 결론은 '경성 장래의 공업에 대하여 한강 동력으로는 당분간 여망이 없고, 운수기관으로도 현상 이상에 큰 동작을 주지 못하며, 단지 상류지방의 원료를 운수하는 방면에 다소의 관계가 있을지도 경성의 공업이 먼저 흥하여 이를 이용하는 여부에 따라 결정되리라는 것이다. '인천론(중)'은 전호에 이은 연재 기사로서 경인지방 장래 산업론에 대한 서술이다. 나머지 3건의 조사 내용은 12월분 통계 자료이다.

'참고자료'의 '노동문제에 대하여'는 1차 대전 이후 세계 각국에서 큰 문제가 되는 것 중에 노동문제가 그 하나라고 하여 영국, 미국, 일본의 언론 보도와 정부 관계자의 발언을 소개하였다. '사회개량사업'은 전호에 이은 연재기사로서 구제사업조사회위원회에서 결정한 것 중 노동보험, 공장노동의 개선, 보습교육 및 도제제도, 부인노동, 노동조합 및 중재제도, 순익분배제도, 실업구제 및 직업소개, 이주민 및 출가인의 보호로 나누어 서술했다.

'잡록'의 '조선이출세 전폐'는 1919년 1월 16일부 제령 제1호로써 조선관세 정률 개정이 공포되고, 제령 제2호로써 조선관세령 중 개정건이 공포되어 4월 1일부터 시행됨으로써 조선의 수이출세 전부는 4월 1일부터 철폐된다는 소식이다. '기관차(汽罐車) 제조 계획'은 만철 경성관리국 소속 용산공장에서 조선 내 경편철도 보급이 크게 늘어남에 따라 10대의 기관차 신조 주문을 받아 계획을 착착 진행중이라는 소식이다. '선미(鮮米) 증(增) 능력(能力)'은 수리, 비료 등 각 시설을 통해 약 1천만석의 산업 증가를 볼 수 있고, 이는 현재 1천 2백만석을 장래 2천 2백만석으로 증가시킬 수 있다고 예측한 것이다.

'회의소녹사'는 1월 9일, 16일, 18일의 역원회와 1월 18일 임시평의원회, 25일 정기평의원회의 회의록과 1919년도 경성상업회의소 세입출예산, 공회당 겸용 경성상업회의소 건축비 기부 명세, 그리고 1918년 12월 16일부터 1월 15일까지 여러 관청 및 일반 상공업자의 의뢰를 받은 조사사항의 목록이다.

'중요경제통계'는 맨 뒷면부터 거꾸로 수록되었다. 금융 12건, 무역 5건, 물가 및 임금[勞銀] 2건, 운수교통 6건, 통신 5건, 기타 3건(米豆, 공채 주권, 곡가 관련) 등 33건이다.

연번	지역	연월일	자료명	호수	키워드
035	경성	1919.2	조선경제잡지	38	취인소, 인천, 곡물조례, 평원선, 조선아편령, 금융조합

【목차】

[조사]

경성 취인소론(取引所論)(1) / 인천론(하) / 경성금융개황(京城金融概況)(1월분) / 조선무역개황(朝鮮貿易概況)(1월분) / 경성상황(京城商況)(1월분)

[참고자료]

잉글랜드[英吉利] 곡물조례를 회(懷)한다(상)

[잡록]

회사 설립 허가 / 평원선 부설 내의(內議) / 조선아편령 시행 / 사혹(思惑)과 대출 금지 / 시가지금융조합 설립 부(附) 정관

[회의소녹사]

[중요경제통계]

【해설】

본호에는 '조사(調査)' 5건, '참고자료(參考資料)' 1건, '잡록(雜錄)' 5건, '회의소녹사(會議所錄事)' 2건, 중요경제통계가 수록되었다.

'조사'의 '경성취인소론'(1)은 연재 기사의 첫 번째로서 제1장 경성취인소 설립의 필요 제1절 취인소의 본질 및 그 효용, 제2절 조선경제사정과 취인소까지의 내용이며, 부표로 통계표가 첨부되어 있는

데, 1914년부터 1918년까지 인천·군산·목포·부산·마산·해주·진남포·원산·함흥의 현미와 대두의 시세[相場]와 1918년 12월말 재조선 회사 은행 일람표, 재조선 지점설치 회사, 재조선 미성립 회사, 재조선 각은행, 재조선 미(未) 개업 은행 목록이다. '인천론(하)'는 전호에 이은 연재 기사로서 인천이 점차 외국무역항되는 특수한 지위를 실추하여 겨우 경기도 일원의 지방항되는 처지에 빠져 있는 상태를 구제하려면 그 배후지에서 발흥되는 양잠, 마, 저 재배에 의하는 원료를 이용하고, 중국으로부터 수입하는 직물의 제작을 위시하고, 중국 및 조선의 원료를 이용하여 주조업(酒造業)을 일으킴이 급무라는 것이다. 또 시민의 정신상태를 단련하고 이를 원호함에 내외 원료의 이용방법을 연구하는 것 외에 외국인을 초치하는 것이 중요하다고 강조했다. 나머지 3건의 조사 내용은 1월분 통계 자료이다.

'참고자료'의 '잉글랜드[英吉利] 곡물조례를 회(懷)한다(상)'은 15세기 경부터 19세기 중엽 무렵까지 곡물의 수출입을 금지했던 영국 '곡물조례'를 다룬 기사이다.

'잡록'의 '회사 설립 허가'는 1919년 1월 이후 2월 10일까지 새로 설립 허가를 받은 회사 목록인데, 모두 15개 회사이다. '평원선 부설 내의(內議)'는 평양-원산 간 철도 부설을 위한 총독부 토목회의 결정과 향후 진행과정을 다룬 글이다. '조선아편령 시행'은 이의 시행을 위해 조선총독부가 그 경비 36만 6,732원을 계상한 1919년도 예산안이 중의원을 통과함으로써 4월 1일부터 시행된다는 소식이다. '사혹(思惑)과 대출 금지'는 1월 하순 이래 정미(正米)의 비등이 가격상승을 예측한 큰손[大手筋]과 조선인 상인의 매입때문이라고 판단하여 조선은행에서 경성조합은행단에 대해 이출미가 아닌 투기로 보이는 미곡금융을 절대 금지시켰다는 기사이다. '시가지금융조합 설립 부(附) 정관'은 전년 6월 '금융조합령' 개정으로 신설된 시가지금융조합에 대해 그 경과와 정관(안)을 소개한 글이다.

'회의소녹사'는 2월 10일의 역원회 회의록과 1월 16일부터 2월 15일까지 여러 관청 및 일반 상공업자의 의뢰를 받은 조사사항의 목록이다.

'중요경제통계'는 금융 12건, 무역 4건, 물가 및 임금[勞銀] 2건, 운수교통 5건, 통신 5건, 기타 3건(米豆, 공채 주권, 곡가 관련) 등 31건이다.

연번	지역	연월일	자료명	호수	키워드
036	경성	1919.3	조선경제잡지	39	약속수형, 취인소, 곡물조례, 보험사업, 청주 품평회, 사탕소비세령

【목차】

[조사]

약속 수형(手形)의 유통에 대하여 / 경성 취인소론(取引所論)(2) / 경성상황(京城商況)(2월분) / 경성 금융개황(京城金融概況)(2월분) / 조선무역개황(朝鮮貿易概況)(2월분)

[참고자료]

상가(商家) 고객의 고통과 그 해결 / 잉글랜드[英吉利] 곡물조례를 회(懷)한다(하) / 상고(商賈)의 휴

업에 대하여
[잡록]
조선 각종 보험사업 성적 / 청주(淸酒) 품평회 포상식 / 사탕(砂糖)소비세령의 공포
[회의소녹사]
[중요경제통계]

【해설】

본호에는 '조사(調査)' 5건, '참고자료(參考資料)' 3건, '잡록(雜錄)' 3건, '회의소녹사(會議所錄事)' 2건, 중요경제통계가 수록되었다.

'조사'의 '약속 수형(手形)의 유통에 대하여'는 약속 어음[수형]의 지불장소를 은행으로 정하여 거래하는 관행이 1917년 이래 생겼으나 여전히 그 관행을 따르지 않는 시내 거주 상공업자가 많아 그것을 개선코자 경성상업회의소에서 1919년 2월 10일 역원회 결정으로 적당한 주지(周知) 방법을 정하였는데, 이 글은 그 홍보의 일환으로 작성된 것이다. '경성취인소론'(2)은 연재 기사의 두 번째로서 제2장 취인소의 폐해, 제3장 취인소의 조직을 다룬 글이다. 나머지 3건의 조사 내용은 2월분 통계 자료이다.

'참고자료'의 '상가(商家) 고객의 고통과 그 해결'은 일본인 하마다[濱田]의 저서 『현대식 상점경영』을 참조하여 쓴 글로서 미국 시카고의 마셜 힐드라는 백화점에서 그 점원들의 매뉴얼로서 시행하는 고객 불만 처리 방법을 소개한 글이다. '잉글랜드[英吉利] 곡물조례를 회(懷)한다(하)'는 15세기 경부터 19세기 중엽 무렵까지 곡물의 수출입을 금지했던 영국 '곡물조례'를 다룬 두 번째 연재 기사이다. '상고(商賈)의 휴업에 대하여'는 3·1운동이 한창이던 3월 경성시내 조선인 상점 철시에 대하여 3월 13일부터 22일까지 오무라[大村] 서기장이 상점 개점을 위해 벌인 활동을 소개하며, 조선인 상인들을 비난하는 내용의 기사이다.

'잡록'의 '청주(淸酒) 품평회 포상식'는 경성 인천의 양 주조조합이 개최한 3월 17일의 품평회 소식이다. '사탕(砂糖)소비세령의 공포'는 1919년부터 수이출세 철폐, 일반회계 보급금 폐지에 따라 새로운 세원으로서 사탕 100근에 대해 1원 내지 5원의 소비세를 징수할 것을 4월 1일부터 시행하기 위해 3월 24일 제령 제4호로써 공포된 '사탕소비세령' 내용이다.

'회의소녹사'는 3월 1일의 임시 평의원회 회의록과 2월 16일부터 3월 15일까지 여러 관청 및 일반 상공업자의 의뢰를 받은 조사사항의 목록이다.

'중요경제통계'는 금융 12건, 무역 4건, 물가 및 임금[勞銀] 2건, 운수교통 5건, 통신 5건, 기타 3건(米豆, 공채 주권, 곡가 관련) 등 31건이다.

연번	지역	연월일	자료명	호수	키워드
037	경성	1919.4	조선경제잡지	40	인지세, 경성취인소, 잠업, 3.1운동, 중국, 철도 창고, 제면, 조선양잠령

【목차】

[조사]

인지세(印紙稅)의 시행에 대하여 / 경성 거래소[取引所]론(3) / 경성상황 / 경성금융개황 / 조선무역개황 / 1918년 조선 잠업(蠶業) 개황 / 1918년 경성 무역 상황 / 소요(騷擾)와 폐점 사건이 경제계에 미친 영향

[참고자료]

극동의 상업 항구(商港) (1)

[잡록]

철도 창고 영업 개시 / 제면(製綿)의 가격 치하(値下) / 조선양잠령 공포

[회의소녹사]

[중요경제통계]

【해설】

본호에는 '조사(調査)' 8건, '참고자료(參考資料)' 1건, '잡록(雜錄)' 3건, '회의소녹사(會議所錄事)' 그리고 중요경제통계(重要經濟統計)가 수록되었다.

'조사'에는 4월 1일 부로 시행된 인지세(印紙稅)에 대해 설명한 글을 수록하였다. 인지세의 개념 설명, 납세자의 정의, 납세 방법, 증서의 기재 방법, 세액, 위반시 처벌 내용 등을 포함했다. 다음으로는 경성 거래소[取引所]를 다룬 세 번째 글을 게재했다. 이번 호에서는 거래소가 어떻게 조직되는지, 담보기관(擔保機關)은 무엇인지 등을 자세히 설명하였다. 그리고 경성상황, 경성금융개황, 조선무역개황과 같은 매달 게재되는 조사 내용이 포함되었다. 그밖에 1918년 조선 잠업(蠶業) 개황과 같은 해 경성 무역 상황을 표로 상세히 정리하였다. 마지막으로 '소요와 폐점 사건이 경제계에 미친 영향'이라는 제목의 글이 게재되었다. 당시 3.1운동으로 종로의 조선인 상점을 임시 폐점시켰는데, 그것이 미칠 영향에 대해 서술한 글이다. 일본인 상점에 미칠 영향, 생산 공업에 미칠 영향, 토목 건축계에 미칠 영향, 기타 방면에 미칠 영향 등을 각 부문, 회사 별로 정리했다.

'참고자료'로는 '극동의 상업 항구'이라는 제목으로 동아시아의 상업 항구를 소개하고 여러 가지 현황을 제시한 글의 수록되었다. 이번 호에는 중국의 산업과 생산품목, 국적별 상인 수 등을 다루었다.

'잡록'에는 4월 20일 부로 철도창고가 영업을 개시한다는 소식, 제면(製綿) 가격 하락, 「조선잠업령」 공포 소식과 그 전문을 수록했다.

'회의소녹사'에는 4월 10일 개최한 역원회 소식과 함께 3월 16일부터 4월 15일까지 조선총독부, 각 지방 도청, 각 지방 상업회의소, 경성우편국, 경성부윤, 서대문감옥, 부산부 축산조합, 조선은행,

조선농회 등에서 의뢰한 조사사항 목록을 게재했다. 또 1919년도 경성상업회의소 예산을 공시하였다. 마지막에는 중요경제통계를 수록하였다.

연번	지역	연월일	자료명	호수	키워드
038	경성	1919.5	조선경제잡지	41	경성취인소, 창고업, 양잠, 관세 개정, 재단저당령, 하바롭스크

【목차】

[조사]

경성 취인소(取引所)론(4) / 대정(大正)7년중 경성 창고업 / 대정(大正)7년 경성 무역 상황(중) / 대정(大正)7년 조선 작잠 상황 / 경성상황(4월분) / 경성금융개황(4월분) / 조선무역개황(4월분) / 북만 및 시베리아[西伯利] 경제, 산업, 무역 조사 보고 / 조선 관세 개정에 대하여

[잡록]

조선재단저당령 / 산업공로자 모범직공의 표창 / 하바롭스크 시(市)의 물가 / 제면(製綿)의 유망

[회의소녹사]

[중요경제통계]

【해설】

본호에는 '조사(調査)' 9건, '잡록(雜錄)' 4건, '회의소녹사(會議所錄事)' 4건, 중요경제통계가 수록되었다.

'조사'의 '경성취인소론'(4)은 연재 기사의 네 번째로서 제4장 취인소의 기관인데, 제1절 감독기관, 제2절 취인인을 다룬 글이다. 그런데, 글 말미에 "본고는 예정의 반분(半分)을 서(書)하였을뿐인데, 이미 인천의 취인소는 불완전하지마는 구제(舊制)대로 부활되고, 오인(吾人)의 통절히 필요를 감(感)하던 유가증권의 사장되는 결함을 구제할 취인소는 모(某) 형식하에 경성에 설치케 되었으니, 경성취인소론은 당장에 그 필요를 대감(大減)한 고로 1차 본고를 중지하였다가 응기(應機)하여 재차 속고(續稿)코자 하노라"라는 부기(附記)가 적혀있다. '북만 및 시베리아[西伯利] 경제, 산업, 무역 조사 보고'는 평의원[苫米地造酒彌]가 1918년 11월 16일부터 1919년 1월 17일까지 주요지(길림, 하얼빈, 치치하얼, 하이라얼, 만추리, 치타, 베르우네우진스크, 이르쿠츠크, 네르친스크, 하바롭스크 등) 전모 조사를 마친 결과를 보고한 내용이다.

'잡록'의 '조선재단저당령'은 1919년 4월 21일 제령 제8호로써 제정된 동령을 4월 29일 조선총독부령 제78호로써 공포하여 5월 1일부터 시행한다는 내용이다. 동령은 본문 6개조와 부칙으로 이뤄져 있다. '산업공로자 모범직공의 표창'은 경기도장관 명의로 매년 실시하는 표창 대상으로 이창림과 안윤식을 선정하고 5월 17일에 포상 수여식을 거행했다는 소식이다. '하바롭스크 시(市)의 물가'는 5월

10일부 조사한 하바롭스크 시(市)의 물가표이고, '제면(製綿) 유망'은 경성부의 조선제면주식회사의 제품을 조선총독부 사무관[本岡榮次郎]이 휴대하여 장춘, 하얼빈과 블라디보스토크 등 연해주, 시베리아에 가서 소개한 결과 호평을 받아 향후 시베리아 일대에서 전도 유망하리라는 내용이다.

'회의소녹사'는 5월 13일의 역원회와 5월 16일의 정기평의원회 회의록과 4월 16일부터 5월 15일까지 여러 관청 및 일반 상공업자의 의뢰를 받은 조사사항의 목록이다.

'중요경제통계'는 금융 12건, 무역 4건, 물가 및 임금[勞銀] 2건, 운수교통 5건, 통신 4건, 기타 3건(米豆, 공채 주권, 곡가 관련) 등 30건이다.

연번	지역	연월일	자료명	호수	키워드
039	경성	1919.6	조선경제잡지	42	가축, 가금, 축우, 극동, 아편취체령, 전화규칙

【목차】

[조사]

소망 삼제(三題) / 대정(大正)7년중 경성 무역 상황(하) / 대정(大正)7년말 현재 조선 가축 및 가금(家禽) 조(調) / 대정(大正)7년 조선 축우(畜牛) 조(調) / 경성상황(5월분) / 경성금융개황(5월분) / 조선무역개황(5월분) / 대정(大正)7년 조선 맥(麥) 실수고(實收高)

[참고자료]

극동의 상항(商港)(2)

[잡록]

조선아편취체령 및 동 시행규칙 / 아편의 가격 및 배상금액 / 전화규칙 개정

[회의소녹사]

[중요경제통계]

【해설】

본호에는 '조사(調查)' 8건, '참고자료(參考資料)' 1건, '잡록(雜錄)' 3건, '회의소녹사(會議所錄事)' 4건, 중요경제통계가 수록되었다.

'조사'의 '소망 삼제'는 무역회사, 신탄(薪炭) 자급, 주택 증축에 대한 글이다. '대정(大正)7년중 경성 무역 상황(하)'는 전호에 이은 세 번째 연재 기사로서 그 목차는 통상국별 무역, 금은화폐 및 동 지금의 출입, 운수교통으로 이뤄져있다. '대정(大正)7년말 현재 조선 가축 및 가금(家禽) 조(調)'는 소, 말, 나귀, 노새, 돼지, 산양(山羊), 면양(緬羊), 닭의 도별 총수를 나타낸 것이고, '대정(大正)7년 조선 축우(畜牛) 조(調)'는 1918년중 수소와 암소의 도별 출산수, 폐사수, 박살(撲殺) 수, 도살(屠殺) 수를 담고 있다.

'참고자료'의 '극동의 상항(商港)(2)'는 전호에 이은 연재 기사로서 중국의 산업 중 식물성(植物性)

유(油) 무역과 종자 및 두류(豆類), 수피(獸皮)를 다루고 있다.

'잡록'의 '조선아편취체령 및 동 시행규칙'은 1919년 6월 11일 제령 제15호로 제정된 '조선아편취체령'이 같은 날 조선총독부령 제110호로써 6월 15일부터 시행된다는 것과 역시 같은 날 조선총독부령 제11호로써 제정된 '동 시행규칙'이 취체령과 같은 날 시행된다는 내용이며, 각각의 조문 전문이 같이 실려 있다. '아편의 가격 및 배상금액'은 6월 11일 조선총독부고시 제148호 및 제149호로써 의약용 아편의 매하(賣下) 가격, 정가, 아편의 모르핀 함량 및 그 배상금액 등을 소개한 것이다. '전화규칙 개정'은 1914년에 제정된 동 규칙이 6월 19일 조선총독부령으로 개정, 발포되어 10월 1일부터 시행된다는 것과 개정 사유 등이 소개되어 있다.

'회의소녹사'는 6월 3일의 건축실행위원회와 6월 9일의 임시평의원회의 회의록, 5월 16일부터 6월 15일까지 여러 관청 및 일반 상공업자의 의뢰를 받은 조사사항의 목록, 6월 22일에 열린 신축사무소 정초식 소식, 경성상업회의소 부회두의 식사(式辭), 조선토목건축협회장의 축사, 그리고 6월 8일 개최된 임시조선상업회의소연합회에서 의결된 안건과 제출된 청원서 등이다.

'중요경제통계'는 금융 12건, 무역 4건, 물가 및 임금[勞銀] 2건, 운수교통 5건, 통신 4건, 기타 3건(米豆, 공채 주권, 곡가 관련) 등 30건이다.

연번	지역	연월일	자료명	호수	키워드
040	경성	1919.7	조선경제잡지	43	평화, 극동, 상항, 선철, 인천취인소

【목차】

[조사]

관세 여론(餘論) / 평화(平和) 래(來)와 경제계(1) / 경성상황(6월분) / 경성금융개황(6월분) / 조선무역개황(6월분)

[참고자료]

극동의 상항(商港)(3)

[잡록]

조선 무역 본년 상반기 성적 / 대정(大正)7년도 선철(鮮鐵)의 성적 / 인천취인소 수수료 인상

[회의소녹사]

[중요경제통계]

【해설】

본호에는 '조사(調査)' 5건, '참고자료(參考資料)' 1건, '잡록(雜錄)' 3건, '회의소녹사(會議所錄事)' 4건, '중요경제통계'가 수록되었다.

‘조사’의 ‘관세 여론(餘論)’은 경성상업회의소가 총독부 당국의 자문에 응하여 관세 개정에 대해 답신안을 제출하였는데, 그 답신안이 회의소 의견의 전부가 아니므로 그때 논하지 못한 점을 수습(收拾)하여 당국과 독자에게 참고 자료로 제공하겠다면서 작성한 글이다. ‘평화(平和) 래(來)와 경제계(1)’는 연재 기사의 첫 번째 글로서 1차 세계대전 이후 경제 문제를 다룬 것인데, 전쟁 이후 평화는 왔으나 경제계의 평화와는 거리가 멀다는 취지이다.

‘참고자료’의 ‘극동의 상항(商港)(3)’은 전호에 이은 세 번째 연재 기사로서 중국의 산업 중 대마, 황마(黃麻) 및 저마, 계란, 면공업, 우모(羽毛) 공업, 수모(獸毛), 모발 및 돈모(豚毛)를 다뤘고, 이어 중국의 48개 상항(商港)의 항명, 지방, 개항일, 조약국 및 조약 체결 연도를 담은 표이다.

‘잡록’의 ‘조선무역 상반기 성적’은 무역 통계 설명 자료이고, ‘선철의 성적’은 조선 철도의 객차 수입과 화차 수입을 1912년부터 1918년까지 연도별로 수록한 통계표이다. ‘인천취인소 수수료 인상’은 인천 미두 거래소에서 중매인 구전과 매매 수수료의 인상을 허가 신청 중이었는데, 7월 5일부로써 허가 지령이 있었으므로 거래소는 7월 14일 후장, 즉 7월 15일부터 실시한다는 소식이다.

‘회의소녹사’는 7월 2일의 임시평의원회 회의록, 3월 18일부로 탁지부장관으로부터 의뢰 받은 자문사항(관세 개정)에 대한 답신 내용, 그리고 6월 16일부터 7월 15일까지 여러 관청 및 일반 상공업자의 의뢰를 받은 조사사항의 목록이다.

‘중요경제통계’는 금융 12건, 무역 4건, 물가 및 임금[勞銀] 2건, 운수교통 5건, 통신 4건, 기타 4건(米豆, 공채 주권, 곡가, 미두검사성적 관련) 등 31건이다.

연번	지역	연월일	자료명	호수	키워드
041	경성	1919.8	조선경제잡지	44	아메리카, 경철, 선은, 맥분, 전작, 페인트, 축산물, 소액지폐

【목차】

[조사]

평화(平和) 래(來)와 경제계(2) / 경성상황(7월분) / 경성금융개황(7월분) / 조선무역개황(7월분)

[참고자료]

아메리카(亞米利加)와 일본 시장

[잡록]

경철(輕鐵) 8푼[分] 보급(補給) 발령 / 선은(鮮銀) 금리인상 실행 / 경성 맥분계(麥粉界) / 경기도 검곡수(檢穀數) / 전선(全鮮) 전작(佃作) 예상 / 페인트도(塗) 단가 개정 / 주요 축산물 산액(産額) / 소액지폐 발행계획

[회의소녹사]

[중요경제통계]

【해설】

본호에는 '조사(調査)' 4건, '참고자료(參考資料)' 1건, '잡록(雜錄)' 8건, '회의소녹사(會議所錄事)' 3건, '중요경제통계'가 수록되었다.

'조사'의 '평화(平和) 래(來)와 경제계(2)'는 연재 기사의 두 번째 글로서 1차 세계대전 이후 경제문제를 다룬 것인데, 요지는 물가 상승, 소작인과 지주간 분쟁이 일어나기 쉽다는 것, 사회정책을 가미하여 조합을 설립할 필요가 절박하는 것, 노동문제의 일면으로 일본 가정에 조선인을 들일 필요가 있는 것, 사치 유행 시대가 도래한다는 것 등이다.

'참고자료'의 '아메리카(亞米利加)와 일본 시장'은 미국 잡지("퍼시픽 엑스포트 매거진, 태평양경제잡지")에 같은 제목으로 실린 글을 발췌 번역하여 소개한 글이다.

'잡록'의 '경철 8푼 보급 발령'은 조선경편철도주식회사의 7월 1일부터 12월 3일까지 이익금이 불입 주금(株金)의 연 8% 비율에 달하지 못할 때에는 정부(총독부) 예산 범위 안에서 그 부족액을 보급한다는 내용으로 발령된 총독부 명령을 소개한 글이다. '선은(鮮銀) 금리인상 실행'은 조선은행 대출금리 인상이 8월 11일부터 실행되었다는 소식이다. '경성 맥분계(麥粉界)'는 6월부터 7월에 걸쳐 당(糖) 가격 폭등의 영향을 받아 맥분가도 공전의 가격을 보였다는 내용이다. '경기도 검곡수(檢穀數)'는 7월분 미두검사성적 통계 설명 자료이다. '전선(全鮮) 전작(佃作) 예상'은 동척 경성지점 측으로부터 파악한 8월 상순 밭작물 상황인데, 경남북과 전남을 제외하고 현재한 가뭄 피해로 대두, 좁쌀 기타 각 작물에 걸쳐 30% 이상의 감수 피해를 면하지 못할 것이라는 내용이다.

'회의소녹사'는 7월 16일부터 8월 15일까지 여러 관청 및 일반 상공업자의 의뢰를 받은 조사사항의 목록, 공회당 겸용 경성상업회의소 건축비 기부 명세, 특별평의원 자작 조중응의 부음(訃音)이다.

'중요경제통계'는 금융 12건, 무역 4건, 물가 및 임금[勞銀] 2건, 운수교통 5건, 통신 4건, 기타 4건(米豆, 공채 주권, 곡가, 미두검사성적 관련) 등 31건이다.

연번	지역	연월일	자료명	호수	키워드
042	경성	1919.9	조선경제잡지	45	휴전조약, 시장, 방곡령, 물가, 대두, 속작, 면포, 공황, 면작, 사포상조합

【목차】

[조사]

미(米) 문제 (1) / 휴전조약 후의 물가 / 조선 중요 시장 조(調)(1918년말 현재) / 만주 농작물의 작병(作柄)과 방곡령 / 경성상황(8월분) / 경성금융개황(8월분) / 조선무역개황(8월분)

[참고자료]

물가는 하락할까 / 극동의 상항(商港)(4)

[잡록]

대두(大豆) 속작(粟作) 불황 / 면포계 공황 구제 / 본년 면작 증수 / 경인선 사포상(糸布商) 조합 성립 / 1919년 6월말 경성부 각국소 우편저금 현재고

[회의소녹사]

[중요경제통계]

【해설】

본호에는 '조사(調査)' 7건, '참고자료(參考資料)' 2건, '잡록(雜錄)' 5건, '회의소녹사(會議所錄事)' 4건, '중요경제통계'가 수록되었다.

'조사'의 '미(米) 문제 (1)'은 연재 기사의 첫 번째 글로서, 1918년 가을 일본 쌀 소동 이래 쌀 문제는 일본의 국민생활을 위협하는 문제이고, 그 문제의 해결은 일본 제국의 긴급사항이며, 조선도 일본제국 영토이므로 마땅히 본국과 협력하여 그 해결에 힘써야 하며 그것을 위해 이 문제의 의미를 널리 알리고 독자의 주의를 촉구하기 위해 작성했다.

'참고자료'의 '물가는 하락할까'는 미국 대학 교수가 잡지("아메리카 평론의 평론", 6월호)에 게재한 글을 번역하여 소개한 글이다. '극동의 상항(商港)(4)'는 네 번째 연재 기사로서 중국의 상항 중 4군데(진강, 남경, 무호, 구강)를 설명하였다.

'잡록'의 '대두(大豆) 속작(粟作) 불황'은 9월 1일 현재 당국 조사의 도별 작황인데, 대두와 속작은 8월 20일까지 거의 강우가 없는 희유의 한발로 한해(旱害) 피해를 입어 중부 북부 지방 중 경기도 황해도 평안남북도가 가장 심하고, 대두는 충남의 피해가 역시 크다는 내용이다. '면포계 공황 구제'는 조선인 면포상 약 10점(店)의 파산에 직면하여 15일 일본인측의 공익사(共益社) 및 고뢰(高瀨)상점 외 몇 점(店)과 조선인측의 사상(卸商; 도매상) 40점으로써 면포 동맹회를 조직하고, 동맹회가 그들로부터 면포를 인수하며 동맹회 발행 어음을 동맹회 연대책임으로 하여 은행에 대해 금융의 방법을 강구함으로써 10점의 결제를 하여 공황을 구제했다는 내용이다.

'회의소녹사'는 조선의 식염 수급 관계에 대한 진정서와 8월 16일부터 9월 15일까지 여러 관청 및 일반 상공업자의 의뢰를 받은 조사사항의 목록, 9월 19일의 역원회, 같은 날의 건축실행위원회, 9월 23일의 임시평의원회의 회의록과 경성상업회의소 평의원표창규정이다.

'중요경제통계'는 금융 13건, 무역 4건, 물가 및 임금[勞銀] 2건, 운수교통 5건, 통신 4건, 기타 4건(米豆, 공채 주권, 곡가, 미두검사성적 관련) 등 32건이다.

연번	지역	연월일	자료명	호수	키워드
043	경성	1919.10	조선경제잡지	46	상업회의소, 시대사조, 상공가, 물가 등귀, 구제책

【목차】

[조사]

상업회의소의 권능 / 시대사조와 상공가의 각오 / 경성의 상황 및 금융(9월분) / 조선무역개황(9월분)

[참고자료]

물가 등귀와 구제책(1)

[회의소녹사]

[공시]

[중요경제통계]

【해설】

본호에는 '조사(調査)' 4건, '참고자료(參考資料)' 1건, '회의소녹사(會議所錄事)' 4건, '공시(公示)' 1건, '중요경제통계'가 수록되었다.

'조사'의 '상업회의소의 권능'은 10월 9일부터 11일까지 제2회 조선상업회의소연합회가 개최되고, 13일부터 15일까지 제2회 만선상업회의소연합회가 개최되어 '회사령 철폐', '장거리 전화 가설', '종합대학 이하 각종 전문학교 완비' 외 여러 건의 청원이 제출되었는데, 이 글은 제출된 청원 중 상업회의소의 사무범위와 경비부담 등 상업회의소와 직접 관련된 사항에 대해 설명하였다. '시대사조와 상공가의 각오'는 공산주의, 사회주의, 국가사회주의, 평등주의, 공동주의라는 새로운 시대사조 유행에 직면하여 이들 사조는 개인주의, 자본주의의 폐해를 공격하고, 수익분배의 개선을 절규하며 적재적소의 원칙을 적용함을 주안으로 하는 것이므로 상공가는 각성하여 공공심을 일으키고 사용인의 대우에 마음을 써야 계급투쟁을 면할 수 있다는 내용이다.

'참고자료'의 '물가 등귀와 구제책(1)'은 전월호에서 소개한 미국 대학 교수의 논문("미국 평론의 평론", 9월호 게재)을 번역하여 소개한 글이다.

'회의소녹사'는 먼저 10월 9일부터 11일까지 열린 제2회 조선상업회의소연합회와 13일부터 15일까지 개최된 제2회 만선상업회의소연합회의 회의록과 회의에 제출된 의안을 소개한 것이다. 앞의 회의에서는 49건의 제안이 제출되어 26건으로 정리되고 의결된 것은 22건이다. 뒤의 회의에서는 16건의 안건이 제출되어 결의되었는데, 그중 주요한 것은 남만주철도회사를 봉천으로 이전하는 건, 만주 탄(炭)의 채출량을 증대하는 건, 오사카 고베와 만선 간 정기항로 확장 건, 무순 탄(炭) 특약 판매점 보급건 등 주로 만주와 직접 관련 있는 내용들이다. 이어 10월 23일의 임시평의회 회의록, 9월 16일부터 10월 15일까지 여러 관청 및 일반 상공업자의 의뢰를 받은 조사사항의 목록이 수록되었다.

'공시'는 '당회의소 평의원 정기 개선'인데, 이는 12월 1일 경성상업회의소 평의원 정기 개선(改選)

을 앞두고 11월 1일부터 7일간 선거인 명부를 종람(縱覽)한다는 내용이다.

'중요경제통계'는 금융 13건, 무역 4건, 물가 및 임금[勞銀] 2건, 운수교통 5건, 통신 4건, 기타 4건(米豆, 공채 주권, 곡가, 미두검사성적 관련) 등 32건이다.

연번	지역	연월일	자료명	호수	키워드
044	경성	1919.11	조선경제잡지	47	고등교육, 도량형, 물가, 미작, 회사령, 석탄, 선철, 수출제한

【목차】

[조사]

조선 고등교육기관 확장의 필요 / 도량형 및 공업품 규격 통일론 / 경성의 상황 및 금융(10월분)

조선무역개황(10월분)

[참고자료]

물가 등귀와 구제책(2)

[잡록]

제2회 미작 예상 / 조선회사령 폐지설 / 면(棉) 성육(成育) 상황 / 석탄 광업 초(稍) 활황 / 선철(鮮鐵) 체화(滯貨) / 물품 수출제한

[회의소녹사]

[공시]

[중요경제통계]

【해설】

본호에는 '조사(調査)' 4건, '참고자료(參考資料)' 1건, '잡록(雜錄)' 6건, '회의소녹사(會議所錄事)' 3건, '공시(公示)' 1건, '중요경제통계'가 수록되었다.

'조사'의 '조선 고등교육기관 확장의 필요'는 10월 9일부터 11일까지 개최된 제2회 조선상업회의소연합회에서 제출된 청원 중 '종합대학 이하 각종 전문학교 완비'에 대해 그 이유를 부연한 글이다. 이 글에서는 조선에 아시아대륙 중에 가장 완비한 학부를 세우고 동양의 학자를 망라하여 각 민족이 자유로 취학 토구(討究)하여 연찬할 조직을 세울 것은 오히려 의무라고 주장했다. 그중 대학 교육 실시 주장의 이유를 보면, 근년에 조선인 자제들이 지식욕의 만족을 얻지 못해 불평을 분출하고, 과격사상에 감염되었으며, 가산이 있는 청년 자제를 직업 없이 방유(放遊)케 함은 극히 위험하기 때문이라 하였다.

'참고자료'의 '물가 등귀와 구제책(2)'는 전월호에서 소개한 미국 대학 교수의 논문("미국 평론의 평론", 9월호 게재) 번역문을 계속 연재한 글이다.

'잡록'의 '제2회 미작 예상'은 추분일(9월 24일)에 했던 1차 예상에 이어 11월 1일의 제2차 예상량

을 소개한 것이고, '조선회사령 폐지설'은 회사령 폐지가 오직 시기문제라는 내용이다. '석탄 광업 초(稍) 활황'은 1차 대전 이후 조선 광업계는 여러 물가 및 노임으로 등귀 등으로 침체 상태에 있었으나 작금 탄가의 앙등에 따라 석탄광업 출원건수가 다시 증가했다는 소식이다.

'회의소녹사'는 먼저 전월호에 이어 제2회 조선상업회의소연합회의 의결 안건 중 조선 미 증수에 관한 요망 사항 1건과 10월 29일 역원회, 11월 24일 역원회의 회의록, 10월 16일부터 11월 15일까지 여러 관청 및 일반 상공업자의 의뢰를 받은 조사사항의 목록이다.

'공시'는 '당회의소 평의원 정기 개선'인데, 이는 12월 1일 경성상업회의소 평의원 정기 개선(改選)의 일정과 장소, 선출 의원수, 개표 계획이다.

'중요경제통계'는 금융 13건, 무역 4건, 물가 및 임금[勞銀] 2건, 운수교통 5건, 통신 4건, 기타 4건(米豆, 공채 주권, 곡가, 미두검사성적 관련) 등 32건이다.

연번	지역	연월일	자료명	호수	키워드
045	경성	1919.12	조선경제잡지	48	노동 임은, 토지증가세, 도장규칙, 국채, 우편진체저금

【목차】

[조사]

세만(歲晩)의 사(辭) / 1919년중의 노동 임은(賃銀) / 경성의 상황 및 금융(11월분) / 조선무역개황(11월분)

[참고자료]

토지(土地) 증가세(增價稅)

[잡록]

도장(屠場)규칙(規則) / 국채 모집, 매출 및 원리금 지불 우편진체저금 특별취급규칙

[회의소녹사]

[중요경제통계]

【해설】

본호에는 '조사(調査)' 4건, '참고자료(參考資料)' 1건, '잡록(雜錄)' 2건, '회의소녹사(會議所錄事)' 3건, '중요경제통계'가 수록되었다.

'조사'의 '세만(歲晩)의 사(辭)'는 1919년의 마지막 달인 12월을 맞아 1년을 돌아보는 취지에서 작성한 것으로 상공업이 한 사회의 일면으로 공동생존의 이익증진을 목적하는 것이 사회의식이 되었으므로 경성의 상공가도 이 점을 조속히 각성해야 한다는 주장이다. 상공가는 물가등귀로 인해 사회주의자가 가장 공격하는 불로소득을 앉아서 획득하게 되었으니 사회주의를 비롯한 경제상 신사상이 어떤

이유로 유행하게 되었는지, 노동문제가 어떤 이유로 전 세계의 대 사건을 이루었는지, 연말을 맞아 상공가는 반성하여 이에 처할 방법을 강구해야 한다는 내용이다.

'참고자료'의 '토지(土地) 증가세(增價稅)'는 토지의 우연(偶然) 소득에 부과하는 조세라는 토지 증가세의 개념, 유럽에서는 의논의 시대를 넘어 실행의 시대에 들어섰다는 것, 자연 증가(增價)된 토지의 소유자는 하등 특별한 희생을 하지 않고 소위 불로소득을 증가시킨 것으로 전부 이를 조세로 납부해도 하등 손실을 불러오지 않는다는 것 등이 골자이다. 현대의 '토지공개념'의 '초과이득환수'와 같은 취지의 주장이다.

'잡록'의 '도장(屠場)규칙(規則)'은 1919년 11월 28일 조선총독부령 제184호로써 제정되어 12월 15일부터 시행되고, '국채 모집, 매출 및 원리금 지불 우편진체저금 특별취급규칙'은 1919년 12월 13일 조선총독부령 제184호로써 제정되어 1920년 1월 1일부터 시행되는 것으로 이들 법령의 전문이 전재(轉載)되어 있다.

'회의소녹사'는 먼저 12월 1일 실시된 경성상업회의소 평의원 정기 개선(改選) 결과와 12월 6일 임시평의원회의 회의록이다. 또 10월호에 소개된 제2회 만선상업회의소연합회의 결의에 따라 관계 각 방면에 진정 또는 요망된 각종 안건에 대한 회답 또는 지시 내용이다.

'중요경제통계'는 금융, 무역, 물가 및 임금[勞銀], 운수교통, 통신, 기타 2건(米豆, 공채 주권) 등 29건이다.

연번	지역	연월일	자료명	호수	키워드
046	경성	1920.1	조선경제잡지	49	고등교육, 도량형, 물가, 미작, 회사령, 석탄, 선철, 수출제한

【목차】

[조사]

회원에게 바람 – 미농부준길(美濃部俊吉) / 연두어(年頭語) / 경성의 상황 및 금융(12월분) / 조선무역개황(12월분)

[참고자료]

회사의 남설에 대하여

[잡록]

세관 화물취급료 변경 / 1920년도 조선총독부 예산 개황 / 사설철도 개업선 및 미개시선

[회의소녹사]

[중요경제통계]

【해설】

본호에는 '조사(調査)' 4건, '참고자료(參考資料)' 1건, '회의소녹사(會議所錄事)' 6건, '중요경제통계'가 수록되었다.

'조사'의 '회원에게 바람'은 경성상업회의소 회두 미노베[美濃部俊吉]가 새해를 맞아 회원들에게 주는 말로서, 상업회의소의 가치는 그 조직 여하에 있지 않고 이를 구성하는 회원의 각오 여하에 있으며 장래 경성상업회의소의 발전 여부는 회원 특히 평의원이 열심히 진지하게 공헌하여 이 기관을 활용하는 여부에 있다는 내용이다. '연두어(年頭語)' 역시 신년호 발행을 계기로 게재된 것으로, 경제적 개혁은 고래로부터 심각함, 일본은 순경(順境)에 처하는 도를 모름, 일본식 경제학의 수립을 급무로 함, 상업회의소를 의의가 있게 하라의 목차로 작성된 내용이다.

'참고자료'의 '회사의 남설에 대하여'는 회사의 증가를 크게 환영하지만 회사 본래의 성질을 오해하지 않기를 바란다는 것과 영리사업의 발흥을 기뻐하지만 공리적(空理的) 사행적 매매를 두려워하여 꺼린다는 내용이다.

'잡록'의 '세관 화물 취급료 변경'은 취급료 최고율 변경 건에 대해 경성의 세관 화물 취급인 일동이 청원을 하여 1919년 12월 29일부로 인천세관장이 인가한 것을 1920년 1월 7일 경성세관출장소가 통지한 내용이다. '1920년도 조선총독부 예산 개황'은 세입, 세출, 조선 의원(醫院) 및 제생원 특별회계로 구성되어 있다.

'회의소녹사'는 먼저 1월 10일과 24일의 역원회와 1월 16일의 정기평의원회의 회의록이다. 또 10월호에 소개된 제2회 만선상업회의소연합회의 결의에 따라 오사카 고베와 만선 및 조선 서해안 산동 대련 간의 정기 항로 개시 요망 건에 대한 외무성 통상국으로부터의 회답 내용이다. 그리고 1월 24일

역원회에서 결정된 관세 철폐 건의를 1월 26일부 조선상업회의소연합회장[美濃部俊吉]의 명의로 내각총리대신, 대장대신, 대장성 주세국장, 척식국 장관, 조선총독, 재동경 조선총독부 재무국장 앞으로 제출했다는 내용이다. 마지막으로 11월 16일부터 12월 말일까지 여러 관청 및 일반 상공업자의 의뢰를 받은 조사사항의 목록이다.

'중요경제통계'는 금융, 무역, 물가 및 임금[勞銀], 기타 3건 등 21건이다.

연번	지역	연월일	자료명	호수	키워드
047	경성	1920.2	조선경제잡지	50	공업정책, 건축공사, 신설회사, 국제노동회의, 동척, 전화규칙

【목차】

[조사]

조선공업정책 수립의 필요 / 경성의 상황 및 금융(1월분) / 조선무역개황(1월분) / 건축공사 재료상황(商況) / 조선의 신설회사 / 부(府)의 면적 및 호구 조(調)

[참고자료]

물가 등귀에 대하여(상)

[잡록]

국제노동회의에서 의정된 협약 및 권고 개요 / 금융계와 불입(拂入) 징수 / 목재계(木材界) / 동척관계 회사 / 전화규칙 개정 요지

[회의소녹사]

[중요경제통계]

【해설】

본호에는 '조사(調査)' 6건, '참고자료(參考資料)' 1건, '잡록(雜錄)' 5건, '회의소녹사(會議所錄事)' 그리고 '중요경제통계(重要經濟統計)'가 수록되었다.

'조사'의 '조선공업정책 수립의 필요'는 조선공업정책의 일본과 차별 철폐 원칙, 이입관세 철폐 원칙, 기업경영에서 산업조합을 추장(推奬)하고 회사사업에는 조선인측 자본 가입 도모, 공업 보호 방법, 공업 교육, 계획 강제의 신중이 그 목차이다. '조선의 신설회사'는 1919년 12월 26일부터 1920년 1월 31일까지 허가받은 29사의 명칭, 소재지, 허가연월일, 대표자, 자본금(액)을 표로 나타내고 설명한 글이다. '부(府)의 면적 및 호구 조(調)'는 1919년 4월 1일 기준 경성 외 11개 부(府)를 대상으로 면적, 동서 양끝의 경도(經度), 남북 양끝의 위도, 동서간 및 남북간의 길이, 그리고 호수와 인구수를 조사한 자료이다.

'참고자료'의 '물가 등귀에 대하여(상)'은 물가등귀의 진인(眞因)을 찾아, 현금(現今)의 물가정책은

고식, 물가등귀의 진인과 화폐 직능, 가치단위의 동요와 화폐법, 물가정책의 착안점, 자유 주조제 개정의 필요, 태환권 본위와 정화(正貨)의 순서로 작성된 글이다.

'잡록'의 '국제노동회의에서 의정된 협약 및 권고 개요'에는 국제연맹의 일부로서 미국정부 주최로 1919년 10월 29일 워싱턴에서 개최된 국제노동회의에서 의정된 사항을 수록했다. 공업적 사업의 노동시간에 관한 협약, 유년공 연령제한에 관한 협약, 소년공 야업금지 연령에 관한 협약, 부인 야업금지 협약, 산부(産婦) 보호 협약, 실업에 관한 협약 및 권고, 불(不) 위생공업에 관한 권고, 영령(英領) 인도·중국·태국·페르시아에 대한 협약, 그리고 제1회 국제노동회의 참가동맹국 41개국 명단으로 이뤄져 있다.

'회의소녹사'는 먼저 평원철도 건설비예산 부활 건의를 위해 평양·원산·진남포 3회의소에 의해 2월 6일 임시조선상업회의소연합회를 개회하여 만장일치 가결하여 8일 관계 당국 및 제국의회에 요망 전문을 보냈다는 소식이다. 또 전년 10월호에 소개된 제2회 조선상업회의소연합회의 결의에 따른 요망건에 대한 남만주철도주식회사장이 보낸 회답 내용이다. 그리고 1월 1일부터 1월 말일까지 여러 관청 및 일반 상공업자의 의뢰를 받은 조사사항의 목록이다.

'중요경제통계'는 금융, 무역, 물가 및 임금[勞銀], 운수교통, 기타 등 23건이다.

연번	지역	연월일	자료명	호수	키워드
048	경성	1920.3	조선경제잡지	51	공휴일, 공장, 상공조합, 회사열, 금비, 만주속, 석유계, 인천, 재고, 곡류

【목차】

[조사]

공휴일의 설정에 대하여 / 민간의 공장 일반 / 경성의 상황 및 금융(2월분) / 조선무역개황(2월분) / 조선의 신설회사(2월중) / 공사재료 상황(商況) / 부내(府內)의 상공조합

[참고자료]

물가등귀에 대하여(하)

[잡록]

회사열(會社熱)과 그의 전도(前途) / 2월 하동(荷動) 개황 / 금비(金肥) 생산 증가 / 만주 속(粟) 수입 상황 / 석유계 근황 / 인천 재고 곡류

[회의소녹사]

[중요경제통계]

【해설】

본호에는 '조사(調査)' 7건, '참고자료(參考資料)' 1건, '잡록(雜錄)' 6건, '회의소녹사(會議所錄事)' 그

리고 '중요경제통계(重要經濟統計)'가 수록되었다.

'조사'의 '공휴일의 설정에 대하여'는 경성의 유력한 각 조합의 대표자들이 협의하여 매월 첫째 일요일, 대제일, 경성신사 제일을 택하여 정기 휴업일로 정하고 이들 휴업일에는 상공가의 점원을 일제히 그 노무에서 해방하도록 결정한 것에 대해 적극 지지를 표한 글이다. '민간의 공장 일반'은 1919년 1월 1일 기준 민간공장으로서 원동력을 가진 것, 1개년 생산약 5천원 이상의 것, 직공 도제를 합하여 제조기간 중 1일 5인 이상 사용하는 조건의 공장수(1천 7백)와 1918년 중 창설된 1만원 이상 자본을 가진 공장 65개의 명칭, 소재지, 경영자, 자본금을 나타낸 통계표, 그리고 업태별 상황 및 경영자 민족별 공장수, 자본금, 종업자수, 원동력, 생산품 가격을 표시한 표, 1919년 1월 1일 기준 과거 3개년 각종 공장에 관한 증감상황을 나타낸 표 등이다.

'참고자료'의 '물가 등귀에 대하여(하)'는 전월호에 이은 연재 기사로서 국채 및 지폐의 남발은 물가 등귀의 중대원인, 구주(歐洲)의 물자결핍과 일미(日米)의 구매력 증가도 역(亦) 중대원인, 노동운동도 역 물가등귀의 원인, 물가의 복구는 절망(絕望), 물가정책의 중심점은 물가안정의 수단 여하에 있음, 물가정책은 결국 화폐법 개정으로 귀결, 지수제한 발행, 금의 자연가격 및 지수교환제, 화폐법의 개정은 가능의 순서로 작성된 글이다.

'잡록'의 '회사열(會社熱)과 그의 전도(前途)'는 1919년 이래 조선인의 은행, 회사 신설열이 왕성하지만, 과도기의 현상으로 본 것이다.

'회의소녹사'는 3월 26일 역원회의 의사록, 2월 1일부터 2월 말일까지 여러 관청 및 일반 상공업자의 의뢰를 받은 조사사항의 목록이다. '중요경제통계'는 금융, 무역, 물가 및 임금[勞銀], 운수교통, 기타 등 23건이다.

연번	지역	연월일	자료명	호수	키워드
049	경성	1920.4	조선경제잡지	52	회사령, 질옥, 작잠, 상업정책, 시장규칙, 은행령, 화물 운임

【목차】

[조사]

시사 삼제(三題): 회사령의 철폐 - 주식현물시장의 설립 - 공설 질옥(質屋) / 재계 반동 래(來)의 영향과 그 정도에 대하여 / 상품 가격의 하락에 대하여 / 경성의 상황 및 금융 / 조선무역개황 / 조선의 신설회사/ 조선의 작잠(柞蠶)

[참고자료]

전후의 상업정책(1)

[잡록]

공사재료 상황(商況) / 하동(荷動) 개황 / 시내 은행영업 대세(大勢) / 시장규칙 개정 / 은행령 개정

– 동 시행령 개정 / 회사령 폐지 / 대(大) 화물 운임 개정
[회의소녹사]
[중요경제통계]

【해설】

본호에는 '조사(調査)' 7건, '참고자료(參考資料)' 1건, '잡록(雜錄)' 7건, '회의소녹사(會議所錄事)' 그리고 '중요경제통계(重要經濟統計)'가 수록되었다.

'조사'의 '회사령의 철폐'는 4월 1일부터 회사령이 철폐된 것을 환영하며 조선인의 회사 남설을 경계하는 뜻에서 작성한 글이다. '주식현물시장의 설립'은 주식현물시장이 허가되어 최초 주식 모집을 마치고 제1회 불입을 하여 창립총회 개최를 앞두고 있는 때에 그 실현을 기뻐하는 취지의 글이다. '공설 질옥'은 경성부에서 공설 전당포[질옥]을 설치하고자 하는 데 대해 민간 질옥업자의 반대를 불러올 우려가 있다면서 어느 편도 들지 않는 의견을 진술하겠다는 글이다. '재계 반동 래(來)의 영향과 그 정도에 대하여'는 1차대전 이래 문제가 되던 물가 등귀에 따라 초래된 '반동 공황'의 조짐을 우려한 글이다.

'참고자료'의 '전후의 상업정책(1)'은 미국 관세조사회 위원(윌리엄 스미스 칼밧슨)이 전년 출판한 『전시중 및 전후의 상업정책 – 전쟁 및 개조의 제문제, 국제상업관계에 대하여 데모크라시 사상을 응용하는 것에 대한 연구』라는 저서를 번역하여 소개한 글이다.

'잡록'의 '시장규칙 개정'은 1920년 조선총독부령 제38호로써 개정되어 4월 1일 발포와 함께 시행된 동 규칙의 개정 조문 내용이고, '은행령 개정'은 제령 제6호로써 개정되어 4월 1일 공포와 동시에 시행된 동령의 개정 조문이며, '동 시행령 개정'은 4월 1일 공포되어 은행령과 함께 시행된 은행령 시행규칙 중 개정 조문이다. '회사령 폐지'는 4월 1일 공포일로부터 시행된 회사령 폐지에 대한 제령 제7호 내용이다. '대(大) 화물 운임 개정'은 만철 경성관리국에서 운임을 개정(수수료 인상)하여 6월 1일부터 실시하는 데 대한 그 개정 요점 및 철도 측의 설명이다.

'회의소녹사'는 먼저 4월 24일 금융간담회의 의사록인데, 이 간담회는 재계 동요 대책에 대해 주로 실업가 대표자와 은행업자 등 31인의 간담회이고, 그 결과 경성상업회의소는 조선총독 및 경성조합은행에 대해 4월 28일 진정서(금융완화에 관한 청원)를 보냈다는 내용이다. 또 3월 1일부터 4월 말일까지 여러 관청 및 일반 상공업자의 의뢰를 받은 조사사항의 목록이 수록되었다.

'중요경제통계'는 금융, 무역, 물가 및 임금[勞銀], 운수교통, 기타 등 23건이다.

연번	지역	연월일	자료명	호수	키워드
050	경성	1920.5	조선경제잡지	53	재계 불안, 질옥, 기미, 우편물요금, 통화 수축, 구제사업, 은사금, 곡물시장

【목차】

[조사]

재계의 불안을 돌아봄 / 조선 산업 추세의 일면 / 질옥(質屋) 문제에 대하여 / 경성의 상황과 금융 / 조선무역개황 / 경성무역개황 / 내지(內地) 상황(商況) 일반 / 조선의 신설회사 / 인천 기미(期米) 고저 상황(狀況) / 경성 현물 취인(取引) 주요 주(株) 고저(高低) 상황

[참고자료]

전후의 상업정책(2)

[잡록]

선철(鮮鐵) 하동(荷動) 개황 / 소포우편, 속달우편물 요금 개정 / 선만(鮮滿) 통화 수축과 그 원인 경성 화물 정체(停滯) / 구제사업과 은사금 / 재계 불황과 체화(滯貨) / 곡물 시장 협조(協調) 연초경작상황 / 동척 제12기 결산공고

[회의소녹사]

[중요경제통계]

【해설】

본호에는 '조사(調査)' 10건, '참고자료(參考資料)' 1건, '잡록(雜錄)' 9건, '회의소녹사(會議所錄事)' 그리고 '중요경제통계(重要經濟統計)'가 수록되었다.

'조사'의 '재계의 불안을 돌아봄'은 전후 '반동공황'에 대한 글인데, 상공업자와 소비자의 반성을 촉구하고 있다. 즉 "상공업자의 반성을 따르는 것을 위하여 희생자가 나오는 일은 당연한 일이라. 결코 애석할 것은 아니요 오히려 국가사회의 진면목된 기풍을 양상(養上)함을 경하할 것이요. 다시 소비자가 단체를 만듬에는 지금 가장 호기라 말하면 소비자의 반성과 동시에 따를 것이라 말할지니라."라는 것이 그것이다. '조선 산업 추세의 일면'에서는 "장래 조선 내에서도 원료의 상태 및 수요의 상태에 따라 각종 산업이 곳곳에서 발흥하고 거래는 증가 성대케 될 걸로 믿"는다는 내용이다.

'참고자료'의 '전후의 상업정책(2)'는 전월호에 이은 두 번째 연재 기사로서 미국 관세조사회 위원(윌리엄 스미스 칼밧슨)이 전년 출판한 『전시중 및 전후의 상업정책 – 전쟁 및 개조의 제문제, 국제상업관계에 대하여 데모크라시 사상을 응용하는 것에 대한 연구』라는 저서를 번역하여 소개한 글이다.

'잡록'의 '선철(鮮鐵) 하동(荷動) 개황'은 5월중 조선 철도의 물자 하역(수송) 동향에 대한 것인데. 석탄·목탄·소금·두박(豆粕) 수송의 성황으로 전년도 대비 28% 증가되었다는 내용이다.

'회의소녹사'는 5월 1일 역원회, 5월 5일 상업부 위원회, 5월 28일 역원회, 5월 31일 정기평의원회 회의록과 경성상업회의소 서기장의 전국상업회의소 사무타합회 참석 소식이다. 또 5월 1일부터 5월

말일까지 여러 관청 및 일반 상공업자의 의뢰를 받은 조사사항의 목록이다. '중요경제통계'는 금융, 무역, 물가 및 임금[勞銀], 운수교통, 기타 등 24건이다.

연번	지역	연월일	자료명	호수	키워드
051	경성	1920.6	조선경제잡지	54	경제생활, 질옥, 인삼, 홍콩, 봉천, 조선지, 맥작, 사설철도령, 우편규칙

【목차】

[조사]

경제생활의 견방(見方) 부(附) 현시의 불경기 / 질옥(質屋) 문제에 대하여(2) / 조선무역개황 / 경성의 상황(商況)과 금융 / 조선의 생산공업 / 내지(內地) 상황(商況) 일반 / 공사재료 상황(商況) / 인삼과 홍콩[香港] 시장 / 봉천(奉天)의 조선지(朝鮮紙) / 조선의 신설 회사 / 대 러시아 무역 개황 / 본년 맥작(麥作) 예상

[참고자료]

은(銀) 가격과 그 산출고(産出高)

[잡록]

사설철도령 공포/ 우편규칙 중 개정 / 조선잠업령 개정 / 부(府) 특별세 조례 개정 / 정기예금 감소 / 경성 각 은행의 대출 상태 / 예금 이상(利上) 결정 / 경기도 정화(正貨) 출입 / 금융조합현황 / 선철하동개황(鮮鐵荷動槪況) / 객년(客年) 선철(鮮鐵) 수입 / 염(鹽) 수입(輸入) 감소 / 수산(水産) 성적 / 축산계 불황 / 전선(全鮮) 맥작 상황 / 경기 농작(農作) 상황 / 춘잠(春蠶) 예상 / 선인(鮮人) 통신증가 / 곡물조합규약 변경 요점 / 금물(金物) 가격표 / 경성상공조합연합회회칙

[회의소녹사]

[중요경제통계]

【해설】

본호에는 '조사(調査)' 12건, '참고자료(參考資料)' 1건, '잡록(雜錄)' 21건, '회의소녹사(會議所錄事)' 그리고 '중요경제통계(重要經濟統計)'가 수록되었다.

'조사'의 '경제생활의 견방(見方) 부(附) 현시의 불경기'에서는 불경기를 후지산 위로부터 대암(大岩) 거석(巨石)이 낙하하는 것으로 비유하고, 이를 중도에서 잡아 멈추게 하려는 것은 어리석은 일이라면서 일부의 상인들이 이 거석을 멈추고 구제하라 요구하나 그것은 불가능하다는 주장을 피력하고 있다. '질옥(質屋) 문제에 대하여(2)'는 전월호에 이은 두 번째 연재 기사이다.

'참고자료'의 '은(銀) 가격과 그 산출고(産出高)'는 1906년부터 1917년까지의 은 가격과 그 산출량(온스)를 설명하는 글이다.

'잡록'에서는 6월 18일 제령 제8호로써 공포된 '조선사설철도령'의 조문과 5월 29일 조선총독부령 제71호로써 개정된 '전보규칙', '우편규칙', 부령 제78호로써 개정된 '우편진체저금규칙', '집금우편진체저금불입규칙', '조선과 내지, 대만, 화태 및 중국간 우편규칙'의 각 개정 내용, 그리고 6월 1일부터 시행한다는 내용을 게재했다.

'회의소녹사'는 6월 29일 역원회 회의록, 1919년도 경성상업회의소 사업성적보고서, 오사카 만선무역동업조합으로부터의 각 업자 앞 발표, 6월 1일부터 6월 15일까지 여러 관청 및 일반 상공업자의 의뢰를 받은 조사사항의 목록이다. '중요경제통계'는 금융, 무역, 물가 및 임금[勞銀], 운수교통, 기타 등 24건이다.

연번	지역	연월일	자료명	호수	키워드
052	경성	1920.7	조선경제잡지	55	부동산 담보, 질옥, 공사재료, 홍콩, 은행, 러시아, 영국, 어음, 위체규칙, 화재보험, 면포품, 우편저금규칙

【목차】

[조사]

부동산 담보와 금융 핍박에 대하여 / 질옥(質屋) 문제에 대하여(보유; 補遺) / 전 조선 승입연(繩叺莚) 제조량 / 조선무역개황 / 경성의 상황(商況)과 금융 / 경성무역개황 / 공사재료 상황(商況) / 조선에 신설한 회사 / 우리 재계의 변동과 홍콩 면사(綿絲) 면화(棉花) 상황(商況) / 쌀 시장과 홍콩의 현상 / 전 조선 은행 본지점 소재지 / 대 러시아 무역 개황 / 본년도 도작(稻作) 상황

[참고자료]

영국의 이출민(移出民) 정책에 대하여 / 과격주의를 소멸시키자

[잡록]

위체(爲替)규칙 개정 / 상반기 경성 어음[手形] 교환 상황 / 상반기 조선 무역 개황 / 재고품 증가 / 광업 출액 추세 / 조선 재적(在籍) 선박 현재 수 / 각 은행 상반기 업적 / 은행 대출 감소 / 가잠(家蠶) 이출 상황 / 화재보험과 재계 불황 영향 / 면포품 품귀 현상[薄模様] / 우편 저금 근황 / 선철하동개황(鮮鐵荷動概況) / 우편저금규칙 중 개정

[녹사]

[중요경제통계]

【해설】

본호에는 '조사(調査)' 13건, '참고자료(參考資料)' 2건, '잡록(雜錄)' 14건, '녹사(錄事)' 그리고 중요경제통계(重要經濟統計)가 수록되었다. 이번 호부터는 이전과는 달리, 한글 병기 없이 일본어만을 사

용하기 시작했다.

'조사'의 첫 글은 부동산 담보 대출에 대해 금융권이 취하는 추심과 이와 관련해 대출을 받을 때 고려해야하는 점을 정리하였다. 다음으로는 전 호에 이어 전당포의 개황과 관련 규칙을 소개하였고, 전 조선의 가마니[繩叺莚] 제조량을 통계로 제시하였다. 그리고 조선무역개황, 경성의 상황과 금융, 경성무역개황과 같은 매달 게재되는 조사 내용이 포함되었다. 또 공사 재료 상황(商況), 조선에 신설된 회사명과 소재지, 등기일, 대표자, 자본금, 재계의 변동과 홍콩 면사(綿絲) 및 면화(棉花) 상황(商況), 쌀 시장과 홍콩의 현재 상태를 설명하였다. 전 조선 은행 본지점 소재지를 정리하였으며, 대 러시아 무역 개황, 올해 벼 작황 상황을 간단히 설명하였다.

'참고자료'로는 영국의 이출민(移出民) 정책을 소개하였고, 대륙국민상업은행(大陸國民商業銀行) 은행장[頭取]의 연설문 전문을 게재하였다.

'잡록'에는 「위체(爲替)규칙」 개정 소식과 내용, 각 은행의 상반기 실적, 상반기 경성 어음 교환 현황, 은행의 대출 감소, 상반기 조선 무역 개황, 가잠(家蠶) 이출 상황, 화재보험과 재계 불황, 광업 출액(出額) 추세, 면포품 품귀 현상[薄模樣], 조선 재적(在籍) 선박 현재 수, 우편 저금 근황, 「우편저금규칙」 개정 사항 전문을 수록하였다.

'녹사'에는 7월 3일과 5일 개최한 임시평의원회와 7월 19일 있었던 경성상업회의소 낙성식 소식, 강연회개최 소식, 역원회 소식, 재계 불황과 금융 조절 방안에 대한 내용이 수록되었다. 그리고 6월 16일부터 7월 25일까지 조선총독부, 각 지방 도청, 각 지방 상업회의소, 강원도 식산국 산림과 강릉출장소, 수원 조선농회와 일반 회사 등에서 의뢰한 조사사항 목록을 게재했다. 마지막에는 중요경제통계를 수록하였다.

연번	지역	연월일	자료명	호수	키워드
053	경성	1920.8	조선경제잡지	56	소작 제도, 공사재료, 벼, 콜레라, 관세령, 조선소득세령, 톤세령, 주세령, 목재세, 신용대출, 쌀 증식 계획, 명령항로

【목차】

일본 상품 시장 근황 / 관세령 개정 / 관세법규 개폐(改廢) / 조선소득세령 / 톤세령(噸稅令)과 주세령(酒稅令) / 만선(滿鮮) 수출의 목재세 / 신용대출 극감 / 금융 전도 / 대출 감소 / 은행회사 / 조선식산 신계획 / 조선 쌀 증식 계획 / 콩 작황 양호 / 명령 항로 갱신 / 1919년 중 조선 어업
[녹사]
[중요경제통계]

【해설】

본호에는 '조사(調査)' 10건, '참고자료(參考資料)' 1건, '잡록(雜錄)' 15건, '녹사(錄事)' 그리고 중요경제통계(重要經濟統計)가 수록되었다.

'조사'의 첫 글은 조선의 소작 제도에 대한 글로, 조선의 경지 면적과 농업자 수, 소작권의 성격, 마름[舍音]에 대해 설명하였다. 다음으로는 상반기 무역의 추세를 상세히 정리하였고, 조선무역개황, 경성의 상황과 금융, 조선에 신설된 회사와 같은 매달 게재되는 조사 내용이 포함되었다. 또 공사재료 상황(商況)과 벼 작황 상황을 수록하였다. 이번 호에선 전국에 유망한 사업을 소개한 연재를 시작하였는데, 첫 번째 글은 현 조선 사업계의 추세를 분석하고, 조직별 회사, 조선에 본점과 지점을 둔 회사 내역을 표로 정리하였고 공장에 대한 대략적인 내용도 포함하였다. 다음으로는 물가를 어떻게 낮출 수 있을지에 대한 짧은 글과 콜레라 유행이 경성 시황에 미치는 영향을 분석하기도 했다.

'참고자료'로는 '경제적 구제책(經濟的救濟策)'이라는 제목의 글을 게재하였는데, 생산이 줄고 있는 상황에 대한 대책과 소비 증진, 신용 및 통화의 팽창과 그에 대한 대책, 국제 환율 붕괴와 신용 곤란 현상에 대한 대책들을 짤막히 언급하였다.

'잡록'에는 일본 상품 시장 근황을 주요 품목별로 정리하였으며, 「관세령」 개정 사항, 「관세법규」 개정, 「조선소득세령」 전문, 「톤세령」과 「주세령」, 만선(滿鮮) 수출의 목재세(木材稅) 등 각종 세금에 관련된 법규의 개정 사항 및 설명을 수록하였다. 그리고 신용대출 격감 현상, 대출 감소 현상에 대해 언급하였고, 조선에 본점을 둔 은행회사 현황을 정리하였다. 그밖에 조선식산 신계획, 조선 쌀 증식 계획, 콩 작황 양호, 명령 항로 갱신의 단신을 전하였고, 1919년 중 조선 어업 현황을 수록하였다.

'녹사'에는 8월 21일 개최한 역원회, 8월 26일 개최한 임시평의원회 소식을 전하였다. 그리고 7월 26일부터 8월 25일까지 조선총독부, 각 지방 도청, 각 지방 상업회의소, 대련목재주식회사, 조선연초회사 등에서 의뢰한 조사사항 목록을 게재했다. 마지막에는 중요경제통계를 수록하였다.

연번	지역	연월일	자료명	호수	키워드
054	경성	1920.9	조선경제잡지	57	소작 제도, 시세, 법령, 대두, 조, 보리, 은행, 광업

【목차】

[조사]

조선의 소작 제도에 대하여(중) / 조선무역개황 / 경성의 상황(商況)과 금융 / 전 조선의 유망한 사업에 대하여(2) / 회사의 정리와 금후(今後)의 재계 / 조선에 신설한 회사 / 중요 상품순별 상장(相場)

[잡록]

상공업 관련 새로운 법령 / 대두(大豆)와 조 작황 예상량 / 올해 보리 작황 예상량 / 은행회사 자본 증감 추세 / 선철(鮮鐵) 재화 톤 수 / 광업계 부진 / 조선 요코하마 간 항로 / 산업과 재무에 관련된 총독 지시

[녹사]

[중요경제통계]

【해설】

본호에는 '조사(調査)' 7건, '잡록(雜錄)' 8건, '녹사(錄事)' 그리고 중요경제통계(重要經濟統計)가 수록되었다.

'조사'의 첫 글은 지난 호에 이어 조선의 소작 제도에 대한 두 번째 글이 게재되었다. 이번 호에서는 지주와 소작인 간 수익 분배 방법과 소작료 현미 징수 방법의 실시, 소작인의 자본 융통 방법, 흉년에 지주 측의 구제 방법 등의 내용을 다루었다. 그리고 조선무역개황, 경성의 상황과 금융, 조선에 신설된 회사와 같은 매달 게재되는 조사 내용이 포함되었다. 전국에 유망한 사업을 소개한 연재 두 번째 글도 수록되었는데, 이번 글은 조선산 원료를 소개하고 그것이 공업에 있어 어느 정도의 가치가 있는지 서술하였다. 또 '회사의 정리와 금후의 재계'라는 제목으로 1913년부터 1920년까지 설립된 회사 통계를 정리하고, 이후 재계의 추세가 어떠할지 예측하였다. 마지막으로는 주요 상품의 시세를 정리하였다.

'잡록'에는 상공업 관련 새로운 법령을 전문과 함께 소개하였고, 대두(大豆)와 조, 보리 작황 예상량을 수록하였다. 그리고 은행회사 자본 증감 추세를 업종별로 정리하고, 선철(鮮鐵) 재화 톤 수를 제시하였다. 그밖에 광업계가 부진하다는 소식, 조선 요코하마 간 항로 개시 소식, 산업과 재무에 관련된 총독 지시 사항을 공시했다.

'녹사'에는 9월 6일 개최한 상공지구개량건설조사위원회(商工地區改良調査委員會) 소식, 9월 16일과 21일 개최된 임시평의원회, 9월 18일 개최된 위원회 소식을 전하였다. 또 8월 26일부터 9월 말일까지 각 지방 상업회의소, 조선연초회사, 조선제면주식회사 등에서 의뢰한 조사사항 목록을 게재했다. 마지막에는 중요경제통계를 수록하였다.

연번	지역	연월일	자료명	호수	키워드
055	경성	1920.10	조선경제잡지	58	화상, 물가, 누에, 뽕밭, 면, 식산은행, 예금, 조선사설철도협의회, 벼, 곡물파동, 잠업

【목차】

[조사]

조선에 있는 중국 무역상의 실력 / 조선무역개황 / 경성의 상황(商況)과 금융 / 주요 물가의 추세와 시세 / 조선에 신설한 회사 / 여름, 추잠(秋蠶) 예상 / 전 조선 뽕밭[桑田] 단별(反別) 조사 / 전 조선 면 재배 마을 상황

[잡록]

조선 금융 완화책 / 경성 신용 대부 감소 / 경성 예금 대출 숫자 크게 변동 / 예금 격증 / 조선사설철도협의회의 현상과 협회의 취지 / 선철(鮮鐵) 문제 / 벼 작황 예상 / 일본 제1회 쌀 작황 예상 / 새로운 곡물을 내놓길 꺼리는[出澁] 상황 / 조선 잠업(蠶業) 장래 / 면 작황 예상

[녹사]

[부록]

경성 공장표

[중요경제통계]

【해설】

본호에는 '조사(調査)' 8건, '잡록(雜錄)' 11건, '녹사(錄事)' 그리고 '경성 공장표(京城工場表)'와 중요경제통계(重要經濟統計)가 수록되었다.

'조사'의 첫 글은 조선의 중국인 무역상에 관한 내용이다. 이 시기 개정된 관세가 조선에 들어와 있던 중국인 무역상들에게 큰 영향을 미쳤는데, 이와 관련하여 중국산 마포(麻布)를 비롯한 특정 물품을 주요 상품으로 삼던 중국 상인에게 어떠한 영향을 주었는지 이출량을 비교하며 설명하였다. 그리고 조선무역개황, 경성의 상황과 금융, 조선에 신설된 회사와 같은 매달 게재되는 조사 내용이 포함되었다. 9월 중 주요 물가의 추세와 시세를 수록하였고, 여름 및 추잠(秋蠶) 작황 예상, 전 조선 뽕밭 단별[反別] 조사 결과, 전 조선 면 재배 마을 상황을 조사하여 게재하였다.

'잡록'에는 식산은행이 발표한 조선금융완화책을 수록했고, 경성 신용대부 감소와 경성 예금 대출 숫자가 크게 변동했다는 소식, 예금이 격증했다는 소식을 전하였다. 또 조선사설철도협회의 발회식 소식과 취지문의 대요를 수록했고, 조선 철도 문제에 대한 내용도 짧게 다루었다. 벼 작황 예상, 일본의 쌀 작황 1차 예상, 곡물 파동으로 인해 판매용 곡물을 내놓길 꺼리는 상황도 언급하였다. 그밖에 잠업대회에서 이야기된 조선 잠업의 장래, 육지면(陸地棉)이 수확량이 감소할 것이라고 예상한 면작 예상을 수록했다.

'녹사'에는 9월 27일부터 3일간 개최된 제3회 조선상업회의소연합회의 참석자, 회의 안건 등의 소

식을 전하였고, 10월 1일부터 10월 말일까지 조선총독부, 각 지방 도청, 각 지방 상업회의소, 동아연초회사 전주공장, 대창무역회사, 일본과실공업주식회사, 수원 조선농회, 부산일보 경성대리부, 동척 경성지부 등에서 의뢰한 조사사항 목록을 게재했다. 또 이번 호에는 특별히 부록으로 1919년 12월 말일 현재 경성에 있는 공장의 각종 내역을 정리한 '경성 공장표'가 수록되었다. 마지막에는 중요경제통계를 수록하였다.

연번	지역	연월일	자료명	호수	키워드
056	경성	1920.11	조선경제잡지	59	관세, 화상, 만주산 곡물, 물가, 가축, 중국, 금, 대출, 쌀, 경성전기회사, 누에, 경관국, 만철

【목차】

[조사]

조선 관세의 개정과 경성에 있는 화상(華商) / 조선무역개황 / 경성의 상황(商況)과 금융 / 조선 각 역의 만주산 곡물 도착량 / 조선에 신설한 회사 / 주요 물가의 등락 상황 / 조선의 가축 상황

[참고자료]

중국 시장과 일본 상품의 부진 / 세계 금 생산량의 격감

[잡록]

예금 대출의 감소 / 자금 집산 개산(概算) / 선철(鮮鐵) 작년 말 발행 예상 / 고금리[高步] 예금의 정리 / 일본 자금 이입 용이조선 쌀 등급[格附] 결의 / 미량(米量) 과잉 의문 / 제2회 벼 작황 예상 / 전력 문제 양보[互讓] / 야적(野積) 보관 폐지추잠(秋蠶) 예상 / 화물 운임 기타에 관련한 경관국(京管局)의 처치

[녹사]

[중요경제통계]

【해설】

본호에는 '조사(調査)' 7건, '참고자료(參考資料)' 2건, '잡록(雜錄)' 12건, '녹사(錄事)' 그리고 중요경제통계(重要經濟統計)가 수록되었다.

'조사'에는 지난 호의 첫 글과 같은 맥락으로, 조선 관세 제도가 개정되면서 경성에 있는 화상(華商)에게 미친 영향을 분석하였다. 그리고 조선무역개황, 경성의 상황과 금융, 조선에 신설된 회사와 같은 매달 게재되는 조사 내용이 포함되었다. 조선의 각 역에 도착한 만주산 곡물의 양, 주요 물가의 등락 상황, 조선의 가축 수를 통계로 정리하였다.

'참고자료'에는 중국 시장에서 일본 상품 판매가 부진한 상황을 서술하였고, 세계 금 생산이 격감하고 있다는 소식을 전하였다.

'잡록'에는 예금 대출 감소, 예금 대출 감소 현상을 정리하였고, 동경 미곡취인소연합회에서 조선 쌀 등급을 결정한 소식과 그것이 조선 쌀 상품에 미칠 영향을 수록하였다. 또 쌀 가격 폭락, 쌀 공급 과잉 현상에 대한 농무과장의 발언을 수록했고, 벼 작황 예상, 경성전기회사와 전력수요자위원 간의 교섭 내용, 만철 경관국이 야적(野積) 보관을 폐지했다는 소식, 추잠(秋蠶) 작황 예상을 정리했다. 마지막으로 화물 운임 기타에 관한 만철 경관국의 처분을 다루었다.

'녹사'에는 11월 12일에 개최된 평의원회 소식과 11월 15일 개최된 경성전기문제실행위원회 소식, 그리고 해당 위원회 위원들이 체신국장을 방문한 소식, 평의원 이동 소식 등을 전했다. 마지막으로 11월 1일부터 11월 24일까지 조선총독부, 각 지방 상업회의소, 조선식산은행, 청진번영회, 일본어망선구주식회사 등에서 의뢰한 조사사항 목록을 게재했다. 마지막에는 중요경제통계를 수록하였다.

연번	지역	연월일	자료명	호수	키워드
057	경성	1920.12	조선경제잡지	60	공장, 소작제도, 일용품, 물가

【목차】

[조사]

조선의 소작제도에 대하여(하) / 경성 주요 일용품의 소매가격 / 조선물가개황 / 경성의 상황(商況)과 금융 / 전 조선의 유망한 사업에 대하여(3) / 조선에 신설한 회사 / 주요 물가의 등락 상황

[녹사]

[부록]

경기도 공장표

[중요경제통계]

【해설】

본호에는 '조사(調査)' 7건, '녹사(錄事)', 부록으로 '경기도 공장표(京畿道工場表), 그리고 중요경제통계(重要經濟統計)가 수록되었다.

'조사'에는 57호까지 연재했던 조선 소작제도를 다룬 마지막 결론 부분을 수록했다. 앞의 글들에서 언급했던 소작권의 성질, 마름, 소작제의 장단점, 지주와 소작인간의 수익분배 방법과 분배율, 조세 실질 부담자, 소작인 자금 융통 방법, 흉년에 지주 측의 구제 방법 등에 대해 각 도청에 답변을 요구하여 받은 내용을 수록하였다. 마찬가지로 57호까지 2번 연재했던 조선의 유망한 사업을 소개한 세 번째 글도 게재되었다. 이번 호에선 전의 글에 이어 조선산 원료를 소개하고 그것의 공업적 가치를 다루었다. 그리고 조선무역개황, 경성의 상황과 금융, 조선에 신설된 회사와 같은 매달 게재되는 조사 내용이 포함되었다. 그리고 경성 주요 일용품의 소매가격도 정리하였다.

‘녹사’에는 12월 16일 개최된 역원회와 임시평의원회 소식, 12월 21일 개최된 임시조선상업회의소 연합회 소식을 전하였다. 마지막으로 11월 25일부터 12월 말일까지 각 지방 상업회의소, 하얼빈 상품 진열관, 수원 조선농회 등에서 의뢰한 조사사항 목록을 게재했다. 그리고 부록으로 경기도 지역의 공장의 명칭, 위치, 공장주, 설립연월, 건평, 자본금, 직원 수 등 상세 내역을 정리한 ‘경기도 공장표’를 수록했다. 마지막에는 중요경제통계를 수록하였다.

연번	지역	연월일	자료명	호수	키워드
058	경성	1921.1	조선경제잡지	61	물가, 회사 자금, 예금 대출, 지장 은행, 우피, 해운임, 사철

【목차】

[조사자료]

연두(年頭)에 즈음하여 / 조선무역개황(12월중) / 경성의 상황(商況)과 금융(12월중) / 조선의 신설 회사 / 주요 물가의 등락상황(12월중) / 전 조선 회사 자금 개황 / 1920년 조선 무역개황

[잡록]

각 은행 하반 업적 / 예금 대출 대두(擡頭) / 예금의 내지(內地) 유출 / 지장(地場) 은행의 활동 / 은행 이익 조월(繰越) / 지방 금융 완화책 / 조선 예산 항목 / 우피계(牛皮界)의 전도(前途) / 해운임(海運賃)의 속락(續落) / 사철(私鐵) 진흥책 강구

[녹사]

[중요경제통계]

【해설】

본호에는 '조사자료(調査資料)' 7건, '잡록(雜錄)' 10건, '녹사(錄事)' 그리고 중요경제통계(重要經濟統計)가 수록되었다.

'조사자료'의 '연두(年頭)에 즈음하여'은 신년 1월호의 성격에 맞게 지나간 1년을 돌아보고 새해의 과제를 설정하는 성격의 글이다. 전해인 1920년에 대해서는 조선 산업계에는 미증유의 물질적, 정신적 일대 시련이 있었다고 회고했다. 시련이란 1차 대전 이후 일본 경제가 급속한 팽창 발전을 보이다가 1920년 3월에 이르러 주식의 폭락, 물가의 격락, 금융의 경색이라는 반동적 공황 상태의 출현이다. 다음으로는 조선무역개황, 경성의 상황과 금융, 조선에 신설된 회사, 주요 물가 등락상황 등 매달 게재되는 조사 내용이 포함되었다. 또 1920년 12월말 기준 전 조선 업종별 회사수·공칭자본금·불입자본금과 1920년중 조선 무역개황을 수록하였다.

'잡록'의 '각 은행 하반 업적'은 1920년 하반기 조선은행·백삼십은행지점·식산은행·십팔은행지점·실업은행·제일은행지점·조선상업은행·해동은행의 영업 실적 내용이다. '예금 대출 대두(擡頭)'는 전년까지 금융도 한산했으나 새해 들어 예금과 대두 모두 점증 대두 상태로 돌아섰다는 소식이다. '예금의 내지(內地) 유출'은 제일은행·십팔은행·백삼십은행의 세 지점이 금융 한산에 따라 예금 초과액을 본점에 예탁했다는 내용이다. '지장(地場) 은행의 활동'은 경성 내 은행 중 2개의 특수은행, 3개의 일본 각 은행 지점을 제외하고 조선 내에 본점을 둔 4개의 은행(지장은행)의 예금과 대출 실적이다. 이들을 포함하여 10건의 잡록 중 6건이 금융 기사인데, 이로 미뤄 당시 금융에 대한 집중적인 관심을 알 수 있다.

'녹사'는 1월 22일 개최한 역원회, 1월 29일 개최한 정기평의원회의 회의록이다. 그리고 1월 4일부

터 말일까지 관청과 단체, 일반 상공업자 등이 의뢰한 조사사항 목록을 게재했다. 마지막에는 중요경제통계를 수록하였다.

연번	지역	연월일	자료명	호수	키워드
059	경성	1921.2	조선경제잡지	62	재계 반동, 사설철도, 관세, 지가, 연초, 맥작, 공장, 석유, 비료, 광업

【목차】

[조사자료]

재계 반동 래(來)의 경성 공업계에 미친 영향(상) / 조선무역개황 / 경성의 상황(商況)과 금융 / 공사재료 상황(商況) / 주요 물자의 등락상태 / 조선의 신설 회사 / 1919년 농작물 실수고(實收高) / 전선(全鮮) 사설철도 및 궤도 개황

[참고자료]

1920년중 조선 무역

[잡록]

금융 완만 / 예금 이하(利下) 정도 / 관세 수입 감소 / 지가 저락(低落) / 선철(鮮鐵)과 운수 / 연초 전매에 관한 대체의 계획 / 전선(全鮮) 맥작(麥作) 근황 / 민간 공장 일반 / 석유계의 전도(前途) / 비료계 근상(近狀) / 조선 광업 근황

[녹사]

[중요경제통계]

【해설】

본호에는 '조사자료(調査資料)' 8건, '참고자료(參考資料)' 1건, '잡록(雜錄)' 11건, '녹사(錄事)' 그리고 중요경제통계(重要經濟統計)가 수록되었다.

'조사자료'의 '재계 반동 래(來)의 경성 공업계에 미친 영향(상)'은 연재 기사의 첫 번째 글로서 경성의 공업은 일본과는 달리 1919년 전후 미증유의 호조에도 크게 발흥하지 않았기 때문에 반동 공황기에 들어서도 직접 치명적 손상을 입지 않았으나 공황 발발 1개년을 경과하면서 조선의 재계도 점차 직접 간접으로 불경기가 침윤(浸潤)했다고 진단했다. 이어서 경성부내 각 업종 주요 회사의 현황을 약술했는데, 조선제사주식회사·은사수산제사장·경성직물공사·경성직뉴주식회사·은사수산기업장·조선혜제조소 등이다. '1919년 농작물 실수고(實收高)'는 미·맥·두류·잡곡·특용작물·소채·과실·우량품종·녹비로 구분하여 소개했는데, 주로 한해를 입어 수확이 감소했다는 내용이다.

'참고자료'의 '1920년중 조선 무역'은 1920년 1년간의 무역 실적을 총괄한 것이다. '잡록'의 '관세 수입 감소'는 1919년도(1919년 4월부터 1920년 3월말까지)의 관세수입액에 비해 1920년도 관세수입

이 재계 변동에 따른 물가 저락의 영향으로 크게 감소했다는 내용이다.

'녹사'는 2월 3일 개최한 품평회 위원회 개최 소식, 경성 생산품 품평회 개최 소식, 경성 생산품 품평회 회칙, 그리고 2월 1일부터 19일까지 각 관청과 일반 상공업자가 의뢰한 조사사항 목록을 게재했다. 마지막에는 중요경제통계를 수록하였다.

연번	지역	연월일	자료명	호수	키워드
060	경성	1921.3	조선경제잡지	63	일용 필수품, 재계 반동, 유전, 전기, 사철, 저금, 작잠사

【목차】

[조사자료]

경성 일용 필수품의 도소매 상장(相場)에 대하여 / 재계 반동 래(來)의 경성 공업계에 미친 영향(중) / 조선무역개황 / 경성의 상황(商況)과 금융 / 조선의 신설 회사

[참고자료]

내지(內地) 상황(商況) 일반 / 석유 수요의 격증과 유전 쟁탈전

[잡록]

전선(全鮮)의 전기 수요 / 전선(全鮮) 내지인(內地人) 확정수 / 예금 이자 인하 실시 / 사철(私鐵)의 현상(現狀) / 내선인(內鮮人)의 저금 비교 / 만주의 작잠사(柞蠶絲)

[녹사]

[중요경제통계]

【해설】

본호에는 '조사자료(調査資料)' 5건, '참고자료(參考資料)' 2건, '잡록(雜錄)' 6건, '녹사(錄事)' 그리고 중요경제통계(重要經濟統計)가 수록되었다.

'조사자료'의 '경성 일용 필수품의 도소매 상장(相場)에 대하여'는 불경기에 따라 도소매 시세는 얼마가 위축될 것이란 내용이다. '재계 반동 래(來)의 경성 공업계에 미친 영향(중)'은 전월호에 이은 두 번째 연재 기사로서 경성부내 각 업종 주요 회사의 현황을 이어서 약술했는데, 감옥(監獄)작업·대정제약주식회사 조선지점·화성호 철공소·화신상회·대성상회·조일석감(石鹼)주식회사·경성도기주식회사·동양염직주식회사·대창무역회사 직물부·이왕가 미술품제작소 등의 현황이다.

'참고자료'의 '내지(內地) 상황(商況) 일반'은 일본에서 상품 가격의 등락 상황을 소개한 것이고, '석유 수요의 격증과 유전 쟁탈전'은 1차대전 이후 석유가 국가 존립상 긴요 불가결한 문제가 되었다는 것과 시베리아·사할린·남태평양 등에서 유전 확보 경쟁이 치열해진다는 내용이다.

'잡록'의 '전선(全鮮)의 전기 수요'는 수력전기사업 발흥의 여지가 많고 전력 수요 증가도 예상되어

전력사용사업의 전도가 유망하다는 내용이다. '전선(全鮮) 내지인(內地人) 확정수'는 1920년 10월 1일 임시호구조사 결과 도별 세대수·인구총수, 그리고 남녀별 인구수 등이다. '예금 이자 인하 실시'는 경성조합은행의 예금이자 인하를 3월 3일 확정하여 7일부터 실행하다는 소식이다. '사철(私鐵)의 현상(現狀)'은 재계 호조를 맞아 설립되었으나 불경기로 인해 사업 수행이 좌절되었다는 소식과 당시 공사 중인 회사와 구간의 사업공정을 설명하는 글이다. '내선인(內鮮人)의 저금 비교'는 저금 인원으로 보면 조선인이 일본인의 3배이나, 저금액으로 보면 일본인이 조선인의 3배라는 내용이다.

'녹사'는 2월 28일 개최된 역원회와 3월 7일 개최된 임시평의원회의 회의록, 그리고 2월 20일부터 3월 17일까지 관청, 각지 상업회의소, 기타 단체 등에서 의뢰한 조사사항 목록을 게재했다. 마지막에는 중요경제통계를 수록하였다.

연번	지역	연월일	자료명	호수	키워드
061	경성	1921.4	조선경제잡지	64	선미, 시가지, 토지 가옥, 목재, 저축력, 연초전매령, 사설철도보조법, 상해

【목차】

[조사자료]

선미(鮮米) 이출상의 신(新) 경향 / 재계 반동 래(來)의 경성 공업계에 미친 영향(하) / 경성 시가지 가격 등락의 정세 부(附) 선인(鮮人) 간 토지 가옥의 매매 대차에 관한 관례 / 경성 목재계의 근황 조선무역개황 / 경성의 상황(商況)과 금융 / 과거 1년간 경성 물가 등락의 정도 / 조선의 신설 회사

[잡록]

조선의 저축력 소장(消長)의 정세 / 이출 조선 우(牛)에 대하여 / 조선연초전매령 / 조선사설철도보조법 / 농구(農具)의 철도 운임 저감(低減) / 상해(上海) 시장 선산(鮮産) 청주 수출의 전망 및 선산물자 판로 개척에 대하여

[녹사]

[중요경제통계]

【해설】

본호에는 '조사자료(調査資料)' 8건, '잡록(雜錄)' 6건, '녹사(錄事)' 그리고 중요경제통계(重要經濟統計)가 수록되었다.

'조사자료'의 '선미(鮮米) 이출상의 신경향'은 조선미의 일본 이출이 증가한다는 점, 오사카 시내에서 소비되는 쌀 중 조선미가 차지하는 비중은 약 80%에 달한다는 점, 1917년까지는 정미가 현미보다 많았으나 1918년부터 역전되어 현미 수이출 비율이 정미를 능가했다는 점, 장래 모래가 섞이는 것을 방지해야 한다는 점 등이 주요 내용이다. '재계 반동 래(來)의 경성 공업계에 미친 영향(하)'는 연재 기사

의 세 번째 글인데, 결론으로서 조선 공업계에 놓여있는 중요 문제와 장래 주의할 사항을 열거하였다.

'잡록'의 '조선의 저축력 소장(消長)의 정세'는 전년 3월 이래 반동 공황을 전후로 하여 우편저금, 금융조합 예금 및 은행 저축예금 소장 정황과 중류 이하 주민의 저축력 변천 결과를 조사한 내용이다. '이출 조선 우(牛)에 대하여'는 조선의 농업계에서 축우는 4대 산업의 하나인데, 1910년 이래 사역우(使役牛) 또는 육우로서 일본에 이출되었고 매년 크게 증가하였다는 글이다. '조선연초전매령'은 4월 1일 제령 제5호로써, 동 시행세칙은 동일부로 조선총독부령 제49호로써 공포되고 7월 1일부터 시행된다는 소식과 각각의 조문 내용이다. '조선사설철도보조법'은 3월 31일 법률 제34호로써, 동법 시행규칙은 4월 1일 조선총독부령 제53호로써 공포되고 동일부터 시행된다는 소식과 각각의 조문 내용이다. '농구(農具)의 철도 운임 저감(低減)'은 경성부내 농구 취급업자가 농구의 철도운임 저감에 대해 총독에게 청원하고, 당국은 이를 상업회의소에 조회하였는데, 상업회의소는 이 청원을 이유있다고 보고 회답한 결과 당국에 의해 청원이 수용되어 4월 1일부터 2~3할 저감 조치가 실시되었다는 소식이다. '상해(上海) 시장 선산(鮮産) 청주 수출의 전망 및 선산 물자 판로 개척에 대하여'는 상해 주재 총독부 촉탁으로부터 보고된 내용이다.

'녹사'는 4월 6일에 개최된 역원회, 4월 12일에 개최된 임시평의원회의 회의록과 3월 18일부터 4월 19일까지 관청, 각 지방 상업회의소, 기타 회사 단체 등에서 의뢰한 조사사항 목록을 게재했다. 마지막에는 중요경제통계를 수록하였다.

연번	지역	연월일	자료명	호수	키워드
062	경성	1921.5	조선경제잡지	65	부동산, 재계 반동, 선인 호구, 상전, 고제품, 철도 하동

【목차】

[조사자료]

경성의 부동산 매매의 현상(現狀) / 재계의 반동과 당소(當所) 조사사항 / 경성 부내 선인 호구 분포의 정황 / 조선무역개황 / 경성의 상황(商況)과 금융 / 조선의 신설 회사 / 조선의 상전(桑田) 단별(段別) (1920년)

[잡록]

조선의 고(藁) 제품의 수급력 / 조선 철도 하동(荷動) 개황

[녹사]

[중요경제통계]

【해설】

본호에는 '조사자료(調査資料)' 7건, '잡록(雜錄)' 2건, '녹사(錄事)' 그리고 중요경제통계(重要經濟統

計)가 수록되었다.

'조사자료'의 '경성의 부동산 매매의 현황'은 1921년 3월 이래 경성부내 부동산 매매가 증가하고 4월에 들어 점증하였으며 이후 계속해서 거래의 성황을 보인다는 내용이다. '재계의 반동과 당소(當所) 조사사항'은 1920년 경성상업회의소가 의뢰받은 조사사항 623건에 대한 분석 기사이다. 관청으로부터 의뢰받은 것이 45건, 회사 은행 기타 공공단체의 의뢰받은 것이 212건, 개인의 의뢰는 366건이고, 종류별로 보면 미곡·잡곡에 관한 것이 32건이고 15건 이상은 금물류, 식량품잡화류, 지류 및 제지업, 자동차 및 자전거, 건축자재, 물가조사, 양품잡화, 완구운동구, 화양가구, 과실 및 야채, 은행 및 사회사업의 순이며, 지방별로 보면 일본 241건, 경성부를 제외한 조선 237건, 경성부 81건, 외국 64건이라는 것이다. '경성 부내 선인 호구 분포의 정황'은 1920년 12월 말일 기준 조선인 호수 37,771호, 인구 181,829명, 일본인 호수 16,199호, 인구 65,617호이고, 일본인이 살지 않는 정동은 훈정·필운·봉래정2정목·옥천·누상·익선·돈의 등 7개소에 불과하며 일본인이 1천명 이상 사는 곳은 욱정1정목을 필두로 13개 정이고, 조선인이 2천명 이상 거주하는 곳은 창신동 비롯하여 역시 13개 정동이다. '조선의 상전(桑田) 단별(段別)'은 1920년 10월 기준 보통 상전 1만 3천 221정 3단보, 견적 단별 1만 8천 403정 5단보, 합계 3만 천 624정 8단보인데 이는 전년 대비 3천 918정 1단보, 1할 4보 1리 증가라는 내용이다.

'잡록'의 '조선의 고(藁) 제품의 수급력'은 1919년중 조선은 191만 1천 69원의 고제(藁製) 입(叺), 승(繩), 연(筵)의 대부분을 일본으로부터, 소부분을 중국 및 노령 아시아로부터 수이입하고 조선 내에서 개량입 1,663만여 매, 개량 연 140여만 매, 재래 연 182만여 매, 승 3,287만여 관을 제조했다는 내용이다. '조선 철도 하동(荷動) 개황'은 1921년 4월중 화물 수송 수량 및 수입 통계자료인데, 주요 화물 물품은 석탄·쌀·목재·소금·대두·석회시멘트·염간(鹽干)어·신탄(薪炭)·금속제품·두박(豆粕)·면사포 등이다.

'녹사'는 5월 1일부터 1주일간 개최된 경성 생산품 품평회 소식인데, 5월 3일의 심사장 수여식 행사 내용을 소개하면서 심사 입상자 109명의 명단도 게재하였고. 1주일간 입장객수는 5만 2천여 명이었다는 내용이다. 이어 4월 20일부터 5월 19일까지 관청, 각 지방 상업회의소, 기타 회사 단체 등에서 의뢰한 조사사항 목록을 게재했다. 마지막에는 중요경제통계를 수록하였다.

연번	지역	연월일	자료명	호수	키워드
063	경성	1921.6	조선경제잡지	66	뇌모자강, 이입 물자, 주류, 두류, 맥작, 잠사, 가축, 가금, 만주, 산업조사위원회

【목차】

[조사자료]

경성의 뇌모자강(頼母子講)에 대하여 / 경성 내지(内地) 이입 물자 취인(取引) 상의 상관습에 대하여 /

조선무역개황 / 경성의 상황(商況)과 금융 / 조선의 신설 회사 / 개인간 대부금리(1920년) / 주류(酒類) 견입(見込) 조석고(造石高)(1920 주조연도) / 미곡 및 두류(豆類) 수이출량(5월중) / 맥(麥) 실수고(實收高)(1920년) / 맥작(麥作) 예상고(1920년) / 가(家)잠사(蠶絲) 생산정황(1920년) / 가축 및 가금수(1920년) / 유용(乳用) 우(牛)(1920년)

[참고자료]

만주의 조선인

[잡록]

산업조사위원회규정 / 내지(內地)행 곡물 수송의 소구(小口) 취인(取引) 편법(便法)

[녹사]

[중요경제통계]

【해설】

본호에는 '조사자료(調査資料)' 13건, '참고자료(參考資料)' 1건, '잡록(雜錄)' 2건, '녹사(錄事)' 그리고 중요경제통계(重要經濟統計)가 수록되었다.

'조사자료'의 '경성의 뇌모자강(賴母子講)에 대하여'는 크게 보통 뇌모자와 영업무진으로 나누고 전자는 경성의 뇌모자강의 규모, 경성뇌모자강의 현재수, 조직 및 방법 개요, 뇌모자강의 행하는 방면, 흥익회의 상황, 최근 낙찰액 등락의 정황을, 후자는 경성식산회, 공제금융회를 목차로 설명하고, 결론으로서는 부정 영업자를 나열한 다음 뇌모자강이 서민금융 기관으로서 존재 필요가 있는 이상 그 불비 폐해를 제거하고 개선 조장의 방법을 강구하여 건전한 발달을 꾀하는 것이 가장 긴요하다는 내용이다. '경성 내지(內地) 이입 물자 취인(取引) 상의 상관습에 대하여'는 일용식료품[건물(乾物) 청물(青物)], 미곡, 청주, 양주, 통조림[罐詰]류, 사탕, 해산물(어류), 면사포, 목재의 경성부내 시장 거래 정태를 설명하고, 거래관습 개선 방책, 생산자와 도매상, 도소매상인과 소비자로 나누어 서술하였다.

'참고자료'의 '만주의 조선인'은 재만 선인 실수 약 70만, 재만 선인 분포 현황, 직업은 대부분 농사경영, 조선인 농업자수, 수전경영의 선편(先鞭), 수전 발달의 경로(徑路), 경지 대차의 방법 관례, 봉천지방 토지대차방법, 간도지방 토지대차방법, 이주 선인에 대한 보호로 나눠 서술하였다.

'잡록'의 '산업조사위원회규정'은 6월 6일 조선총독부훈령 제36호로써 공포된 동 규정 조문을 게재하였고, '내지(內地)행 곡물 수송의 소구(小口) 취인(取引) 편법(便法)'은 6월 16일부터 실시된 '내지행 곡물 적합차급 임금', '내지행 곡물 적합차급 취급수속', 취급상 주의사항이다.

'녹사'는 5월 24일 개최된 역원회, 5월 31일 개최된 정기평의원회의 회의록과 5월 20일부터 6월 19일까지 관청, 각 지방 상업회의소, 기타 단체 등에서 의뢰한 조사사항 목록을 게재했다. 마지막에는 중요경제통계를 수록하였다.

연번	지역	연월일	자료명	호수	키워드
064	경성	1921.7	조선경제잡지	67	산업조사기관, 제사공업, 경매점, 양잠업, 잠종, 잠견, 작잠사, 조선미

【목차】

[조사자료]

조선 산업 정태(情態)의 추이와 산업조사기관 / 조선의 제지(製紙) 공업 / 경성의 선인(鮮人) 경매점 / 조선무역개황 / 경성의 상황(商況)과 금융 / 조선의 신설 회사 / 조선의 양잠업(1920년) 잠종(蠶種) 소립량(掃立量), 잠견 생산고, 잠견 판매고, 잠견 무역고 / 작잠사(柞蠶絲) 생산정황 / 1920년 조선미 실수고(實收高) / 조선의 농업자수 / 승(繩) 입(叺) 연(筵) 제조고

[녹사]

[중요경제통계]

【해설】

본호에는 '조사자료(調査資料)' 11건, '녹사(錄事)' 그리고 중요경제통계(重要經濟統計)가 수록되었다. '조사자료'의 '조선 산업 정태(情態)의 추이와 산업조사기관'은 1907년부터 1920년에 이르기까지 무역액 누년대조표, 1909년부터 1919년까지의 조선각종은행 예금대출금액 누년대조표, 1910년부터 1919년까지의 조선공장 누년대조표를 이용하여 조선의 산업추이의 정태가 진전돼 왔음을 설명하고, 당시 경성에 있는 산업에 관한 조사기관 중 관청 및 공공단체의 주요한 것으로 조선총독부산업조사위원회, 경성상업회의소(조사과), 조선토목건축협회, 조선사설철도협회, 조선광업회, 조선경제협회, 공정회(工政會) 조선지부, 조선전기협회, 조선산림회, 조선중앙경제회의 소재지, 대표자, 업무 요령, 조직, 연(年) 경비, 조사사항, 주된 조사간행물, 기타 조사상 참고할 사항으로 나누어 서술하였다. '조선의 제지(製紙) 공업'은 표지 목차에는 '제사 공업'으로 잘못 기재되어 있는데, 그 내용은 연혁, 선내 서양지류의 수요량, 서양지의 공급지, 선내 제지원료, 제지업과 금융관계로 구분하여 작성하였다. '경성의 선인(鮮人) 경매점'은 1921년 3월 종로 거리 조선인 경영 양잡화점이 폐점하여 정리를 위해 상품 전부를 싼값으로 경매에 부친 이후 시내 다수의 노점 상인들이 이를 모방하여 4월경부터 일제히 경매점이란 간판을 내걸고 장사를 시작했다는 내용이다. '조선의 농업자수'는 1920년 12월말 기준 조선농업자수는 일본인 호수 1만 210호, 인구 4만 868명, 조선인 호수 270만 9천 636호, 인구 천 436만 8천 456명, 중국인 호수 966호, 인구 3천 654인, 기타 외국인 호수 7호, 인구 14인임을 서술하고, 이를 지방별(도별) 농업자수와 지주·자작·소작 및 자작겸소작별로 나누어 호수와 인구를 표, 1910년부터 1920년까지 농업자수 누년비교표로 제시하였다. '승(繩) 입(叺) 연(筵) 제조고'는 1919년 11월부터 1920년 10월에 이르는 1개년간 각 생산량 통계이다.

'녹사'는 7월 11일 개최된 임시평의원회의 회의록과 6월 20일부터 7월 19일까지 관청, 각 지방 상업회의소, 기타 단체 등에서 의뢰한 조사사항 목록을 게재했다. 마지막에는 중요경제통계를 수록하였다.

연번	지역	연월일	자료명	호수	키워드
065	경성	1921.8	조선경제잡지	68	석탄, 건축, 목재, 철도 화물, 두류, 면작, 외국인 소유 토지, 담군, 상해

【목차】

[조사자료]

경성의 석탄 수급 현황 / 경성의 건축계의 현황 부(附) 목재계의 근황 / 철도 화물의 발착과 경성의 시황 / 조선무역개황 / 경성의 상황(商況)과 금융 / 조선의 신설 회사 / 조선 두류(豆類) 실수고(實收高)(1920년) / 조선 면작(棉作) 부(付) 단별(段別) 및 생육 정황(1921년) / 재선(在鮮) 외국인 소유 토지(1920년)

[잡록]

예금 이자 인하와 그 영향 / 담꾼[擔軍] 취체 규칙 / 상해 시장과 수산물

[녹사]

[중요경제통계]

【해설】

본호에는 '조사자료(調査資料)' 9건, '잡록(雜錄)' 3건, '녹사(錄事)' 그리고 중요경제통계(重要經濟統計)가 수록되었다.

'조사자료'의 '경성의 석탄 수급 현황'은 소비톤량, 탄종별 소비 정황, 경성의 대량 소비자, 공급 개황, 장래 소비량에 대한 고찰, 탄가의 추세와 수이입탄의 현황을 목차로 하여 작성된 글이다. '경성의 건축계의 현황'은 경성 주요지구와 용산으로 나누어 전자는 본정경찰서 관내 준공 검사필한 것으로서 신축·증축·개축·수선·모양 체(替)로, 후자는 용산경찰서 관내 준공계를 제출 완료한 것으로서 신축·수선증축으로 구분하여 조사하였고, '부(附) 목재계의 근황'에서는 일본인측과 조선인측으로 구분하여 서술하였다. '철도 화물의 발착과 경성의 시황'은 시황의 성부(盛否)는 화물 집산의 상황으로 드러난다는 취지에서 남대문역의 화물집산 상황을 조사하여 1913년부터 1920년까지의 발송·도착량(톤) 표와 1918년 1월부터 1920년 7월까지의 월별 발송·도착량(톤) 표를 제시하였다. '재선(在鮮) 외국인 소유 토지'는 1920년 12월말 기준 외국인 소유 토지 조사 결과인데, 회사 및 교회 명의를 제외한 개인 소유분만 포함한 통계이다. 각 도별, 국적별(미국인·영국인·러시아인·프랑스인·독일인·이탈리아인·덴마크인·중국인·노르웨이인), 지목별[전·답·대·임야·잡종지·유지(溜地)·사사지(寺社地)]로 분류하여 표로 작성한 것이다.

'잡록'의 '예금 이자 인하와 그 영향'은 경성조합은행에서 일본 은행 이자 인하에 따라 8월 6일부터 갑을(甲乙) 양 은행을 통해 정기예금 연리 5리, 기타 예금(당좌·특별) 일보(日步) 1리의 인하를 실시하였고, 대출 이자 인하 여부는 불명확하다는 소식이다. '담꾼[擔軍] 취체 규칙'은 8월 2일 조선총독부 경기도령 제6호로써 동 규칙이 발포되었다는 것과 그 조문 내용이다. 이 규칙에서 '담군'이란 '담(擔)

으로써 화물 운반을 업으로 하는 자'로 규정되었다. '상해 시장과 수산물'은 상해 주재 조선총독부 촉탁의 보고를 소개한 것으로서 장래 통조림[罐詰]의 판로 문제에 관한 것이 주 내용이다.

'녹사'는 7월 20일부터 8월 19일까지 관청, 각 지방 상업회의소, 기타 단체 등에서 의뢰한 조사사항 목록을 게재했다. 그 뒤에는 중요경제통계를 수록하였다. 마지막에는 1921년 8월 조(調) 경성공장표가 첨부되어 있다.

연번	지역	연월일	자료명	호수	키워드
066	경성	1921.9	조선경제잡지	69	한강, 생명보험, 소채, 면, 마, 하잠, 추잠, 산업조사위원회, 상품검사소

【목차】

[조사자료]

한강 유역 지방의 경제 정황 / 조선의 생명보험의 근황 / 조선무역개황 / 경성의 상황(商況)과 금융 조선의 신설 회사 / 소채 수확고(收穫高)(1920년) / 면(棉) 및 마(麻) 수확고(1920년) / 하(夏) 추잠(秋蠶) 예상고(1920년)

[잡록]

산업조사위원회의 개회 / 곡물 외 5품 소구(小口) 취인(取引) 특종(特種) 차급(車扱)의 개시

상품검사소의 설치 / 포조(浦潮) 세관창고 내 화물에 대한 주의

[녹사]

[중요경제통계]

【해설】

본호에는 '조사자료(調査資料)' 8건, '잡록(雜錄)' 4건, '녹사(錄事)' 그리고 중요경제통계(重要經濟統計)가 수록되었다.

'조사자료'의 '한강 유역 지방의 경제 정황'(상)은 연재 기사의 첫 번째 글로서, 한강 연안 주요지역의 군청 및 금융조합에 대해 일본인·조선인·중국인별 호구 누년 대조, 물자 반출입의 개황, 반동 공황 이래 일반 경제계에 미친 영향, 각종 상품취급 품종별 주요당업자의 조사를 의뢰하여 그 회답 순서대로 소개한 것이다. 용인군지방(용인군청), 이천군 장호원지방(장호원금융조합), 파주군 문산포지방(문산포금융조합), 여주군지방(여주군청), 음성군지방(음성군청), 단양군지방(단양군청), 청주군지방(청주군청), 진천군지방(진천군청), 양구군지방(양구군청)의 회답 내용이 실려있다.

'잡록'의 '산업조사위원회의 개회'는 8월 30일 및 9월 3일부로 산업조사위원회 위원(일본 측 20명, 조선 측 28명)과 간사(8명)의 위촉과 임명 소식, 9월 15일부터 20일까지 6일간 제1회 회의를 개최중이라는 소식이다. 조선 측 위원 28명 중 조선인은 후작 이완용, 백작 송병준을 비롯한 10명이고, 간사

8명은 전원 일본인이다. 또 회의 중 조사사항은 산업개량 증식에 관한 건을 비롯한 16건이다. '곡물 외 5품 소구(小口) 취인(取引) 특종(特種) 차급(車扱)의 개시'는 남만주철도주식회사 경성관리국에서 사고(社告) 제105호로 곡물·맥분·우피·사탕·면사 및 면포에 대해 차급규정 운임의 3할 증(增)까지 10톤 급(扱)을 개시하여 10월 1일부터 실시한다는 소식이다. '상품검사소의 설치'는 천진 일본인상업회의소에서 보내 온 통첩을 대(對) 중국 무역 관계자에게 알리는 내용이다. '포조(浦潮) 세관창고 내 화물에 대한 주의'는 블라디보스토크 일본상공회의소로부터 9월 6일부로 발한 통보(通報)인데, 블라디보스토크 임시정부 내각회의에서 하주 불명 화물에 대해 1922년 1월 1일부터 인취[引取] 기한 수입(輸入) 후 1개년을 경과한 화물의 주권 및 일체의 의무를 블라디보스토크 임시정부에 이관한다는 내용이다.

'녹사'는 8월 29일의 역원회, 9월 2일 개최된 임시평의원회의 회의록과 8월 20일부터 9월 19일까지 관청, 각 지방 상업회의소, 기타 단체 등에서 의뢰한 조사사항 목록을 게재했다. 그 뒤에는 중요경제통계를 수록하였다.

연번	지역	연월일	자료명	호수	키워드
067	경성	1921.10	조선경제잡지	70	목탄, 연초, 경지면적, 과수, 맥, 산업조사위원회, 실업가 유지 간화회

【목차】

[조사자료]

경성의 목탄 수급의 정황(상) / 한강 유역 지방의 경제 정황(중) / 경성의 시장의 정황 / 조선무역개황 / 경성의 상황(商況)과 금융 / 조선의 신설 회사 / 조선의 연초의 소비고(1920년) / 조선의 경지면적(1920년) / 과수(果樹) 수이입 정황(1920년) / 맥(麥) 우량품종 보급 정황(1920년)

[잡록]

인천 화물취급 임금의 저하 / 조선산업조사위원회 결의사항 / 전선(全鮮) 실업가 유지 간화회(懇話會)

[녹사]

[중요경제통계]

【해설】

본호에는 '조사자료(調査資料)' 10건, '잡록(雜錄)' 3건, '녹사(錄事)' 그리고 중요경제통계(重要經濟統計)가 수록되었다.

'조사자료'의 '경성의 목탄 수급의 정황(상)'은 연재기사의 첫 번째 글로서, 경성의 추정 소비량, 종류별 용도의 목차로 작성되었다. '한강 유역 지방의 경제 정황'(상)은 전월호에 이은 두 번째 글로서, 각지의 회답 내용을 소개하였는데, 포천군지방(포천군청), 안성군지방(안성군청), 연천군지방(연천군청), 평창군지방(평창군청), 평강군지방(평강군청), 정선군지방(정선군청), 춘천군지방(춘천군청)의 순서이다. '경성의 시장의 정황'은 경성부내 1920년말 시장수는 공설 7개소, 사설 8개소인데, 전년에 비해 3개소의 증가라는 것, 시장은 공공단체로 하여금 경영케 한다는 원칙에 따라 종래 사설은 특종 시장을 제외하고 부의 경영으로 변경하여 돈의동·안국동·광희정의 구 3시장은 1919년말 기한 만료로 폐지하고 1920년 6월 1일부터 부영의 공설시장을 설치하여 업무를 개시했다는 것, 소매가격 조절 목적으로 1920년중 명치정, 종로, 화원정, 경정의 4개소에 새로 공설시장을 설치했다는 것이 주요 내용이다.

'잡록'의 '인천 화물취급 임금의 저하'는 종래 인천의 화물 부임(艀賃) 및 취급 임금이 각지의 그것에 비해 높아서 경성상공조합연합회가 7월 이래 인천회조업조합에 인하 교섭을 하고, 인천상업회의소도 알선한 결과 10월 1일부터 인하 실행을 결정했다는 소식이다. '산업조사위원회 결정사항'은 동 위원회에서 심의 가결된 사항인데, 조선산업에 관한 일반 방침, 조선산업에 관한 계획요항 10건, 그리고 농업·임업·수산업에 관한 특별위원회의 심사에 대해 그 의결을 거쳐 다시 위원총회에서 결정된 사항 4건 등이다. '전선(全鮮) 실업가 유지 간화회(懇話會)'는 9월 21일부터 23일까지 3일간 개최된 회의 내용이며, 간화회 의견으로 소작제도에서 지주 소작인간 존재하는 제종의 개선을 필요로 한다는 것 등 36건이 수록되어 있다.

'녹사'는 9월 20일부터 10월 19일까지 관청, 각 지방 상업회의소, 기타 단체 등에서 의뢰한 조사사항 목록을 게재했다. 그 뒤에는 중요경제통계를 수록하였다.

연번	지역	연월일	자료명	호수	키워드
068	경성	1921.11	조선경제잡지	71	목탄, 조선미, 경지면적, 우량품종, 상해, 만주, 장춘, 해산물, 농작물, 시멘트

【목차】

[조사자료]

경성의 목탄 수급의 정황(하) / 경성 근교 제읍(諸邑) 경제 정황 / 조선의 시장의 정황 / 조선무역개황 / 경성의 상황(商況)과 금융 / 조선의 신설 회사 / 조선미 수확 예상고 / 조선의 경지면적(1920년) / 도(稻) 우량품종 보급 상황 및 재배 성적(1920년)

[잡록]

지나(支那) 각 지방의 상공 사정

1.상해 해산물 시장 2.만주 농작물 작병(作柄) 3.상해지방의 시멘트사업 4.장춘 중요화물 상황(商況)

[녹사]

[중요경제통계]

【해설】

본호에는 '조사자료(調査資料)' 8건, '잡록(雜錄)' 1건, '녹사(錄事)' 그리고 중요경제통계(重要經濟統

計)가 수록되었다.

'조사자료'의 '경성의 목탄 수급의 정황(하)'는 전월호에 이은 두 번째 연재 기사로서, 공급지방과 출회 정황, 주요 생산지의 정황, 산지의 문옥업(問屋業)과 거래상황, 목탄 가격 등락의 추세의 목차로 작성되었다. '경성 근교 제읍 경제 정황'(상)은 연재 기사의 첫 번째 글인데, 경성부민에게 소채를 공급하고 한강 오지 산출 지방을 통해 신탄, 목재, 기타 물자를 공급하며 경성으로부터는 포백류, 잡화류 기타의 수요를 받고 지리적으로 경성부를 둘러싼 인구 집단지의 경제 정황을 답사하며 조사했다는 내용인데, 먼저 서빙고, 한강리, 왕십리를 다루었다. '조선의 시장의 정황'은 1920년말 공설시장(부 또는 면 경영) 1,139개소, 사설시장(회사, 조합 또는 개인 경영) 75개소, 합계 1,214개소이고 전년말에 비하면 공설시장 4개소 증가, 사설 시장 5개소 감소, 전체 1개소 감소인데, 이는 시장은 공공단체로 하여금 경영케 한다는 당국 방침의 결과라는 내용이다. 이어 상품종류별 매매액 비교대조표(1919년, 1920년), 도별 시장수, 개시횟수, 1개년 매매액 표, 1개년 거래액 20만원 이상의 시장 115개소의 시장 명칭, 개시횟수, 1개년 거래액 표가 수록되어 있다.

'잡록'의 '지나(支那) 각 지방의 상공 사정'은 중국 각 주요지에 주재하는 조선총독부 촉탁의 보고를 총독부가 회부한 내용으로 4가지로 구성되어 있다. 먼저 상해 해산물 시황은 염장(鹽藏) 송어, 건개(乾開) 대구, 조선 염장 대구, 해삼의 시세이고, 만주 농작물 작병은 봉천·철령(鐵嶺)·장춘·사평가·공주령·무순(撫順)·본계호·안동현의 각 부근의 대두·고량(高粱)·대소맥·속(粟)·육도(陸稻)·수도(水稻)의 작황 평년 비교이며, 상해지방의 시멘트사업은 태호수니(太湖水泥) 고분(股紛) 유한공사가 무석(無錫), 상해, 북경의 발기인을 확정하고 자본금은 250만원으로 하여 주식 모집을 개시했고, 창립 사무소는 무석과 상해 두 곳에 설치했다는 내용이며, 장춘 중요화물 상황은 10월말 기준 소맥·고량(수수)·속(조)·옥수수·소두·대두·지류(紙類)·도기·백미·초자(유리)·인촌(성냥)·맥분·금물(철물)·청주·어류(魚類)의 거래 상황과 시세이다.

'녹사'는 10월 26일과 11월 18일의 역원회, 10월 26일의 임시평의원회의 회의록과 10월 20일부터 11월 19일까지 관청, 각 지방 상업회의소, 기타 단체 등에서 의뢰한 조사사항 목록을 게재했다. 그 뒤에는 중요경제통계를 수록하였다.

연번	지역	연월일	자료명	호수	키워드
069	경성	1921.12	조선경제잡지	72	목탄, 연초, 경지면적, 과수, 맥, 산업조사위원회, 실업가 유지 간화회

【목차】

[조사자료]

경성의 신재(薪材) 수급의 현황 / 경성 근교 제읍(諸邑) 경제 정황(하) / 조선무역개황 / 경성의 상황(商況)과 금융 / 조선의 신설 회사 / 채두(菜豆) 및 완두(豌豆)의 생산 및 수이출액

[참고자료]
지나(支那) 파리(玻璃) 공업의 현황. 부(附) 조선의 사업(斯業)과의 대조 / 조선 대(對) 상해 무역에 대한 희망
[녹사]
[중요경제통계]

【해설】
본호에는 '조사자료(調査資料)' 6건, '참고자료(參考資料)' 2건, '녹사(錄事)' 그리고 중요경제통계(重要經濟統計)가 수록되었다.

'조사자료'의 '경성의 신재(薪材) 수급의 현황'은 추정 소비량, 소비의 정황, 공급지방과 출회 정황, 생산 정황과 생산능력, 가격 등락의 추세의 목차로 작성되었다. '경성 근교 제읍 경제 정황'(하)는 전월호에 이은 두 번째 연재 기사인데, 뚝섬, 마포, 동막, 공덕리의 개요, 호구, 교통, 집산 화물, 재계 반동의 영향, 관공서 학교를 다루었다. '채두(菜豆) 및 완두(豌豆)의 생산 및 수이출액'은 조선의 채두와 완두는 종래 주로 자가용에 그쳤지만, 1차 대전의 영향으로 유럽에서 수요가 증가함에 따라 1915년 초부터 수출하기 시작한 이래 함경남북도에서 재배가 증가하여 1918년 총 작부면적은 채두 3만 3천 3백여 정보, 완두 3천여 정보이고, 수확량은 채두 약 12만 4천석, 완두 약 1만 4천 4백석이며 수이출 역시 성황이었는데, 전후 유럽으로의 수출이 점차 부진에 빠지면서 시세도 붕락하여 1920년에는 그 작부면적은 채두 8,263정보, 완두 2,851정보, 수확량은 채두 34,220석, 완두 12,287석이라는 내용이다.

'잡록'의 '지나(支那) 파리(玻璃) 공업의 현황[부(附) 조선의 사업(斯業)과의 대조]'은 먼저 조선의 이 공업에 대해 1919년중 유리 및 동 제품 소비 정황은 조선 내 생산액은 192,682원, 수이입액은 922,319원 합 1,115,001원인데, 수이입 종별 가액을 보면 창유리 488,975원, 유리거울 257,973원, 기타 유리 및 유리 제품 175,371원이라고 하고, 이어 경성의 파리공업에 대해서는 1919~1920년에 경성부 내 4개 공장에서 연 산액 10만원 전후인데, 식기, 투약병, 승취병(蠅取瓶), 양등(洋燈) 화옥(火屋), 식기 제품이 있다는 것이다. 그리고 중국인 파리 공업에 대해 공장 총수는 80개, 그중 일본인 경영 16~7개, 나머지 중국인 경영이고, 그 제품 종류는 창유리, 양식(洋式) 장식구, 모자 걸이, 화병, 유리 완륜(腕輪), 필통, 담토(痰吐), 투약병, 양등, 화옥, 다완, 명(皿), 파리관(玻璃罐) 등이며, 중국 내 소비 외에 인도와 남양 방면으로 수출한다는 것이고, 공장 소재지는 강소성 상해, 소주, 남경, 숙천(宿遷), 절강성 항주, 영파, 복건성 복주, 하문, 광동성 광주, 산두(汕頭), 호남성 장사, 호북성 무창, 한구, 사천성 중경, 산동성 박산, 제남, 청도, 지부(之罘), 직예성 북경, 보정, 천진이라는 것과, 각 지방의 혼합 원료를 소개하였다.

'녹사'는 12월 1일 있었던 평의원 선거 내용과 당선자 명단, 12월 8일의 임시평의원회의 회의록과 역원 선거 결과 당선인 명단, 그리고 11월 20일부터 12월 19일까지 관청, 각 지방 상업회의소, 기타 단체 등에서 의뢰한 조사사항 목록을 게재했다. 그 뒤에는 중요경제통계를 수록하였다.

연번	지역	연월일	자료명	호수	키워드
070	경성	1922.1	조선경제잡지	73	상업회의소, 쌀, 무역, 풋거름, 상의연합회

【목차】

[조사]

재계의 추이와 상업회의소의 활용 – 대촌우지승(大村友之丞) / 조선의 대일본 무역 현황 / 조선 쌀의 이출과 개량 / 조선무역개황 / 경성의 상황(商況)과 금융 / 조선에 신설한 회사 / 조선의 녹비(綠肥) 사용 정황

[참고자료]

1921년 일본 무역의 내용 / 중국의 일화(日貨) 배척에 대하여

[잡록]

경성부내 회사가 평화기념동경박람회에 출품한 수 / 상의연합회 건의에 대한 당국의 통첩

[녹사]

[중요경제통계]

【해설】

본호에는 '조사(調査)' 7건, '참고자료(參考資料)' 2건, '잡록(雜錄)' 2건, '녹사(錄事)' 그리고 중요경제통계(重要經濟統計)가 수록되었다.

'조사'의 첫 글은 상업회의소 서기장 오무라 도모노조(大村友之丞)의 글로 세계대전 이후 재계의 추이와 상업회의소 활용 방안을 다룬 글이다. 다음으로는 조선의 대일본 무역 현황을 다룬 글로 각 지방별, 품목별, 수이출, 수이입 현황 등을 자세히 정리하였다. 또 조선 쌀의 이출과 관련하여 개량의 필요성을 언급한 글과 조선무역개황, 경성의 상황과 금융, 조선에 신설된 회사와 같은 매달 게재되는 조사 내용이 포함되었다. 마지막으로 조선에서 사용하는 풋거름[綠肥]의 현황을 각 도별, 종류별로 정리하였다.

'참고자료'로는 1921년 일본의 무역 개황에 대해 농상무성이 발표한 내용을 수록하였고, 중국에서 일화(日貨) 배척 현상을 상하이의 조선총독부 촉탁이 보고한 내용도 수록하였다.

'잡록'에는 1922년 3월 10일부터 7월 31일까지 동경에서 개최된 평화기념동경박람회에 참가한 경성부의 회사와 출품 품목 수를 기록하였고, 상의연합회(商議聯合會)에서 생산 제한이나 판매, 폭리 단속 등에 대해 건의한 것에 당국이 보내온 통첩을 게재하였다.

'녹사'에는 1월 13일 개최된 역원회 소식과 함께, 1921년 12월 26일부터 1월 19일까지 도쿄 지방법원, 프랑스 영사관, 조선총독부, 각 지방 도청, 각 지방 상업회의소, 기타 민간 회사 등에서 의뢰한 조사사항 목록을 게재했다. 마지막에는 중요경제통계를 수록하였다.

연번	지역	연월일	자료명	호수	키워드
071	경성	1922.2	조선경제잡지	74	중국, 화물, 수송, 임금, 공장, 양잠, 조림사업, 사설철도

【목차】

[조사]

이입 화물 수송상의 장애 / 조선의 공장 임금(賃銀) / 조선의 양잠(養蠶) 정황 / 조선무역개황 / 경성의 상황(商況)과 금융 / 조선에 신설한 회사 / 조선 사영(私營) 조림(造林) 사업

[참고자료]

1921년 조선 무역 개황 / 조선 사설 철도 현황 / 중국 각지의 경제 정황

[녹사]

[중요경제통계]

【해설】

본호에는 '조사(調査)' 7건, '참고자료(參考資料)' 3건, '녹사(錄事)' 그리고 중요경제통계(重要經濟統計)가 수록되었다.

'조사'의 첫 글은 조선과 일본 간의 무역에 있어 화물 운송 상 문제가 되는 지점들을 지적하여 폐해를 방지하기 위한 글이다. 주로 상품을 보내고 받는 상인들이 운송업자에게 원하는 내용을 정리하였다. 다음은 종업원 50명 이상을 고용 중인 22개 업종의 공장 임금을 표로 정리하였다. 총 82개의 공장을 조사하였는데, 1921년 6월과 9월의 임금을 성년공, 유년공, 그리고 국적별로 분류하여 임금 상승폭을 기재하고 각 도별 공장 수도 함께 표기하였다. 또 조선의 양잠 현황을 누에의 종류별 지역별, 시기별로 조사하여 정리하였고, 조선무역개황, 경성의 상황(商況)과 금융, 조선에 신설된 회사와 같은 매달 게재되는 조사 내용이 포함되었다. 마지막으로 1921년 조선의 사영 조림(造林) 사업의 개황을 소개하면서 심은 나무와 묘목의 종류 및 숫자, 천연 묘목과 양성 묘목의 숫자 등을 표로 정리하였다.

'참고자료'로는 1921년 조선의 무역 개황을 정리했는데, 국가별·항구별 무역 수치, 품목별 현황 등을 자세히 정리하였다. 또 조선의 사설 철도 현황을 개업선(線), 미개업선으로 나누어 표로 정리하였다. 마지막으로 조선총독부 재외원(在外員) 보고를 바탕으로 중국 각지의 경제 상황을 정리했는데, 이 번호에는 주로 상해의 소식이 주를 이루었다. 상해의 면사포 수입량, 해산물 시장의 현황, 미국의 대중국 무역 발달 현황, 중국 내 외국인 소유의 양잠 시설, 중국 제사(製絲) 사업 현황, 상해의 중국인 자금력 등의 내용을 다루었다.

'녹사'에는 1월 21일과 2월 7일 개최한 역원회, 1월 30일 개최한 정기평의원회, 2월 3일 개최한 운수부회 소식을 전하였고, 조선 철도 정책의 2대 요강을 공시하였다. 마지막으로 1월 20일부터 2월 19일까지 조선총독부, 신의주 세관지소, 각 지방 상업회의소, 일본의 여러 민간 회사 등에서 의뢰한 조사사항 목록을 게재했다. 마지막에는 중요경제통계를 수록하였다.

연번	지역	연월일	자료명	호수	키워드
072	경성	1922.3	조선경제잡지	75	외상 대금 지불, 성냥, 공장, 우편 저금, 화학비료, 곡물, 방적업, 상공상담계, 곡물증진회, 대일본미곡대회의, 경관세

【목차】

[조사]

경성 상공계의 외상(賣掛) 대금 지불일에 대하여 – 고성구지조(古城龜之助) / 조선의 제수업(製燧業) / 조선의 공장 개황 / 조선무역개황 / 경성의 상황(商況)과 금융 / 조선에 신설된 회사 / 경성부내 우편 저금 현황 / 조선의 화학비료(金肥) 개황 / 경성 곡물시장 매매출래(賣買出來) 현황

[참고자료]

1921년 조선 경제 개황 / 일본 시장의 근황 / 중국 방적업과 면화의 관계

[잡록]

평안남도 상공 상담계(相談係)의 설치 / 전 조선 수이출 곡물 공진회의 개최 / 대일본미곡대회의 개최 / 대 중국 경관세의 감소율(減率)

[녹사]

[중요경제통계]

【해설】

본호에는 '조사(調査)' 9건, '참고자료(參考資料)' 3건, '잡록(雜錄)' 4건, '녹사(錄事)' 그리고 중요경제통계(重要經濟統計)가 수록되었다.

'조사'의 첫 글은 평의원 상업부 위원장 곤조 가메노스케(古城龜之助)가 쓴 '경성 상공계의 외상 대금 지불일에 대하여'라는 글이다. 이 글에서 종래 외상 대금 지불일이 어떤 식으로 관행으로 굳어졌고, 여기서 어떤 폐단이 생겼으며, 이 문제를 해결할 새로운 방안에 대해 논하였다. 다음으로는 조선의 성냥 제조업[製燧業]의 현황을 소개하였는데, 성냥 제조업의 연혁, 생산 정황, 소비 정황, 공급 정황, 원료, 앞으로의 전망 등을 다루었다. 또 조선의 공장 수, 자본금, 종업자 수, 생산액 등을 업종별로 자세히 정리하였고, 조선무역개황, 경성의 상황(商況)과 금융, 조선에 신설된 회사와 같은 매달 게재되는 조사 내용이 포함되었다. 그밖에 경성부내 우편 저금 현황을 지역별로, 또 조선의 화학비료(金肥) 개황을 종류별로 정리하였고, 마지막으로는 경성 곡물시장 매매 출시[賣買出來]에 관련된 통계를 수록하였다.

'참고자료'로는 전호에 1921년의 조선 무역 개황을 다룬 것에 이어 같은 해 조선 경제 개황을 다루었다. 상반기, 하반기로 나누어 경제 현황을 설명하고 통화 유통이나 조선은행권 발행, 각종 은행 금은 출납, 평균 이자율, 어음 교환액, 주요 물품 물가, 노동자 임금 지수 등을 통계로 제시하였다. 또 1월 중 일본 시장 근황을 품목별로 간략히 전하였고, 마지막으로는 중국의 방적업과 면화의 관계를

다룬 글을 게재하였다.

'잡록'에는 평남남도에 설치된 상공 상담계(相談係) 소식과, 전 조선 수이출 곡물 공진회 개최, 대일본미곡대회 개최 소식을 전하였다. 그리고 대 중국 경관세의 세율 인하[減率]를 다루었다.

'녹사'에는 3월 8일 개최된 역원회, 3월 11일 개최된 상업부 위원회, 3월 3일 개최된 임시평의원회, 2월 17일 개최된 조선상업회의소연합회 소식을 전하였고, 경성상업회의소 내에 조직된 '낭비하지 않는 모임[むだせぬ會]' 조직 취지와 규칙을 게시하였다. 마지막으로 2월 20일부터 3월 19일까지 함흥감옥, 각 지방 상업회의소, 일본의 여러 민간 회사 등에서 의뢰한 조사사항 목록을 게재했다. 마지막에는 중요경제통계를 수록하였다.

연번	지역	연월일	자료명	호수	키워드
073	경성	1922.4	조선경제잡지	76	연탄, 시멘트, 보험, 광산, 경성학교조합, 예금 이율, 조선사당소비령, 지세령급시가지세령, 만선상의연합회, 만철, 대일본미곡회대회, 전선곡물공진회

【목차】

[조사]

경성의 연탄 수급의 정황(상) / 조선 시멘트계의 변천 / 조선의 보험사업개황(1920년) / 조선무역개황 / 경성의 상황(商況)과 금융 / 조선에 신설한 회사 / 미곡과 콩류 수이출 정황 / 조선의 광산 생산액

[참고자료]

상하이의 수산업 / 1922년도 조선총독부 예산 / 1922년도 경성부 예산 / 122년도 경성학교조합 예산

[잡록]

예금 이율 인상 / 조선사탕소비령(朝鮮沙糖消費令)의 개정 / 지세령과 시가지세령(地稅令及市街地稅令)의 개정 / 제4회 만선상의연합회 건의에 대한 만철(滿鐵)의 회답 / 대일본미곡회대회 / 전조선 곡물 공진회

[녹사]

[중요경제통계]

【해설】

본호에는 '조사(調査)' 8건, '참고자료(參考資料)' 4건, '잡록(雜錄)' 6건, '녹사(錄事)' 그리고 중요경제통계(重要經濟統計)가 수록되었다.

'조사'에는 경성의 연탄 수급을 다룬 글이 게재되었다. 이 글에서는 경성부 내 연탄 소비량 추이와 공급지방과 생산능력, 연탄 종류별 장단점과 용도 등의 내용을 다루었다. 다음으로는 조선 시멘트 업계의 변천을 다룬 글이 게재되었다. 이 글은 우선 일본의 시멘트업 발전사를 살펴본 후 조선 시멘트업의 추이를 가격, 종류와 취급점, 판매 방법, 용기 개량, 일본과 조선의 직접 관계, 올해 수요 상황, 평양의 공장 현황 등을 다루었다. 그리고 1910년의 조선 보험 사업 개황을 다룬 글도 수록되었는데, 생명보험, 손해보험 등 다양한 종류의 보험에 관련된 통계를 표로 정리하였다. 조선무역개황, 경성의 상황(商況)과 금융, 조선에 신설된 회사 등 매달 수록되는 조사 내용도 포함되었다. 그밖에 미곡과 콩류 수이출 정황과 조선의 광산 생산액을 조사 및 정리하였다.

'참고자료'에는 상해의 조선총독부 촉탁이 보고한 상해 수산업 현황을 수록했고, 1922년도 조선총독부와 경성부, 그리고 경성학교조합 예산을 공시하였다.

'잡록'에는 예금 이율 인상 소식과 개정된 「조선사당소비세령(朝鮮沙糖消費稅令)」, 「지세령과 시가지세령(地稅及市街地稅令)」 전문을 게재하였다. 그리고 제4회 만선상의연합회(滿鮮商議聯合會)가 건의한 내용에 대해 만철(滿鐵) 쪽에서 회답한 내용을 수록했다. 그밖에 4월 7일부터 3일간 개최된 제15회 대일본미곡회대회(大日本米穀會大會) 소식과 같은 기간 열린 전선 곡물 공진회(全鮮穀物共進會) 소식을 전하였다.

'녹사'에는 3월 20일 개최된 역원회, 3월 25일 개최된 임시평의원회 소식과 함께, 임시평의원회에서 결의한 공설시장 시찰 예정 소식을 전했는데 4월 19일부터 경성 내 4개 공설시장과 사설시장의 상황을 살피기 위해 시찰단이 운영될 예정이었다. 그리고 3월 20일부터 4월 29일까지 조선총독부, 야마구치현(山口縣) 상업진열소, 각 지방 관청, 각 지방 상업회의소, 일본의 여러 민간 회사 등에서 의뢰한 조사사항 목록을 게재했다. 마지막에는 중요경제통계를 수록하였다.

연번	지역	연월일	자료명	호수	키워드
074	경성	1922.5	조선경제잡지	77	화물 해상 운송, 무진업, 쌀 가마니, 콩, 주류, 양조, 석수, 일본주, 상하이, 조선주세령, 조선식료품 품평회, 조선건축회, 조선수산협회

【목차】

[조사]

낭비하지 않는 모임(むだせぬ會)과 시장의 이용 – 정본등차랑(釘本藤次郎) / 조선산 상품의 일본 이입업자(移入業者)의 희망 / 모국(母國) 대 경인(京仁) 간 화물 해상 운송의 지연 / 조선의 무진업(無盡業) / 1921년 조선 쌀 실제 수확량(實收高) / 조선무역개황 / 경성의 상황(商況)과 금융 / 조선에 신설한 회사 / 가마니(繩叺莚) 제조량 / 미곡과 콩류 수이출 정황 / 경성의 조석고(造石高)

[잡록]

상하이에서 양조하는 일본주(日本酒)에 대하여 / 조선주세령(朝鮮酒稅令)의 개정 / 조선 식료품 품평회 / 조선건축회 발회식 / 조선수산협회 발회식

[녹사]

[중요경제통계]

【해설】

본호에는 '조사(調査)' 11건, '잡록(雜錄)' 5건, '녹사(錄事)' 그리고 중요경제통계(重要經濟統計)가 수록되었다.

'조사'에는 같은 해 2월 경성상업회의소 내 모임으로 조직된 '낭비하지 않는 모임(むだせぬ會)' 부회장 쿠기모토 지로(釘本藤次郎)의 글이 게재되었다. 이 글은 새로 조직한 모임의 역할에 대해 논하였는데, 경제적이고 합리적인 소비, 공설시장의 문제와 조선인 가계 운영의 문제, 시장 취급 상품 종류의 문제 등을 다루었다. 다음으로 조선산 제품을 일본으로 들여오는 업자들에게 바라는 내용을 수록하였다. 쌀, 잡곡, 비료와 해산물에 대해 각각의 품목을 판매하는 업자의 목소리를 전하였다. 그리고 일본[母國] 대 경인 간 화물 해상 운송의 지연 문제를 다룬 글이 게재되었고, 당시 무진회사(無盡會社) 난립으로 인해 많은 폐해가 발생하자 조선총독부가 제정한 「조선무진업령(朝鮮無盡業令)」과 그 시행규칙 전문을 게재하였다. 또 조선무역개황, 경성의 상황(商況)과 금융, 조선에 신설된 회사 등 매달 수록되는 조사 내용이 포함되었다. 그밖에 조선의 가마니[繩叺莚] 제조량, 미곡과 콩류 수이출 정황, 경성의 주류 양조 석수량[造石高]을 조사하여 정리하였다.

'잡록'에는 상하이에서 양조하는 일본주(日本酒)에 대해 상하이에 있는 조선총독부 촉탁이 보고한 내용이 수록되었고, 개정된 「조선주세령」 전문을 게재하였다. 그리고 경성상업회의소가 1922년 10월 1일부터 7일 간 개최할 예정인 조선식료품 품평회의 총칙(總則)과 출품 품목을 공시하였다. 그밖에 4월 30일 개최된 조선건축회 발회식(發會式)과 5월 3일과 4일, 이틀에 걸쳐 개최된 조선수산협회 발회식 소식을 전하며 조직의 정관, 회칙, 역원, 이사진 등을 소개하였다.

'녹사'에는 4월 20일과 5월 2일에 개최된 역원회, 5월 3일에 개최된 운수부위원회, 또 같은 날 개최된 상업부 운수부 연합위원회, 4월 25일, 5월 2일, 5월 8일 개최된 임시평의원회 소식을 전하였다. 그리고 4월 20일부터 5월 19일까지 조선총독부, 각 지방 관청, 각 지방 상업회의소, 일본의 여러 민간회사 등에서 의뢰한 조사사항 목록을 게재했다. 마지막에는 중요경제통계를 수록하였다.

연번	지역	연월일	자료명	호수	키워드
075	경성	1922.6	조선경제잡지	78	톤급제, 집세, 주택, 연탄, 화학비료, 대부 금리, 보리, 작잠, 가축, 가금, 공산물, 상하이, 모범공장, 조선철도협회

【목차】

[조사]

조선 산업 개발의 신조 – 정본등차랑(釘本藤次郎) / 화물 톤급(噸扱)의 부활에 대하여 / 경성의 신축 가옥과 가임(家賃) / 경성의 연탄 수급 정황(하) / 조선의 금비(金肥) 수급 개황 / 재계의 추이와 경성상업회의소 조사 사항 / 조선무역개황 / 경성의 상황(商況)과 금융 / 조선에 신설한 회사 / 미곡과 콩류의 수이출 정황 / 1921년 개인 간 대부 금리 조사 / 1921년 조선 보리 실제 수확량 / 1921년 조선 콩류 실제 수확량 / 1921년 조선 작잠(柞蠶) 상황 / 조선의 가축과 가금(家禽)

[참고자료]

1920년 조선 공산물 조사 / 상하이의 모범공장

[잡록]

조선상업회의소연합회의 업적 / 톤급제 부활에 대한 관계 당국자의 소견 / 조선철도협회 발회식

[녹사]

[중요경제통계]

【해설】

본호에는 '조사(調査)' 15건, '참고자료(參考資料)' 2건, '잡록(雜錄)' 3건, '녹사(錄事)' 그리고 중요경제통계(重要經濟統計)가 수록되었다.

'조사'에는 이전 호에 글을 게재했던 부회장 쿠기모토 지로(釘本藤次郎)의 짧은 글이다. 이 글에서는 산미증식에 힘쓰는 동시에 공업의 발전을 도모해야만 한다고 강조하였다. 다음으로는 운수부위원장 시키 노부타로(志岐信太郎)가 게재한 '화물 톤급제의 부활에 대하여'라는 글이다. 이 글은 톤급제(噸扱制) 폐지에 대해 이것이 조선 재계에 악영향을 미칠 것이라는 우려의 내용을 담았다. 또 경성의 신축 가옥과 집세 현황을 표로 정리하였으며, 경성의 연탄 수급 정황을 다룬 두 번째 글도 수록하였다. 이번 호에서는 연탄의 경제적 가치, 시가 변동의 추세를 다루었다. 그리고 조선의 화학비료[金肥] 수급 개황을 정리하였으며, 전반적인 재계의 추이와 경성상업회의소가 의뢰받은 조사사항을 통계로 정리하고 분석하였다. 조선무역개황, 경성의 상황(商況)과 금융, 조선에 신설된 회사, 미곡과 콩류의 수이출 정황 등 매달 수록되는 조사 내용이 포함되었으며, 그밖에 1921년의 개인 간 대부 금리 조사 결과, 조선 보리 실제 수확량, 조선 콩류 실제 수확량, 조선 작잠(柞蠶) 상황, 조선 가축과 가금(家禽) 현황을 조사하고 정리하였다.

'참고자료'에는 1920년의 조선 공산물 개황을 품목별로 자세히 정리하였으며, 상하이 주재 조선총

독부 촉탁이 상하이의 모범 공장에 대해 보고한 내용을 게재하였다.

'잡록'에는 조선상업회의소연합회의 업적을 정리하였고, 톤급제 부활에 대해 관계 당국자(사무관)의 소견을 소개하였다. 조사에도 같은 주제의 글이 실렸던 것처럼, 당시 이 문제가 꽤 큰 관심을 불러일으키는 주제였음을 확인할 수 있다. 또 6월 10일 개최된 조선철도협회 발회식 소식과 회칙을 게재하였다.

'녹사'에는 5월 22일 개최한 역원회, 5월 26일 개최한 정기평의원회, 지불일(支拂日)을 통일하기 위해 5월 18일 개최된 위원회, 6월 3일 개최된 식료품품평회 위원회 단신을 전하였다. 덧붙여 1921년도 경성상업회의소 결산 및 예산표를 수록하였으며, 5월 20일부터 6월 19일까지 조선총독부, 각 지방관청, 각 지방 상업회의소, 기타 일본의 여러 민간 회사 등에서 의뢰한 조사사항 목록을 게재했다. 이번 호부터는 관청, 상업회의소, 기타 단체로 의뢰 단체를 나누어 건수를 명시하였다. 마지막에는 중요경제통계를 수록하였다.

연번	지역	연월일	자료명	호수	키워드
076	경성	1922.7	조선경제잡지	79	대일무역, 춘잠, 농업자, 잡곡, 영국, 미국, 상하이, 다헤이허, 경성부 인사상담소, 의장등록출원, 미두검사규칙

【목차】

[조사]

조선 고유 재래품 이출상의 새로운 경향 / 조선무역개황 / 조사 경성의 상황(商況)과 금융 / 조선에 신설한 회사 / 미곡과 콩류의 수이출 정황 / 1921년 조선 내 가잠사(家蠶絲) 정황 / 1922년 조선 내 춘잠(春蠶) 예상 / 조선 내 농업자 분포 정황 / 1921년 조선 내 잡곡 실제 수확량

[참고자료]

해외 시황 / 상하이의 해산물 시세 / 다헤이허(大黑河)의 근황 / 상하이 거래[取引]에 대하여 / 조선 근해와 연안 정기 항로표

[잡록]

경성부 인사상담소 개시 / 의장등록출원 안내[心得] / 미두검사규칙(米豆檢查規則)의 개정

[녹사]

[중요경제통계]

【해설】

본호에는 '조사(調査)' 9건, '참고자료(參考資料)' 5건, '잡록(雜錄)' 3건, '녹사(錄事)' 그리고 중요경제통계(重要經濟統計)가 수록되었다.

'조사'에는 '조선 고유 재래품 이출상의 새로운 경향'이라는 제목으로 일본의 각 도시의 조선 물품 수요 개황을 정리하였다. 조선무역개황, 경성의 상황(商況)과 금융, 조선에 신설된 회사, 미곡과 콩류의 수이출 정황 등 매달 수록되는 조사 내용이 포함되었으며, 1921년 조선 내 가잠사(家蠶絲) 정황과 1922년 조선 내 춘잠(春蠶) 생산 예상치를 정리하였다. 그리고 1921년 현재 조선 내 농업자를 지역별, 민족별, 업종별, 자작, 소작별로 조사하였고, 1921년 조선 내 잡곡의 실제 수확량을 표로 정리하였다.

'참고자료'에는 해외 시황(海外市況)으로 쌀과 면의 상황, 영국의 면사포, 석탄, 양모, 모직물, 철, 조선업, 기계업 시황, 미국의 금, 생사, 견직물, 차 시황, 상하이의 해산물 시세를 정리하였다. 그리고 다헤이허(大黑河)의 근황과 시황을 정리하였으며, 대 상하이 거래[取引]에 대한 상하이 주재 조선총독부 촉탁의 보고를 수록했다. 마지막으로 조선 근해와 연안 정기 항로표를 게재하였다.

'잡록'에는 7월 1일 개시한 경성부 인사상담소의 규정을 공시하였고, 의장등록출원(意匠登錄出願)에 대한 규정과 안내 사항을 게재하였다. 마지막으로 개정된 「미두조사규칙(米豆調査規則)」의 전문을 수록하였다.

'녹사'에는 6월 19일과 29일에 개최된 역원회와 7월 3일 개최된 임시평의원회, 7월 7일 개최된 조선상업회의소연합회, 7월 8일 개최된 연합회 위원회, 6월 23일 개최된 운수문제실행위원회 소식과 함께, 7월 1일 운수문제위원이 경관국을 방문했다는 소식, 경성과 인천의 상업회의소 위원이 회견했다는 소식, 그 결과 경인선 진정서를 제출했다는 소식 등을 전하였다. 또 6월 27일부터 3일간 개최된 제29회 전국상업회의소연합회의 참가자와 안건을 게재하였다. 마지막으로 6월 20일부터 7월 19일까지 조선총독부, 원산세관, 각 지방 관청, 각 지방 상업회의소, 경성주재 프랑스영사관, 그리고 일본의 여러 민간 회사 등에서 의뢰한 조사사항 목록을 게재했다. 마지막에는 중요경제통계를 수록하였다.

연번	지역	연월일	자료명	호수	키워드
077	경성	1922.8	조선경제잡지	80	주류, 양조, 석수, 특용작물, 저축은행, 면, 중앙시장, 톈진, 북만주, 하얼빈상업회의소사무타합회

【목차】

[조사]

조선에 독립적인 저축은행을 설립하는 것에 대해 / 조선무역개황 / 경성의 상황(商況)과 금융 / 조선에 신설한 회사 / 조선의 석수(造石)량 / 특용작물 실제 수확량 / 면작(棉作) 개황

[참고자료]

중앙시장 설치에 관한 건 / 톈진(天津)에서 일본 상업 부진과 그 원인 / 북만주의 경제 상황

[녹사]

[중요경제통계]

【해설】

본호에는 '조사(調査)' 7건, '참고자료(參考資料)' 3건, '녹사(錄事)' 그리고 중요경제통계(重要經濟統計)가 수록되었다.

'조사'에는 조선에 독립적인 저축은행을 설립하는 문제를 다룬 글이 가장 앞에 실렸다. 이 글은 우선 조선 내 하층(下層) 금융기관의 현황과 불편 사항을 설명한 뒤, 저축은행의 특장점을 소개하고 저축은행 설립시 고려해야할 사항을 정리하였다. 조선무역개황, 경성의 상황(商況)과 금융, 조선에 신설된 회사 등 매달 수록되는 조사 내용이 포함되었으며, 조선의 양조 석수(造石)의 생산량을 주류 별로 나누어 조사하였다. 또 육지면(陸地棉), 재래면(在來棉), 대마(大麻), 호마(胡麻) 등의 특용작물의 실제 수확량과 면작(棉作) 상황을 정리하였다.

'참고자료'에는 중앙시장 설치에 관한 결정안과 공설시장 개선 요강 전문을 게재하였고, 톈진(天津)에서 일본 상업이 부진한 현상을 설명하고 그 원인을 분석하였다. 마지막으로 북만주 지역의 경제 상황을 표로 정리하였다.

'녹사'에는 7월 25일 개최한 역원회 소식과 8월 12일부터 14일까지 원산상업회의소에서 개최된 전조선 상업회의소 사무타합회(事務打合會)의 안건과 결의 사항을 게시하였다. 또 7월 20일부터 8월 19일까지 조선총독부, 각 지방 관청, 각 지방 상업회의소, 그리고 일본의 여러 민간 회사 등에서 의뢰한 조사사항 목록을 게재했다. 마지막에는 중요경제통계를 수록하였다.

연번	지역	연월일	자료명	호수	키워드
078	경성	1922.9	조선경제잡지	81	물가, 지가, 채소, 대두, 조, 축우 부산물, 누에, 물가 정책, 화물 운임, 우편저금, 제조장취급규칙, 관세, 중국

【목차】

【해설】

본호에는 '조사(調査)' 9건, '잡록(雜錄)' 6건, '녹사(錄事)' 그리고 중요경제통계(重要經濟統計)가 수록되었다.

'조사'에는 '경성의 도매 소매 물가와 그 지위에 대하여'라는 글이 게재되었다. 이 글은 조선의 물가 문제를 다룬 글로, 경성 도매 물가의 마진[値開]과 최근의 도매가, 오사카와 경성 간 도매 시세 마진, 경성 도소매 물가에 대한 대책 등을 다루었다. 다음으로는 경성의 지가(地價) 추이를 다룬 글로, 경성의 각 지역별 지가 추이를 표로 정리하였다. 또 조선무역개황, 경성의 상황(商況)과 금융, 조선에 신설된 회사 등 매달 수록되는 조사 내용이 포함되었으며, 채소의 실제 수확량, 대두와 조 작황 예상, 축우 부산물 생산량 등을 표로 정리하였다. 또 하잠(夏蠶) 작황 예상도 포함하였다.

'잡록'에는 조선총독부의 물가 인하책 14항을 게시하였고, 조선철도 화물 운임 인하 소식과 일본 철도 화물 운임 인하율을 알렸다. 또 우편저금 이자의 개정 소식, 경기도 「제조장취급규칙」 제정 소식과 그 전문을 게재하였다. 마지막으로 중국 관세 개정 내용을 수록하였다.

'녹사'에는 8월 21일과 9월 4일에 개최한 역원회, 8월 25일과 9월 8일, 13일, 18일 개최된 임시평의원회, 8월 24일 개최된 상업부회, 9월 13일 개최된 공업부회, 8월 29일 개최된 물가조절 간담회 소식을 전하였다. 그리고 9월 15일과 16일에 개최된 제5회 조선상업회의소연합회에서 언급된 안건들을 소개하였으며, 9월 4일 도쿄상업회의소에서 개최된 전국상업회의소연합회 상임위원회 소식도 전하였다. 마지막으로 8월 20일부터 9월 19일까지 조선총독부, 각 지방 관청, 각 지방 상업회의소, 그리고 일본의 여러 민간 회사 등에서 의뢰한 조사사항 목록을 게재했다. 마지막에는 중요경제통계를 수록하였다.

연번	지역	연월일	자료명	호수	키워드
079	경성	1922.10	조선경제잡지	82	창고업, 우편 저축, 논벼, 중국, 관세, 정자툰, 화물 운임, 만철, 의장등록출원

【목차】

[조사]

경성 창고업의 과거와 현재 / 조선무역개황 / 경성의 상황(商況)과 금융 / 조선에 신설한 회사 / 우편 저축 현황 / 제1회 수도(水稻) 작황 예상

[참고자료]

중국해 관세 개정 / 정자툰[鄭家屯]의 곡물 개황

[잡록]

대화물 운임률 개정 / 의장등록출원 안내[心得]

[녹사]

[중요경제통계]

【해설】

본호에는 '조사(調査)' 6건, '참고자료(參考資料)' 2건, '잡록(雜錄)' 2건, '녹사(錄事)' 그리고 중요경제통계(重要經濟統計)가 수록되었다.

'조사'에는 경성 창고업의 연혁을 다룬 글이 제일 앞에 배치되었다. 이 글에서는 화물 출입량 현황, 각창고 회사의 창고 화물 출입량표, 보관료와 수수료까지 정리하였다. 그리고 조선무역개황, 경성의 상황(商況)과 금융, 조선에 신설된 회사 등 매달 수록되는 조사 내용이 포함되었으며, 또 우편 저축 현황을 표로 정리하였다. 마지막으로 제1회 수도(水稻) 작황 예상을 각 연도별, 도별로 대조 비교할 수 있도록 표를 수록하였다.

'참고자료'에는 중국해관세(中國海關稅) 개정을 다룬 자료를 게재하였는데, 각 품목별로 새롭게 적용되는 관세율을 상세히 기록하였다. 또 중국 정자툰(鄭家屯)의 곡물 개황에 대해 일본 통상국(通商局)이 보고한 내용을 수록하였다.

'잡록'에는 만철(滿鐵)에서 공시한 대화물 운임율 개정에 대한 내용을 수록하였고, 7월호에 이어 의장등록출원을 안내하는 내용을 게재하였다.

'녹사'에는 10월 10일 개최한 역원회 소식과 2월 경성상업회의소에서 개최했던 임시조선상업회의소연합회(臨時朝鮮商業會議所聯合會)의 결의 사항을 보고하였다. 또 제5회 조선상의연합회(朝鮮商議聯合會)에서 결의한 건의 사항에 대하 만철(滿鐵) 측에서 보내온 회답 전문을 게재하였고, 10월 1일부터 8일간 열렸던 조선식료품 품평회(朝鮮食料品品評會)의 참가자와 참가 품목을 정리하였다. 마지막으로 9월 20일부터 10월 19일까지 조선총독부, 각 지방 관청, 각 지방 상업회의소, 조선육군 창고, 그리고 일본의 여러 민간 회사 등에서 의뢰한 조사사항 목록을 게재했다. 마지막에는 중요경제통계를 수록하였다.

연번	지역	연월일	자료명	호수	키워드
080	경성	1922.11	조선경제잡지	83	공업, 가내공업, 부업, 소산업, 가축, 가금, 면작, 중국, 직포업, 방적

【목차】

[조사]

조선 공업의 현재와 장래(1) / 경성의 가내공업과 부업 / 조선의 수산업 / 경성의 상황(商況)과 금융 / 조선에 신설한 회사 / 조선의 가축 가금(家禽)의 분포 상황 / 조선 면작(綿作) 정황

[참고자료]

중국의 직포업의 대세

[녹사]

[중요경제통계]

【해설】

본호에는 '조사(調査)' 7건, '참고자료(參考資料)' 1건, '녹사(錄事)' 그리고 중요경제통계(重要經濟統計)가 수록되었다. 이번 호는 다른 호에 비해 내용과 분량이 비교적 소략하다.

'조사'에는 조선 공업의 현재를 평가하고 장래를 예상하는 첫 번째 글이 수록되었다. 이번 호에서는 기업(機業)의 현황을 다루었다. 다음으로는 경성의 가내공업과 부업을 다룬 글로, 생산하는 제품별로 그 현황을 정리하였다. 또 '조선의 수산업'이라는 글에서는 조선 수산업의 개황, 주요 수산물, 일본인과 조선인의 어종별 어획량 등을 표로 상세히 정리하였다. 그리고 조선무역개황, 경성의 상황(商況)과 금융, 조선에 신설된 회사 등 매달 수록되는 조사 내용이 포함되었으며, 조선 가축과 가금(家禽) 분포 상황, 조선의 면작(綿作) 상황 등을 표로 정리하였다.

'참고자료'는 단 한 건을 수록하였는데, 중국의 방적과 직포업(織布業)의 개황, 그리고 앞으로의 전망을 다룬 글을 게재하였다.

'녹사'에는 11월 8일 개최된 임시평의원회의 안건과 출석 인원 등을 기록하였고, 10월 19일부터 11월 20일까지 조선총독부, 각 지방 관청, 각 지방 상업회의소, 그리고 일본의 여러 민간 회사 등에서 의뢰한 조사사항 목록을 게재했다. 마지막에는 중요경제통계를 수록하였다.

연번	지역	연월일	자료명	호수	키워드
081	경성	1922.12	조선경제잡지	84	공업, 논벼, 임금, 중국, 안동, 작잠, 조선민사령, 파산법, 화의법, 조선상의연합회

【목차】

[조사]

조선 공업의 현재와 장래(2) / 조선무역개황 / 경성의 상황(商況)과 금융 / 조선에 신설한 회사 / 제2회 수도(水稻) 작황 예상량 / 조선의 공장 임금(賃銀)

[참고자료]

조선의 고무신[護謨靴] / 중국 안동(安東) 지방의 작잠(柞蠶) 양잠 상황과 제사(製糸) 예상

[잡록]

조선민사령의 개정

[녹사]

[중요경제통계]

【해설】

본호에는 '조사(調査)' 6건, '참고자료(參考資料)' 2건, '잡록(雜錄)' 1건, '녹사(錄事)' 그리고 중요경제통계(重要經濟統計)가 수록되었다. 이번 호도 전 호와 마찬가지로 내용이 비교적 소략한 편이다.

‘조사’에는 전 호에 이어 조선 공업의 현재와 장래를 다룬 두 번째 글을 수록하였다. 이번 호에는 이전 호에서 다루었던 기업(機業)을 연속하여 다루었다. 특히 각 지방별 회사의 상황과 규모 등을 소개하고, 제품별 생산량도 기재하였다. 그리고 조선무역개황, 경성의 상황(商況)과 금융, 조선에 신설된 회사 등 매달 수록되는 조사 내용이 포함되었으며, 제2회 수도(水稻) 작황 예상량을 각도별로 정리하였다. 마지막으로 1922년 6월 중 조선의 공장 임금을 각 직종별, 도별로 정리하고, 또 도별, 업종별 종업원 수도 표로 정리하였다.

‘참고자료’는 조선의 고무신[護謨靴]를 다룬 자료를 제시하였는데, 고무신 수급의 추세를 서술하고 각 항구별 이입 상황표, 가격, 소비자의 비평, 각 지방별 소비 개황, 거래[取引] 방법, 이입 회사와 원산지, 각 공장의 생산량 등을 정리하였다. 또 중국 안동(安東) 지방의 작잠(柞蠶) 양잠 상황과 제사(製絲) 예상을 간단히 서술하였다.

‘잡록’에는 1922년 12월 7일부로 개정된 「조선민사령(朝鮮民事令)」을 게재하였는데, 주로 「파산법」과 「화의법(和議法)」의 내용을 게재하였다.

‘녹사’에는 9월 경성상업회의소에서 개최된 제5회 조선상의연합회(朝鮮商議聯合會)에서 결의하여 당국에 건의했던 내용에 대한 조선총독부 정무총감 회답 전문을 수록하였다. 그리고 11월 20일부터 12월 19일까지 조선총독부, 각 지방 관청, 각 지방 상업회의소, 고성 금융조합, 전북 송정리 실업회, 일본의 여러 민간 회사 등에서 의뢰한 조사사항 목록을 게재했다. 마지막에는 중요경제통계를 수록하였다.

연번	지역	연월일	자료명	호수	키워드
082	경성	1923.1	조선경제잡지	85	공업, 경지, 조림업, 무역

【목차】

연두(年頭)의 소감

[조사]

조선 공업의 현재와 장래(2) / 조선무역개황 / 경성의 상황(商況)과 금융 / 조선에 신설한 회사 / 조선 경지의 개요 / 조선의 조림업(造林業)

[참고자료]

조선무역개황

[중요경제통계]

【해설】

본호에는 '연두(年頭)의 소감', '조사(調査)' 6건, '참고자료(參考資料)' 1건, '녹사(錄事)' 그리고 중요경제통계(重要經濟統計)가 수록되었다.

새해의 첫 호인만큼 '연두(年頭)의 소감'이라는 글이 게재되었는데, 경성상업회의소 회장 정본등차랑(釘本藤次郎)이 한 해 경성상업회의소의 사업 방향 등을 간략히 밝힌 글이다.

'조사'의 첫 글은 조선 공업의 현재와 장래를 살핀 두 번째 글이다. 이번 호에서는 요업(窯業) 중에서도 도자기 회사, 벽돌 제조 회사 등의 개황과 전망을 간략히 설명하였다. 그리고 조선무역개황, 경성의 상황과 금융, 조선에 신설된 회사와 같은 매달 게재되는 조사 내용이 포함되었다. 또 조선의 경지(耕地) 현황을 표로 정리하였다. 마지막으로 조선의 조림업(造林業)을 다룬 글을 수록하였는데, 이 글에서는 사영 조림사업과 지방비 경영 조림사업, 국유임야 대부 조림사업으로 나누어 도별 현황, 나무 종류별 상황, 묘목의 종류 등을 정리하였다.

'참고자료'로는 1922년의 조선 무역 개황을 정리하였는데, 연차별 무역 지수 비교, 국가별 무역 현황, 무역항별 통계, 수이출 중요품목별 수량과 액수를 자세히 정리하였다.

마지막에는 중요경제통계를 수록하였다.

연번	지역	연월일	자료명	호수	키워드
083	경성	1923.2	조선경제잡지	86	철도, 사설철도, 공업, 제지업, 수형, 쌀, 관세법규, 목재

【목차】

[담총]

사설철도 합동 문제 – 정본등차랑(釘本藤次郎) / 재계가 회복기에 접어들어 – 주정진남(住井辰男) / 재계의 근황 – 한상룡(韓相龍)

[조사]

조선 공업의 현재와 장래(3) / 경성 어음[手形] 교환 성적 / 조선무역개황 / 경성의 상황(商況)과 금융 / 조선에 신설한 회사 / 조선 쌀 실제 수확량

[참고자료]

1922년 조선 경제 개황

[잡록]

외국 관세법규의 변경 / 관림창목재(官林廠木材) 표준 시세

[녹사]

[중요경제통계]

【해설】

본호에는 '담총(談叢)' 3건, '조사(調査)' 6건, '참고자료(參考資料)' 1건, '잡록(雜錄)' 2건, '녹사(錄事)' 그리고 중요경제통계(重要經濟統計)가 수록되었다.

'담총'에는 경성상업회의소 회장 쿠기미토 지로(釘本藤次郎)가 최근 이슈가 된 사설철도 합병의 문제를 다루었다. 또 미쓰이(三井) 물산 경성지부 점장 스미이 타츠오(住井辰男)가 회복기에 접어든 재계에 대해 수입 감소와 수출 증가의 이유를 대면서 설명하였다. 마지막으로 경성상업회의소 금융부장인 한상룡(韓相龍)이 재계의 근황을 간략히 서술하였다.

'조사'의 첫 글은 조선 공업의 현재와 장래를 분야별로 서술한 세 번째 글이다. 이번호에서는 제지업의 현황을 다루었다. 다음으로 경성의 어음[手形] 교환 현황을 표로 정리하였고, 조선무역개황, 경성의 상황(商況)과 금융, 조선에 신설된 회사와 같은 매달 게재되는 조사 내용이 포함되었다. 마지막으로 조선 쌀의 실제 수확량을 표로 정리하였다.

'참고자료'로는 1921년 조선의 경제 개황을 다루었는데, 각종 사업과 증권계, 금융계 등의 현황을 설명하고 통화, 은행권 관련 통계, 은행 일람표, 은행 출납표, 동양척식주식회사와의 금융 거래, 각 은행의 평균 금리, 어음 교환량, 노동임금지수, 중요 물가지수 등을 표로 수록하였다.

'잡록'에는 외국 관세 법규의 변경 소식과 변경된 법규의 전문을 게재하였고, 목재의 표준 가격을 표로 정리하였다.

'녹사'에는 1월 23일 개최한 정기평의원회, 1월 29일 개최한 역원회, 2월 5일 개최한 임시평의원회 소식을 전하였고, 1월 20일부터 2월 19일까지 조선총독부, 각 지방 관청, 각 지방 상업회의소, 기타 일본의 민간 업체가 의뢰한 조사사항 목록을 기재하였다. 또 기증도서 목록을 공개하였다. 마지막에는 중요경제통계를 수록하였다.

연번	지역	연월일	자료명	호수	키워드
084	경성	1923.3	조선경제잡지	87	이입세, 공업, 은행, 합병, 농촌진흥책, 조세부담액, 임금, 보리, 선박령, 극동노령수출입수속령

【목차】

[담총]

이입세 철폐가 조선 공업에 미칠 영향 - 삼산희삼랑(三山喜三郎) / 은행의 합병에 대하여 - 암기호차랑(岩崎虎次郎) / 조선농촌진흥책 - 도변풍일자(渡邊豊日子)

[조사]

지방별 부담액으로 본 경성의 조세부담액 / 조선무역개황 / 경성의 상황(商況)과 금융 / 조선에 신설된 회사 / 조선의 공장 임은(賃銀) / 조선 내 보리의 실제 수확량

[잡록]

이입세의 개정 / 선박령의 제정

[잡록]

극동 노령(極東露領) 수출입 수속령

[녹사]

[중요경제통계]

【해설】

본호에는 '담총(談叢)' 3건, '조사(調査)' 6건, '잡록(雜錄)' 3건, '녹사(錄事)' 그리고 중요경제통계(重要經濟統計)가 수록되었다.

'담총'에는 중앙시험소장이자 공학박사인 미야마 기사부로(三山喜三郎)가 이입세(移入稅)의 철폐가 조선의 공업에 미칠 영향을 진단했다. 결론적으로 이입세 철폐는 조선 공업이 보호시대에서 자립시대로 넘어가게 되는 일종의 시금석이 될 것이라고 예상했다. 다음은 조선상업은행 전무취체역 이와사키 코지로(岩崎虎次郎)가 은행 합병 문제를 다룬 글을 게재하였다. 마지막으로 조선총독부 농무과장 와타나베 토요히코(渡邊豊日子)가 쓴 농촌진흥책이 수록되었다.

'조사'에는 '지방별 부담액으로 본 경성의 조세부담액'이라는 글이 게재되었다. 이 글에서는 도시 재정의 팽창으로 1인당 직접세 부담이 늘어나게 되었는데, 이 팽창 이율이 도시마다 다름을 지적하였

다. 그래서 경성부의 예산을 검토하고 타 지방과 비교하거나 국민소득, 납세 성적 등에 비해 경성의 조세 부담률이 어떠한지 검토하였다. 그리고 조선무역개황, 경성의 상황(商況)과 금융, 조선에 신설된 회사와 같은 매달 게재되는 조사 내용이 포함되었다. 그밖에 조선의 공장 임금[賃銀], 조선 내 보리의 실제 수확량을 표로 정리하였다.

'잡록'에는 3월 27일부로 개정한 이입세 전문과 28일부로 제정된 「선박령」 전문을 수록하였다. 또 「극동 노령(極東露領) 수출입 수속령」도 소개하였다.

'녹사'에는 2월 20일부터 3월 19일까지 조선총독부, 각 지방 관청, 각 지역 상업회의소, 기타 일본의 민간 업체 등이 의뢰한 조사사항 목록을 게재했고, 기증도서 목록을 수록하였다. 마지막에는 중요경제통계를 수록하였다.

연번	지역	연월일	자료명	호수	키워드
085	경성	1923.4	조선경제잡지	88	식량, 수리사업, 광고, 공업, 양조업, 화학비료, 금비, 사설철도, 철도, 항로, 예산

【목차】

[담총]

조선경제 발달의 요체 - 하진섬(河津暹) / 식량정책으로 본 조선의 수리사업 - 등정관태랑(藤井寬太郎) / 광고 도안을 말하다 - 산형정지(山形靜智)

[조사]

조선 공업의 현재와 장래(4) / 조선무역개황 / 경성의 상황(商況)과 금융 / 조선에 신설한 회사 / 조선의 금비(金肥) 생산과 소비액

[참고자료]

조선 사설철도 개요 / 조선 근해 및 연안 정기 항로

[잡록]

해외 무역상의 주의 / 1923년도 조선총독부 예산

[녹사]

[중요경제통계]

【해설】

본호에는 '담총(談叢)' 3건, '조사(調査)' 5건, '참고자료(參考資料)' 2건, '잡록(雜錄)' 2건, '녹사(錄事)' 그리고 중요경제통계(重要經濟統計)가 수록되었다.

'담총'에는 동경제국대학교수이자 법학박사인 가와츠 스스무(河津暹)가 조선 경제 발달을 위해 필요한 요소를 논하였다. 그는 교통기관과 금융기관을 완비하여 조선의 생산량을 증대시키고 제품의

수이출량을 늘려야한다고 주장했다. 다음은 식량정책의 측면에서 조선의 수리사업을 검토한 후지이(不二) 흥업주식회사 전무취체역 후지이 간타로(藤井寬太郎)의 글이 게재되었다. 또 경성상등공업학교 조교수인 야마카타(山形靜智)가 광고 도안에 대해 설명한 글도 수록되었다.

'조사'에는 조선 공업의 현재와 장래를 분야별로 살펴본 네 번째 글이 게재되었다. 이번 호에서는 양조업의 현황을 살펴보았다. 그리고 조선무역개황, 경성의 상황(商況)과 금융, 조선에 신설된 회사 등 매달 수록되는 조사 내용도 포함되었다. 그밖에 조선의 화학비료[金肥] 생산과 소비액을 종류별로 표로 정리하였다.

'참고자료'에는 조선의 사설철도 개요로 개업선과 미개업선의 상세 현황을 표로 정리하였다. 또 조선 근해 및 연안의 정기 항로도 표로 정리하였다.

'잡록'에는 해외무역에서 주의해야할 사항을 지역별로 각 지역 영사관 보고를 활용하여 정리하였다. 또 1923년도 조선총독부 예산도 수록하였다.

'녹사'에는 3월 20일부터 4월 20일까지 조선총독부, 각 지방 관청, 각 지방 상업회의소, 일본의 민간 업체 등이 의뢰한 조사사항 목록을 게재했고, 기증도서 목록도 수록했다. 마지막에는 중요경제통계를 수록하였다.

연번	지역	연월일	자료명	호수	키워드
086	경성	1923.5	조선경제잡지	89	광고자료전람회, 화학공업, 유지, 제지, 모나자이트, 염료, 석탄, 직물업, 대두

【목차】

[담총]

조선 산업의 위치와 사명 - 하전직치(賀田直治) / 촉망받는 조선의 화학공업원료와 그에 대한 연구 - 편산암(片山嵓) / 조선의 직물업 - 도택정장(都澤正章) / 조선의 대두(大豆) - 석총준(石塚峻)

[조사]

조선의 공장 개황 / 콩류의 생산량 / 조선무역개황 / 경성의 상황(商況)과 금융 / 조선에 신설한 회사 / 경성 통관무역 개황

[녹사]

[중요경제통계]

【해설】

본호에는 '담총' 4건, '조사(調査)' 6건, '녹사(錄事)' 그리고 중요경제통계(重要經濟統計)가 수록되었다. 목차상으로는 '잡록(雜錄)'이 있지만, 내용상 녹사에 해당한다.

'담총'에는 경성상업회의소 특별평의원이자 서선(西鮮) 식산철도 전무취체역인 카다 나오지(賀田直

治)가 조선 산업의 현 지위와 사명에 대해 쓴 글이 수록되었다. 그는 특히 만주의 진출을 위해서도 조선 산업의 역할이 중요하다고 강조하였다. 중앙시험소 기사(技師) 가타야마 이와오(片山嵓)는 조선의 화학공업 원료와 그것에 대한 연구를 강조하였는데, 특히 유지(油脂), 제지원료, 모나자이트[モナザイト]석, 염료, 석탄 등을 언급하며 화학에 대한 관심을 촉구했다. 또 조선총독부 기사(技師) 미야코자와 마사아키(都澤正章)는 조선의 직물업의 수요와 현황, 직물업 지방 분포를 설명하고, 직물생산 진흥책을 논하며 앞으로의 전망을 서술하였다. 마지막으로 조선총독부 기사(技師) 이시즈카 쥰(石塚峻)은 조선 대두(大豆)의 경제적 위치, 조선의 재배 환경, 조선 대두의 특징, 용도, 수급 상황, 주요 생산지와 집산지, 시가, 무역 상황, 일본 시장에서 조선 대두의 위치, 품종 개량을 위한 시설, 앞으로의 전망 등을 설명하였다.

'조사'에는 조선의 공업에 관련된 각종 통계를 표로 정리하였고, 콩의 생산량도 정리하였다. 또 조선무역개황, 경성의 상황(商況)과 금융, 조선에 신설된 회사, 경성 통관무역 개황 등 매달 수록되는 조사 내용이 포함되었다. 그리고 기증도서 목록도 수록했다.

'녹사'에는 4월 19일 개최된 임시평의원회, 4월 25일과 5월 10일 개최된 역원회, 5월 16일부터 3일간 개최된 조선상업회의소연합회, 그리고 4월 20일부터 5일간 개최되는 광고자료전람회 소식을 전하였다. 또 4월 20일부터 5월 20일까지 조선총독부, 각 지방 관청, 각 지역 상업회의소, 일본의 여러 민간 회사 등에서 의뢰한 조사사항 목록을 게재하였다. 또 기증도서 목록도 정리하였다. 마지막에는 중요경제통계를 수록하였다.

연번	지역	연월일	자료명	호수	키워드
087	경성	1923.6	조선경제잡지	90	전기사업, 주식, 수산물, 상하이, 임금, 가잠사, 곡류, 소공업, 조선부업품공진회, 동지남만철도, 강회계회취체규칙

【목차】

[담총]

개발의 여지가 큰 조선의 전기사업 - 길촌겸일랑(吉村謙一郎) / 소위 새로 발급하는 주식에 관한 문제 - 강부준책(岡部駿策) / 해상의 수산무역(상) - 상택의(相澤毅)

[조사]

조선의 공장 임금 / 가잠사(家蠶絲) 생산 개황 / 경성의 상황(商況)과 금융 / 조선에 신설한 회사 / 경성 통관무역 개황 / 조선 내 곡류 수확량 / 1923년 보리 작황 예상

[참고자료]

소공업의 장려에 대하여

[잡록]

조선 부업품 공진회 개최
동지남만철도(東支南滿鐵道) 연락과 조선 수송 대변(代辨) 수속
강회계회취체규칙(講會稧會取締規則)
[녹사]
[중요경제통계]

【해설】

본호에는 '담총(談叢)' 3건, '조사(調査)' 7건, '참고자료(參考資料)' 1건, '잡록(雜錄)' 3건, '녹사(錄事)' 그리고 중요경제통계(重要經濟統計)가 수록되었다.

'담총'에는 조선총독부 해사(海事) 과장 요시무라 겐이치로(吉村謙一郎)가 조선의 전기사업에 대해 쓴 글이 게재되었다. 화력, 수력, 조력 등으로 나누어 현황을 살피고 앞으로의 전망을 서술하였다. 다음으로는 법학사 오카베 쥰사쿠(岡部駿策)가 새로 발급하는 주식(新株)에 관한 글을 게재하였으며, 조선총독부 수산과의 아이자와 츠요시(相澤毅)가 대중국 조선 수산 무역에서 주의할 점을 서술하였다. 이 글에서는 조선의 수산물 무역을 발전시켜야할 이유를 논하면서, 중국의 대외 수산 무역 현황, 상하이의 수산물 거래[取引] 등을 다루었다.

'조사'에는 조선의 분야별 공장 수와 함께 지방별 종업원 수와 구성, 그리고 그들의 임금을 표로 정리하였다. 또 가잠사(家蠶絲) 생산 개황을 간략히 정리하였으며, 조선무역개황, 경성의 상황(商況)과 금융, 조선에 신설된 회사, 경성 통관무역 개황 등 매달 수록되는 조사 내용을 포함하였다. 또 조선의 곡류 수확량, 1923년 보리 작황 예상을 표로 정리하였다.

'참고자료'에는 소공업(小工業)을 장려해야한다는 취지의 글이 게재되었는데, 이 글에서는 조선의 소공업 현황, 소공업에서 개선해야 할 점과 장려가 필요한 이유, 장려해야 할 소공업의 종류, 재래 소공업의 제조품 중 조선 내 수급이나 일본 및 외국 수출을 늘릴만한 제품, 장려의 가치가 없는 소공업, 일본 소공업의 종류 등의 정보를 기록하였다.

'잡록'에는 조선부업품공진회 개최 소식과 요강, 동지남만철도(東支南滿鐵道) 연락과 조선 수송 대변(代辨) 수속에 대한 정보를 수록하였다. 그리고 5월 15일부로 경기도에서 발포된 「강회계회취체규칙(講會稧會取締規則)」 전문을 게재하였다.

'녹사'에는 5월 21일부터 6월 20일까지 조선총독부, 각 지방 관청, 각 지역 상업회의소, 기타 일본의 민간 업체 등이 의뢰한 조사사항 목록을 게재했다. 또 기증 도서 목록도 정리하였다. 마지막에는 중요경제통계를 수록하였다.

연번	지역	연월일	자료명	호수	키워드
088	경성	1923.7	조선경제잡지	91	중국, 공업, 해운, 취인소, 상하이, 수산무역, 소매시장, 춘잠, 의장, 항로

【목차】

[담총]

중국 공업의 장래 – 전중묘삼(田中卯三) / 조선 해운계의 근황 – 송기시면(松崎時勉) / 조선의 거래소[取引所] 문제 – 공등중웅(工藤重雄) / 상하이의 수산 무역(하) – 상택의(相澤毅)

[조사]

경성부내의 소위 소매시장의 개황 / 조선무역개황 / 경성의 상황(商況)과 금융 / 조선에 신설한 회사 / 경성 통관무역 개황 / 조선 춘잠(春蠶) 예상 / 가마니(繩叺) 제조량

[잡록]

중국으로 수출하는 제품의 의장(意匠)에 대하여 / 조선 근해 및 연안 정기 항로 일람

[녹사]

[중요경제통계]

【해설】

본호에는 '담총(談叢)' 4건, '조사(調査)' 7건, '잡록(雜錄)' 2건, '녹사(錄事)' 그리고 중요경제통계(重要經濟統計)가 수록되었다.

'담총'에는 조선총독부 경찰관 다나카 우조(田中卯三)가 중국 공업에 대해 쓴 글이 게재되었다. 이 글에서는 일본과 중국 무역의 관계, 중국의 분위기와 현황, 중국 공업이 일본 공업에 미칠 영향, 중국에서 공업을 운영할 때 좋은 점과 나쁜 점에 대해 서술하였다. 특히 중국에 대해서는 원료가 풍부하고, 임금이 저렴하며, 고정 자본이 소액이어도 사업을 할 수 있고, 생산비가 저렴하며, 판로를 만들기가 쉽다는 점을 장점으로 꼽았다. 반면 단점으로는 임금이 점차 상승하고 노동쟁의가 증가하고 있다는 점, 앞으로 물가가 오를 것이라는 점, 자본의 씨가 마르고 있다는 점, 공동사업 경영에 대한 훈련이 되어있지 않다는 점 등을 꼽았다. 따라서 이에 대응하기 위해서는 일본 본토의 물가와 임금을 인하해야 하고, 금은화 가격 변동을 적절히 이용해야 하며, 관세의 보호를 받고, 중국 공산품보다 좋은 제품을 만들며, 일본 공업을 점차 중국에 이식할 필요가 있다고 주장하였다. 다음은 경성상업회의소 평의원이자 조선우선주식회사(朝鮮郵船株式會社) 전무인 마쓰자키(松崎時勉)가 조선 해운계 근황을 간략히 정리한 글과 법학사 구도 시게오(工藤重雄)가 조선의 거래소 문제를 다룬 글을 게재하였다. 마지막으로 조선총독부 수산과 아이자와 츠요시(相澤毅)가 전호에 이어 상하이의 수산 무역을 다루었다. 이번 글에서는 수요 상황을 품목별로 정리하고 현지에서 경쟁하는 일본 상품을 정리하였다. 또 운임이나 수입세율을 정리하면서 대중국 무역 발전책을 제시하였다.

'조사'에는 경성부내 소매시장의 개황을 정리하였고, 조선무역개황, 경성의 상황(商況)과 금융, 조선

에 신설된 회사, 경성 통관무역 개황 등 매달 수록되는 조사 내용이 포함되었다. 그리고 조선의 춘잠(春蠶) 예상과 가마니[繩叺] 제조량을 표로 정리하였다.

'잡록'에는 중국으로 수출하는 상품의 의장(意匠) 문제를 다루었고, 조선 근해 및 연안 정기 항로 일람표를 수록하였다.

'녹사'에는 6월 중에 개최된 역원회, 7월 중에 개최된 임시평의원회 소식과 함께 6월 20일부터 7월 19일까지 조선총독부, 각 지방 관청, 각 지역 상업회의소, 그리고 기타 일본의 민간 업체 등이 의뢰한 조사사항 목록을 정리하였다. 또 기증도서 목록을 기재하였다. 마지막에는 중요경제통계를 수록하였다.

연번	지역	연월일	자료명	호수	키워드
089	경성	1923.8	조선경제잡지	92	화물 운임, 철도, 수리조합, 양잠제사, 보험, 도작, 면작

【목차】

[담총]

조선선(朝鮮線) 화물 운임과 요금 규칙의 개정에 대하여 - 안등우삼랑(安藤又三郎) / 수리조합 제도를 개정할 필요가 있다 - 고구민남(高久敏男) / 양잠제사(養蠶製絲)의 장려에 대하여 - 유전(劉銓)

[조사]

경성의 보험 업적 / 조선무역개황 / 경성의 상황(商況)과 금융 / 조선에 신설한 회사 / 경성 통관무역 개황 / 도작(稻作) 개황 / 면작(棉作) 개황

[녹사]

[중요경제통계]

【해설】

본호에는 '담총(談叢)' 3건, '조사(調査)' 7건, '녹사(錄事)' 그리고 중요경제통계(重要經濟統計)가 수록되었다.

'담총'에는 남만주철도 주식회사 경성철도국장 안도 유사부로(安藤又三郎)가 10월 1일부터 실시될 조선선(朝鮮線) 화물 운임 및 요금 규칙 개정에 대하여 설명하였다. 자세한 개정 요금표를 수록하고 요금 인상의 이유를 설명하였다. 다음은 조선식산은행 조사과장 다카쿠 토시오(高久敏男)가 쓴 수리조합 제도를 개정해야한다는 취지의 글을 게재하였다. 마지막으로 조선제사주식회사(朝鮮製絲株式會社) 전무이자 경성상업회의소 평의원인 유전(劉銓)이 양잠제사(養蠶製絲)를 장려해야한다고 주장한 글을 수록하였다.

'조사'에는 경성의 보험업 성과를 표로 정리하였으며, 조선무역개황, 경성의 상황(商況)과 금융, 조

선에 신설된 회사, 경성 통관무역 개황 등 매달 수록되는 조사 내용을 포함하였다. 그밖에 벼 작황(稻作)과 면작(棉作) 개황을 표로 정리하였다. 그리고 기증도서 목록을 수록하였다. 마지막에는 중요경제통계를 수록하였다.

연번	지역	연월일	자료명	호수	키워드
090	경성	1923.9	조선경제잡지	93	간토대지진, 지진, 재해, 보험, 재외조선인, 지불유예령, 철도, 가축, 가금, 만주속, 잡곡, 도량형

【목차】

[담총]

지진에 따른 화재보험 지불 문제에 대하여 – 하내산악(河內山樂) / 지진이 재계에 미칠 영향 – 주정진남(住井辰男) / 지진과 화재보험금의 지불 문제에 대하여 – 서원봉차랑(西原峰次郎)

[조사]

지불유예령 철폐 후의 조선선(朝鮮線) 업계의 장래 / 재외 조선인에 관한 일고찰(1) / 지진 직후의 조선 내 경제 사정 / 조선의 가축과 가금(家禽) 분포 상황 / 조선무역개황 / 경성의 상황(商況)과 금융 / 조선에 신설한 회사

[잡록]

만주 조[粟] 및 잡곡의 균일한 용기(容器) 및 도량형[詰斤量] 개선 / 지진 구원비와 경성상업회의소 시설비의 제공

[녹사]

[중요경제통계]

【해설】

본호에는 '담총(談叢)' 3건, '조사(調査)' 7건, '잡록(雜錄)' 2건, '녹사(錄事)' 그리고 중요경제통계(重要經濟統計)가 수록되었다.

'담총'에는 이 시기 일본에서 일어난 간토대지진 때문에 모두 지진에 관련된 내용을 다루었다. 우선 조선화재해상보험 주식회사 사장 가와우치(河內山樂)가 지진 피해로 인한 화재보험금 지불 문제를 다루었고, 미쓰이(三井) 물산 경성지점장 스미이 다츠오(住井辰男)는 지진 피해가 재계에 미칠 영향을 분석했다. 마지막으로 경성고등상업학교 교수이자 상학사(商學士) 니시하라 미네지로(西原峰次郎)도 화재보험금 지불 문제를 다룬 글을 게재하였다.

'조사'에는 「지불유예령」 출폐 후 조선선(朝鮮線) 업계의 장래를 검토한 글과, 재외 조선인의 각종 통계를 제시하며 각 지역의 재외 조선인을 다룬 첫 번째 글이 게재되었다. 그리고 담총과 마찬가지로 간토대지진 이후 상품시장, 금융시장, 조선 내 보험사업, 상공조합의 지진 대책, 사치품 판매 감소

등 지진이 재계 전반에 미친 영향을 검토하였다. 그리고 조선의 가축, 가금(家禽) 분포 상황을 표로 정리하였고, 조선무역개황, 경성의 상황(商況)과 금융, 조선에 신설된 회사 등 매달 수록되는 조사 내용이 포함되었다.

'잡록'에는 만주 지역에서 조나 잡곡을 담는 용기와 도량형을 균일하게 개선한다는 소식과 지진 구제에 대한 소식을 전하였다.

'녹사'에는 9월 8일 개최된 역원회, 9월 10일 개최된 임시평의원회 소식과 함께, 8월 21일부터 9월 31일까지 조선총독부, 각 지방 관청, 각 지역 상업회의소, 그리고 일본의 여러 민간 회사 등에서 의뢰한 조사사항 목록을 게재했다. 마지막에는 중요경제통계를 수록하였다.

연번	지역	연월일	자료명	호수	키워드
091	경성	1923.10	조선경제잡지	94	간이생명보험, 산업조합령, 금융조합, 재일조선인, 간토대지진, 지진, 대두, 조, 관세감면칙령, 창식장식경기

【목차】

[담총]

사회 정책으로 본 간이생명보험 - 소야민웅(小野敏雄) / 산업조합령의 발포와 지방금융조합 - 매림묘삼랑(梅林卯三郎) / 부흥 자금의 조달에 대하여 - 삼호수치(三好守治)

[조사]

재외 조선인에 관한 일고찰(연속) / 지진 후 의 조선 경제 사정 / 경성 통관무역 개황 / 경성의 상황(商況)과 금융 / 조선에 신설한 회사 / 조선의 수도(水稻) 수확 예상량 / 조선의 면작(棉作) 예상 / 조선의 대두(大豆) 및 조 수확 예상

[잡록]

관세감면칙령의 적용 / 쇼윈도우 장식[窓飾裝飾] 경진대회의 개최

[녹사]

[중요경제통계]

【해설】

본호에는 '담총(談叢)' 3건, '조사(調査)' 8건, '잡록(雜錄)' 2건, '녹사(錄事)' 그리고 중요경제통계(重要經濟統計)가 수록되었다.

'담총'에는 간이생명보험(簡易生命保險)에 대해서 조선생명보험 주식회사 지배인 오노 토시오(小野敏雄)가 게재한 글을 수록하였다. 또 경기도 금융조합연합회 이사장 우메바야시 사부로(梅林卯三郎)는 「산업조합령」 시행의 필요성과 금융조합과의 관계, 법안 발포 후 금융조합의 경영 방침 등에 대해

논하였다. 마지막으로 경성고등상업학교 교수이자 상학사(商學士)인 미요시 모리하루(三好守治)가 경기 부흥 자금 조달이 필요하다는 취지의 글을 게재하였다.

'조사'에는 전호에 이어 재외 조선인에 대한 두 번째 글이 수록되었는데, 이번 호에서는 일본으로 이주한 조선인의 각종 통계를 제시하였다. 일본으로 이주하는 조선인이 증가하는 이유를 분석하기도 했는데, 「도항취체규칙」의 철폐, 조선 남부 지역의 재해, 지인의 권유, 단체 이주자 모집, 조선인의 생활난, 일본 노동자의 임금 상승, 정치상의 불평등 등을 이유로 들었다. 그밖에 재일 조선인의 생활 상태, 조선인에 대한 일본인의 인식, 조선인 유학생 등에 대한 내용을 다루었다. 다음으로는 지진 후 조선 경제 사정을 개괄하였고, 그리고 경성 통관무역 개황, 경성의 상황(商況)과 금융, 조선에 신설된 회사 등 매달 수록되는 조사 내용을 포함하였다. 그리고 조선의 수도(水稻) 수확 예상량과 면작(棉作) 예상, 대두(大豆) 및 조 수확 예상을 표로 정리하였다.

'잡록'에는 「관세감면칙령」 시행과 관세 환급[拂戾] 방법을 안내하였고, 10월 5일 경성상업회의소에서 개최한 쇼윈도우 장식[窓飾裝飾] 경진대회의 심사자와 입상자를 게재하였다.

'녹사'에는 10월 4일과 16일에 개최된 역원회, 10월 5일 개최된 임시평의원회 소식을 전하였고, 9월 20일부터 10월 20일까지 조선총독부, 각 지방 관청, 각 지방 상업회의소 그리고 일본의 여러 민간 회사 등에서 의뢰한 조사사항 목록을 게재했다. 마지막에는 중요경제통계를 수록하였다.

연번	지역	연월일	자료명	호수	키워드
092	경성	1923.11	조선경제잡지	95	쇼윈도우, 장식창, 만주, 재만조선인, 간토대지진, 특허국, 생활개선, 전국상업회의소연합회

【목차】

[담총]

신평의원에게 바란다 - 공등중웅(工藤重雄) / 가게 앞 구조로 보는 쇼윈도우(裝飾窓) - 등도해치랑(藤島亥治郎) / 쇼윈도우[ショウ,ウヰンドウ]의 근본 개념과 그 뒷면[バック]에 대하여 - 토정군치(土井軍治)

[조사]

재만주 조선인의 생활 정황 - 이재홍(李栽鴻) / 조선무역개황 / 경성의 상황(商況)과 금융 / 조선에 신설한 회사 / 경성 통관무역 개황

[잡록]

지진 전후 특허국 관계 법령 / 생활개선에 대하여

[녹사]

[중요경제통계]

【해설】

본호에는 '담총(談叢)' 3건, '조사(調査)' 5건, '잡록(雜錄)', 2건, '녹사(錄事)' 그리고 중요경제통계(重要經濟統計)가 수록되었다.

담총에는 법학사 구도 시게오(工藤重雄)이 경성상업회의소의 새로운 평의원에게 바라는 바를 쓴 글이 게재되었다. 다음으로는 경성고등공업학교 조교수 후지시마 카이지로(藤島亥治郎)가 가게 정문을 비롯한 가게 앞 구조를 위주로 하여 쇼윈도우[裝飾窓]의 효율적인 배치에 대해 논하였고, 고등공업학교 교원 촉탁 도이 고이즈미(土井軍治)가 상점 쇼윈도우의 기본 개념과 그 뒷면에 대해 설명하였다.

'조사'에는 재만주 조선인의 생활 상황을 경성상업회의소 조사과 서기 이재홍(李栽鴻)이 만주에 있는 조선인의 생활 정황을 보고하였다. 조선인의 만주 이주 현황, 봉천(奉天), 철령(鐵嶺), 장춘(長春), 길림(吉林) 지방의 조선인 금융, 교육, 산업, 위생 등의 현황을 정리하였다. 그리고 조선무역개황, 경성의 상황(商況)과 금융, 조선에 신설된 회사, 경성 통관무역 개항 등 매달 수록되는 조사 내용을 수록하였다.

'잡록'에는 간토대지진 이후 특허국 관계 법령을 소개하였고, 간도대지진 이후 생활 개선을 위해 진행 중인 캠페인을 소개하였다.

'녹사'에는 10월 19일 개최한 임시평위원회, 11월 3일 개최한 역원회, 11월 1일부터 3일간 진행된 전국상업회의소연합회, 10월 23일부터 3일간 진행된 임시조선상업회의소연합회 소식을 전하였다. 그리고 10월 21일부터 11월 21일까지 조선총독부, 각 지방 관청, 각 지역 상업회의소, 그리고 일본의 여러 민간 회사 등에서 의뢰한 조사사항 목록을 게재했다. 마지막에는 중요경제통계를 수록하였다.

연번	지역	연월일	자료명	호수	키워드
093	경성	1924.1	조선경제잡지	97	간토 대지진, 선박 운송, 규격, 도량형, 양잠, 제사, 오사카, 쌀, 과일, 농업자, 경지, 화물 철도

【목차】

[담총]

국제 실업에 대한 노력 – 평정삼남(平井三男) / 지진 재해(震災)로 말미암은 선박의 호황에 대하여 – 은전동명(恩田銅明)

[조사]

규격 및 도량형 제도의 통일에 대하여 / 조선 양잠(養蠶) 제사(製絲)계의 현재(1) / 오사카 시장의 조선 쌀 / 조선무역개황 / 경성의 상황(商況)과 금융 / 조선에 신설한 회사 / 조선 통관 무역 상황 / 조선의 농업자와 경지 면적 / 1922년 중 과실 실제 수확량

[잡록]

1924년 조선총독부 예산 개황 / 도쿄행 화물 철도 수송 개선에 대하여 / 함남의 포대[叺] 개량 제조 증대(增製)에 대하여

[녹사]

[중요경제통계]

【해설】

본호에는 '담총(談叢)' 2건, '조사(調査)' 8건, '잡록(雜錄)' 3건, '녹사(錄事)' 그리고 중요경제통계(重要經濟統計)가 수록되었다.

'담총'에는 조선총독부 식산국 상공과장 히라이 미츠오(平井三男)가 쓴 '국제 실업에 대한 노력'이라는 글이 수록되었다. 이 글에서는 일본국민에게는 더 시각을 넓혀 서방으로 진출할 사명을 가져야하며, 최신식 상업 판매 전략을 도입해야한다고 주장하였다. 특히 '쇼윈도우 중심주의'라고 표현할 만큼 최신식 점포 구조 도입을 강조하였으며, 신식 간판, 대중적인 활동사진을 활용해야하고 도회지에서 흙 묻은 구두는 금물이라고 이야기할 정도로 조선의 국제 경쟁력 확보를 위해 취해야할 전략을 매우 세세한 부분까지 언급하였다. 다음으로는 간토 대지진 이후에 선박 호황을 다룬 조선우선주식회사(朝鮮郵船株式會社) 전무취체역(專務取締役)이자 경성상업회의소 평의원인 온다(恩田銅明)의 글을 수록하였다. 이 글에서는 대지진 이후 조선과 일본의 물자 수송량이 늘면서 두 지역 사이를 오가는 선박이 많아진 현상을 짧게 언급하였다.

'조사'에는 규격 및 도량형 제도의 통일이 필요하다는 취지의 글이 실렸는데, 각 품목별, 재료별로 통일해야할 도량형을 정리하고 세계 각국이 사용 중인 규격 및 도량형을 소개하였다. 다음으로는 조선 양잠(養蠶) 제사(製絲)계의 현황을 정리한 글과 오사카 시장의 조선 쌀의 이입량, 종류별 수급 개황, 거래 정황 등을 기재한 글이 수록되었다. 그리고 조선무역개황, 경성의 상황(商況)과 금융, 조선에 신

설된 회사 등 매달 수록되는 조사 내용이 포함되었으며, 조선 통관 무역 상황, 조선의 농업자와 농지 면적을 표로 정리하였다. 마지막으로 1922년 중 과실 수확량을 정리하였다.

'잡록'에는 1924년 조선총독부 예산 개황, 도쿄행 화물철도 수송 개선에 대한 내용, 함남의 포대[叺] 개량과 제조 증대 계획을 소개하였다.

'녹사'에는 1923년 12월 20일부터 1924년 1월 19일까지 조선총독부, 각 지방 관청, 경성지방법원, 각 지역 상업회의소, 그리고 일본의 여러 민간 회사 등에서 의뢰한 조사사항 목록을 게재했다. 마지막에는 중요경제통계를 수록하였다.

연번	지역	연월일	자료명	호수	키워드
094	경성	1924.2	조선경제잡지	98	도기업, 기업, 양잠, 양조업, 비누, 칠기업, 상표법, 출원수속법, 중국, 항로

【목차】

[담총]

유망한 조선의 도기업(陶器業)과 기업(機業)의 개선에 대하여 - 삼산희삼랑(三山喜三郎) / 순이익을 빨리 낼 수 있는 양잠(養蠶)의 경제적 가치 - 전중명(田中明)

[조사]

보호 장려가 필요한 조선 내 양조업 / 경성의 공업으로 본 비누[石鹼] 제조업 / 조선의 칠기업(漆器業) / 조선무역개황 / 경성의 상황(商況)과 금융 / 조선에 신설한 회사 / 조선 내 양잠 상황

[자료]

조선의 외국 무역 개황(1923년 중) / 중국 상표법 / 조선 근해 항로

[녹사]

[중요경제통계]

【해설】

본호에는 '담총(談叢)' 2건, '조사(調査)' 7건, '자료(資料) 3건, '녹사(錄事)' 그리고 중요경제통계(重要經濟統計)가 수록되었다.

'담총'에는 조선총독부 중앙시험소장이자 공학박사인 미야마 기사부로(三山喜三郎)가 쓴 '유망한 조선의 도기업과 기업의 개선에 대하여'라는 글이 첫머리에 실렸다. 이 글에서는 조선 도기업의 유망함을 강조하는 한편, 직물 제조업에 있어서 개선할 방향을 간단히 언급하였다. 다음으로는 조선총독부 기사(技師) 다나카 아키라(田中明)가 양잠의 경제적 가치를 강조한 글을 게재하였다.

'조사'에는 조선의 양조업을 보호 및 장려해야한다는 글이 수록되었는데, 주종별로 생산량표 등을 제시하며 조선의 양조업이 유망한 이유와 또 한편 불리한 측면을 모두 언급하며 앞으로 조선 양조업

상황을 각 도시별로 정리하였다.

'조사사항'에는 4월 20일부터 5월 20일까지 조선총독부, 각 지방 관청, 각 지역 상업회의소, 기타 일본의 여러 민간 회사 등에서 의뢰한 조사사항 목록을 게재했다. 마지막에는 중요경제통계를 수록하였다.

연번	지역	연월일	자료명	호수	키워드
098	경성	1924.6	조선경제잡지	102	철도, 산업조합, 콩, 생사, 잡곡, 저마포, 표백법, 수리사업, 상하이, 항로, 관세, 면양, 보리

【목차】

[조사]

조선 북부 지역(北鮮)의 철도 정황 / 산업조합에 대하여 / 조선무역개황 / 조선에 신설한 회사 / 경성의 상황(商況)과 금융 / 경성 통관무역 개황 / 콩류의 수확량 / 조선 내 생사(生糸) 생산 상황 / 잡곡류 수확량

[자료]

저마포(苧麻布) 표백법의 개선 - 실전무인(實田武隣)

[잡록]

신규 수리사업 / 조선 상하이 항로의 개시 / 본년도의 관세 수입 예산 / 면양(緬羊)의 사육[飼養] 상황 / 보리 수확 예상

[녹사]

[중요경제통계]

【해설】

본호에는 '조사(調査)' 9건, '자료(資料)' 1건, '잡록(雜錄) 5건, '녹사(綠事)' 그리고 중요경제통계(重要經濟統計)가 수록되었다.

'조사'에는 조선 북부 지역의 철도와 그 연혁을 다룬 글이 게재되었다. 다음으로는 산업조합에 대한 글을 수록하였는데, 이글에서는 산업조합의 목적과 연혁, 산업조합의 종류와 사업, 부대사업, 산업조합의 구성, 특전, 현황, 산업조합법을 소개하였다. 특히 산업조합의 종류로 신용조합, 판매조합, 구매조합, 수리조합 등을 상세히 소개했다. 그리고 조선무역개황, 경성의 상황(商況)과 금융, 조선에 신설된 회사, 경성 통관무역 개황 등 매달 수록되는 조사 내용을 포함하였고, 조선 내 콩류 수확량, 1923년 조선 내 생사(生絲) 생산 상황, 잡곡류 수확량을 조사하여 수록하였다.

'자료'에는 중앙시험소 기사(技師) 사나다(實田武隣)가 저마포(苧麻布) 표백법 개선에 대한 글을 썼는데, 특히 경성포목상조합이 표백법 개선에 참고하기를 바라며 쓴 글이었다.

'녹사'에는 4월 중에 개최된 금융부회, 역원회, 임시평의원회, 운수부회, 5월 중 개최된 정기평의원

회, 임시평의원회 소식과 5월 16일부터 18일까지 3일간 개최된 제7회 조선상업회의소연합회 안건과 참석자 명단을 게재했다.

'잡록'에는 신규 수리사업에 대한 내용과 조선, 상해 간 항로가 개시된다는 소식을 전하였고, 1924년 관세 수입 예산을 간단히 정리하였다. 그밖에 면양(緬羊)의 사육 상황과 1924년도 보리 수확 예상량을 수록하였다.

'녹사'에는 5월에 개최된 역원회, 6월에 개최된 위원회와 임시평의원회, 역원회 소식을 전하였고, 5월 20일부터 6월 20일까지 조선총독부, 각 지방 관청, 각 지역 상업회의소, 기타 일본의 여러 민간 회사 등에서 의뢰한 조사사항 목록을 게재했다. 마지막에는 중요경제통계를 수록하였다.

연번	지역	연월일	자료명	호수	키워드
099	경성	1924.7	조선경제잡지	103	상하이, 항로, 남지, 가축, 춘잠, 경성취인시장, 비누, 예금과세, 가축조합, 어선, 오동나무, 수형

【목차】

[진정행]

[조사]

경성 출입 중요 상품(하) / 상하이 항로의 실현에 관하여 / 조선무역개황 / 경성의 상황(商況)과 금융 / 조선에 신설한 회사 / 경성 통관무역 개황 / 조선의 가축 분포 상황 / 춘잠(春蠶) 수확 예상

[자료]

경취(京取) 시장 거래[取引]의 실제 / 유망한 조선의 세탁비누업[洗濯石鹼業] - 목산정덕(牧山正德) / 경성부의 예금 과세안에 대하여 - 고구민남(高久敏男)

[잡록]

조선 예산 강요(綱要) / 소득세의 최근 추세 / 가축조합의 개황 / 조선 어선의 개선 / 오동나무[桐]의 분포 상황 / 어음[手形] 교환액

[녹사]

[중요경제통계]

【해설】

본호에는 '진정행(陳情行)', 조사(調査)' 8건, '자료(資料)' 3건, '잡록(雜錄) 6건, '녹사(錄事)' 그리고 중요경제통계(重要經濟統計)가 수록되었다.

이번 호에는 특별히 경성상업회의소 위원들이 조선 내 상공업을 발전시키기 위해 일본 본토로 가서 펼쳤던 여러 가지 진정 활동을 일자별로 기재한 '진정행'이 가장 앞에 수록되었다.

'조사'에는 경성 출입 중요품 개황의 마지막 글이 수록되었다. 이번 호에는 음식료품, 직물 및 그

원료품, 건축 재료품, 화학제품, 기타 제품의 현황을 수록하였다. 다음으로는 상하이로 가는 항로가 가지는 이점을 최근 남중국[南支]과 상하이의 무역 현황, 중국의 특종 기관, 각 품목별 무역 예상을 제시하며 설명하였다. 그리고 조선무역개황, 경성의 상황(商況)과 금융, 조선에 신설된 회사, 경성 통관무역 개황 등 매달 수록되는 조사 내용을 포함하였고, 마지막으로 춘잠(春蠶) 예상 수확량을 각 도별로 정리하였다.

'자료'에는 경성 거래[取引] 시장을 거래 기간, 거래 담보, 거래 결제 등의 방법을 설명하며 소개하였고, 조선총독부 기사(技師) 마키야마(牧山正德)가 세탁비누[洗濯石鹼] 제조업의 유망함을 원료, 화장비누의 제조, 세탁비누의 제조로 나누어 설명하였다. 마지막으로 조선식산은행 조사과장 다카쿠 도시오(高久敏男)가 경성부의 예금 과세안에서 우려되는 점을 서술하였다.

'잡록'에는 1924년도 조선총독부 특별회계 추가 예산에 대한 설명과 축산조합의 현황, 조선 어선의 결점을 설명한 글, 조선의 오동나무의 분포를 다룬 글, 그리고 상반기 어음[手形] 교환액을 정리한 글을 수록하였다.

'녹사'에는 6월 20일부터 7월 20일까지 조선총독부, 각 지방 관청, 각 지역 상업회의소, 기타 일본의 민간 업체에서 의뢰한 조사사항의 목록을 게재하였다. 마지막에는 중요경제통계를 수록하였다.

연번	지역	연월일	자료명	호수	키워드
100	경성	1924.8	조선경제잡지	104	섬유공업, 명령 항로, 상하이, 해산물, 특용작물, 채소, 납량시장, 석탄, 사치품 수입세, 창식경기

【목차】

[진정행]

[조사]

소비 상태로 본 조선 섬유공업의 장래 / 명령 항로의 개폐에 대하여 / 상하이의 해산물 무역 상황 / 조선무역개황 / 경성 통관무역 개황 / 조선에 신설한 회사 / 경성의 상황(商況)과 금융 / 조선 특용작물 실제 수확량 / 조선 채소 실제 수확량

[자료]

쇼윈도우 경진대회[窓飾競技] 심사 후에 - 산형정지(山形靜智) / 석탄의 현황 - 서기원태랑(西崎源太郎) / 사치품[贅澤品] 수입세의 개정

[녹사]

[중요경제통계]

【해설】

본호에는 '진정행(陳情行)', '조사(調査)' 9건, '자료(資料)' 3건, '녹사(錄事)' 그리고 중요경제통계(重

要經濟統計)가 수록되었다.

이번 호에도 지난 호에 이어 특별히 경성상업회의소 위원들이 조선 내 상공업의 발전시키기 위해 펼쳤던 여러 가지 진정 활동을 일자별로 기재한 '진정행'이 가장 앞에 수록되었다.

'조사'에는 조선 섬유공업의 장래를 소비 상태를 통해 살펴보고 관세 철폐가 섬유공업에 미칠 영향과 섬유공업을 보호하고 장려할 수 있는 방법을 상세히 논한 글이 수록되었다. 다음으로는 당시 논란이 되던 명령항로를 다루면서 명령항로가 필요한 이유, 새로운 항로의 개시가 필요한 이유 등에 대해 설명하는 글이 게재되었다. 또 상하이의 해산물 무역 상황을 해산물 무역 통계, 해산물 시장 물품별 수급 현황, 거래 상황을 통하여 설명한 글을 수록하였다. 그리고 조선무역개황, 경성의 상황(商況)과 금융, 조선에 신설된 회사, 경성 통관무역 개황 등 매달 수록되는 조사 내용을 포함하였고, 그밖에 조선 특용작물과 채소의 실제 수확량을 표로 정리하였다.

'자료'에는 경성상업회의소가 주최한 납량 시장의 프로그램 중 하나였던 상점 쇼윈도우 경진대회[窓飾競技] 심사에 참가한 경성고등공업학교 조교수 야마카타(山形靜智)의 심사 후기를 수록하였다. 심사 평가의 요건이 직관적인 느낌, 경영면의 효과, 배치, 의장의 장식, 배색, 조명 등이었다고 설명했다. 다음은 석탄 현황에 대해 설명한 경성상업회의소 평의원 니시자키 겐타로(西崎源太郎)의 글과 사치품[贅澤品] 수입세 개정에 대해 설명한 글을 수록하였다.

'녹사'에는 7월 22일부터 31일까지 개최된 경성 납량시장[納涼マーケット]의 개설 요항, 쇼윈도우 경진대회 수상자 목록 등을 게시하였고, 7월 28일과 8월 13일 개최된 임시평의원회, 8월 4일 개최된 공업부회, 8월 9일 개최된 역원회 소식을 전하였다. 그 다음 7월 20일부터 8월 20일까지 조선총독부, 각 지역 관청, 각 지방 상업회의소, 기타 일본의 민간 업체에서 의뢰한 조사사항의 목록을 게재하였다. 마지막에는 중요경제통계를 수록하였다.

연번	지역	연월일	자료명	호수	키워드
101	경성	1924.9	조선경제잡지	105	쌀, 조선 이주, 재조일본인, 보리 줄기 공예업, 맥간진전업, 경지 면적, 농업, 농업자, 사과, 경성 취인 시장, 해운업

【목차】

[조사]

수이출 조선 쌀 / 일본인의 조선 이주에 대하여(1) / 부업으로서 맥간진전업(麥桿眞田業) / 조선무역개황 / 경성의 상황(商況)과 금융 / 경성 통관무역 개황 / 조선에 신설한 회사 / 조선의 경지 면적과 농업자 수

[자료]

조선의 사과[苹果] - 구차미방장(久次米邦藏) / 경취(京取)를 돌아보며 - 공등중웅(工藤重雄) / 해운

계의 현 정세와 앞으로의 전망 - 서기원태랑(西崎源太郎)
[녹사]
[중요경제통계]

【해설】

본호에는 '조사(調査)' 8건, '자료(資料)' 3건, '녹사(錄事)' 그리고 중요경제통계(重要經濟統計)가 수록되었다.

'조사'에는 조선의 쌀에 대해 수급과 수이출 여력, 수이출 무역의 추세, 수이출 쌀의 집산 정황, 개량종의 보급 정황, 각 항구별 수이출량, 조선 쌀의 소비지, 앞으로의 전망 등을 다룬 글을 게재하였다. 다음으로는 일본인의 조선 이주를 다룬 첫 번째 글을 게재하였다. 또 부업으로서 맥간진전업(麥桿眞田業)의 현황과 전망을 다룬 글과 조선무역개황, 경성의 상황(商況)과 금융, 조선에 신설된 회사, 경성 통관무역 개황 등 매달 수록되는 조사 내용을 포함하였고, 그밖에 조선의 경지 면적과 농업자 수를 조사하여 게재하였다.

'자료'에는 뚝섬[纛島] 원예지장장(園藝支場長) 쿠지메 쿠니조(久次米邦藏)가 조선의 사과[苹果]에 대하여 쓴 글과 경성 미두 거래소 시장에 대해 법학사 구도 시게오(工藤重雄)가 쓴 글을 게재하였다. 마지막으로 경성상업회의소 평의원 니시자키 겐타로(西崎源太郎)이 해운업계의 현황과 전망을 다룬 글이 수록되었다.

'녹사'에는 9월 2일에 개최된 역원회, 9월 8일에 개최된 임시평의원회 소식과 함께, 8월 21일부터 9월 21일까지 조선총독부, 각 지방 관청, 각 지역 상업회의소, 기타 일본의 민간 업체에서 의뢰한 조사사항의 목록을 게재하였다. 마지막에는 중요경제통계를 수록하였다.

연번	지역	연월일	자료명	호수	키워드
102	경성	1924.10	조선경제잡지	106	명태, 어업, 조선지, 밤, 왕골, 면작, 대두, 조, 특허, 취인소, 중국

【목차】

[속진정행]
[조사]
조선 북부지역의 명태 어업 / 조선지(朝鮮紙) / 평양 밤(栗) / 조선무역개황 / 조선 회사의 이동 / 경성의 상황(商況)과 금융 / 경성 통관무역 개황 / 조선의 왕골연(莞草筵)과 제품 / 1924년도 면작(棉作) 상황 / 대두와 조[粟] 작황 예상량 / 조선의 특허 현황
[자료]
거래소[取引所]에 대하여 - 영목무지(鈴木武志) / 조선 대중국 무역 근황

[녹사]
[중요경제통계]

【해설】

본호에는 '속진정행(續陳情行)', 조사(調査)' 11건, '자료(資料)' 2건, '녹사(錄事)' 그리고 중요경제통계(重要經濟統計)가 수록되었다.

7, 8월호에 수록되었던 진정행(陳情行)에 뒤이어 속진정행(續陳情行)을 수록하여 조선상업회의소연합회회원의 소식이나 의견, 진정 활동을 짤막하게 소개하였다.

'조사'에는 조선 북부지역의 명태 어장과 어획법, 품질과 거래 상황, 명태 어업의 경제 상황, 명태 어업과 금융업의 관계, 식창고 등을 소개하였다. 다음으로는 조선지(朝鮮紙)와 염장 청어(鹽鯖), 평양 밤의 주요 산지와 생산 시기, 집산 계절, 매매단위, 거래 관습, 주요 집산지, 가격 등을 소개하였다. 또 조선무역개황, 경성의 상황(商況)과 금융, 조선 회사의 이동, 경성 통관무역 개황 등 매달 수록되는 조사 내용을 포함하였는데, 조선 회사의 이동의 경우 이전까지 조선에 신설한 회사의 제목만 변경한 것이다. 그밖에 조선의 왕골대[莞草筵]와 그것으로 만드는 제품의 현황, 1924년 면작(棉作) 상황, 대두와 조의 작황 예상량, 마지막으로 전 조선의 특허 현황을 정리하였다.

'자료'에는 농상무성 사무관 스즈키 다케시(鈴木武志)가 취인소(取引所)에 대해 쓴 글이 수록되었고, 조선의 대중국 무역 근황을 지역별, 물품별로 상세히 정리하였다.

'녹사'에는 일본의 취인소에서 조선 쌀 별건제도[別建]에 대한 일에 대해 조선총독부가 답신한 전문을 게재하였고, 9월 8일 개최된 임시평의원회, 9월 25일 개최된 역원회, 10월 20일 개최된 상업부회 소식을 전하였다. 또 9월 20일부터 10월 20일까지 조선총독부, 각 지방 관청, 각 지역 상업회의소, 기타 일본의 민간 업체에서 의뢰한 조사사항의 목록을 게재하였다. 마지막에는 중요경제통계를 수록하였다.

연번	지역	연월일	자료명	호수	키워드
103	경성	1924.11	조선경제잡지	107	전기요금, 사치품, 강절전쟁, 중국, 일본현물단, 전등, 조선물산협회

【목차】

[조사]

전기요금의 결정에 대하여 / 사치품[贅澤品] 등의 수입 정황 / 중국 동란이 조선에 미칠 영향 / 조선무역개황 / 조선 회사의 이동 / 경성의 상황(商況)과 금융 / 경성 통관무역 개황

[자료]

사상의 추이에 따르는 경제조직의 개혁 - 하전사랑(河田嗣郎) / 금 가격 인상에 대하여 / 일본현물

단(內地現物團)의 조선 시찰 / 전등요금 인하 / 조선물산협회 설립
[녹사]
[중요경제통계]

【해설】
본호에는 조사(調査)' 7건, '자료(資料)' 5건, '녹사(錄事)' 그리고 중요경제통계(重要經濟統計)가 수록되었다.
'조사'에는 일본과 경성의 전기 사용 요금을 비교하며 전기요금 결정에 대한 일반적인 내용을 논한 글을 게재하였다. 그리고 사치품[贅澤品] 등의 수입 상황을 정리하였고, 9월 3일 중국 절강성에서 일어난 강절전쟁(江浙戰爭)이 조선 무역, 금융 시장에 미칠 영향을 예상한 글이 수록되었고, 조선무역개황, 경성의 상황(商況)과 금융, 조선 회사의 이동, 경성 통관무역 개황 등 매달 수록되는 조사 내용을 포함하였다.
'자료'에는 교토제국대학 교수이자 법학박사인 가와타 시로(河田嗣郎)가 사상문제와 경제조직의 개혁에 대해 했던 강연을 속기하여 게재하였다. 그리고 금 가격 인상의 이유와 그 영향에 대해 서술한 글을 수록하였다.
'잡록'에는 조선으로 시찰온 일본현물단(內地現物團)에 관련된 글로, 경성상업회의소 회장 도변정일랑(渡邊定一郎)의 환영사와 등본(藤本) 어음 중개인[ビルブローカー] 은행전무 취체역 타니무라 이치타로(谷村一太郎), 산일합자회사(山一合資會社) 사장 스기노 키세이(杉野喜精)의 소감을 게재했다. 그 밖에 전등 전력요금 인하 소식과 조선물산협회의 설립 소식, 취지, 사업계획, 정관 등을 기록하였다.
'녹사'에는 10월 중에 개최된 역원회, 임시평의원회, 상업부회, 11월 중에 개최된 상업운수연합부회 소식과 함께, 10월 20일부터 11월 20일까지 조선총독부, 각 지방 관청, 각 지역 상업회의소, 기타 일본의 민간 업체에서 의뢰한 조사사항의 목록을 게재하였다. 마지막에는 중요경제통계를 수록하였다.

연번	지역	연월일	자료명	호수	키워드
104	경성	1924.12	조선경제잡지	108	공업, 창고업, 사당, 조선식산은행, 한성은행

【목차】
[조사]
조선의 공업 생산품 / 경성의 창고업 현황 / 전 조선내 사탕 수급 상황 / 조선무역개황 / 조선 회사의 이동 / 경성의 상황(商況)과 금융 / 경성 통관무역 개황
[자료]
중앙 재계의 근황 - 유하광풍(有賀光豊) / 일본 경제계의 근황 - 한상룡(韓相龍)

[녹사]
[중요경제통계]

【해설】

본호에는 조사(調査)' 7건, '자료(資料)' 2건, '녹사(錄事)' 그리고 중요경제통계(重要經濟統計)가 수록되었다. 이번 호는 다른 달에 비해 내용이 소략한 편이다.

'조사'에는 조선의 공업 생산품의 추세, 생산 현황을 품목별, 지역별로 매우 상세히 조사하여 기록하였다. 그리고 경성의 창고업 현황과 전 조선의 사당(沙糖) 수급 상황에 대해 정리하였다. 또 조선무역개황, 경성의 상황(商況)과 금융, 조선 회사의 이동, 경성 통관무역 개황 등 매달 수록되는 조사 내용을 포함하였다.

'자료'에는 조선식산은행장이자 경성상업회의소 특별평의원인 아루가 미츠토요(有賀光豊)의 글을 게재하였고, 일본 경제계에 대해서는 경성상업회의소 상의원이자 주식회사 한성은행장 한상룡(韓相龍)의 글을 수록하였다.

'녹사'에는 11월 17일 개최한 임시평의원회 안건과 출석자, 11월 19일 개최한 공업부회의 안건과 출석자, 11월 25일 개최한 역원회의 안건과 출석자, 결의 사항 등을 수록했다. 그밖에 11월 21일부터 12월 20일까지 조선총독부, 각 지방 관청, 각 지역 상업회의소, 기타 일본의 민간 업체에서 의뢰한 조사사항의 목록을 게재하였다. 마지막에는 중요경제통계를 수록하였다.

연번	지역	연월일	자료명	호수	키워드
105	경성	1925.1	조선경제잡지	109	회사, 보리, 캄차카, 러시아, 어업, 예산

【목차】

[조사]

1924년 중 경성의 회사 이동 상황 / 1924년 중 경성 상업계 개황 / 조선무역개황 / 경성의 상황(商況)과 금융 / 조선의 회사의 이동 / 경성 통관무역 개황 / 1924년도 보리류 실제 수확량

[자료]

유망한 캄차카(カムチャッカ) 어업의 연황 - 도원철삼(島原鐵三) / 국민의 여력

[녹사]

[요경제통계]

【해설】

본호에는 '조사(調査)' 7건, '자료(資料)' 2건, '녹사(錄事)' 그리고 중요경제통계(重要經濟統計)가 수록되었다.

'조사'에는 1924년 한해 동안 경성의 회사가 이동한 상황을 정리하였다. 신설, 해산은 물론이고 증자, 감자 현황까지 표로 정리하였다. 또 1924년 중 경성 상품계의 개황도 수록하였는데, 지역별 이입출 현황 등을 표로 정리하였다. 그리고 조선무역개황, 경성의 상황(商況)과 금융, 조선의 회사와 이동, 경성 통관무역 개황 등 매달 수록되는 조사 내용을 포함하였다. 마지막으로 1924년도 보리류 실제 수확량을 표로 제시하였다.

'자료'에는 제일은행 경성지점장 시마바라(島原鐵三)가 러시아 캄차카(カムチャッカ) 지역의 어업이 유망하다는 것을 소개하였고, '국민의 여력'이라는 제목으로 각 제국의 국부 규모, 국민 1인당 소득액, 국민 1인당 저축액, 쌀 시세 대조표, 미국 시세 비교표, 주요 도시 물가지수 대조표, 수입 초과표 등을 제시하며 비교하였다.

'녹사'에는 1월 16일 개최한 역원회, 1월 21일 개최한 평의원회, 1925년도 경성상업회의소 예산안을 수록하였고, 1924년 12월 21일부터 1925년 1월 21일까지 조선총독부, 각 지역 관청, 각 지역 상업회의소, 기타 일본의 민간 업체에서 의뢰한 조사사항의 목록을 게재하였다. 마지막에는 중요경제통계를 수록하였다.

연번	지역	연월일	자료명	호수	키워드
106	경성	1925.2	조선경제잡지	110	양잠, 금융, 연료, 러시아, 미국, 항로, 일본공업구락부, 조선상하이무역협회

【목차】

[동신일속]

[조사]

경성 금융계의 추세와 1924년 중의 정황 / 조선의 회사의 이동 / 경성의 상황(商況)과 금융 / 1924년도 조선 내 양잠(養蠶) 상황

[자료]

조선의 연료 문제에 대하여 – 편산암(片山嵓) / 공산 치하의 러시아 경제 조직의 현상 – 야전란장(野田蘭藏) / 미국의 이상적 공장 노동자 마을

[잡록]

조선 근해 및 연안 정기 항로 일람 / 수입 전력 과세 문제에 대한 일본공업구락부의 소견 / 조선상하이 무역협회의 창립

[조사사항]

[중요경제통계]

【해설】

본호에는 '동신일속(東信一束)', '조사(調査)' 5건, '자료(資料)' 3건, '잡록(雜錄) 3건, '조사사항(調査事項)' 그리고 중요경제통계(重要經濟統計)가 수록되었다.

경성상업회의소 서기장 오무라 도모노조(大村友之丞)가 조선 재정 문제를 논의하고 진정하기 위해 일본에 가서 관찰하고 느낀 바를 기록한 '동신일속'이 가장 앞에 수록되었다.

'조사'에는 1924년 경성 금융계의 추세를 부문별로 나누어 통계를 제시하며 설명하였고, 경성의 상황(商況)과 금융, 조선의 회사의 이동 등 매달 수록되는 조사 내용을 포함하였다. 또 1924년도 조선 내 양잠(養蠶) 상황을 수록하였다.

'자료'에는 가타야마(片山嵓)가 조선 연료 문제를 다룬 글을 게재하였다. 조선 석탄의 탄질, 탄질 개량법, 연탄의 활용법, 갈탄의 화학적 연구 등의 내용을 다루었다. 다음은 노다(野田蘭藏)가 '공산 치하의 러시아 경제 조직'이라는 제목으로 1925년 1월 28일 강연한 것을 속기하여 게재하였다. 마지막으로 〈America Industry(アメリカインダストリー)〉에 게재되었던 미국의 이상적 공장 노동자 마을을 소개한 글을 수록하였다.

'잡록'에는 조선 근해 및 연안 정기 항로 일람표를 수록하였으며, 수입 전력 과세 문제에 대해 일본공업구락부가 밝힌 소견 전문을 게재하였다. 마지막으로 조선상하이무역협회 창립 소식을 전하면서 협회의 규약 전문을 게재하였다.

'조사사항'에는 1월 20일부터 2월 20일까지 조선총독부, 각 지방 관청, 각 지역 상업회의소, 기타 일본의 민간 업체에서 의뢰한 조사사항의 목록을 게재하였다. 마지막에는 중요경제통계를 수록하였다.

연번	지역	연월일	자료명	호수	키워드
107	경성	1925.3	조선경제잡지	111	목탄, 작잠, 러시아, 러일기본조약, 봉천, 장유, 북만조, 조, 연료협회

【목차】

[동신일속]

[조사]

조선 목탄의 개황 / 상업 매매의 신경향과 조선 / 조선무역개황 / 조선 회사의 이동 / 경성의 상황(商況)과 금융 / 조선의 작잠(柞蠶) 상황

[자료]

조선무역개황

[잡록]

일본 러시아 기본 조약의 성립 / 봉천(奉天)의 장유(醬油) 수급 상황 / 북만주의 조[粟]에 관한 조사

연료협회 강연회

[녹사]

[중요경제통계]

【해설】

본호에는 '동신일속(東信一束)', '조사(調査)' 6건, '자료(資料)' 1건, '잡록(雜錄) 4건, '녹사(錄事)' 그리고 중요경제통계(重要經濟統計)가 수록되었다.

전호에 이어 동경에 간 경성상업회의소 위원이 금화(琴花)라는 필명으로 일본에 가서 관찰하고 느낀 바를 기록한 '동신일속'이 가장 앞에 수록되었다.

'조사'에는 조선 목탄의 개황이 수록되었는데, 이 글에서는 목탄의 위생상 및 공업용 가치와 목탄의 생산량, 생산 상황, 제조 방법, 목탄의 종류, 목탄의 거래 방법과 주요도시의 목탄 소비량, 목탄의 무역 상황, 조선 내 각 역의 목탄 발착 상황을 정리하였다. 다음으로는 상업 매매의 신경향과 조선'이라는 제목의 글이 게재되었다. 조사 자료라기보다는 점차 대규모의 상점이 늘어가는 추세에 생산자와 소비자의 거리, 거래 관습, 경영 방법 등이 기존과는 다른 방식으로 바뀌게 될 것이라는 예상과 그에 대한 대책을 언급한 글이다. 또 조선무역개황, 경성의 상황(商況)과 금융, 조선 회사의 이동 등 매달 수록되는 조사 내용을 포함하였다. 마지막으로 조선의 작잠(柞蠶) 생산 상황을 표로 정리하였다.

'자료'에는 1924년 조선의 무역 개황을 자세히 정리한 글이 수록되었는데, 대외 무역 개황, 대일본

무역 개황으로 나누어 관련 자료를 제시하고 설명하였다.

'잡록'에는 일본과 러시아가 체결한 '일러기본조약'의 내용과 조약의 부속 문서 전문을 게재하였다. 또 봉천(奉天)의 장유(醬油) 수급 상황에 대한 글과 북만주의 조(粟)에 관한 조사 내용을 수록하였다. 마지막으로 조선과 만주 지역 시찰을 위해 3월 24일에 경성에 도착한 동경연료협의회원 86명과 화학공업회원 98명이 연료연구회가 주최하는 강연회에 참여하였다는 소식을 전하였다.

'녹사'에는 2월 21일부터 3월 21일까지 조선총독부, 각 지방 관청, 각 지방 상업회의소, 기타 일본의 민간 업체에서 의뢰한 조사사항의 목록을 게재하였다. 마지막에는 중요경제통계를 수록하였다.

연번	지역	연월일	자료명	호수	키워드
108	경성	1925.4	조선경제잡지	112	가스, 마포, 마직물, 금비, 장유, 블라디보스토크, 자유항, 극동혁명위원회

【목차】

[조사]

조선의 가스[瓦斯] 사업 / 조선의 마포(麻布) 생산과 무역 상황 / 조선무역개황 / 조선에 신설한 회사 / 경성의 상황(商況)과 금융 / 조선의 금비(金肥)의 생산과 소비 상황

[자료]

상하이의 장유(醬油) 생산 상황 / 블라디보스토크[浦鹽] 자유항에 관한 극동혁명위원회의 결의

[녹사]

[중요경제통계]

【해설】

본호에는 '조사(調査)' 6건, '자료(資料)' 2건, '녹사(錄事)' 그리고 중요경제통계(重要經濟統計)가 수록되었다.

'조사'에는 조선의 가스[瓦斯] 사업에 대해 그 개황을 설명하고 경성과 부산의 가스 관련 세부 내역을 기재하였다. 다음으로는 조선의 마직물 생산과 무역 개황을 정리한 글이 게재되었는데, 연도별 생산량, 품목별 생산량을 기재하고 그 내용을 분석하였다. 또 조선무역개황, 경성의 상황(商況)과 금융, 조선에 신설한 회사 등 매달 수록되는 조사 내용을 포함하였다. 그밖에 조선 화학비료[金肥]의 생산과 소비 상황을 표로 정리하였다.

'자료'에는 상하이에서 장유(醬油)의 수급 상황을 정리하였고, 블라디보스토크 자유항에 관한 극동혁명위원회(極東革命委員會)의 결의 사항 전문을 게재하였다.

'녹사'에는 4월 10일 개최된 역원회의 안건과 출석자, 결의 내용을 수록했고, 3월 21일부터 4월 21일까지 조선총독부, 각 지방 관청, 각 지역 상업회의소, 기타 일본의 민간 업체에서 의뢰한 조사사항

의 목록을 게재하였다. 그밖에 중요 경제 일지를 간략하게 정리하였다. 마지막에는 중요경제통계를 수록하였다.

연번	지역	연월일	자료명	호수	키워드
109	경성	1925.5	조선경제잡지	113	파류, 쌀, 조, 만주, 가잠사, 잠업, 봉투, 우편, 예산, 조선만주순회오사카상품견본시장

【목차】

[조사]

조선의 파류(杷柳) 재배와 공업에 대하여 / 조선의 외국 쌀 및 만주 조[粟]에 대하여 / 조선의 가잠사(家蠶絲) 상황 / 조선무역개황 / 조선 회사의 이동 / 경성의 상황(商況)과 금융

[자료]

전후의 세계 대세와 일본의 지위 / 산업계의 군대적 조직화 / 우편용 봉투[封筒]의 통일

[잡록]

조선총독부 1925년도 예산 / 조선 만주 순회 오사카 상품 견본 시장의 성적

[녹사]

[중요경제통계]

【해설】

본호에는 '조사(調査)' 6건, '자료(資料)' 3건, '잡록(雜錄)' 2건, '녹사(錄事)' 그리고 중요경제통계(重要經濟統計)가 수록되었다.

'조사'에는 조선의 고리버들[杷柳] 재배와 공업을 다룬 글이 게재되었다. 파류가 자라는 기호나 풍토의 조건, 종류와 품질, 재배 방법, 시비법, 관리, 수확, 수확량, 병충해, 취인 방법 및 시세, 파류를 원료로 하는 공업, 설비, 공정, 원가와 공정, 직공, 수급 현황, 앞으로의 전망에 대해 자세히 설명하였다. 다음은 조선의 외국 쌀과 만주 조(粟)에 대한 글이다. 외국 쌀과 만주 조의 산지와 수이입 추세, 집산 상황과 출하 시기, 시세, 거래 방법, 두 곡물의 관계 등을 서술하였다. 또 조선의 가잠사(家蠶絲) 생산 상황을 표로 정리하였으며, 조선무역개황, 경성의 상황(商況)과 금융, 조선 회사의 이동 등 매달 수록되는 조사 내용을 포함하였다.

'자료'에는 이노우에 준노스케(井上準之助)가 전후의 세계 대세와 일본의 지위에 관해 5월 6일 연설한 내용을 수록하였다. 다음으로는 '산업계의 군대적 조직화'라는 제목의 글이 게재되었는데, 기업 내에도 사령부, 참모부, 선전부, 생산부, 판매부처럼 군대의 조직과 같은 형태를 갖추어야 한다는 내용의 글이다. 이 글은 경성상업회의소 조사과 구도(工藤生)의 글이다. 마지막으로 우편용 봉투[封筒]를 통일하자고 주장하는 글이 수록되었는데, 이 글은 봉투의 종이를 일정한 것으로 사용하고, 형식도 통

일해야한다고 주장하였다.

'잡록'에는 1925년도 조선총독부 예산 세부 내역을 기재하였고, 4월 2일부터 23일까지 조선과 만주의 각 도시를 순회하며 열었던 조선 만주 순회 오사카 상품 견본 시장[鮮滿巡廻大阪商品見本市]의 성적을 게시하였다.

녹사에는 조선상업회의소연합회 결의 사항으로 진정한 건에 대해 조선총독부 정무총감의 회답 전문을 게재하였으며, 경성상업회의소 회장[會頭]이었던 와타나베(渡邊)의 사임 소식을 전하였다. 이 소식의 뒤에는 도변 회장의 서한 전문을 함께 게재하였다. 또 4월 18일 개최된 금융부회, 4월 23일 개최된 역원회 소식과 4월 20일부터 5월 20일까지 조선총독부, 각 지방 관청, 각 지역 상업회의소, 기타 일본의 민간 업체에서 의뢰한 조사사항의 목록을 게재하였다. 그밖에 중요 경제 일지를 간략하게 정리하였다. 마지막에는 중요경제통계를 수록하였다.

연번	지역	연월일	자료명	호수	키워드
110	경성	1925.6	조선경제잡지	114	견직물, 솔, 승입, 특용작물, 냉동공업, 이자율, 게이한, 만경강, 미두취인소, 산불, 입연초, 도지마, 식상장려보조규정

【목차】

[조사]

조선 견직물 무역의 성쇠[消長]와 중국 견포(絹布) 및 대용품에 대하여 / 조선의 솔[刷子] 제조 공업의 현황 / 조선 쌀의 수이출 개황 / 조선무역개황 / 조선 회사의 이동 / 경성의 상황(商況)과 금융 / 조선의 승입(繩叺) 제조 정황 / 조선의 콩류 생산량 / 조선의 특용작물 실제 수확량

[자료]

냉동 공업에 대하여 - 대도정만(大島政滿)

[잡록]

외국 쌀의 간이 수속 방법 / 올해의 콩깻묵[豆粕] 수입량 / 은행 예금 이자율 인하 / 게이한(京阪)의 조선인 구제 사업 / 만경강(萬頃江) 개수공사의 기공 / 인천 미두취인소의 증권 수도(受渡) 등급 발표 / 조선의 산불로 인한 손해 / 조선 내의 누에고치 건조장[乾繭場] / 1924년 엽연초(葉煙草) 실제 수확량 / 도지마(堂島) 5월 조선 쌀 시세 발표

[녹사]

[중요경제통계]

【해설】

본호에는 '조사(調査)' 9건, '자료(資料)' 1건, '잡록(雜錄)' 10건, '녹사(錄事)' 그리고 중요경제통계

(重要經濟統計)가 수록되었다.

'조사'에는 조선 견직물 무역의 성쇠와 중국 견포와 대용품에 대한 글이 수록되었다. 이 글은 현재 견직물 무역의 현황을 제시하고 새로운 관세를 적용한 영향이 어떠한지 분석하였다. 그리고 중국의 상품과 대용품이 조선 견직물 무역에 미치는 영향을 고려, 앞으로의 전망까지 간략히 서술하였다. 다음은 조선의 솔[刷子] 제조 공업의 현황을 다룬 글이다. 또 조선 쌀의 수이출 개황을 정리한 글과 조선무역개황, 경성의 상황(商況)과 금융, 조선 회사의 이동 등 매달 수록되는 조사 내용을 포함하였다. 또 조선의 가마니[繩叺] 제조 상황과 조선의 콩류 생산량, 특용작물 실제 수확량을 정리하였다.

'자료'에는 경성상업회의소가 6월 6일 개최한 강연회에서 이학박사 오시마(大島政滿)가 냉동공업에 대하여 강연한 내용을 수록하였다.

'잡록'에는 외국 쌀의 간이 통관 수속, 올해 콩깻묵(豆粕) 수입량, 은행 예금 이자율 인하, 게이한(京阪; 원문에는 板으로 되어 있으나 오기인 것으로 보인다)의 조선인 구제사업 소식, 만경강(萬頃江) 개수공사를 기공했다는 소식, 인천 미두거래소의 증권 수도(受渡) 등급 발표, 조선의 산불이 미치는 손해, 조선 내 누에고치 건조장 현황, 1924년 잎담배[葉煙草] 실제 수확량, 도지마(堂島) 5월 조선 쌀 시세 발표 등의 소식을 짧게 정리하였다.

'녹사'에는 5월 22일 개최한 역원회, 5월 26일 개최한 평의원회 소식과 함께 5월 21일부터 6월 20일까지 조선총독부, 각 지방 관청, 각 지역 상업회의소, 기타 일본의 민간 업체에서 의뢰한 조사사항의 목록을 게재하였다. 그밖에 일본 제사업가(製絲業家)의 조선 진출 소식과 조선총독부가 발표한 「식상장려보조규정(植桑奬勵補助規定)」 전문을 수록했다. 마지막에는 중요경제통계를 수록하였다.

연번	지역	연월일	자료명	호수	키워드
111	경성	1925.7	조선경제잡지	115	동력, 연료, 석탄, 가축, 가금, 춘잠, 과일, 보리, 중앙시험소, 치수책, 우편저금, 어업조합보조규칙, 홍수

【목차】

[조사]

조선의 공업 동력과 연료 / 조선 석탄의 수급 개황(상) / 가축 가금(家禽)의 분포 정황 / 조선 회사의 이동 / 조선무역개황 / 경성의 상황(商況)과 금융 / 조선 내 춘견(春繭)의 수확 예상 / 조선 내 과실 수확량 / 보리 작황 예상량

[자료]

중앙시험소의 각 부서와 이용에 관하여 - 삼산희삼랑(三山喜三郎) / 조선의 치수책에 대하여 - 유하광풍(有賀光豊), 도변정일랑(渡邊定一郎) / 조선 개발은 저력(底力)으로 - 세정조(細井肇)

[잡록]

발아 피해 방지에 대하여 / 중국 수출 화물과 당업자의 주의 / 식산은행의 금리 인하 / 누에(蠶) 사업 자금의 수요 증가 / 조선 내 우편 저금 / 조선 쌀의 수이출 증가 / 어업조합보조규칙의 개정 / 일본의 대외 투자 40억 원

[녹사]

[중요경제통계]

【해설】

본호에는 '조사(調査)' 9건, '자료(資料)' 3건, '잡록(雜錄)' 8건, '녹사(錄事)' 그리고 중요경제통계(重要經濟統計)가 수록되었다.

'조사'에는 조선의 공업 동력 종류와 연료의 종류 및 현황을 다룬 글이 게재되었다. 또 조선의 석탄 수급 개황을 다룬 첫 번째 글이 수록되었다. 각 지역별, 연차별 석탄 생산량과 수급량을 표로 정리하였다. 또 조선무역개황, 경성의 상황(商況)과 금융, 조선 회사의 이동 등 매달 수록되는 조사 내용을 포함하였으며, 조선의 봄누에[春蠶] 수확 예상량, 조선의 과실 수확량, 보리 작황 예상량 등이 수록되었다.

'자료'에는 조선총독부 중앙시험소장이자 공학박사인 미야마 기사부로(三山喜三郎)가 중앙시험소의 각 부서를 소개하고 실제로 활용하는 방법을 간략히 서술하였다. 그리고 조선의 치수책에 대해 조선식산은행장 오로가 미츠토요(有賀光豊)와 황해사(黃海社) 전무취체역 와타나베 사다이치로(渡邊定一郎)가 글을 게재하였다. 특히 와타나베는 오로가의 글을 먼저 읽고서 그것에 대해 글을 쓴 것이었다. 이 글이 게재된 것은 그해 7월 발발한 을축년 대홍수 때문인 것으로 보인다. 마지막으로 문부성 촉탁 호소이 하지메(細井肇)가 조선의 발전을 위해서는 '착취적 요행'을 노리는 사업을 배척해야한다는 내용의 글을 게재하였다.

'잡록'에는 상품 수송 중에 발아되어 피해를 입는 사례가 있어 이를 막기 위한 방법을 조선우선주식회사(朝鮮郵船株式會社) 측에서 제시하였고, 중국 수출 화물 운반에 대한 주의사항, 식산은행의 금리 인하 소식, 누에 사업 자금 수요 증가, 조선의 우편저금, 조선 쌀의 수이출 증가 등의 내용과 1925년 7월 18일 개정된 「어업조합보조규칙」의 전문을 게재하였다. 그리고 일본의 대외 투자 금액이 40억이 넘었다는 소식도 전했다.

'녹사'에는 6월 개최된 임시평의원회, 공업부회, 7월에 개최된 역원회, 6월 17일부터 3일간 도쿄상업회의소에서 개최된 전국상업회의소연합회 제31회 정기회 소식을 전했다. 또 6월 21일부터 7월 20일까지 조선총독부, 각 지방 관청, 각 지역 상업회의소, 기타 일본의 민간 업체에서 의뢰한 조사사항의 목록을 게재하였다. 마지막에는 중요경제통계를 수록하였다.

연번	지역	연월일	자료명	호수	키워드
112	경성	1925.8	조선경제잡지	116	석탄, 맥주, 면작, 벼, 치수책, 홍수 국제노동회의, 만주, 조선은행, 황산암모늄, 시멘트, 도살장, 아연, 선광소, 하잠

【목차】

[조사]

조선의 석탄 수급 상황(하) / 조선의 맥주 수급 상황 / 조선의 대일본 및 외국 무역 개황 / 조선 회사의 이동 / 경성의 상황(商況)과 금융 / 조선의 면작(棉作) 상황 / 조선의 수도(水稻) 경작 상황

[자료]

조선 치수책에 대하여 - 등정관태랑(藤井寬太郎) / 국제 노동회의를 맞이하여 - 수옥영부(守屋榮夫) / 남북 만주의 농작물 작황[作柄] 상황

[잡록]

조선산 자건(煮乾) 새우 수입 세율 개정 / 홍수가 농작에 준 피해 / 조선은행 정리 계획 / 황산암모늄[硫安] 수요 격증 / 조선 올해 외국 쌀 수입 상황 / 시멘트[洋灰] 수요 격증 / 큰 소 도살장 설치, 간도 소 수입 계획 / 7월 말의 조선 쌀 / 지가 상승 / 조선 내 아연(亞鉛) 선광소(選鑛所) 곧 신설 / 7월 중 공사 계약액 / 조선 쌀 이출 상황 / 조선 하잠(夏蠶) 상황(商況) / 7월 중의 대체[振替] 저금액 / 외국 쌀 지금 바로 입하 / 마포(麻布) 체화(滯貨) 늘어 / 만미(灣米) 업자의 조선 시찰 / 올해 소금 생산 부진 / 일본의 수이입 쌀 / 조선도 외국 쌀 면세 / 조선 내 각 도별 벼 작황 상황 / 경성부 내 창고 증권[倉荷證券] 발행액

[녹사]

[중요경제통계]

【해설】

본호에는 '조사(調査)' 7건, '자료(資料)' 3건, '잡록(雜錄)' 22건, '녹사(錄事)' 그리고 중요경제통계(重要經濟統計)가 수록되었다. 이전에 비해 잡록의 건당 내용이 짧아진 대신 건 수가 늘어나는 형세를 보이고 있다.

'조사'에는 조선의 석탄 수급 현황을 다룬 두 번째 글이 게재되었다. 이번 글에서는 주로 지방 대도시의 사례를 살펴보았다. 다음으로 조선의 맥주 수급 상황을 상세히 정리하였고, 조선 대일본 및 외국 무역 개황을 간략히 정리하고 통계 자료는 뒷부분의 중요경제통계로 옮겨두었다. 경성의 상황(商況)과 금융, 조선 회사의 이동 등 매달 수록되는 조사 내용을 포함하였으며, 조선의 면작(棉作) 상황과 수도(水稻) 경작 상황을 표로 정리하였다.

'자료'에는 전 호에 이어 조선의 치수책에 대한 글이 수록되었는데, 이번 호에는 후지이(不二) 흥업 주식회사 사장 후지이 간타로(藤井寬太郎)의 글을 수록하였다. 이 글 또한 마찬가지로 을축년 대홍수

때문에 게재된 글이다. 다음으로 국제노동회의 정부대표 내무성 사회국 제2부장 모리야 에이지(守屋榮夫)가 국제노동회의에 참가하면서 그에 대한 자신의 생각을 담은 글을 게재하였는데, 이 글의 앞머리에는 와타나베 사이치로(渡邊定一郎)가 짧은 소개 글을 쓰기도 했다. 마지막으로 남북 만주의 농작물 작황(作柄) 상황을 표로 정리하였다.

'잡록'에는 조선산 자건(煮乾) 새우 수입 세율 개정, 홍수가 농사에 미친 피해, 조선은행 정리 계획, 황산암모늄[硫安] 수요 격증, 올해 외국 쌀 수입 상황, 시멘트[洋灰] 수요 격증, 도살장 설치와 간도소 수입 계획, 지가 상승, 아연 선광소(選鑛所) 신설, 하잠(夏蠶) 상황(商況), 대체 저금액, 마포 재고량 증가, 대만 쌀[灣米] 무역 업자 조선 시찰, 소금 생산 부진, 각 도별 벼 작황 등의 단신을 수록하였다.

'녹사'에는 7월 21일부터 7월 21일까지 조선총독부, 각 지방 관청, 각 지역 상업회의소, 기타 일본의 민간 업체에서 의뢰한 조사사항의 목록을 게재하였다. 마지막에는 중요경제통계를 수록하였다.

연번	지역	연월일	자료명	호수	키워드
113	경성	1925.9	조선경제잡지	117	수해, 홍수, 박달나무, 추잠, 하잠, 대두, 조, 치수, 모조진주, 갈치

【목차】

[조사]

경성 및 인접지 수해 조사 / 조선산 박달나무[檀木]에 대하여 / 조선무역개황 / 조선 회사의 이동 / 경성의 상황(商況)과 금융 / 조선의 경지면적과 농업자 수 / 조선의 하추잠(夏秋蠶) 예상 / 조선의 대두 및 조 작황 예상

[자료]

치수로 본 조선의 치산 대책(상) - 제등음작(齊藤音作) / 모조 진주와 갈치 비늘[太刀漁鱗]에 대하여

[녹사]

[중요경제통계]

【해설】

본호에는 '조사(調査)' 8건, '자료(資料)' 2건, '녹사(錄事)' 그리고 중요경제통계(重要經濟統計)가 수록되었다. 직전 호에 많은 분량의 잡록이 실렸던 것과 달리 이번 호에는 잡록이 하나도 실리지 않았다.

'조사'에는 경성 및 인접지의 수해 조사가 수록되었다. 을축년 대홍수의 피해 상황을 조사한 것이다. 홍수가 상품 및 노동계에 미칠 영향과 각 지역별 피해 현황을 매우 상세히 정리하였다. 다음으로는 조선산 박달나무[檀木]에 대한 글로, 박달나무의 용도와 산지, 벌목양, 무역 상황, 대용으로 쓸 수 있는 나무, 시세, 거래 방법, 거래 상습관(商習慣), 취급업자 등을 정리하였다. 또 조선무역개황, 경성의 상황(商況)과 금융, 조선 회사의 이동 등 매달 수록되는 조사 내용을 포함하였으며, 조선의 경지면

적과 농업자 수, 조선의 하추잠(夏秋蠶) 생산 예상, 조선의 대두 및 조 작황 예상을 수록하였다.

'자료'에는 역시 홍수 이후 치수에 대한 글이 게재되었는데, 이번 호에는 사이토 오토사쿠(齊藤音作)라는 인물이 치산(治山)이 치수를 위한 전제조건이라는 관점에서 쓴 글을 게재하였다. 특히 치산을 위해 해당 업무를 담당하는 부서의 승격을 요구하고 그 부서를 맡을 수뇌의 자격도 논하였다. 또 국유림을 어떻게 관리할 것인지에 대해서도 매우 상세히 서술하였다. 그리고 오사카의 모조 진주 상품을 다룬 글인데, 수출량, 제품, 원료와 산지 및 가격, 수출공업조합의 조직과 원료의 공동구입에 대해 논하였다. 흥미로운 점은 조선의 갈치[太刀漁]를 함께 언급하고 있다는 점인데, 갈치 비늘이 모조 진주의 원료가 되기 때문이다.

'녹사'에는 8월 21일 개최된 임시평의원회, 8월 6일 개최된 역원회 소식을 전하였고, 8월 20일부터 9월 19일까지 조선총독부, 각 지방 관청, 각 지역 상업회의소, 기타 일본의 민간 업체에서 의뢰한 조사사항의 목록을 게재하였다. 마지막에는 중요경제통계를 수록하였다.

연번	지역	연월일	자료명	호수	키워드
114	경성	1925.10	조선경제잡지	118	홍수, 사치품, 제지공업, 벼, 면화, 치수, 치산, 금광업, 엽연초, 쌀, 식산은행, 채권, 왕골, 다다미, 조, 연료

【목차】

[조사]

조선의 사치품[贅澤品] 수이출 상황 / 조선의 제지 공업 / 경성의 상황(商況)과 금융 / 조선무역개황 / 조선 회사의 이동 / 제1회 벼 작황 예상 / 면화(棉花) 수확 예상

[자료]

치수 상으로 본 치산(治山)의 대책(하) - 제등음작(齊藤音作) / 치수사업과 그 경제적 가치 - 본간효의(本間孝義)

[잡록]

조선 금광업의 근황 / 외국 쌀의 조선 수입 상황 / 잎담배(葉煙草), 소금 인삼의 업적 / 1924년 중 화재 상황 / 식산은행 채권 발행 / 왕골[莞草] 다다미[疊表]에 대하여 / 조[粟] 수이입과 도별 소비 / 조선 연료 정책의 확립

[녹사]

[중요경제통계]

【해설】

본호에는 '조사(調査)' 7건, '자료(資料)' 2건, '잡록(雜錄)' 8건, '녹사(錄事)' 그리고 중요경제통계(重

要經濟統計)가 수록되었다.

'조사'에는 조선의 사치품[贅澤品]의 수입 상황과 수이출 현황을 정리하였다. 여기서 사치품으로 분류한 상품을 보면, 모자 맥주, 과일, 차, 향수, 견직물, 도자기, 완구 등이었다. 다음으로는 조선의 제지공업의 추세와 현황, 거래 방법과 생산 현황, 원료, 수급 현황 등을 정리하고 설명하였다. 또 조선무역개황, 경성의 상황(商況)과 금융, 조선 회사의 이동 등 매달 수록되는 조사 내용을 포함하였으며, 제1회 벼 작황 예상을 수록하였다.

'자료'에는 이전 호에서와 마찬가지로 을축년 대홍수 때문에 치수 문제를 주로 다루었다. 우선 지난 호에 이어 사이토 오토사쿠(齋藤音作)가 치수를 위해 치산(治山)에 힘써야 한다는 취지의 글을 이어나갔다. 이번 호에는 지방에 임업 관련 임무를 맡은 기술원을 늘여야 하고 삼림 경찰 기관을 설치하며 삼림보호조합을 활용해야 한다고 주장했다. 그리고 송충이[松毛蟲] 구제를 단행해야 하며, 산불 방지와 임산 연료 절약에 힘쓰면서 화전(火田)을 정리해야 한다고 주장했다. 다음으로는 조선총독부 기사(技師) 혼마 다카요시(本間孝義)가 치수사업은 경제적 가치도 지니고 있다는 것을 강조하는 글을 게재했다.

'잡록(雜錄)'에는 조선 금광업의 근황, 외국 쌀의 조선 수입 정황, 잎담배[葉煙草], 소금, 인삼의 성적, 1924년의 화재 상황, 식산은행 채권 발행, 왕골[莞草] 다다미[疊表]에 대한 정보, 조[粟] 수이입과 도별 소비량, 조선 연료 정책 등에 대한 단신을 다루었다.

'녹사'에는 9월 20일부터 10월 21일까지 조선총독부, 각 지방 관청, 각 지역 상업회의소, 기타 일본의 민간 업체에서 의뢰한 조사사항의 목록을 게재하였다. 마지막에는 중요경제통계를 수록하였다.

연번	지역	연월일	자료명	호수	키워드
115	경성	1925.11	조선경제잡지	119	중국특별관세회의, 관세, 중국, 연와, 만주, 항로, 치외법권, 운임, 쌀, 미곡검사

【목차】

[조사]

중국 특별관세회의와 조선 / 조선의 벽돌[煉瓦]에 대하여 / 경성의 상황(商況)과 금융 / 조선무역개황 / 조선 회사의 이동 / 채소 수확량

[자료]

중국 관세특별회의와 조선 및 만주 국경 관세 3분의 1 감세에 대하여 - 세전곡오랑(稅田谷五郎) / 조선 정기 항로 일람 / 중국의 최근 상황 - 도엽군산(稻葉君山)

[잡록]

조선 쌀 적취(積取) 운임의 협정 / 1924년도 조선 쌀 이출량 / 외국 쌀 수입 관세 부활 / 미곡검사의 개정 / 일본 잔존한 쌀 / 이출 조선 쌀의 발송지(仕向地)

[녹사]

[중요경제통계]

【해설】

본호에는 '조사(調査)' 6건, '자료(資料)' 3건, '잡록(雜錄)' 6건, '녹사(錄事)' 그리고 중요경제통계(重要經濟統計)가 수록되었다.

'조사'에는 중국의 특별 관세 회의가 조선에 미칠 영향을 분석했다. 우선 중국의 관세 조직을 소개하고 각국이 제안한 내용과 경과를 설명 후, 조선의 대중국 무역의 현황을 정리하고 이번 회의가 조선에 미칠 영향과 대책에 대해 서술하였다. 다음으로는 조선의 벽돌에 대해 소개한 글이 수록되었다. 벽돌의 기원과 연혁, 토목 건축 재료와 그 중 벽돌의 가치, 벽돌 제조법과 종류, 용도, 공장과 공장별 생산 상황과 규모, 수급 개황, 시세와 운반 등의 내용을 다루었다. 또 조선무역개황, 경성의 상황(商況)과 금융, 조선 회사의 이동 등 매달 수록되는 조사 내용을 포함하였으며, 그밖에 채소 수확량을 표로 정리하였다.

'자료'에는 조선총독부 기사(技師) 사이타 다니고로(税田谷五郎)가 중국의 특별 관세 회의를 맞아 조선과 만주 국경 지역 관세를 3분의 1로 줄이는 것을 논하였다. 그리고 1925년 10월 1일 현재 조선 정기 항로 일람표를 수록하였다. 마찬가지로 관세회의를 맞아 '중국의 최근 상황'이라는 제목으로 치외법권 철회 문제 등에 대해 이나바 이와키치(稲葉君山)가 11월 15일 조선불교사(朝鮮佛教社)에서 강연한 내용을 수록하였다.

'잡록(雜錄)'에는 조선 쌀 적취(積取) 운임 협정 소식, 1924년도 조선 쌀 이출량, 외국 쌀 관세 부활, 미곡검사의 개정, 일본에 잔존한 쌀, 이출한 조선 쌀의 발송지에 관련된 내용을 짤막하게 정리하였다.

'녹사'에는 10월 중에 개최된 역원회와 상업부회, 11월 중에 개최된 역원회와 임시평위원회 소식을 전하였고, 10월 21일부터 11월 20일까지 조선총독부, 각 지방 관청, 각 지역 상업회의소, 기타 일본의 민간 업체에서 의뢰한 조사사항의 목록을 게재하였다. 마지막에는 중요경제통계를 수록하였다.

연번	지역	연월일	자료명	호수	키워드
116	경성	1925.12	조선경제잡지	120	차, 국세조사, 인구, 공업, 누에, 홋카이도, 항로, 도축장, 도축

【목차】

[조사]

조선의 차(茶) 수급 상황에 대하여 / 조선의 공업 생산품 / 경성의 상황(商況)과 금융 / 조선무역개황 / 조선 회사의 이동

[잡록]

국세조사에 나타난 조선의 인구 / 조선 공업계의 추세 / 누에 실제 수확량 / 조선 홋카이도(北海道) 간 일본 항로 / 도축장과 도축수
[녹사]
[중요경제통계]

【해설】

본호에는 '조사(調査)' 5건, '잡록(雜錄)' 5건, '녹사(錄事)' 그리고 중요경제통계(重要經濟統計)가 수록되었다.

'조사'에는 조선의 차 수급에 대한 글이 가장 먼저 게재되었다. 이 글에서는 차의 생산량, 판로, 생산자, 일본으로 이입되는 차의 연도별 추이, 수입차의 양, 거래 방법 등을 소개하고 각 항구에서 일본 각지로 이출되는 차의 양을 표로 정리하였다. 그리고 각 지방 도시의 차 수급 현황을 자세히 소개하였다. 다음 글은 조선의 공업 생산품을 다룬 글로 각 지방별 공업 생산액, 품목별 현황을 자세한 표로 정리하였다. 또 조선무역개황, 경성의 상황(商況)과 금융, 조선 회사의 이동 등 매달 수록되는 조사 내용을 포함하였다.

'잡록(雜錄)'에는 국세조사 결과 집계된 인구 통계를 수록했고, 조선 공업계의 추세를 공장 수와 자본금, 생산액 등의 수치로 살펴보았다.

조선 쌀 적취(積取) 운임 협정 소식, 1924년도 조선 쌀 이출량, 외국 쌀 관세 부활, 미곡검사의 개정, 일본에 잔존한 쌀, 이출한 조선 쌀의 발송지에 관련된 내용을 짤막하게 정리하였다. 그밖에 누에 실제 수확량, 조선 홋카이도 간 일본 항로 개시, 도축과 도축장 수에 대한 짧은 정보를 수록하였다.

'녹사'에는 12월 1일 시행한 평의원 정기 선출 결과를 공시하였고, 12월 10일 개최된 임시평의원회 소식을 전하였다. 그밖에 11월 21일부터 12월 20일까지 조선총독부, 각 지방 관청, 각 지역 상업회의소, 기타 일본의 민간 업체에서 의뢰한 조사사항의 목록을 게재하였다. 마지막에는 중요경제통계를 수록하였다.

연번	지역	연월일	자료명	호수	키워드
117	경성	1926.1	조선경제잡지	121	치수, 치산, 홍, 마직물, 견직물, 우편저축, 양조, 철도, 항로, 홋카이도, 인천, 조선식산은행, 채권, 오사카, 상표, 중국

【목차】

회의소의 사업에 대하여 - 도변정일랑(渡邊定一郎) / 회의소에 희망하는 바 - 지전수웅(池田秀雄)

[조사]

작년 중 경성 상황(商況) / 조선 재계 개괄[一瞥] / 경성의 상황(商況)과 금융 / 조선무역개황 / 조선의 회사의 이동

[자료]

치수로 본 조선 치산(治山) 대책 - 제등음작(齊藤音作) / 조선의 마직물(麻織物)과 견직물(絹織物) - 옥전무린(屋田武隣)

[잡록]

전 조선 우편저축 증가 / 11-12월의 쌀과 조 수이입량 / 경성 주조석(酒造石)량 / 김화(金化) 금성(金城) 간 선로 화물 승객 수송 개시 / 인천 홋카이도 간 항로 개시 / 조선의 수입 콩깻묵[豆粕] / 1925년도 일본 쌀 실제 수확량 / 12월 쌀과 조[粟] 수이입양 / 조선식산은행 채권 발행 / 오사카의 쌀 증가 / 중국 상표(商標) 우선권 등록 기간 연장

[녹사]

[중요경제통계]

【해설】

본호에는 '조사(調査)' 5건, '자료(資料)' 2건, '잡록(雜錄)' 11건, '녹사(錄事)' 그리고 중요경제통계(重要經濟統計)가 수록되었다.

이번 호의 가장 처음에는 새해를 맞이하여 수록된 글 두 편이 수록되었다. 첫 번째는 경성상업회의소 회장 와타나베 사다이치로(渡邊定一郎)가 1월 2일에 한 연설로 경성상업회의소가 앞으로 진행할 사업에 대해 언급하였다. 다음으로는 조선총독부 식산국장 이게타 히데오(池田秀雄)가 1월 22일 경성상업회의소에 바라는 점을 연설한 것을 수록하였다.

'조사'에는 작년 경성 상황(商況)을 정리하였고, 최근 조선 재계의 상황을 환전, 금리, 물가, 금융 등 각 분야별로 개괄하였다. 그리고 조선무역개황, 경성의 상황(商況)과 금융, 조선의 회사와 이동 등 매달 수록되는 조사 내용을 포함하였다.

'자료'에는 1925년 여름부터 이미 두 차례 게재되었던 치수에 관한 사이토 오토사쿠(齊藤音作)의 글이 수록되었다. 이 글에는 앞의 글을 이어 치수를 위해서는 치산(治山)에 힘을 쏟아야한다는 주장이 담겨있는데, 이번 호에는 대규모의 임업을 장려하고 일본인 임업 투자를 유치해야 한다고 주장하였

다. 다음으로는 중앙시험소 기사(技師) 야다(屋田武隣)가 조선의 마직물(麻織物)과 견직물(絹織物) 현황에 대해 소개한 글이 수록되었다.

'잡록'에는 전 조선 우편저축 증가, 작년 11-12월의 쌀과 조 수이입량, 경성 양조 석수[酒造石]량, 새로 운행되는 철도와 항로 소식, 수이출입 곡물 현황, 조선식산은행 채권 발행, 중국 상표 등록 기간 연장에 대한 소식 등을 간단히 정리하였다.

'녹사'에는 1월 중 개최된 공업부회, 교통운수부회, 역원회, 산업경제간독회(産業經濟懇讀會), 정기평의원회 소식을 전하였고, 1925년 12월 21일부터 1926년 1월 20일까지 조선총독부, 각 지방 관청, 각 지역 상업회의소, 기타 일본의 민간 업체에서 의뢰한 조사사항의 목록을 게재하였다. 마지막에는 중요경제통계를 수록하였다.

연번	지역	연월일	자료명	호수	키워드
118	경성	1926.2	조선경제잡지	122	조선산업조합령, 산업조합, 도자기업, 제염업, 보리, 쌀, 금비, 미터법, 평양, 병기창, 벽돌, 도지마

【목차】

[담총]

조선산업조합령에 대하여 - 안달방치랑(安達房治郎) / 조선 도자기업의 산업적 지위와 진흥책 - 소산일덕(小山一德)

[조사]

경성의 제염업(製鹽業)과 수급 / 경성의 상황(商況)과 금융 / 조선무역개황 / 조선의 회사의 이동

[자료]

보리류의 실제 수확량 / 조선 쌀의 실제 수확량 / 금비(金肥)의 생산 소비 및 공급 상황

[잡록]

조선산업조합령의 제정 / 미터법의 제정 / 조선 대미 무역 / 평양 병기창(兵器廠)의 민간 주문 인수 / 벽돌[煉瓦] 공장의 조업 단축[操短] / 도지마(堂島) 1월 조선 쌀 등급 평가[格付]

[녹사]

[중요경제통계]

【해설】

본호에는 '담총(談叢)', 2건, '조사(調査)' 4건, '자료(資料)' 3건, '잡록(雜錄)' 6건, '녹사(綠事)' 그리고 중요경제통계(重要經濟統計)가 수록되었다.

'담총'에는 조선총독부 식산국 상공과장 아다치 후사지로(安達房治郎)가 새로 제정된 「조선산업조합령(朝鮮産業組合令)」에 대해 설명한 글을 수록했고, 중앙시험소 기사(技師) 고야마(小山一德)가 조선

의 도자기업의 산업적 지위와 해당 산업을 진흥시키기 위한 방법에 대해 논하였다.

'조사'에는 경성의 제염업(製鹽業)의 생산과 수급 현황을 정리하였고, 조선무역개황, 경성의 상황(商況)과 금융, 조선의 회사와 이동 등 매달 수록되는 조사 내용을 포함하였다. 그밖에 보리나 쌀의 실제 수확량을 표로 정리하였다.

'잡록'에는 1월 25일부로 제정된 「조선산업조합령」의 전문을 게재하였고, 2월 27일부로 제정된 미터법 전문도 게재하였다. 그리고 조선 대미 무역 현황을 품목별로 정리하였고, 평양 병기창(兵器廠)의 민간 주문 인수에 대한 내용, 경성 내 벽돌[煉瓦] 공장의 조업 단축, 도지마(堂島)의 1월 조선 쌀 등급 평가[格付] 소식 등을 간단히 전하였다.

'녹사'에는 2월 8일과 23일, 27일에 개최된 역원회, 2월 9일 개최된 상업부회, 2월 12일 개최된 금융부회, 2월 15일 개최된 교통운수부회, 2월 27일에 개최된 임시평의원회 소식이 수록되었다. 마지막에는 중요경제통계를 수록하였다.

연번	지역	연월일	자료명	호수	키워드
119	경성	1926.3	조선경제잡지	123	철도, 조선광업회, 조선농회령, 녹비, 항로, 신용금고, 무진업, 청주, 양조장, 도지마, 사설철도, 엽연초, 식산은행

【목차】

[담총]

조선의 철도망에 대하여 – 조선광업회 / 조선농회령에 대하여 – 도변풍일자(渡邊豊日子)

[조사]

1925년 중 경성 금융 개황 / 1925년 중 조선 무역 / 경성의 상황(商況)과 금융 / 조선무역개황 / 조선의 회사의 이동 / 녹비(綠肥)의 작부반별(作付反別) 수확량

[잡록]

조선 정기 항로 일람표 / 경기도 무진업(無盡業) 현황 / 올해 조선 내 청주(淸酒) 양조량 / 도지마(堂島) 2월 쌀 등급 / 올해 사설 철도 연장 계획 / 1925년도 잎담배(葉煙草) 수확 상황 / 1925년도 사설 철도 보조액 / 2월말 식산은행 산업 대부 상황 / 조선과 황산암모늄[硫安] 비료

[녹사]

[중요경제통계]

【해설】

본호에는 '담총(談叢)', 2건, '조사(調査)' 6건, '잡록(雜錄)' 9건, '녹사(錄事)' 그리고 중요경제통계(重要經濟統計)가 수록되었다.

'담총'에는 조선의 철도망에 대한 조선광업회의 소견을 게재하였고, 조선총독부 농무과장 와타나베 토요히코(渡邊豊日子)가 「조선농회령(朝鮮農會令)」에 대한 설명을 하였다.

'조사'에는 1925년의 경성 금융 개황을 예금, 대출, 금리, 어음[手形] 교환 등으로 나누어 각각에 해당하는 통계를 제시하며 설명하였고, 또 같은 해 조선의 무역에 대해서도 월별 무역 현황, 수이출입 품액의 현황, 국가별 무역 현황 등을 정리하였다. 또 조선무역개황, 경성의 상황(商況)과 금융, 조선의 회사와 이동 등 매달 수록되는 조사 내용을 포함하였다. 마지막으로 풋거름[綠肥]의 단위면적별[作付反別] 수확량을 표로 자세히 정리하였다.

'잡록'에는 조선 정기 항로 일람표, 경기도의 무진업(無盡業) 현황, 조선 내 청주(淸酒) 양조량, 도지마(堂島)의 2월 쌀 등급, 사설 철도 연장 계획, 작년도 잎담배[葉煙草] 수확 상황, 사설 철도 보조액, 2월말 식산은행 산업 대부 현황, 조선과 황산암모늄[硫安] 비료에 관한 정보를 짧게 정리하였다.

'녹사'에는 3월 5일 개최된 상업부회, 3월 15일과 22일 개최된 역원회, 3월 22일 개최된 임시평의원회의 참석자, 주요 안건, 결의 사항 등을 공시하였다. 마지막에는 중요경제통계를 수록하였다.

연번	지역	연월일	자료명	호수	키워드
120	경성	1926.4	조선경제잡지	124	관세율, 수산업, 잡곡, 예산, 조선도량형령

【목차】

[조사]

관세율 개정과 조선 / 조선의 수산업(상) / 조선무역개황 / 경성의 상황(商況)과 금융 / 조선의 회사의 이동 / 잡곡류의 수확량

[잡록]

조선총독부 예산 / 조선도량형령시행규칙의 발포

[녹사]

[중요경제통계]

【해설】

본호에는 '조사(調査)' 6건, '잡록(雜錄)' 2건, '녹사(錄事)' 그리고 중요경제통계(重要經濟統計)가 수록되었다.

'조사'에는 관세율 개정이 조선의 각 상품 무역에 미칠 영향을 살핀 글이 게재되었다. 특히 글의 뒷부분에는 관세율 신구 대조표가 품목별로 상세히 정리되어 있다. 다음 글은 조선의 수산업을 살펴본 첫 번째 글로, 수산업 종사자의 숫자와 구성, 어선의 연도별 숫자, 어구(漁具)의 종류별 현황, 각 도별 어획량의 추이, 어종별 어획량, 양식 현황 등을 표로 정리하였다. 또 조선무역개황, 경성의 상황

(商況)과 금융, 조선의 회사와 이동 등 매달 수록되는 조사 내용을 포함하였다. 마지막으로 잡곡류의 수확량을 표로 정리하였다.

'잡록'에는 조선총독부의 예산을 각 항목별로 정리하였고, 2월 27일부로 발포된 「조선도량형령시행규칙(朝鮮度量衡令施行規則)」의 전문을 게재하였다.

'녹사'에는 4월 7일 개최된 교통운수부회, 4월 20일 개최된 역원회의 주요 안건, 참석자, 결의 사항 등을 공시하였다. 마지막에는 중요경제통계를 수록하였다.

연번	지역	연월일	자료명	호수	키워드
121	경성	1926.5	조선경제잡지	125	방적, 마포, 베, 콩, 가마니, 연락 설비, 화물 운송, 해운, 누에, 송충이

【목차】

[담총]

최근의 경제 사정 - 목촌웅차(木村雄次) / 기계방적 마사(麻絲)와 원료로 본 조선 마포(麻布)의 제직(製織) - 도택정장(都澤正章)

[조사]

조선의 수산업(하) / 조선 쌀의 수이출량 / 조선무역개황 / 경성의 상황(商況)과 금융 / 조선의 회사의 이동 / 조선 내 콩류의 실제 수확량 / 조선의 가마니(繩叺) 제조량

[잡록]

수륙 연락 설비 및 소형 화물 운송에 대하여 / 누에 산업 자금 / 조선산 누에의 이출 여력 / 송충이(松毛蟲)의 피해와 구제비 할당액

[녹사]

[중요경제통계]

【해설】

본호에는 '담총(談叢)' 2건, '조사(調査)' 7건, '잡록(雜錄)' 4건, '녹사(錄事)' 그리고 중요경제통계(重要經濟統計)가 수록되었다.

'담총'에는 동양생명보험 회사 사장이자 중앙조선협회 이사인 유우지(木村雄次)가 최근의 경제 사정에 대해 강연한 것을 수록하였고, 다음으로는 미야코자와 엔주쿠(都澤正章)가 기계방적 마사(麻絲)와 원료로 한 조선 마포(麻布)의 제직(製織)을 다룬 글을 게재하였다.

'조사'에는 전호에 이어 조선의 수산업을 다룬 두 번째 글을 수록하였다. 이번 호에서는 수산품 제조업의 각 제품별 현황과 도시별 수산품 무역 현황을 표로 정리하였다. 다음으로는 조선 쌀의 수이출량을 각 지방별로 정리하였고, 조선무역개황, 경성의 상황(商況)과 금융, 조선의 회사와 이동 등 매달

수록되는 조사 내용을 포함하였다. 그밖에 조선 내 콩류의 실제 수확량과 조선의 가마니[繩叺] 제조량을 표로 정리하였다.

'잡록'에는 수륙 연락 설비와 소형 화물 운송에 대해 해사연구회(海事研究會)가 결의한 내용을 게재하였고, 누에 산업의 자금, 조선산 누에의 이출 여력, 송충이[松毛蟲]의 피해와 각 지역별 구제비 할당액을 수록하였다.

'녹사'에는 4월 23일과 5월 18일에 개최된 역원회의 주요 안건, 참석자, 결의 사항 등을 공시하였고, 5월 6일과 7일 이틀에 걸쳐 개최된 전국상업회의소사무협의회(全國商業會議所事務協議會)에 참가한 상업회의소의 소재지, 설립 시기를 정리하여 일람표를 만들었다.

연번	지역	연월일	자료명	호수	키워드
122	경성	1926.6	조선경제잡지	126	철도, 철도협회, 재조일본인, 청주, 봉표, 면화, 뽕, 춘잠, 세제조사위원회, 천일염, 산미증식, 운임, 만주, 방곡령

【목차】

[담총]

우리 일행이 조선에 온 취지 - 국택신병위(國澤新兵衛) / 조선철도 문제에 관한 경과 보고 - 장미영태랑(長尾榮太郎) / 조선의 철도 보급에 대하여 - 곡구수웅(谷口守雄) / 조선 통치와 철도 정책 - 복원준환(福原俊丸) / 조선의 일본인을 늘려라 - 영목만차랑(鈴木萬次郎)

[조사]

경성의 청주(淸酒) 수급 / 봉표(奉票) 폭락과 그에 대한 대책 / 조선 면화(棉花) 수확량 / 경성의 상황(商況)과 금융 / 조선의 회사의 이동 / 조선무역개황 / 보리 작황 예상량 / 조선의 뽕밭 단별(段別) / 춘잠(春蠶) 제1회 예상 / 조선 쌀의 우량품종 보급 및 정황

[잡록]

세제조사위원회의 제정 / 올해의 관제(官製) 천일염 생산 예상 / 조선에서 만주까지 콩깻묵[豆粕] 운임 / 예금부의 산미증식 자금 대부액 / 조선 국유철도의 비료 운임 개정 / 만주 가뭄 피해 상황 / 봉천성 내 방곡령

[녹사]

[중요경제통계]

【해설】

본호에는 '담총(談叢)' 5건, '조사(調査)' 10건, '잡록(雜錄)' 7건, '녹사(錄事)' 그리고 중요경제통계(重要經濟統計)가 수록되었다.

'담총'에는 제국철도협회의 회원이 조선철도의 시찰을 위해 조선에 들어왔을 때 경성상업회의소와 조선철도협회가 4월 28일 연합 주최한 강연회에서 있었던 강연을 수록하였다. 총 5명의 강연이 수록되었는데, 제국철도협회 회장 쿠니자와 신베(國澤新兵衛)가 시찰단이 조선에 온 취지를 밝혔고, 제국철도협회 조사 촉탁 나가오 에이타로(長尾榮太郎)는 조선철도 문제에 관한 경과 보고를 했다. 제국철도협회 상무이사 타니구치 모리오(谷口守雄)는 조선 철도 보급을 다룬 연설을 했고, 제국철도협회 회원이자 귀족원 회원인 후쿠하라 토시마루(福原俊丸)는 조선 통치와 철도 정책을 연관 지어 철도의 중요성을 역설하였다. 마지막으로 게재된 연설은 조선철도협회 재경위원 스즈키 만지로(鈴木萬次郎)의 것인데 재조일본인을 늘릴 필요가 있다는 내용이었다.

'조사'에는 경성의 청주(淸酒) 수급을 다룬 글을 수록하였는데 청주 수급 현황과 일본주, 조선주로 나누어 입하량을 정리하고, 상포, 주조세, 이입세, 판로 등에 대한 설명도 덧붙였다. 또 봉표(奉票) 폭락의 영향과 대책에 대해 논한 글을 수록하였고, 조선 면화(棉花) 수확량을 정리하였다. 그리고 조선 무역개황, 경성의 상황(商況)과 금융, 조선의 회사와 이동 등 매달 수록되는 조사 내용을 포함하였다. 그밖에 보리 작황 예상량, 조선 뽕밭 현황, 춘잠(春蠶) 생산 예상량을 정리하였고, 조선 쌀의 우량 품종 보급 정황을 표로 정리하였다.

'잡록'에는 세제조사위원회(稅制調査委員會)의 규정과 명단, 올해 관제(官製) 천일염 생산 예상, 조선에서 만주까지 콩깻묵[豆粕] 운임, 예금부의 산미증식을 위한 자금 대부액, 조선 국유철도의 비료 운임 개정, 만주의 가뭄 피해 상황, 봉천성 내「방곡령」소식 등을 전하였다.

'녹사'에는 5월 25일 개최한 정기평의회, 5월 26일 개최한 공업부회 소식을 전하였다. 마지막에는 중요경제통계를 수록하였다.

연번	지역	연월일	자료명	호수	키워드
123	경성	1926.7	조선경제잡지	127	대(對)중국무역, 우피, 수도식부(水稻植付), 면작, 과일, 조선미 이출, 어선보조금, 산미증식자금채권, 장련항로

【목차】

[조사]

조선의 대지(對支) 경제관계 개황 / 조선 무역 개황 / 조선 우피(牛皮)의 생산과 무역 / 조선의 회사 이동(異動) / 경성의 상황(商況)과 금융 / 수도식부(水稻植付) 상황 / 면작(棉作) 상황

[잡록]

대판(大阪) 시장의 과실 수급 상황 / 금후의 선미(鮮米) 이출 견입(見込) / 우량 어선의 보조 / 산미증식자금 채권 발행 / 장련(長連)항로의 증항(增航) / 철도망의 임시 조사 / 만주속(滿洲粟) 예상 / 내지 잔존미(殘存米)

[경제통계]

【해설】

본호에는 조사 7건, 잡록 8건이 수록되어 있으며, 말미에 경제통계가 첨부되어 있다.

조사 중 첫 번째 내용은, '합병' 이후 조선과 중국의 무역관계를 수입품목 및 수출품목별로 나누어 기술하고 이에 덧붙여 양국 간의 교통관계를 기술한 것이다. 두 번째 내용은 1926년 6월 중 조선의 무역 실태를 대외국(對外國) 및 대(對)일본으로 구별하여 파악한 것이다. 세 번째 내용은 1916년부터 1924년까지 우피(牛皮) 생산량, 1912년 이후의 무역량 및 피혁공업의 상황을 제시하고 나아가 우피의 개량장려에 관한 시설 및 방법을 논의한 것이다. 그 다음의 2건은 월보에 통상적으로 수록되는 항목으로, 1926년 6월 중 조선 내의 회사 변동 상황과 경성의 상업 및 금융의 현황을 다룬 것이다. 마지막 2건은, 전국의 벼농사와 면화 재배의 전국적 상황을 도(道) 단위로 설명한 내용이다.

잡록의 첫 번째 기사는 조선산 과일이 대판(大阪)시장에서 거래되는 실상을 월별로 제시하고 특히 앵도(櫻桃)와 사과[苹果]에 대해서 공급량, 가격 등을 자세히 설명하였다. 다음 4건은 각각 조선미(朝鮮米) 540만석(石) 수이출 전망, 우량 어선 보조금으로 58,000원 지급, 850만원에 달하는 산미증식자금 채권의 발행, 장기(長崎)-대련(大連) 간 선박의 증편에 관해 간략히 설명하였다. 나머지 3건은 각각 철도국에서 조사한 지방별 주요 철도망, 만주에서 예상되는 조[粟] 및 잡곡의 수확량, 1926년 7월 현재 일본 내 잔존미(殘存米)가 전년에 비해 5% 증가한 사실에 대한 세부 사항 등을 제시하였다.

연번	지역	연월일	자료명	호수	키워드
124	경성	1926.8	조선경제잡지	128	경인취인소 합병, 조선산품 이용, 인지세, 사설철도, 정기항로, 전기요금, 양봉업, 철도망 촉진운동

【목차】

[담총]

제3자에서 본 경인취인소(京仁取引所) 합병 문제 – 공등중웅(工藤重雄) / 조선산품의 이용에 대하여 – 삼월오복점(三越吳服店) 경성지점장 가등상미(加藤常美) / 인지세에 대하여 – 경성부 이사관 고교원륙(高橋源六)

[조사]

조선 사설 철도의 현상(現狀)과 장래 / 조선의 회사 이동(異動) / 경성의 상황(商況)과 금융 / 조선 무역 개황

[잡록]

조선 정기항로 일람 / 경성 전기 신구(新舊) 요금의 비교 / 1925년 조선 양봉(養蜂) 성적

[녹사]

(附) 동상위원(東上委員)에 대한 유하광풍(有賀光豊)씨의 사사(謝辭) / 대촌(大村) 철도국장의 소견
[경제통계]

【해설】

본호에는 담총 3건, 조사 4건, 잡록 3건, 녹사 7건이 수록되어 있으며 말미에 경제통계가 첨부되어 있다.

담총 중 첫 번째 기사는, 인천미두취인소(仁川米豆取引所)와 경성주식현물취인시장(京城株式現物取引市場)을 병합할 경우 입회(立會) 장소는 경성에, 수도(受渡) 장소는 인천에 두어야 한다는 구도우시게오(工藤重雄)의 글이다. 두 번째 기사는 총독부의 조선산품 장려에 부응하여 여성 수공예품, 한산모시, 나주의 죽세공품, 통영의 해태(海苔) 등의 상품 개발을 논의한 미쓰코시오복점(三越吳服店) 경성지점장 가토 쓰네미(加藤常美)의 글이다. 세 번째 기사는 1919년 발포되고 1922년에 개정된 인지세(印紙稅)에 대해 경성부 이사관 다카하시 겐로쿠(高橋源六)가 설명한 글이다.

조사 중 첫 번째 기사는 사철(私鐵) 회사 별로 각각의 실적 및 국철과의 관계를 제시하고 그 장래를 예상한 글이다. 다음 3건은 월보에 통상적으로 수록되는 항목으로, 1926년 7월 중 조선 내 회사 변동 상황, 경성의 상업현황 및 금융, 일본무역 및 외국무역을 조사 정리한 것이다.

잡록의 첫 번째 기사는 정기항로(定期航路) 상황과 관련하여 선박별 총 톤수 및 경영자 등을 표로 정리한 것이다. 두 번째 기사는 전구의 밝기[와트]별로 신구(新舊)의 전기요금을 표로 제시한 것이다. 세 번째 기사는 양봉업계의 생산량을 각 도(道)별로 정리한 것이다.

녹사 5건 중 처음 4건은 각종 회의록이다. 5번째 기사는 경성상업회의소에서 조선철도망의 촉진을 위해 올린 진정서와 회답, 동(同) 기성회 조직을 위해 동경에 다녀온 회장[會頭]의 전말 보고서, 동상위원(東上委員)들에 대한 유하광풍(有賀光豊)의 사사(謝辭), 대촌(大村) 철도국장의 소견 등을 담고 있다.

연번	지역	연월일	자료명	호수	키워드
125	경성	1926.9	조선경제잡지	129	조선전기사업령, 중앙시장, 화물이동, 대두, 속(粟), 조선염(朝鮮鹽), 산업조합, 우편저금, 철도촉진운동, 법인소득세

【목차】

[자료]
조선의 전기 문제 - 환산유삼(丸山莠三) / 중앙시장에 대하여 - 중앙물산주식회사 전무취체역 화기손길(和氣孫吉)
[조사]
철도로 본 경성의 화물 이동 상황 / 조선 무역 개황 / 경성의 상황(商況)과 금융 / 조선내 대두(大豆)

및 속작(粟作) 예상 / 조선염(朝鮮鹽) 제산(製産) 상황 / 조선내 과실 수확고 / 조선의 경지 면적

[잡록]

산업조합의 모범정관(模範定款) / 조선 평과(苹果) 수송 운임 / 조선의 면화(棉花) 수확고 / 퇴비 장려와 생산 견입(見込) / 조선 경성부 우편저금 현재고(現在高)

[녹사]

법인소득세 적요(適要) 간담회

[경제통계]

【해설】

본호에는 자료 2건, 조사 7건, 잡록 5건, 녹사 2건이 수록되어 있으며 말미에 경제통계가 첨부되어 있다.

자료 1번째 기사는 조선전기사업령을 일본 전기사업법과 비교하는 한편 일본 전기사업을 토대로 조선의 전기사업에 대해 논한 마루야마(丸山莠三)의 글이다. 2번째는 경성부의 중앙시장 설립 추진에 대해 남대문시장의 역사성과 중앙물산주식회사의 현재 기능을 고려해야 한다는 중앙물산주식회사 전무취체역 와키 마고키치(和氣孫吉)의 주장이다.

조사 1번째는 1925년도 경성역, 용산역의 화물 이동 상황을 품목별로 상세하게 정리한 것이다. 그 다음 2건은 통상적인 수록 항목으로 1926년 8월 중 조선의 무역 개황과 경성의 상업 및 금융 상황을 다룬 것이다. 4번째는 1926년도 대두(大豆) 및 속(粟)의 수확을 예상한 것이다. 나머지 3건은 각각 1925년도 조선염(朝鮮鹽)의 생산 현황, 과실 수확고, 경지면적을 제시한 것이다.

잡록 1번째는 산업조합의 정관(定款)을 제시한 것이고, 2번째는 조선 사과[苹果]의 운송비용을 발착지점 및 운송수단에 따라 정리한 것이다. 3번째는 1926년도 면화 수확고를, 4번째는 퇴비장려와 그에 따른 생산 전망을 간단히 제시한 것이다. 마지막 자료는 1925년도 경성부 우편저금 현재고(現在高)를 표로 제시한 것이다.

녹사 1번째는 경성상업회의소 회장 와타나베(渡邊)가 철도촉진 운동을 위해 동경에 다녀온 결과 보고를 안건으로 진행한 임시평의원회 기록이다. 2번째는 법인소득세 관련 간담회 기록인데 경성부윤 우마노 세이이치(馬野精一)의 〈경성부 세무의 실정〉, 이사관 삼목도(三木道)의 〈회사의 경제에서 본 소득세에 대하여〉가 실려 있다.

연번	지역	연월일	자료명	호수	키워드
126	경성	1926.10	조선경제잡지	130	속작(粟作), 판매비료, 축산물, 하추잠(夏秋蠶), 양조품 품평회, 산견(産繭), 선은금리(鮮銀金利), 대만미(臺灣米)

【목차】

[조사]

조선 및 만주의 속작(粟作) 예상과 만주속(滿洲粟)의 수입 예상 / 조선에서 판매비료의 생산과 소비 개황 / 경성의 상황(商況)과 금융 / 조선 무역 개황 / 조선의 회사 이동 / 주요 축산물 산액조(産額調) / 조선의 가축 및 가금 수조(數調) / 조선의 하추잠(夏秋蠶) 제2회 예상 / 제1회 조선미 수확예상고

[잡록]

경기도 양조품 품평회 / 작년도 조선 산견(産繭)의 소비 상황 / 선은(鮮銀)의 금리 인하 / 본년도 관동주(關東州) 수염(收鹽) 예상 / 제1기 대만미(臺灣米) 실수고

[녹사]

[경제통계]

【해설】

본호에는 조사 9건, 잡록 5건, 녹사 3건이 수록되어 있으며 경제통계가 첨부되어 있다.

조사 첫 번째 자료는, 1926년도 각 지방의 기상을 월별로 분류한 표를 제시하여 이를 토대로 조선속(朝鮮粟), 만주속(滿洲粟)의 수확량 및 수입량을 예상한 것이다. 2번째 자료는 비료의 생산과 소비량이 1923년, 1924년, 1925년에 변화해온 흐름을 비료종류별로 제시하고 아울러 도별(道別) 생산 및 소비량을 제시하였다. 그 다음 3건은 통상적인 수록 항목으로 1926년 9월 중 경성의 상업 및 금융의 현황, 일본 및 외국과의 사이에 이루어진 무역 개황, 조선 내 회사의 변동을 다룬 것이다. 6번째 자료는 우피(牛皮) 등 축산물의 생산액을 조사한 표이고, 7번째 자료는 조선의 가축 및 가금을 조사하여 종류별 지방별로 상세하게 제시한 표이다. 8번째 자료는 1926년 9월 하추잠(夏秋蠶) 제2회 예상 수확량을 제시한 것이고, 9번째 자료는 1926년도 미작(米作) 예상고를 종류별·지방별로 제시한 것이다.

잡록 첫 번째 자료는 '경기도 양조품(釀造品) 품평회' 관련 기록으로 동회(同會)의 회칙이 실려있다. 2번째 자료는 조선산 누에고치의 소비 상황을 공장별로 제시한 것이다. 3번째 자료는 일본은행의 이자율이 2리(厘) 하향됨에 따라 변동되는 각종 금융의 변화를 설명한 것이다. 나머지 2개는 각각 1926년도 관동주(關東州)의 소금 생산, 대만미(臺灣米)의 수확량을 예상한 간단한 자료이다.

녹사에는 세제정리(稅制整理)와 관련하여 진행된 역원회 2건과 임시평의원회 1건에 대해 출석자, 결의 내용 등이 간략히 기록되어 있다.

연번	지역	연월일	자료명	호수	키워드
127	경성	1926.11	조선경제잡지	131	조선철도망촉진, 본정통 점포, 양잠업, 선어(鮮魚), 소채, 도장(屠場), 조선미

【목차】

도변(渡邊) 회두 보고

[담총]

경성 본정통(本町通) 점포에 대하여 – 청수정기(淸水正己)

[조사]

조선의 양잠업 / 경성부 내 어시장의 선어(鮮魚)와 출회(出廻) 상황 / 경성의 상황(商況)과 금융 / 조선 무역 개황 / 조선의 소채(蔬菜) 작부단별(作付段別) 및 수확고 / 조선의 도장(屠場) 및 도축수(屠畜數) / 조선미 제2회 수확 예상고

[녹사]

[경제통계]

【해설】

본호에는 경성상업회의소 회장의 보고 1건, 담총 1건, 조사 7건, 녹사 1건이 수록되어 있으며 말미에 경제통계가 첨부되어 있다.

권두의 "도변(渡邊) 회두 보고"는, 1926년 11월 22일 경성상업회의소 임시평의원회에서 회장 와타나베 테이이치로(渡邊定一郎)가 행한 동상(東上) 보고에 대한 속기록이다. 이 보고의 주요 주제는 조선철도망 촉진 관련 진정서, 철도기성회 조직 등이다.

담총 1건은 시미즈 마사미(淸水正己)가 경성 본정통(本町通) 점포에 대해 논의한 것을 속기한 내용인데, 건축물을 서양식으로 하느냐 일본식으로 하느냐보다 판매방식을 고려해야 한다는 주장을 담고 있다.

조사의 첫 번째 자료는 조선의 양잠업과 관련하여 1910년부터 1925년까지 지방별 재배 면적, 호수, 생산액 등을 자세하게 표와 함께 설명한 것이다. 2번째 자료는 경성에서 선어(鮮魚)의 소비상황을 표와 함께 제시하고 아울러 반입 경로, 거래 경로 등을 설명한 것이다. 다음 2건은 통상적 수록 항목으로 1926년 10월 중 경성의 품목별 상업 및 금융 현황, 일본 및 외국과의 사이에 이루어진 무역 개황을 다룬 것이다. 5번째 자료는 1921년부터 1925년까지 채소의 종류, 재배면적, 수확 등을 지방별로 구분하여 제시한 것이다. 6번째 자료는 1925년도 가축 종류, 도축장, 도축수를 지방별로 정리한 것이다. 7번째 자료는 1926년도 조선미(朝鮮米) 수확이 약 66만석으로 전년 대비 4.5% 증가하리라 예상하는 내용이다.

녹사는 1926년 10월 27일, 11월 2일에 각각 개최된 역원회, 임시평의원회의 출석자 및 안건을 기록한 것이다.

연번	지역	연월일	자료명	호수	키워드
128	경성	1926.12	조선경제잡지	132	생사(生絲), 감귤류, 조선무역, 경성상업, 경성금융, 회사이동, 양잠

【목차】

[조사]

조선의 제사업(製糸業)과 견(繭)의 이출 / 감귤류의 산지 및 조선의 소비 상황 / 조선 무역 개황 / 경성의 금융과 상황(商況) / 조선의 회사 이동 / 조선의 양잠 상황

[녹사]

[경제통계]

【해설】

본호에는 조사 6건, 녹사 2건이 수록되어 있으며 말미에 경제통계가 첨부되어 있다.

조사 첫 번째 내용은 1910년부터 1925년까지 생사(生絲)의 생산고 및 이출고를 연도별, 지방별, 조직별, 내선인별 등으로 나누어 표시하였다. 2번째 내용은 감귤류에 대해 생산지, 조선의 소비상황, 경성에서의 수급상황으로 대별하여 품종별로 상세하게 소개한 것이다. 다음 3건은 통상적 수록 항목으로 1926년 11월 중 일본 및 외국과의 사이에 이루어진 무역 개황, 경성의 품목별 상업 및 금융 현황, 10월 및 11월 중 조선 내의 회사 변동 상황을 다룬 것이다. 6번째 내용은 양잠 상황에 대해 1926년도 지방별 통계와 1910년부터 1926년까지의 통계를 표로 제시한 것이다.

녹사는 11월 22일, 12월 18일에 각각 개최된 임시평의원회, 역원회의 참석자 명단 및 안건을 기록한 것이다.

연번	지역	연월일	자료명	호수	키워드
129	경성	1927.1	조선경제잡지	133	공산품, 평과(苹果), 회사이동, 경성상업, 경성금융, 조선맥(朝鮮麥), 조선무역

【목차】

[조사]

조선의 공산액(工産額) / 조선의 평과(苹果) / 조선 무역 개황 / 조선의 회사 이동 / 경성의 금융과 상황(商況) / 조선맥(朝鮮麥) 실수고

[자료]

객년 중 조선 무역 개황

[녹사]

[경제통계]

【해설】

본호에는 조사 6건, 자료 1건, 녹사 2건이 수록되어 있으며 말미에 경제통계가 첨부되어 있다.

조사 중 첫 번째 내용은 1925년도의 공산품을 각 지방별에 따라 일본인, 조선인, 외국인이 생산한 액수와 그 증감을 개관한 다음 180여개 품종의 각 지방별 수량, 가격, 호수(戶數)를 30쪽에 걸쳐 방대한 표로 제시했다. 두 번째 내용은 조선의 사과[苹果]에 대해 생산 상황, 수이출 개황, 사과의 검사와 동업조합 등으로 나누어 상세하게 논의한 것이다. 다음 3건은 통상적 수록 항목으로 일본 및 외국과의 사이에 이루어진 무역을 1926년 12월과 1926년 전체로 구분하여 파악한 개황, 1926년 12월 중 조선 내의 회사 변동 상황, 경성의 품목별 상업 및 금융 현황을 다룬 것이다. 마지막 1건은 1926년도 조선맥(朝鮮麥)의 재배면적과 생산량을 지난 5년간의 실적과 비교하는 한편 각 지방별 실태를 표로 제시했다.

자료 1건은 1926년도 무역개황을 다룬 것이다. 총론에서 월별 경과와 최근 10년간 추이를 다루고 이어서 외국무역, 만주무역, 일본무역으로 구분하여 상세하게 파악하였다.

녹사는 1월 8일과 20일에 개최된 역원회의 안건 및 참석인원을 기록한 것이다.

연번	지역	연월일	자료명	호수	키워드
130	경성	1927.2	조선경제잡지	134	목재관세특례, 경성금융, 목탄규격안, 석재규격안, 도기관규격안, 일용품양목표기규칙안(日用品量目表記規則案)

【목차】

[담총]

목재관세특례 폐지에 대하여 - 조선총독부 산림부장 원전관일(園田寬一) / 조선의 증권취인(證券取引)의 장래 - 강부준작(岡部俊作)

[조사]

객년 중의 경성 금융 개황 / 객년 중의 경성 상품계(商品界) / 조선 무역 개황(1월 중) / 조선의 회사 이동(1월 중) / 경성의 상황(商況)과 금융

[자료]

목탄규격안(木炭規格案) / 석재규격안(石材規格案) / 도기관규격안(陶器管規格案) / 경기도의 시장세의 폐지와 부동산취득세의 창설 / 일용품양목표기규칙안(日用品量目表記規則案)

[녹사]

[경제통계]

【해설】

본호에는 담총 2건, 조사 5건, 자료 5건, 녹사 3건이 수록되어 있으며 말미에 경제통계가 첨부되어 있다.

담총 중 첫 번째는 조선총독부 산림부장 원전관일(園田寬一)이 조선의 목재관세 특례를 폐지하게 된 경위를 설명한 기고문인데, 중국 안동(安東) 제제업자의 압박을 받은 조선측 제제업자들을 보호해야 한다는 내용을 담고 있다. 2번째는 강부준작(岡部俊作)이 조선 증권거래의 장래를 전망한 글이다.

조사 중 첫 번째 건은 1926년도 경성의 금융에 대하여 예금, 대출 상황을 월별로 파악한 뒤 은행별 대출 상황, 금리의 월별 변동, 어음[手形] 교환, 조선은행권 발행 등을 상세히 정리한 것이다. 2번째 건은 1926년도 주요 물품의 월별 물가 변동을 정리한 것이다. 나머지 3건은 통상적 수록 항목으로 1927년 1월 중 일본 및 외국과의 사이에 이루어진 무역 개황, 조선 내의 회사 변동 상황, 경성의 품목별 상업 및 금융 현황을 다룬 것이다.

자료 중 처음 3건은 각각 목탄규격안(木炭規格案), 석재규격안(石材規格案), 도기관규격안(陶器管規格案)을 제시한 것인데, 도기관규격안에는 관(管)의 단면도가 첨부되어 있다. 4번째 자료는, 경기도에서 1927년 4월부터 재래시장 100여개에 대한 시장세를 폐지함에 따른 재원 부족을 메우기 위해 부동산취득세를 신설하는데 이에 대한 의의와 취지를 설명한 것이다. 세칙의 이해를 돕기 위해 그 계통을 도해(圖解)한 내용이 덧붙여 있다. 5번째 자료는 경기도에서 입안한 일용품양목표기규칙안(日用品量目表記規則案)을 제시한 것이다.

녹사 중 첫 번째 자료는 1월 26일 개최된 정기평의원회 참석자 명단과 1927년도 세입세출 예산을 제시한 것이다. 나머지 2건은 각각 2월 5일, 19일에 개최된 공업부회, 상업공업부 합의부회 참석자 명단 및 의안을 제시한 것이다.

연번	지역	연월일	자료명	호수	키워드
131	경성	1927.3	조선경제잡지	135	조선공업정책, 화물이동, 기선, 범선, 조선미, 녹비, 작잠(柞蠶)

【목차】

[담총]

조선 공업정책에 대하여 - 전천상차랑(田川常次郎)

[조사]

객년 중의 철도에서 본 경성의 화물 이동 상황 / 조선 무역 개황(2월 중) / 조선의 회사 이동(2월 중) / 경성의 상황(商況)과 금융(2월 중) / 조선 선박 현재수(現在數) / 조선미 실수고 / 녹비작부(綠肥作付) 단별(段別) 및 수확고 / 조선 작잠(柞蠶) 수확고

[녹사]

[경제통계]

【해설】

본호에는 담총 1건, 조사 8건, 녹사 4건이 수록되어 있으며 말미에 경제통계가 첨부되어 있다.

담총 1건은 경성상업회의소 평의원, 조선공업협회 회장인 전천상차랑(田川常次郎)이 조선 공업정책에 대하여 논의한 것으로, 조선에서 사업가들이 공업보다는 토지에 투자하는 현실을 지적하며, 노력과 자금을 투자하면 조선의 공업이 발달할 가능성이 있음을 주장하는 기고문이다.

조사 중 첫 번째 자료는 1926년도 경성역, 용산역, 청량리역 등 경성의 화물 이동상황을 상세하게 조사한 내용으로 30여쪽에 걸치는 방대한 내용이다. 여기에서는 각 역별로 도착된 화물에 대해 월별, 품목별로 이동된 톤수를 표로 제시한 뒤 그 개략을 기술하였으며, 이어서 발송된 화물에 대해서도 같은 방식으로 제시, 기술하였다. 다음 3건은 통상적 수록 항목으로 각각 1927년도 2월 중 일본 및 외국과의 무역 개황, 조선 내 회사들에 있어서 본점 및 지점의 변동 상황, 경성의 품목별 상업 및 금융 현황을 다룬 것이다. 5번째 자료는 조선의 선박 수를 기선, 범선으로 분류하여 파악한 것이다. 나머지 3건은 1926년도 조선미의 실수고(實收高), 녹비(綠肥)의 재배면적 및 수확고, 작잠(柞蠶)의 수확고를 각각 파악한 것이다.

녹사는 2월 22일 역원회, 2월 28일 임시평의원회, 3월 7일 상업부회, 3월 11일 임시평의원회에 참석한 인원과 안건을 기록한 것이다.

연번	지역	연월일	자료명	호수	키워드
132	경성	1927.4	조선경제잡지	136	애림(愛林)사상, 시멘트, 면작, 수산제품검사규칙, 인지세령, 영업세령, 이자세령, 소득세령, 주세령, 조선물산전람회

【목차】

[담총]

도회생활과 애림사상(愛林思想) - 경기도 산림과장 괘장정길(掛場定吉)

[조사]

시멘트의 수급 상황 / 조선 무역 개황(3월 중) / 경성의 상황(商況)과 금융(3월 중) / 조선의 회사 이동(3월 중) / 조선 면작 실수고(1926년 중)

[자료]

1927년도 조선총독부 예산 / 개정 수산제품검사규칙 / 조선 정기항로 일람표 / 개정 인지세령 / 신설 조선영업세령 / 신설 조선자본이자세령 / 개정 조선소득세령 / 개정 주세령(酒稅令) / 개정 면직물이입세 / 개정 사당(砂糖)소비세령 / 신설 조선영업세령 시행규칙 / 신설 조선자본이자세령 시행규칙 / 개정조선소득세령 시행규칙 / 제2회 조선물산전람회 보고

[녹사]

세제개정 간화회(懇和會) / 제52회 제국의회중 동상(東上運動) 보고 - 회두 도변정일랑(渡邊定一郎) 서기장 대촌우지승(大村友之丞) / 국세 영업세와 인지세에 대하여 - 경기도 재무부장 대도량사(大島良士)

[중요경제통계]

【해설】

본호에는 담총 1건, 조사 5건, 자료 14건, 녹사 5건이 수록되어 있으며 말미에 중요경제통계가 첨부되어 있다.

담총 1건은 경기도 산림과장 괘장정길(掛場定吉)이 '도회생활과 애림사상(愛林思想)'이라는 제목으로 기고한 글이다. 이 기고문은 함남 영흥군 홍이면의 예를 들어 삼림 조성으로 얻는 경제적 이익과 위생상, 심리상 영향 등을 거론하며 애림사상을 강조하고 있다.

조사 중 첫 번째 자료는 조선의 시멘트 수급 상황에 대해 1910년 이래 연도별 수입량, 중국 및 일본으로의 수출량, 소비 상황, 제조에 있어서 원료와의 관계 등을 다룬 것이다. 다음 3건은 통상적 수록 항목으로 각각 1927년도 3월 중 일본 및 외국과의 무역 개황, 조선 내 회사들에 있어서 본점 및 지점의 변동 상황, 경성의 품목별 상업 및 금융 현황을 다룬 것이다. 마지막 자료는 1926년도 면작 수확량에 대해 1922년 이래의 생산량과 비교하고 재배면적, 단위면적당 수확량, 실수고(實收高) 등을 파악한 것이다.

자료 중 첫 번째 자료는 1927년도 조선총독부 예산을 제시한 것이다. 2번째 자료는 1927년 4월에

부령(府令) 38호로 반포된 개정 수산제품검사규칙, 3번째 자료는 1927년 4월 1일 현재의 조선 정기항로 일람표를 제시한 것이다. 다음 10건은 각각 개정 인지세령, 신설 조선영업세령, 신설 조선자본이자세령, 개정 조선소득세령, 개정 주세령(酒稅令), 개정 면직물이입세, 개정 사탕[砂糖]소비세령, 신설 조선영업세령 시행규칙, 신설 조선자본이자세령 시행규칙, 개정 조선소득세령 시행규칙을 제시한 것이다. 마지막 1건은 1927년 3월 11일부터 20일까지 오사카(大阪)에서 개최된 조선물산전람회에 대한 보고서이다.

녹사 중 3건은 역원회, 임시평의원회, 세제개정간화회의 참석자를 기록한 것이다. 4번째 건은 제52회 제국의회 중에 철도망 촉진을 위해 동경에 다녀온 회장 와타나베 테이이치로(渡邊定一郎), 서기장 오무라 유노죠(大村友之丞)의 보고서이다. 마지막 건은 영업세와 인지세에 대하여 설명한 경기도 재무부장 오시마 료지(大島良士)의 기고문이다.

연번	지역	연월일	자료명	호수	키워드
133	경성	1927.5	조선경제잡지	137	조선공업대회, 도로건설, 노동문제, 지불유예령, 위체수불, 특용작물

【목차】

[담총]

조선공업의 현상(現狀)을 돌아보며 - 하전직치(賀田直治) / 수익자부담이 없다면 대경성(大京城)의 건설은 기대할 수 없다 - 경성부기사 주정겸치랑(酒井謙治郎) / 노은(勞銀)은 과연 조선인의 수중에 돌아가는가? - 조병상(曹秉相)

[조사]

경성의 금융조합 / 내지 금융계의 혼란과 경성 / 조선 무역 개황 / 경성의 상황(商況)과 금융 / 조선의 회사 이동 / 조선 특용작물 수확고 / 조선 가잠견(家蠶繭) 판매 상황

[녹사]

[중요경제통계]

【해설】

본호에는 담총 3건, 조사 7건, 녹사 7건이 수록되어 있으며 말미에 중요경제통계가 첨부되어 있다.

담총 중 1번째 건은 경성상업회의소 회장 가다 나오지(賀田直治)가 '조선공업대회'에서 행한 연설로 현재는 조선의 공업 요소들이 불충분하지만 국부의 충실, 민생의 행복을 위해 관민이 협력하여 공업을 발전시켜야 한다는 주장을 담고 있다. 2번째 건은 경성부 기사 사카이(酒井謙治郎)가 혼마치[本町] 도로의 경우를 예로 들어 수익자부담 원칙 하에 도로를 건설해야 한다고 주장한 글이다. 3번째 건은 조병상(曹秉相)이 노동문제에 대해 논의한 것으로 중국인 노동자들이 몰려와서 조선인 노동자들을 구

축하는 현실에 대해 선처가 필요하다는 주장이다.

조사 중 첫 번째 자료는 경성의 금융조합에 대해 주업무(主業務), 종업무(從業務)를 소개한 뒤 조합별 손익표, 각 조합별 운영 상황을 제시한 것이다. 2번째 자료는 일본의 지불유예령 등 금융계의 혼란으로 경성에서 위체수불(爲替受拂) 등의 혼란이 발생하는 점 등을 논의한 것이다. 다음 3건은 통상적 수록 항목으로 각각 1927년도 4월 중 일본 및 외국과의 무역 개황, 경성의 품목별 상업 및 금융 현황, 조선 내 회사들에 있어서 본점 및 지점의 변동 상황을 다룬 것이다. 6번째 자료는 1926년도 특용작물 수확고를 1921년 이래 그것과 비교하는 한편 지방별, 작부단별 수확고를 표로 제시한 것이다. 7번째 자료는 조선 가잠견(家蠶繭)에 대해 개인판매 및 공동판매로 대별하여 종류별 단가, 판매상황 및 이출액의 1920년 이래 누년비교(累年比較) 등을 제시한 것이다.

녹사 7건 중 6건은 각각 4월 22일 역원회, 23일 역원회, 28일 금융부회, 5월 2일 역원회, 5월 2일 임시평의원회, 5월 9일 역원회, 5월 17일 정기평의원회, 5월 17일 역원회의 참석자 및 안건을 기록한 것이다. 마지막 1건은 1926년도 세입세출 결산표를 제시한 것이다.

연번	지역	연월일	자료명	호수	키워드
134	경성	1927.6	조선경제잡지	138	조선은행총재, 경제공황, 조선미, 승입(繩叺), 국유철도화물운송규칙

【목차】

[담총]

영목(鈴木) 선은총재(鮮銀總裁) 강연회석상의 인사말[挨拶] - 경성상업회의소 회두 도변정일랑(渡邊定一郎) / 재계의 근상(近狀) - 조선은행 총재 영목도길(鈴木島吉)

[조사]

수이출 조선미 / 조선 무역 개황(5월 중) / 경성의 상황(商況)과 금융(5월 중) / 조선의 회사 이동(5월 중) / 조선 소채(蔬菜) 수확고(1926년중) / 조선 잡곡 실수고(1926년 중) / 두류(豆類) 실수고(1926년 중) / 조선 승입(繩叺) 제조고(1926년 중) / 조선 과실 수확고(1926년 중)

[자료]

국세 영업세와 구(舊) 경성부 영업세에 대하여 / 조선 국유철도 화물운송규칙 제정에 대하여 / 백미(白米) 취인(取引)에 미터법 시행

[녹사]

[중요경제통계]

【해설】

본호에는 담총 2건, 조사 6건, 자료 3건, 녹사 3건이 수록되어 있으며 말미에 중요경제통계가 첨부

되어 있다.

담총 2건은 6월 9일 경성상업회의소에서 조선은행 총재 スズキ 시마키치(鈴木島吉)를 초청하여 재경 각 실업가들을 상대로 실시한 강연회 내용을 게재한 것이다. 1번째 건은 회장 와타나베 테이이치로(渡邊定一郎)가 조선은행 총재를 소개하는 인사말이고, 2번째 건은 조선은행 총재 スズキ 시마키치(鈴木島吉)가 경제공황이 7년간 지속되면서 많은 은행들이 폐점되는 등 일본의 사정을 소개하고 있다.

조사 중 첫 번째 자료는 조선미의 이출을 살핀 것으로 1910년 이래 생산량의 누년(累年)비교, 소비상황, 상품화 동향, 품종의 지방별 분포, 수이출에서 도착지[仕向地] 등을 다룬 것이다. 다음 3건은 통상적 수록 항목으로 각각 1927년도 5월 중 일본 및 외국과의 무역 개황, 경성의 품목별 상업 및 금융 현황, 조선 내 회사들에 있어서 본점 및 지점의 변동 상황을 다룬 것이다. 다음의 3건은 1926년도 채소, 잡곡, 두류(豆類)에 대해 각각의 품종별 수확고를 1922년 이래 누년(累年)비교하고 지방별 수확고를 제시한 것이다. 나머지 2건은 1926년도 승입(繩叺) 제조, 과실 수확에 대해 각각 종류별로 나누어 1922년 이래 누년(累年)비교하고 지방별 제조량을 제시한 것이다.

자료 중 첫 번째 건은 국세영업세와 구(舊)경성부영업세의 차이점을 비교하여 설명한 자료이다. 2번째는 조선국유철도화물운송규칙과 동(同)시행세칙을 제시한 자료이다. 3번째는 1927년 4월 26일에 당국과 영업자들이 미터법에 대해 협의한 결과를 제시한 것이다.

녹사는 6월 6일의 교통운수부회, 6월 11일의 역원회, 6월 17일의 임시평의원회의 참석자 명단 및 안건을 기록한 것이다.

연번	지역	연월일	자료명	호수	키워드
135	경성	1927.7	조선경제잡지	139	지역제도, 무연탄, 시멘트, 호마유(胡麻油), 조선은행권, 춘잠, 엽연초

【목차】

[담총]

지역의 제정(制定)은 도시계획의 기초공사 - 경성부 도시계획과장 주정겸치랑(酒井謙治郎) / 진실로 기술을 수입할 만하다. - 법학사 공등중웅(工藤重雄)

[조사]

조선의 연탄제조업 / 선내(鮮內) 시멘트 제작품의 개황 / 조선의 호마유(胡麻油) / 조선 무역 개황 / 경성의 상황(商況)과 금융 / 조선의 회사 이동 / 조선은행권 손권(損券) 인환(引換) 규정 / 춘잠(春蠶) 제2회 예상 / 엽연초 수납실적 / 1926년 중 화재의 손해

[녹사]

[중요경제통계]

【해설】

본호에는 담총 2건, 조사 10건, 녹사 4건이 수록되어 있으며 말미에 중요경제통계가 첨부되어 있다. 담총 중 1번째 건은 경성부 도시계획계장 사카이(酒井謙治郎)가 경성의 주택지역, 공업지대 등 지역제도의 필요성을 역설한 글이다. 2번째 건은 법학사 구도 시게오(工藤重雄)가 세계역사의 발전과정을 근거로 제시하며 현 시기에 가장 중요한 경제력 향상을 위해 기술 수용을 촉구하는 글이다.

조사 중 첫 번째 자료는 연탄제조업에 대해 무연탄 채굴 상황, 무연탄의 판로, 지방별 공장별 연탄제조 상황, 연탄의 수급, 연탄제조업의 장래 등으로 나누어 파악한 것이다. 2번째 자료는 시멘트 관련 제조품에 대해 시멘트 기와, 블록, 토관(土管), 장부와(長付瓦)로 나누어 파악한 것이다. 3번째 자료는 참기름[胡麻油]에 대해 원료, 제조방법, 생산상황으로 나누어 파악한 것이다. 다음 3건은 통상적 수록 항목으로 각각 1927년도 6월 중 일본 및 외국과의 무역 개황, 경성의 품목별 상업 및 금융 현황, 조선 내 회사들에 있어서 본점 및 지점의 변동 상황을 다룬 것이다. 7번째 자료는 조선은행권 손권(損券) 인환(引換) 규정을 제시한 것이다. 8번째 자료는 1927년도 춘잠(春蠶) 예상고(豫想高)이며, 9번째 자료는 1926년도 엽연초 수납 실적을 지방별로 정리한 것이다. 10번째 자료는 1926년도 실화(失火), 방화(放火), 뇌화(雷火) 등 화재손해에 대해 지방별 상황을 정리한 것이다.

녹사는 7월 11일의 교통운수부회 및 역원회, 18일 역원회, 23일 임시평의원회의 참석자 명단 및 안건을 기록한 것이다.

연번	지역	연월일	자료명	호수	키워드
136	경성	1927.8	조선경제잡지	140	조선운송조합, 사당(砂糖), 첨채(甛菜), 마령서(馬鈴薯), 판매비료, 양봉업

【목차】

【해설】

본호에는 담총 1건, 조사 8건, 자료 2건, 녹사 2건이 수록되어 있으며 말미에 중요경제통계가 첨부되어 있다.

담총 1건은 7월 26일에 경성상업회의소에서 개최한 조선운송합동 문제에 대한 간담회의 발언 내용들을 기록한 것으로, 철도국 이사 도다 나오아츠(戶田直溫) 등의 발언이 요약되어 있다.

조사 중 첫 번째 자료는 사탕[砂糖]에 대해 그 원료인 사탕무[甜菜]의 재배 및 수확, 사탕의 수급, 사탕 무역, 수입관세 및 소비세, 사당 소비의 장래로 나누어 파악한 것이다. 2번째 자료는 경성의 업종별 공장의 수, 자본금, 종업원 수, 원동력, 연료 등과 아울러 주요 공장과 공산액을 상세하게 파악하여 표로 제시하였다. 3번째 자료는 계절성 채소인 감자[馬鈴薯], 수박[西瓜], 참외[甜瓜]에 대해 생산지, 생산액, 소비량, 반입 경로 등을 상세하게 파악한 것이다. 다음 3건은 통상적 수록 항목으로 각각 1927년도 7월 중 일본 및 외국과의 무역 개황, 경성의 품목별 상업 및 금융 현황, 조선 내 회사들에 있어서 본점 및 지점의 변동 상황을 다룬 것이다. 7번째 자료는 1926년도 판매비료에 대해 종류별 생산 및 소비고(消費高), 지방별 판매고 및 대부고(貸付高)를 정리한 것이다. 8번째 자료는 1926년도 양봉업에 대해 지방별 사육, 채밀(採蜜), 채랍(採蠟)을 파악한 통계이다.

자료 중 첫 번째 건은 1927년 7월 1일의 정기항로일람표이고, 2번째 건은 1926년도 조선철도국 수요품 조사인데, 구입품을 대별(大別)과 세별(細別)로 나누고 품목별, 생산국별에 따라 톤수, 가격 등을 표로 정리한 것이다.

녹사는 7월 26일 상업교통운수부 합의부회, 8월 8일 역원회의 참석자 및 안건을 기록한 것이다.

연번	지역	연월일	자료명	호수	키워드
137	경성	1927.9	조선경제잡지	141	금강산, 조선미, 초자(硝子)공업, 경지면적, 과수앵수(果樹櫻樹), 가축

【목차】

[담총]

금강산과 산업개발 - 하전직치(賀田直治) / 이러한 바람[風]에 쌀을 판다면 어떨까? - 가하유지길(加賀卯之吉)

[조사]

조선의 초자(硝子)공업과 그 수급 / 조선 무역 개황(8월 중) / 경성의 상황(商況)과 금융(8월 중) / 조선의 회사 이동(8월 중) / 조선 경지면적조(調)(1926년말) / 대두(大豆) 및 속작(粟作) 예상(1927년도) / 조선 면작 수확예상고(1927년도) / 조선 과수영수(果樹櫻樹) 수이입(輸移入) 상황 / 조선 가축 및 가금 조사(1926년말) / 조선 종모우(種牡牛) 종부(種付) 표(1926년 중) / 조선돈(朝鮮豚) 출생 폐사 박살 및 도살수 표(1926년 중) / 조선우(朝鮮牛) 출산 폐사 박살 및 도살수 표(1926년 중) / 조선 주요 축산액 조(調)(1926년 중) / 조선 제염(製鹽) 상황 조(調)(1926년 중) / 조선 수산업자 호구 조(調)(1926년말) / 조선 어구류별(漁具類別) 조(調)(1926년말)
[녹사]
[중요경제통계]

【해설】

본호에는 담총 2건, 조사 16건, 녹사 1건이 수록되어 있으며 말미에 중요경제통계가 첨부되어 있다.

담총 중 1번째 건은 가다 나오지(賀田直治)가 금강산 등반 인구의 증가, 전설과 역사, 식물 등을 산업개발로 연결지어 소개하는 글이다. 2번째 건은 가가 우노기치(加賀卯之吉)가 JODK 방송에서 조선미(米)의 판매방법을 변경해야 한다고 주장한 내용을 게재한 것이다.

조사 중 첫 번째 내용은 조선의 유리[硝子]공업과 그 수급에 대해 조사한 것이다. 이 조사는 먼저 일본의 유리공업을 개관하고 이어서 조선 각지의 공장별 실태, 원료의 산지 및 공급, 생산품의 수급으로 나누어 파악하였다. 다음 3건은 통상적 수록 항목으로 각각 1927년도 8월 중 일본 및 외국과의 무역 개황, 경성의 품목별 상업 및 금융 현황, 조선 내 회사들에 있어서 본점 및 지점의 변동 상황을 다룬 것이다. 5번째 내용은 1926년 말 조선의 경지면적을 지방별로 파악하여 표로 제시한 것이다. 다음 2건은 각각 1927년도 대두 및 속작(粟作), 면작(棉作)의 예상 수확고를 지방별로 파악한 것이다. 8번째 자료는 1926년부터 1927년까지 과수앵수(果樹櫻樹) 수이입(輸移入) 상황을 품종별, 세관별로 정리한 것이다. 다음 5건(9번째~13번째)은 각각 조선의 가축 및 가금, 종모우(種牡牛), 조선돈(朝鮮豚), 조선우(朝鮮牛), 주요 축산액과 관련된 내용들이다. 마지막 3건은 제염(製鹽) 상황, 수산업자 호구 조사, 어구류별(漁具類別) 조사를 담은 내용이다.

녹사는 9월 8일의 역원회에 참석한 인원과 안건을 기록한 것이다.

연번	지역	연월일	자료명	호수	키워드
138	경성	1927.10	조선경제잡지	142	수산자금, 수력발전, 만주속, 생과(生果), 조선미, 하추잠(夏秋蠶), 예금이율

【목차】

[담총]
안전한 수산자금의 투하 방법 – 송본이장(松本伊藏) / 유망한 조선의 수력전기 – 본간효의(本間孝義)
[조사]
선만(鮮滿) 속작(粟作) 예상과 만속(滿粟) 수입 예상 / 계절적 생과(生果)에 대하여 ; 바나나, 배[梨] 조선 무역 개황(9월 중) / 경성의 상황(商況)과 금융(9월 중) / 조선의 회사 이동(9월 중) / 조선 가잠사(家蠶糸) 생산 상황(1926년 중) / 제1회 미수확(米收穫) 예상고 / 조선 하추잠(夏秋蠶) 제2회 예상

[자료]
조선 정기항로 일람표(10월 1일 현재) / 내지미(内地米) 제1회 수확 예상 / 경성조합은행 예금 이율 인하 / 한강 하류의 수운과 한강수운기선회사
[중요경제통계]

【해설】
본호에는 담총 2건, 조사 8건, 자료 4건이 수록되어 있으며 말미에 중요경제통계가 첨부되어 있다.
담총 중 1번째 건은 조선총독부 식산국 수산과장 마쓰모토(松本伊藏)가 수산자금을 안전하게 투자하는 방법에 관해 논의한 글이다. 2번째 내용은 조선총독부 기사 혼마 다카요시(本間孝義)가 기존에 경시되었던 조선의 수력발전이 최근 유역변경 방식에 의해 유망해지고 있음을 주장한 글이다.
조사 중 첫 번째 내용은 1927년도 조선 및 만주의 속작(粟作)의 지방별 생산고와 만주속의 수입 예상을 파악한 것이다. 2번째 자료는 계절적 생과(生果)에 대한 내용인데, 대만의 바나나 생산지 및 생산액, 바나나의 수입 및 거래 경로, 조선의 배[梨] 수확고, 산지, 품질 등을 다루었다. 다음 3건은 통상적 수록 항목으로 각각 1927년도 9월 중 일본 및 외국과의 무역 개황, 경성의 품목별 상업 및 금융 현황, 조선 내 회사들에 있어서 본점 및 지점의 변동 상황을 다룬 것이다. 6번째 자료는 1926년도 가잠사(家蠶糸) 생산에 대해 지방별, 기계 및 수공업 생산별로 나누어 정리한 것이다. 7번째 자료는 1927년도 미수확(米收穫)에 대해 작부단별, 수확예상고를 비교하여 제시한 표이다. 마지막 자료는 1927년도 9월 하추잠(夏秋蠶) 고치 수확 예상을 지방별로 파악한 표이다.
자료 중 첫 번째 건은 10월 1일자 정기항로표를 조선총독부령 항로, 일본관청 및 지방청 명령 항로로 나누어 제시한 표이다. 2번째 자료는 1927년도 일본미[内地米] 수확에 대해 1922년 이래 누년(累年)비교하며 예상한 것이다. 3번째 자료는 경성의 예금이율 인하율이 10월 18일부터 정기예금 2리(厘) 등임을 제시한 것이다. 마지막 자료는, 철도 보급으로 인해 한강의 이용은 전반적으로 쇠퇴하는 경향이지만 김포, 강화, 파주 등의 인구가 증가함에 따라 하류지역의 수운이 발전하고 있음을 설명한 것이다.

연번	지역	연월일	자료명	호수	키워드
139	경성	1927.11	조선경제잡지	143	철도촉진기성회, 장유(醬油), 메리야스, 도장(屠場), 대부임야, 양조업, 조선물산협회

【목차】
[담총]
동상(東上) 보고 - 도변정일랑(渡邊定一郎) / 일본 경제계의 기초확립의 급무 - 유하광풍(有賀光豊)
[조사]

조선의 장유(醬油) ; 부(附) 경성의 수급. 조선의 메리야스 제품의 수급 상황 / 조선 무역 개황(10월 중). 경성의 상황(商況)과 금융(10월 중) / 조선의 회사 이동(10월 중). 제2회 미작 수확 예상 / 조선의 도장(屠場) 및 도축 수(1926년 중) / 조선 대부임야(貸付林野) 조림사업 성적 일람표(1926년 중)
[자료]
경기도 시판양조품(市販釀造品) 심사회 및 조선주제조장(朝鮮酒製造場) 심사회 개최 상황 / 조선물산전람회의 비평
[녹사]
[중요경제통계]

【해설】

본호에는 담총 2건, 조사 8건, 자료 2건, 녹사 2건이 수록되어 있으며 말미에 중요경제통계가 첨부되어 있다.

담총 중 1번째 건은 와타나베 테이이치로(渡邊定一郎)가 조선철도촉진기성회의 업무로 동경에 다녀온 것에 대해 보고한 내용이다. 2번째 건은 식산은행 두취(頭取)인 아리가 미츠토요(有賀光豊)가 2개월 동안 일본에 머무르며 파악한 금융경제방면의 일본 경제계의 현황을 보고한 내용이다.

조사 중 첫 번째 자료는 조선의 장유(醬油)에 대해 개관, 1912년 이래 생산액의 누년(累年) 비교 및 1926년도 지방별 생산액, 조선 전체 및 경성의 수급 상황 등으로 파악한 것이다. 2번째 자료는 조선의 메리야스제품 수급을 다룬 것인데 일본의 해당 산업 개황, 조선 양말공업의 추세, 조선의 메리야스 제품 수급 상황 등을 담고 있다. 다음 3건은 통상적 수록 항목으로 각각 1927년도 10월 중 일본 및 외국과의 무역 개황, 경성의 품목별 상업 및 금융 현황, 조선 내 회사들에 있어서 본점 및 지점의 변동 상황을 다룬 것이다. 6번째 건은 11월 1일 기준으로 미작(米作) 수확고를 각 도별로 파악한 자료이다. 7번째는 1926년도 도장(屠場) 및 도축에 대해 각 도별, 가축 종류별로 정리한 자료이다. 8번째 건은 1926년과 1927년도에 진행된 5정보 이상 대부임야(貸付林野)의 조림사업 상황을 파악한 것이다.

자료 중 첫 번째 내용은 조선에서 청주(淸酒), 장유(醬油) 등 양조업의 발달 상황을 기술하고 10월 26일부터 29일까지 경기도청에서 개최된 품평회의 결과 선정된 우수양조장 등을 소개하는 글이다. 두 번째 자료는 1927년 10월 조선물산협회 오사카(大阪)지부가 개최한 전람회에서 전문가들이 개진한 비평 내용을 각 품목별로 나누어 소개한 내용이다.

녹사는 11월 7일 역원회, 동일(同日) 임시평의원회의 참석자 및 안건을 기록한 것이다.

연번	지역	연월일	자료명	호수	키워드
140	경성	1927.12	조선경제잡지	144	공산액, 생사(生糸), 조선맥(朝鮮麥), 소립매수(掃立枚數), 산견액(產繭額), 조선미 직매

【목차】

[조사]

조선의 공산액과 주요 공장 표 / 조선 무역 개황(11월 중) / 경성의 상황(商況)과 금융(11월 중) / 조선의 회사 이동(11월 중) / 조선 맥(麥) 실수고(1927년 중) / 조선 양잠 상황(1927년 중)

[자료]

대판(大阪)의 선미직매(鮮米直賣)의 경과

[녹사]

[중요경제통계]

【해설】

본호에는 조사 6건, 자료 1건, 녹사 5건이 수록되어 있으며 말미에 중요경제통계가 첨부되어 있다.

조사 중 첫 번째 내용은 1926년도 조선의 공산액(工產額)과 주요 공장을 표로 제시한 것으로 54쪽에 이르는 방대한 분량이다. 이 자료는 먼저 각 도별 생산액을 일본인, 조선인, 외국인으로 구분하여 정리한 뒤 20만원 이상의 생산액, 증가품목 및 감소품목을 표로 제시하였다. 이어서 생사(生糸) 외 182종의 품목을 도별, 일본인, 조선인에 따라 상세히 파악하고 주요공장의 창업시기, 생산품을 정리하였다. 2번째부터 4번째 자료는 통상적 수록 항목으로 각각 1927년도 11월 중 일본 및 외국과의 무역 개황, 경성의 품목별 상업 및 금융 현황, 조선 내 회사들에 있어서 본점 및 지점의 변동 상황을 다룬 것이다. 5번째 자료는 1927년도 조선의 맥(麥) 실수고를 각 도별, 품종별, 단부별, 수확고를 표로 제시하였다. 6번째 자료는 1927년도 양잠 상황을 각 도별, 소립매수(掃立枚數), 산견액(產繭額) 등으로 정리한 것이다.

자료 1건은 오사카[大阪]에서 조선미의 직매(直賣) 상황을 그 경영자, 직매의 방법 및 성적, 직매의 선전과 그 영향 등으로 나누어 기술한 것이다.

녹사는 11월 22일 역원회, 11월 25일 역원회, 11월 25일 임시평의원회, 12월 1일 임시평의원 정기 개선 결과, 12월 8일 임시평의원회의 참석자, 안건 등을 기록한 것이다.

연번	지역	연월일	자료명	호수	키워드
141	경성	1928.1	조선경제잡지	145	소매상점, 위체수불(爲替受拂), 수형교환(手形交換), 물가지수

【목차】

[담총]

소매상점의 합리적 경영 - 미쓰코시(三越) 중역 빈전사랑(濱田四郎)

[조사]

1927년 중 조선의 회사 사업의 추이 / 객년 중 경성의 금융 개황 / 1927년 중 경성 상품계의 개황 / 조선 무역 개황(12월 중) / 경성의 상황(商況)과 금융(12월 중) / 조선의 회사 이동(12월 중)

[중요경제통계]

【해설】

본호에는 담총 1건, 조사 6건이 수록되어 있으며 말미에 중요경제통계가 첨부되어 있다.

담총 1건은 미쓰코시(三越) 중역 빈전사랑(濱田四郎)이 소매상점의 합리적 경영에 관해 발표한 것으로 광고, 상점장식 뿐 아니라 물품을 싸게 구입해서 많이 판매해야 하는 등의 방법을 제시하고 있다.

조사 중 첫 번째 자료는 1927년도 조선에서 회사사업의 추이에 대해 파악한 내용으로 25쪽에 걸치는 방대한 분량이다. 먼저 1926년도, 1927년도 회사의 본점들에 대해 도별, 조직별, 회사수, 자본액 등을 제시하였다. 이어서 본점 기준으로 각 업종의 도별 회사수, 자금액을 1926년과 비교하여 표로 제시하였고, 업종별 이동 상황과 지점별 실태를 제시하였다. 두 번째 자료는 1927년도 경성의 금융 상황을 개괄하고 예금, 대출, 금리, 위체수불(爲替受拂), 어음[手形]교환 등을 정리하였다. 3번째 건은 1927년도 경성 상품계에 대해 파악한 자료인데 식료품, 연료품, 의료품으로 대별하여 물가지수를 제시하고, 주요 품목의 상황을 상세하게 기술하였다. 나머지 3건은 통상적 수록 항목으로 1927년도 12월 중 일본 및 외국과의 무역 개황, 경성의 품목별 상업 및 금융 현황, 조선 내 회사들에 있어서 본점 및 지점의 변동 상황을 다룬 것이다.

연번	지역	연월일	자료명	호수	키워드
142	경성	1928.2	조선경제잡지	146	무진강(無盡講), 조선미, 우편저금, 식료품, 연료품, 의료품, 녹비, 작잠(柞蠶)

【목차】

[조사]

경성의 무진강(無盡講) / 조선 미(米)의 실수고 / 조선내의 우편저금 현황 / 경성의 상황(商況)과 금융(1월 중) / 조선 무역 개황(1월 중) / 조선의 회사 이동(異動)(1월 중) / 녹비작부(綠肥作付) 단별(段別) 및 수확고 / 조선 작잠(柞蠶) 상황 / 조선내 상전(桑田) 단별(段別) / [자료] 1926년 중의 조선 무역

[녹사]

1928년 경성상업회의소 세출입(歲出入) 예산

[중요경제통계]

【해설】

본호에는 조사 9건, 자료 1건, 녹사 5건이 수록되어 있으며 말미에 중요경제통계가 첨부되어 있다.

조사 중 첫 번째 자료는 경성의 무진강(無盡講) 전반에 대한 해설로 연혁, 목적 및 종류, 추세, 현황, 조직, 취득금과 이회(利廻), 금융상의 지위, 이폐(利弊), 법규의 불비(不備)와 개선 등의 내용을 담고 있다. 2번째 자료는 1927년도 조선미(米)의 실수고를 1923년 이래의 것과 누년(累年)비교하며 각 도별로 작부단별, 수확고를 정리한 것이다. 3번째 자료는 1927년 3월말 조선의 우편저금의 상황을 일본인과 조선인의 비교, 1인당 예금액, 직업별 예금액 등을 제시한 것이다. 3번째 건은 1927년도 경성 상품계에 대해 파악한 자료인데 식료품, 연료품, 의료품으로 대별하여 물가지수를 제시하고, 주요 품목의 상황을 상세하게 기술하였다. 다음 3건은 통상적 수록 항목으로 각각 1928년도 1월 중 경성의 품목별 상업 및 금융 현황, 일본 및 외국과의 무역 개황, 조선 내 회사들에 있어서 본점 및 지점의 변동 상황을 다룬 것이다. 7번째 자료는 1927년도 녹비(綠肥)작물의 작부단별(作付段別) 및 수확고를 전년도와 비교한 것이다. 8번째는 1927년도 작잠(柞蠶) 상황을 각 지역별 사양호수(飼養戶數), 방양아수(放養蛾數), 견산액(繭産額) 등으로 나누어 분석하였다. 9번째는 1927년도 각 도별 상전(桑田)의 실태를 기설(旣設)과 신설(新設), 근예(根刈)와 고예(高刈) 등으로 파악한 내용이다.

자료 1건은 1927년도 조선무역에 대해 대(對)외국 무역, 만주무역, 일본무역으로 대별하여 중요무역품의 증감, 최근 10년간의 추세 등을 12쪽에 걸쳐 상세하게 분석한 것이다.

녹사 중 4건은 1월 28일 역원회, 1월 28일 정기평의원회, 2월 13일 임시평의원회, 2월 20일 역원회의 참석자와 안건을 기록한 것이다. 마지막에는 1928년도 경성상업회의소 세입세출 예산을 제시하였다.

연번	지역	연월일	자료명	호수	키워드
143	경성	1928.3	조선경제잡지	147	화물이동, 현미, 대두, 가잠견, 정기항로, 만주수입조합

【목차】

[조사]

객년 중 철도로 본 경성의 화물 이동 상황 / 경성의 상황(商況)과 금융 / 조선 무역 개황 / 조선의

회사 이동 / 조선 미(米) 및 대두(大豆)의 검사 상황 / 가잠견(家蠶繭)의 판매 상황
[자료]
조선 정기항로 일람표 / 만주수입조합(滿洲輸入組合)의 설립
[녹사]
[중요경제통계]

【해설】

본호에는 조사 6건, 자료 2건, 녹사 6건이 수록되어 있으며 말미에 중요경제통계가 첨부되어 있다.

조사 중 첫 번째 건은 1927년도 화물이동 상황을 경성역, 용산역, 청량리역으로 기준으로 월별 도착 톤수, 발송 톤수, 도착[仕向]도시, 철도별 이동 상황 등을 상세하게 파악하여 30쪽에 걸쳐 정리한 방대한 자료이다. 다음 3건은 통상적 수록 항목으로 각각 1928년도 2월 중 경성의 품목별 상업 및 금융 현황, 일본 및 외국과의 무역 개황, 조선 내 회사들에 있어서 본점 및 지점의 변동 상황을 다룬 것이다. 5번째 자료는 1927년도 현미(玄米), 백미(白米), 대두(大豆)의 검사 결과를 등급별, 각 도별로 정리하고 지난 5년간의 상황과 누년비교한 것이다. 6번째 자료는 1927년도 가잠견(家蠶繭)의 판매 상황을 각 도별, 수량, 단가, 정견(精繭) 설견(屑繭) 옥견(玉繭) 등 종류별로 정리한 표이다.

자료 중 첫 번째 건은 1928년 1월 1일의 정기항로일람표인데 조선총독부령 항로, 일본관청및지방청명령 항로, 관공영 항로, 자영 항로 등으로 대별하고 일본항로, 연안항로 등으로 세분하였다. 두 번째 자료는 만주에서 본방(本邦) 상품의 수입 증진을 도모하기 위해 남만주철도주식회사의 원조로 설립된 만주수입조합(滿洲輸入組合)의 연합회규칙을 게재한 것이다.

녹사는 2월 22일 역원회, 2월 24일 임시평의원회, 3월 10일 교통운수부회, 3월 12일 역원회, 3월 13일 임시평의원회, 3월 16일 상업부회의 참석자 및 안건을 기록한 것이다.

연번	지역	연월일	자료명	호수	키워드
144	경성	1928.4	조선경제잡지	148	두박(豆粕), 유산암모니아, 소맥분, 관부연락선, 두류(豆類), 면작(棉作), 잡곡류

【목차】
[조사]
조선의 두박(豆粕) 및 유산암모니아(硫酸安母尼亞)의 집산(集散) 개황 / 조선에서 소맥분의 수급 정황 / 관부연락선의 여객수송 정황 / 조선 무역 개황(3월 중) / 경성의 상황(商況)과 금융(3월 중) / 조선의 회사 이동(異動)(3월 중) / 두류(豆類) 실수고(1927년) / 면작(棉作) 실수고(1927년) / 잡곡류의 실수고(1927년)
[녹사]

[중요경제통계]

【해설】

본호에는 조사 9건, 녹사 2건이 수록되어 있으며 말미에 중요경제통계가 첨부되어 있다.

조사 중 첫 번째 자료는 콩깻묵[豆粕]에 대해 만주에서의 생산 상황, 조선에서의 무역 추세, 조선내 소비 상황, 조선에서의 생산 상황, 비료로서의 가치, 종류와 품질 등을 정리하였다. 이어서 유산암모니아(硫酸安母尼亞)에 대해 일본과 조선에서의 생산 상황, 소비 상황, 유산암모니아의 제조 방법, 거래 방법 등을 정리하였다. 두 번째 자료는 소맥분에 대해 일본과 만주의 상황을 개관하고 조선에서 소맥의 수확, 소맥분의 생산 및 무역 등을 정리한 것이다. 3번째 자료는 관부연락선의 여객수송 상황을 파악한 것으로 선박별 톤수, 선적항, 선실 등급별 인원 등을 담고 있다. 다음 3건은 통상적 수록 항목으로 각각 1928년도 3월 중 일본 및 외국과의 무역 개황, 경성의 품목별 상업 및 금융 현황, 조선 내 회사들의 본점 및 지점의 변동 상황을 다룬 것이다. 마지막 3개의 자료는 각각 1927년도 두류(豆類), 면작(棉作), 잡곡류의 실수고(實收高)를 파악한 것이다. 이들 자료는 모두 최근 5년간의 생산 실태를 누년(累年)비교하고 품종별, 작부단별, 각 도별 수확고를 정리하였다.

녹사는 4월 1일 역원회, 4월 16일 임시평의원회의 참석자 및 안건을 기록한 것이다.

연번	지역	연월일	자료명	호수	키워드
145	경성	1928.5	조선경제잡지	149	런던은행, 미국은행, 대두(大豆), 특용작물, 조선미, 생명보험, 손해보험

【목차】

[담총]

영미(英米) 양국의 금융 사정 - 수옥덕부(守屋德夫)

[조사]

조선 대두(大豆)에 대하여 / 조선 무역 개황(4월 중) / 경성의 상황(商況)과 금융(4월 중) / 조선의 회사 이동(異動)(4월 중) / 특용작물 수확고(1927년 중) / 1927년 중 조선미(米) 수이출 사향(仕向)지방별 조(調) / 조선 보험 개황(1926년 중) / 1927년 하반기 조선 금융 개황

[녹사]

[중요경제통계]

【해설】

본호에는 담총 1건, 조사 8건, 녹사 8건이 수록되어 있으며 말미에 중요경제통계가 첨부되어 있다.

담총 1건은 조선식산은행 조사과장 수옥덕부(守屋德夫)가 약 1년 동안 구미(歐米) 지역을 방문한

경험을 토대로 영미(英米) 양국의 금융 사정에 대해 강연한 내용이다. 강연자는 런던 은행들의 식민지 투자에 감명받았다는 점, 미국의 은행 건물이 업무에 효율적인 방식으로 지어졌다는 점 등을 언급하고 있다.

조사 중 첫 번째 자료는 조선의 대두(大豆)에 관련된 내용을 24쪽에 걸쳐 상세하게 분석한 내용이다. 이 자료는 일본에서 대두의 수급, 조선 대두의 품질, 생산, 각 도별 등급별 검사 결과, 대두검사규칙, 무역 상황, 집산 실태 등을 담고 있다. 다음 3건은 통상적 수록 항목으로 각각 1928년도 4월 중 일본 및 외국과의 무역 개황, 경성의 품목별 상업 및 금융 현황, 조선 내 회사들에 있어서 본점 및 지점의 변동 상황을 다룬 것이다. 5번째 건은 1927년도 특용작물의 수확고를 지난 5년 이래의 것과 누년(累年)비교하고 종류별 작부단별 각 도별 수확고를 파악한 자료이다. 6번째 건은 1927년도 조선미(米)의 수이출 실태를 도착[仕向]지방별로 정리한 것이다. 7번째 건은 1926년도 생명보험과 손해보험의 각 종류별 신규 계약고, 해약고, 현재 계약고 등을 정리한 표이다. 8번째 건은 1927년 하반기 조선의 금융 상황을 간략하게 기술한 것이다.

녹사는 3월 31일 역원회, 4월 25일 역원회, 5월 2일 역원회, 5월 2일 교통운수부회, 5월 4일 임시평의원회, 5월 21일 교통운수부회, 5월 21일 상업부회, 5월 24일 역원회의 참석자 및 안건을 기록한 것이다.

연번	지역	연월일	자료명	호수	키워드
146	경성	1928.6	조선경제잡지	150	박람회, 가정공업, 청량음료, 천연빙(天然冰), 인조빙(人造冰), 곡물검사

【목차】

[담총]

별부(別付), 고송(高松), 강산(岡山) 각(各) 박람회 시찰 보고 - 평의원 호도우차랑(戶島祐次郎)

[조사]

경성 재래 가정공업 조사 / 조선에서 청량음료수의 수급 / 한강의 채빙(採氷) 상황과 경성의 수급 / 조선 무역 개황(5월 중) / 경성의 상황(商況)과 금융(5월 중) / 조선의 회사 이동(異動)(5월 중) / 과수앵수(果樹櫻樹) 수이입 상황(1927년 5월부터 1928년 4월까지) / 곡물 검사 성적(1927년 곡물년도 중) / 1928년 맥작(麥作) 예상고 / 면화 공동판매고(1927년) / 과실 수확고(1927년 중)

[녹사]

[중요경제통계]

【해설】

본호에는 담총 1건, 조사 11건, 녹사 4건이 수록되어 있으며 말미에 중요경제통계가 첨부되어 있다.

담총 1건은 평의원 호도우차랑(戸島祐次郎)이 별부(別付), 고송(高松), 강산(岡山) 3지역의 박람회를 시찰한 결과 보고로 각 박람회의 공간, 건물, 출품인원 및 출품 수, 진열법 및 배치법 등을 소개하고 있다.

조사 중 첫 번째 자료는 경성 및 그 부근에서 행해져 온 재래가정공업의 실태를 조사하여 발표한 것이다. 이 조사는 68종의 품목을 대상으로 이루어졌으며, 그 중 발전 가능성이 있는 품목으로 조선지(朝鮮紙), 모필(毛筆), 금은세공 등 16종을 거론하였다. 2번째 자료는 청량음료수에 대해 일본의 생산 상황, 조선의 무역, 조선의 생산, 경성의 수급 등으로 분석하고 1926년에 발포된 '청량음료세법'을 덧붙여 놓았다. 3번째 건은 1925년 ~ 1927년 기간 동안 천연빙(天然氷) 채취고(採取高), 인조빙(人造氷) 생산고, 제빙업자 등을 정리한 자료이다. 다음 3건은 통상적 수록 항목으로 각각 1928년도 5월 중 일본 및 외국과의 무역 개황, 경성의 품목별 상업 및 금융 현황, 조선 내 회사들에 있어서 본점 및 지점의 변동 상황을 다룬 것이다. 7번째 건은 1927년 5월 ~ 1928년 4월 기간의 과수앵수(果樹櫻樹) 수이입 상황을 부산, 인천, 신의주 등 세관별, 품종별로 파악한 자료이다. 8번째 자료는 1927년 1월 ~ 1928년 4월 기간의 현미, 백미, 미두 등 곡물검사 결과를 도별, 등급별로 정리한 것이다. 9번째 자료는 1928년도 맥작 예상고를 최근 5년간의 것과 비교하며 각 도별, 종류별로 파악한 것이다. 나머지 2건은 각각 1927년도 면화 공동판매고, 과실 수확고를 정리한 것이다.

녹사는 5월 28일 정기평의원회, 2월 29일 임시평의원회, 6월 20일 상업부회, 6월 22일 역원회의 참석자 및 안건을 기록한 것이다.

연번	지역	연월일	자료명	호수	키워드
147	경성	1928.7	조선경제잡지	151	전선공업자대회, 조선피혁회사, 면사포, 수도식부(水稻植付)

【목차】

[담총]

애용(愛用)에 의해 공업을 일으키자 - 철도국장 대촌탁일(大村卓一) / 조선의 공업은 지금 당장부터 굳건히 하자 - 조선피혁회사 사장 하전직치(賀田直治)

[조사]

조선의 면사포(綿糸布) / 조선 무역 개황 / 경성의 상황(商況)과 금융 / 조선의 회사 이동(異動) 수도식부(水稻植付) 상황

[잡록]

조선물산을 시찰하고서 - 조선물산협회 이사 송포영재(松浦瑛哉) / 내지 잔존미(殘存米)

[녹사]

[중요경제통계]

【해설】

본호에는 담총 2건, 조사 5건, 잡록 2건, 녹사 3건이 수록되어 있으며 말미에 중요경제통계가 첨부되어 있다.

담총 2건은 6월 29일에 개최된 제2회 전선공업자대회(全鮮工業者大會) 석상에서 철도국장 오무라 다쿠이치(大村卓一)와 조선피혁회사 사장 가다 나오지(賀田直治)가 강연한 내용을 속기한 것이다. 1번째 건은 조선에 있는 물품을 애용(愛用)할 것을 주장하고 있으며, 2번째 건은 조선 노동임금의 저렴, 소비의 증가 등을 언급하며 공업의 발전을 촉구하고 있다.

조사 중 첫 번째 자료는 조선의 면사포(綿糸布) 수급에 대해 일본의 생산 개황, 조선의 면포 생산, 면포 무역, 소비 상황, 철도 운송, 거래 실태 등으로 나누어 분석한 것이다. 다음 3건은 통상적 수록 항목으로 각각 1928년도 6월 중 일본 및 외국과의 무역 개황, 경성의 품목별 상업 및 금융 현황, 조선 내 회사들에 있어서 본점 및 지점의 변동 상황을 다룬 것이다. 5번째 건은 1928년 7월 10일 현재 각 도별 수도식부(水稻植付) 상황을 정리한 자료이다.

잡록의 첫 번째 자료는 조선물산협회 이사 송보영재(松浦瑛哉)가 조선물산을 시찰하고서 그 결과를 기술한 글이다. 필자는 출하 호망품(好望品)에 대해 생산지에 중앙도매[卸賣]시장 직속회사와 제휴 방계회사를 설립하여 출하를 원활하게 하고 거래를 증진시킬 필요가 있다고 하였다. 2번째 건은 1928년 7월 1일 일본의 잔존미를 총수량, 산지별, 소유자별, 지방별로 파악한 자료이다.

녹사는 6월 27일 임시평의원회, 7월 6일 상업금융합의부회, 7월 23일 상업금융합의부회의 참석자 및 안건을 기록한 것이다.

연번	지역	연월일	자료명	호수	키워드
148	경성	1928.8	조선경제잡지	152	공정회(工政會), 국산진흥운동, 북해도시찰단, 철광업, 면작, 입(叺), 양봉, 가축

【목차】

【해설】

본호에는 담총 2건, 조사 8건, 녹사 5건이 수록되어 있으며 말미에 중요경제통계가 첨부되어 있다.

담총 중 1번째 건은 국산진흥회와 공정회(工政會)의 이사인 구라하시 도지로(倉橋藤治郎)가 약 16개월 동안 유럽, 미국, 일본을 다녀온 경험을 토대로 국제경제의 현황을 소개하며 국산진흥운동을 주장한 강연이다. 2번째 건은 평의원 다카하시(高橋瀧三郎)가 조선철도국의 후원으로 북해도시찰단을 조직하여 일본 각지를 시찰한 것에 대한 인상기(印象記)이다.

조사 중 첫 번째 자료는 제철업 전반에 관해 17쪽에 걸쳐 상세하게 분석한 것이다. 이 자료는 일본[本邦] 철광업의 약사(略史), 제철업의 추세, 겸이포 삼릉(三菱)제철소의 상황, 조선 철광상(鐵鑛床)의 분포, 조선 철광의 생산과 무역 등의 내용을 포함하고 있다. 다음 3건은 통상적 수록 항목으로 각각 1928년도 7월 중 일본 및 외국과의 무역 개황, 경성의 품목별 상업 및 금융 현황, 조선 내 회사들에 있어서 본점 및 지점의 변동 상황을 다룬 것이다. 5번째 자료는 6월말 조선 면작(棉作)의 실태에 대해 재배면적 및 농가수를 지난 3년과 비교하고 각 도별, 발아(發芽)면적별, 재배호수별로 정리한 것이다. 6번째 건은 1927년 11월 ~ 1928년 4월 기간의 가마니[叺] 생산 및 검사 성적을 각 도별, 등급별로 정리한 자료이다. 7번째 건은 1927년도 양봉 생산 실태를 각 도별로 정리한 표이고, 8번째 건은 1927년 12월 이후 가축 및 가금류의 숫자를 각 도별로 파악한 자료이다.

녹사는 7월 23일 상업금융합의부회, 7월 25일 역원회, 7월 27일 임시평의원회, 8월 6일 역원회, 8월 6일 임시평의원회의 참석자 및 안건을 기록한 것이다. 이 중에서 7월 27일 임시평의원회 안건은 '토요일 은행 업무의 반휴(半休)에 관한 건'인데, 이 건에는 회의 상황과 참석자들의 발언 내용이 수록되어 있다.

연번	지역	연월일	자료명	호수	키워드
149	경성	1928.9	조선경제잡지	153	조선은행, 경성공업, 축산물, 판매비료, 가잠사(家蠶絲), 경성상권

【목차】

[담총]

소감 - 가등경삼랑(加藤敬三郎)

[조사]

경성의 공산액과 공장 / 조선 무역 개황(8월 중) / 경성의 상황(商況)과 금융(8월 중) / 조선의 회사 이동(異動)(8월 중) / 주요 축산물 산액(産額) 조(調)(1927년 중) / 판매비료 수급 상황(1927년 중) / 가잠사(家蠶絲) 생산 상황(1927년도)

[자료]

북선(北鮮) 및 간도(間島)지방에의 상권조사 보고 - 호도(戶嶋) 평의원, 등전미(藤田米) 평의원 / 조

선 정기항로 일람표(1928년 7월 1일 현재)
[녹사]
[중요경제통계]

【해설】
본호에는 담총 1건, 조사 7건, 자료 2건, 녹사 5건이 수록되어 있으며 말미에 중요경제통계가 첨부되어 있다.

담총 1건은 조선은행 총재 가토 게이자부로(加藤敬三郎)가 조선은행의 업무 확대, 업무 변혁의 방향 등에 대해 강연한 것이다.

조사 중 첫 번째 건은 경성 공업의 업종별 개관, 품목별 생산량과 금액, 공장별 자본금, 종업원 수, 원동력, 연료, 생산액 등 경성의 공산액과 공장을 상세하게 파악한 자료이다. 다음 3건은 통상적 수록 항목으로 각각 1928년도 8월 중 일본 및 외국과의 무역 개황, 경성의 품목별 상업 및 금융 현황, 조선 내 회사들에 있어서 본점 및 지점의 변동 상황을 다룬 것이다. 5번째 자료는 1927년도 우피(牛皮), 우골(牛骨), 돈모(豚毛), 봉밀(蜂蜜) 등 축산물의 생산고를 각 도별로 파악한 것이다. 6번째는 1927년도 판매비료의 생산고 및 소비고를 종목별 각 도별로 파악하였고, 7번째는 1927년도 가잠사(家蠶絲) 생산과 수이출 상황 등을 각 도별로 정리하였다.

자료 중 첫 번째 건은 7월 16일 ~ 30일 동안 평의원 호도우차랑(戸島祐次郎), 등전미삼랑(藤田米三郎) 등이 원산, 함흥, 성진, 회령, 용정촌 등 북선(北鮮) 및 간도 지방을 순회하며 경성 상권의 확장을 위한 예비조사를 진행한 보고서이다. 2번째 건은 1928년 7월 1일 정기항로표를 조선총독부령 항로, 일본관청및지방청명령 항로, 관공영 항로, 자영 항로 등으로 나누어 정리한 자료이다.

녹사는 8월 20일 역원회, 8월 27일 역원회, 9월 1일 임시평의원회, 9월 14일 임시평의원회, 9월 29일 임시평의원회의 참석자 및 안건을 기록한 것이다. 이 중에서 9월 1일 임시평의원회의 안건은 '조선총독부 상품진열관 이전 신축비 기부에 관한 건' 등 3개인데, 그 회의 상황과 발언 내용이 8쪽에 걸쳐 상세하게 수록되어 있다.

연번	지역	연월일	자료명	호수	키워드
150	경성	1928.10	조선경제잡지	154	조선우(朝鮮牛), 조선미, 식상(植桑), 육지면, 재래면, 만주작물

【목차】
[조사]
조선 우(牛)에 대하여 / 조선 무역 개황(9월 중) / 경성의 상황(商況)과 금융(9월 중) / 조선의 회사 이동(異動)(9월 중) / 제1회 미(米) 수확 예상고 / 미(米) 및 대두작(大豆作) 예상 / 1927년도 식상(植

桑) 성적
[녹사]
[중요경제통계]

【해설】

본호에는 조사 9건, 녹사 2건이 수록되어 있으며 말미에 중요경제통계가 첨부되어 있다.

조사 중 첫 번째 자료는 조선우(朝鮮牛)에 대해 30쪽에 이르는 방대한 분량으로 상세하게 파악한 것이다. 이 자료는 조선 내 생우(生牛)의 정황, 수이출 우(牛)의 정황, 생우육(生牛肉)의 수이출 정황, 일본에서 생우 및 우육의 수요와 조선우와의 관계, 조선축우의 개량증식시설과 그 개선 등의 논의를 담고 있다. 다음 3건은 통상적 수록 항목으로 각각 1928년도 9월 중 일본 및 외국과의 무역 개황, 경성의 품목별 상업 및 금융 현황, 조선 내 회사들에 있어서 본점 및 지점의 변동 상황을 다룬 것이다. 5번째 자료는 1928년도 조선미(朝鮮米) 수확예상고를 지난 5년간 실적과 비교하며 각 도별, 작부단별 수확고를 정리한 것이다. 6번째 자료는 1928년도 조선속(粟) 및 대두(大豆)의 예상고(豫想高)를 지난 5년간 실적과 비교하며 각 도별, 작부단별 수확고를 정리한 것이다. 7번째 자료는 1927년도 식상(植桑) 성적을 각 도별로 정리한 것이고, 8번째 자료는 1928년도 육지면, 재래면 등 면작(棉作)의 수확예상고를 각 도별로 파악한 것이다. 9번째 자료는 대두(大豆), 고량(高粱), 옥촉서(玉蜀黍) 등 만주작물의 예상 수확량을 파악한 것이다.

녹사는 10월 15일 역원회, 10월 20일 임시평의원회의 참석자 및 안건을 기록한 것이다. 이 중 임시평의원회는 일본상공회의소 정기총회에 제출할 안건에 관해 의견을 수렴하는 회의였는데, 그 회의 상황과 발언 내용이 2쪽에 걸쳐 수록되어 있다.

연번	지역	연월일	자료명	호수	키워드
151	경성	1928.11	조선경제잡지	155	조선우피(朝鮮牛皮), 마대(麻袋), 조선속(粟), 만주속, 맥(麥), 상전(桑田)

【목차】
[담총]
조선의 우피(牛皮)와 제혁업(製革業) - 풍전정평(豊田正平)
[조사]
조선 우피에 대하여 / 선만(鮮滿) 속작(粟作) 예상과 만속(滿粟) 수입 예상 / 조선 무역 개황(10월 중) / 경성의 상황(商況)과 금융(10월 중) / 조선의 회사 이동(異動)(10월 중) / 제2회 미(米) 수확 예상고 / 1928년 맥(麥) 실수고 / 1928년도 상전(桑田) 단별(段別) 조(調)
[녹사]

[중요경제통계]

【해설】

본호에는 담총 1건, 조사 9건, 녹사 2건이 수록되어 있으며 말미에 중요경제통계가 첨부되어 있다.

담총 1건은 조선피혁주식회사 전무취체역 풍전정평(豊田正平)이 조선의 우피(牛皮)와 제혁업(製革業)에 대해 논의한 것으로 우피의 생산고, 경기도 우피의 우수성, 제혁업의 실상 등을 담고 있다.

조사 중 1번째 자료는 조선우피(朝鮮牛皮)에 대해 11쪽의 분량으로 상세하게 파악한 것이다. 이 자료는 우피의 종류, 품질, 용도 등 조선 내의 정황, 출발항구 및 도착지별 수이출 정황, 개량시설과 그 개선책 등의 논의를 담고 있다. 2번째 자료는 조선 마대(麻袋)에 대해 생산지, 종류와 용도, 무역실태 등으로 분석한 것이다. 3번째 자료는 1928년도 월별 기상 조건, 조선속(粟)의 작황 및 예상수확고, 만주속(粟)의 수확량, 수입량을 분석한 자료이다. 다음 3건은 통상적 수록 항목으로 각각 1928년도 10월 중 일본 및 외국과의 무역 개황, 경성의 품목별 상업 및 금융 현황, 조선 내 회사들에 있어서 본점 및 지점의 변동 상황을 다룬 것이다. 7번째 자료는 11월 1일에 파악한 1928년도 조선미(朝鮮米) 수확예상고인데, 지난 5년간 수확 및 제1회 예상고와 비교하며 각 도별, 작부단별 수확고를 정리하였다. 8번째 자료는 1928년도 보리[麥] 실수고를 각 도별, 작부단별로 정리한 표이다. 9번째 자료는 1928년도 각 도별 상전(桑田)의 실태를 기설(旣設)과 신설(新設), 근예(根刈)와 고예(高刈) 등으로 파악한 표이다.

녹사는 10월 30일 역원회, 11월 2일 교통운수부회의 참석자 및 회의 내용을 기록한 것이다.

연번	지역	연월일	자료명	호수	키워드
152	경성	1928.12	조선경제잡지	156	공업생산품, 농업종사자, 양잠통계, 조선상업회의소령, 전차궤도

【목차】

[조사]

조선의 공업생산품 / 조선 무역 개황 / 경성의 상황(商況)과 금융 / 조선의 회사 이동(異動) / 농업자 호구 조사 / 1928년의 양잠 상황

[녹사]

[중요경제통계]

【해설】

본호에는 조사 6건, 녹사 4건이 수록되어 있으며 말미에 중요경제통계가 첨부되어 있다.

조사 1번째 항목은 1927년도 조선의 공업생산품에 대해 50쪽에 이르는 방대한 분량으로 상세하게

분석한 자료이다. 이 자료는 1927년도 공산액을 3억 3천 8백 83만여엔으로 파악하고 있으며, 품종별 생산고를 이전 3년과 비교하고, 생산 품목의 각 도별 생산량[貫, 斤, 石, 箇, 打, 張], 생산액[円], 생산호(戶) 등을 표로 정리하였다. 다음 3건은 통상적 수록 항목으로 각각 1928년도 11월 중 일본 및 외국과의 무역 개황, 경성의 품목별 상업 및 금융 현황, 조선 내 회사들에 있어서 본점 및 지점의 변동 상황을 다룬 것이다. 5번째 자료는 1927년 말의 농업종사자 호구수를 조사한 것이다. 이 자료는 각 도별 호수를 일본인, 조선인, 중국인, 기타 외국인으로 분류한 표와, 농가 종류를 지주(갑), 지주(을), 자작농, 자소작농, 소작농, 화전민으로 구분하여 표로 구성되어 있다. 마지막 건은 1928년도 양잠 상황을 파악한 것으로, 각 도별 품종별 양잠통계표, 1910년 이래의 양잠 호수 누년(累年)비교표, 1910년 이래의 품종별 소립매수(掃立枚數)표, 1910년 이래의 품종별 고치[繭] 생산액표로 구성되어 있다.

녹사는 11월 9일 역원회, 11월 9일 임시평의원회, 11월 19일 임시평의원회, 11월 26일 상업부회의 참석자 및 안건을 기록한 것이다. 이 중에서 11월 9일 임시평의원회의 안건은 조선상업회의소령 개정, 임시 조선상업회의소연합회 개회에 관한 것인데, 그 논의 사항이 16쪽에 걸쳐 상세하게 기록되어 있다. 11월 19일 임시평의원회의 안건은 남대문통 전차궤도를 차도의 중앙에 설치하는 문제, 근속점원 표창 규정을 제정하는 문제인데, 그 논의 사항이 6쪽에 걸쳐 기록되어 있다.

연번	지역	연월일	자료명	호수	키워드
153	경성	1929.1	조선경제잡지	157	석감(石鹼), 면실유(棉實油), 야자유, 경화유(硬化油), 경성금융, 물가동향, 저축은행령

【목차】

[조사]

조선에서 석감(石鹼)의 수급 개황과 경성의 소비 상황 / 객년 중 경성의 금융 / 1928년 중 경성의 주식 및 상품계 / 조선 무역 개황(12월 중) / 경성 상황(商況)과 금융(12월 중) / 조선의 회사 이동(異動)(12월 중) / 1928년도 조선 미(米) 및 대두(大豆)의 검사 상황

[자료]

조선의 은행령 개정과 저축은행령의 제정

[녹사]

[중요경제통계]

【해설】

본호에는 조사 7건, 자료 1건, 녹사 6건이 수록되어 있으며 말미에 중요경제통계가 첨부되어 있다.

조사 중 첫 번째 자료는 조선의 비누[石鹼] 수급과 경성의 소비 상황을 13쪽에 이르는 분량으로 상세하게 분석한 것이다. 이 자료는 일본에서 석감의 생산과 수출입 상황, 조선의 무역 상황과 면실유(棉實油), 야자유(椰子油), 경화유(硬化油), 화장 석감, 세탁 석감 등의 제조업 실태, 석감의 소비 상황 등이 주요 내용이다. 2번째 자료는 1928년도 경성의 금융상황에 대해 월별 예금, 대출, 금리, 위체수불(爲替受拂), 어음[手形]교환 등으로 정리한 것이다. 3번째 자료는 1928년도 경성의 재계, 주식, 물가, 상품계의 동향을 파악한 자료인데 미(米), 대두(大豆), 면사포(綿糸布) 등의 물가 동향을 월별, 상품별로 정리하였다. 다음 3건은 통상적 수록 항목으로 각각 1928년도 12월 중 일본 및 외국과의 무역 개황, 경성의 품목별 상업 및 금융 현황, 조선 내 회사들에 있어서 본점 및 지점의 변동 상황을 다룬 것이다. 7번째 자료는 1928년도 조선에서의 현미, 백미, 대두의 검사성적을 지난 5년간의 그것과 비교하고 각 도별, 등급별로 정리한 표이다.

자료 1건은 1929년 1월 1일자로 개정되어 시행되는 은행령, 시행세칙, 특례 그리고 새로 제정되어 공포된 저축은행령을 게재한 것이다.

녹사는 12월 10일 역원회, 13일 상업부회, 14일 임시평의원회, 24일 역원회, 24일 임시평의원회, 1월 15일 정기평의원회의 참석자, 안건, 발언 내용 등을 기록한 것이다. 12월 24일 역원회 기록에는 1929년도 경성상업회의소 세입세출 예산이 첨부되어 있다.

연번	지역	연월일	자료명	호수	키워드
154	경성	1929.2	조선경제잡지	158	조선공장, 중국관세, 경지면적, 작잠(柞蠶), 조선무역

【목차】

[조사]

조선의 공장 / 지나(支那) 신관세(新關稅) 실시와 조선의 대지(對支) 수출무역 / 조선 무역 개황(1월 중) / 경성의 상황(商況)과 금융(1월 중) / 조선의 회사 이동(異動)(1월 중) / 조선 경지면적 조(調)(1927년말) / 1928년도 미(米) 실수고 / 1928년도 작잠(柞蠶) 상황

[자료]

1928년 중 조선 무역 개황

[녹사]

[중요경제통계]

【해설】

본호에는 조사 8건, 자료 1건, 녹사 2건이 수록되어 있으며 말미에 중요경제통계가 첨부되어 있다.

조사 중 첫 번째 자료는 1927년 말 조선의 공장에 대해 40쪽에 이르는 방대한 분량으로 상세하게 정리한 것이다. 이 자료는 당시 조선의 공장을 4,9014개로 파악하고 업종별, 각 도별 자본금액, 종업원수, 원동력, 생산액 등을 정리한 뒤 각 업종별 상황에 대해서도 정리하였다. 2번째 자료는 중국의 관세가 기존 종가(終價) 5%에 2.5% ~ 25%의 부가세가 추가됨에 따라 조선의 수출무역이 어떠한 영향을 받을지 분석한 자료이다. 이 자료는 신관세의 내용, 육지 및 해로무역에서 부담하게 될 품목별 관세액, 예상되는 품목별 영향 분석 등을 담고 있다. 다음 3건은 통상적 수록 항목으로 각각 1929년도 1월 중 일본 및 외국과의 무역 개황, 경성의 품목별 상업 및 금융 현황, 조선 내 회사들에 있어서 본점 및 지점의 변동 상황을 다룬 것이다. 6번째 자료는 1927년 말 전국의 답(畓) 1,603,019정보, 전(田) 2,851,216정보에 대해 토지대장 등록 여부, 이모작 여부, 자작지, 소작지 등으로 나누어 각 도별 상황을 정리한 표이다. 7번째 자료는 1928년도 미(米) 실수고를 이전 5년간 상황과 비교하고 각 도별, 작부단별, 수도(手稻), 육도(陸稻)의 수확고를 정리한 표이다. 8번째 자료는 1928년도 작잠(柞蠶) 상황을 각 지역별 사양호수(飼養戶數), 방양아수(放養蛾數), 견산액(繭産額) 등으로 나누어 정리하였다.

자료 1건은 1928년도 조선의 무역에 대해 대(對)외국무역, 만주무역, 일본무역으로 나누어 분석한 자료이다.

녹사는 2월 6일 상업부회, 2월 7일 임시평의원회의 참석자, 안건, 발언 내용 등을 기록한 것이다.

연번	지역	연월일	자료명	호수	키워드
155	경성	1929.3	조선경제잡지	159	황해사(黃海社), 목재계, 외국인, 특혜관세, 입(叺)

【목차】

[담총]

아국(我國) 목재계의 전도(前途) – 재등음작(齋藤音作)

[조사]

조선에서 외국인의 경제력 / 일지육경(日支陸境) 특혜관세 철폐의 효(曉); 조선에 미치는 영향의 개요 / 조선 무역 개황(2월 중) / 경성의 상황(商況)과 금융(2월 중) / 조선의 회사 이동(異動)(2월 중) / 입(叺) 생산 검사 성적

[녹사]

[중요경제통계]

【해설】

본호에는 담총 1건, 조사 6건, 녹사 1건이 수록되어 있으며 말미에 중요경제통계가 첨부되어 있다.

담총 1건은 주식회사 황해사(黃海社)의 사이토 오토사쿠(齋藤音作)가 일본 목재계의 전도(前途)에 대해 분석한 글이다. 여기에는 일본 목재 수요의 격증, 적송임업의 유망성 등 목재계의 앞날을 제시하고 있다.

조사 중 첫 번째 자료는 조선에 거주하고 있는 외국인의 경제활동에 대해 32쪽에 걸쳐 상세하게 분석한 것이다. 여기에는 외국인의 지방별 분포 상황, 외국인의 사업, 무역, 금융, 주요도시의 외국인 상황 등의 항목으로 분석한 내용과 표가 들어있다. 두 번째 자료는 일지육경(日支陸境) 특혜관세 철폐의 결과가 조선에 미치는 영향을 분석한 것으로 만주와의 무역에서 주요 수입품, 수출품이 받게 될 영향을 예측하고 있다. 다음 3건은 통상적 수록 항목으로 각각 1929년도 2월 중 일본 및 외국과의 무역 개황, 경성의 품목별 상업 및 금융 현황, 조선 내 회사들에 있어서 본점 및 지점의 변동 상황을 다룬 것이다. 6번째 건은 1927년 11월 ~ 1928년 10월 기간 동안 가마니[叺] 생산의 검사 성적을 각 도별, 등급별, 종류별로 정리한 표이다.

녹사는 3월 2일 역원회의 참석자 및 안건을 기록한 것이다.

연번	지역	연월일	자료명	호수	키워드
156	경성	1929.4	조선경제잡지	160	화물이동, 가잠견(家蠶繭), 두류, 소채, 면화, 승입연(繩叺筵), 녹비

【목차】

[조사]

1928년 중 철도에서 본 경성의 화물 이동 상황 / 조선에서 견(繭)의 판매 및 이출 정황 / 조선 무역 개황(3월 중) / 경성의 상황(商況)과 금융(3월 중) / 조선의 회사 이동(異動) / 두류(豆類)의 실수고(1928년) / 소채(蔬菜)의 수확고(1928년) / 면화(棉花)의 실수고(1928년) / 승입연(繩叺筵)의 제조고(1928년) / 녹비(綠肥)의 작부 및 수확고(1928년)

[자료]

1929년도 조선총독부 예산 / 조선박람회규칙

[녹사]

[중요경제통계]

【해설】

본호에는 조사 10건, 자료 2건, 녹사 5건이 수록되어 있으며 말미에 중요경제통계가 첨부되어 있다.

조사 중 첫 번째 건은 1928년도 화물이동 상황을 파악한 1번째 자료이다(上篇). 여기에서는 주요 역별, 월별, 물종별 도착 톤수, 발송 톤수 등을 상세하게 파악하여 20쪽에 걸쳐 정리하였다. 2번째 건은 1928년도 가잠견(家蠶繭)의 판매 및 이출상황을 각 도별, 수량, 단가, 정견(精繭) 설견(屑繭) 옥견(玉繭) 등 종류별로 정리한 표이다. 다음 3건은 통상적 수록 항목으로 각각 1929년도 3월 중 일본 및 외국과의 무역 개황, 경성의 품목별 상업 및 금융 현황, 조선 내 회사들에 있어서 본점 및 지점의 변동 상황을 다룬 것이다. 이후 5건은 각각 1928년도 두류(豆類)의 실수고, 채소의 수확고, 면화(棉花)의 실수고, 승입연(繩叺筵)의 제조고, 녹비(綠肥)의 작부 및 수확고에 대해 이전 5년간의 실적과 비교하고 각 도별, 종류별로 정리한 자료이다.

자료 중 1번째 건은 1929년도 조선총독부 예산, 2번째 건은 조선박람회규칙을 각각 제시한 자료이다.

녹사는 3월 15일 임시평의원회, 3월 20일 임시평의원회, 3월 30일 임시평의원회, 4월 5일 상업부회, 4월 15일 역원회의 참석자, 안건, 발언 내용 등을 기록한 것이다.

연번	지역	연월일	자료명	호수	키워드
157	경성	1929.5	조선경제잡지	161	일본상인, 일본상품, 화물이동, 잡곡, 특용작물, 과실, 면화

【목차】

[담총]

외인(外人)이 본 일본의 상인과 상품

[조사]

1928년 중 철도에서 본 경성의 화물 이동 상황 / 경성의 상황(商況)과 금융 / 조선의 회사 이동(異動) / 조선 무역 개황 / 잡곡류 실수고 / 조선 특용작물 수확고 / 과실 수확고 / 1928년 면화(棉花) 공동판매고

[녹사]

[중요경제통계]

【해설】

본호에는 담총 1건, 조사 8건, 녹사 4건이 수록되어 있으며 말미에 중요경제통계가 첨부되어 있다.

담총 1건은 조선식산은행의 야전신오(野田新吾)가 유럽, 미국 등 외국인들이 일본의 상인과 상품을 어떻게 보는지를 소개하며 경성의 상황도 설명하고 있다.

조사 중 1번째 건은 1928년도 화물이동 상황을 파악한 2번째 자료이다(下篇). 여기에서는 주요 품목별 도착 상황을 도착[仕向]역별, 품목별로 상세하게 파악하여 12쪽에 걸쳐 정리하였다. 다음 3건은 통상적 수록 항목으로 각각 1929년도 4월 중 경성의 품목별 상업 및 금융 현황, 조선 내 회사들에 있어서 본점 및 지점의 변동 상황, 일본 및 외국과의 무역 개황을 다룬 것이다. 5번째 건은 1928년도 잡곡류 실수고에 대해 품종별로 이전 5년을 누년비교하고 각 도별, 작부단별 수확고를 정리한 표이다. 6번째 건은 1928년도 조선 특용작물 수확고에 대해 이전 6년을 누년비교하고 각 도별, 작부단별 수확고를 정리한 표이다. 7번째 건은 1928년도 과실 수확고에 대해 품종별, 각 도별 재배수량, 재배면적, 수확고를 정리한 표이다. 8번째 건은 1928년도 면화 공동판매고에 대해 각 도별, 등급별, 수량, 가격으로 정리한 표이다.

녹사 4건 중 2건은 4월 26일 역원회, 5월 2일 정기평의원회의 참석자, 안건, 회의 내용 등을 기록한 것이다. 나머지 2건은 1928년도 경성상업회의소 세입출 결산, 1928년도 경성상업회의소 사업성적을 수록한 것이다.

연번	지역	연월일	자료명	호수	키워드
158	경성	1929.6	조선경제잡지	162	마포(麻布), 자전거, 가잠사(家蠶糸), 맥작(麥作), 가축, 미곡검사, 춘잠(春蠶)

【목차】

[조사]

조선에서 마포(麻布)의 수급 개황 / 조선에서 자전거(自轉車)의 수급 상황 / 경성의 상황(商況)과 금융(5월 중) / 조선 무역 개황(5월 중) / 조선의 회사 이동(異動)(5월 중) / 1928년도 가잠사(家蠶糸) 생산 상황 / 1929년도 맥작(麥作) 예상고 / 가축의 생산, 폐사, 도살 및 박살(撲殺) 두수(頭數) / 1928년도 미곡 대두(大豆) 검사 상황 / 1929년 제2회 춘잠(春蠶) 예상

[녹사]

[중요경제통계]

【해설】

본호에는 조사 10건, 녹사 5건이 수록되어 있으며 말미에 중요경제통계가 첨부되어 있다.

조사 중 1번째 건은 조선에서 마포(麻布)의 수급상황에 관해 10쪽에 걸쳐 분석 정리한 자료이다. 이 자료는 대마, 저마 등 원료의 수확고를 1910년 이래 누년비교하고, 마포의 제직(製織), 소비, 거래 방법, 무역 등을 다루고 있다. 2번째 자료는 자전거의 수급 상황을 분석한 것인데 일본의 자전거 공업, 조선의 수급 상황으로 나누어 정리하였다. 다음 3건은 통상적 수록 항목으로 각각 1929년도 5월 중 경성의 품목별 상업 및 금융 현황, 일본 및 외국과의 무역 개황, 조선 내 회사들에 있어서 본점 및 지점의 변동 상황을 다룬 것이다. 6번째 건은 1928년도 가잠사(家蠶糸) 생산 상황을 각 도별로 정리하고 1912년 이래의 것을 누년비교하였다. 7번째 건은 1929년도 맥작(麥作) 예상고를 이전 6년간 누년비교하고 각 도별, 작부단별, 품종별로 정리한 표이다. 8번째 건은 1928년도 가축의 생산, 폐사, 도살 및 박살 두수(頭數)를 각 도별, 종류별로 정리한 표이다. 나머지 2건은 각각 1928년도 미곡 및 대두(大豆) 검사 상황, 1929년 제2회 춘잠(春蠶) 예상을 각 도별로 정리한 표이다.

녹사는 5월 27일 상업부회, 5월 29일 임시평의원회, 6월 1일 상업부회, 6월 3일 역원회, 6월 5일 임시평의원회의 참석자, 안건, 발언 내용 등을 기록한 것이다.

연번	지역	연월일	자료명	호수	키워드
159	경성	1929.7	조선경제잡지	163	기업(機業), 길회선(吉會線), 점원훈련, 공산액, 공장, 비파(批把), 축산물, 임금(林檎)

【목차】

[담총]

[조사]

[자료]

[녹사]

[중요경제통계]

【해설】

본호에는 담총 3건, 조사 6건, 자료 2건, 녹사 6건이 수록되어 있으며 말미에 중요경제통계가 첨부되어 있다.

담총 중 1번째 건은 조선중앙시험소 소장 미야마(三山喜三郎)가 조선에 적당한 가정부업으로 기업(機業)을 들고 특히 레이스, 커텐 등을 장려한 것이다. 2번째 건은 조선식산은행 두취 아리가 미츠토요(有賀光豊)가 조선의 산업개발을 위해 길회선(吉會線)을 포설(布設)할 것을 주장한 글이다. 3번째 건은 미야바야시 타이지(宮林泰司)가 백화점 전성시대에 대응하여 중소상인들이 점원 훈련, 소매가격 통일 등으로 대응해야 한다고 주장한 글이다.

조사 중 1번째 건은 1928년도 조선의 공산액과 공장에 대해 15쪽에 걸쳐 정리한 자료이다. 이 자료는 품종별 생산액을 일본인, 조선인, 외국인으로 구별하여 파악하고, 공장별 자본금, 종업원 수, 원동력, 연료, 생산액, 주요 공장의 소재지, 창업시기, 생산품목 등을 표로 정리하였다. 2번째 건은 비파(批把)의 생산지, 입하(入荷), 소비, 거래 방법, 시황 등을 정리한 것이다. 다음 3건은 통상적 수록 항목으로 각각 1929년도 6월 중 일본 및 외국과의 무역 개황, 경성의 품목별 상업 및 금융 현황, 조선 내 회사들에 있어서 본점 및 지점의 변동 상황을 다룬 것이다. 6번째 건은 1928년도 주요 축산물 생산액을 종류별, 각 도별로 정리한 표이다.

자료 중 1번째 건은 일본산[本邦産] 사과[林檎]의 싱가폴시장[新加坡市場] 매입(賣込)에 관한 조사서(調査書)이다. 2번째 건은 1929년 6월 22일에 발포된 저축은행령 시행규칙을 제시한 것이다.

녹사는 7월 1일 역원회, 7월 1일 임시평의원회, 7월 8일 역원회, 7월 15일 임시평의원회, 7월 19일 역원회, 7월 19일 임시평의원회의 참석자, 안건, 발언 내용 등을 기록한 것이다.

연번	지역	연월일	자료명	호수	키워드
160	경성	1929.8	조선경제잡지	164	소주, 경지면적, 가축, 가금, 하추잠(夏秋蠶), 고무신, 저(底)

【목차】

[조사]

조선에서 소주(燒酎)의 수급 / 조선의 경지면적 / 조선 무역 개황(7월 중) / 경성의 상황(商況)과 금융(7월 중) / 조선의 회사 이동(異動)(7월 중) / 가축 및 가금의 분포 정황 / 1927년도 하추잠(夏秋蠶) 제1회 예상 / 고무화(ゴム靴) 및 저(底) 대지(對支)수출 상황

[녹사]

[중요경제통계]

【해설】

본호에는 조사 8건, 녹사 1건이 수록되어 있으며 말미에 중요경제통계가 첨부되어 있다.

조사 중 1번째 건은 조선 및 경성의 소주 수급에 관해 조사한 자료인데 생산고, 공장 및 원료, 무역, 경성의 수급 등을 포함하고 있다. 2번째 건은 조선의 경지면적의 2모작지, 1모작지, 전(田), 화전(火田), 소작농, 자작농 등을 각 도별로 정리한 표이다. 다음 3건은 통상적 수록 항목으로 각각 1929년도 7월 중 일본 및 외국과의 무역 개황, 경성의 품목별 상업 및 금융 현황, 조선 내 회사들에 있어서 본점 및 지점의 변동 상황을 다룬 것이다. 6번째 건은 목차에 누락되어 있으나 본문에는 기재되어 있는 내용으로 1928년 12월 중 각종 가축 및 가금의 수, 사양호수(飼養戶數)를 각 도별로 정리한 표이다. 7번째 건은 1927년도 하추잠(夏秋蠶) 생산고를 제1회 예상한 것으로 각 도별 소립매수(掃立枚數)와 예상생산고를 정리한 표이다. 8번째 건은 고무신, 깔창[底]의 대(對)중국 수출 상황을 간단히 정리한 표이다.

녹사는 8월 6일 역원회의 참석자, 안건, 회의 결과 등을 기록한 것이다.

연번	지역	연월일	자료명	호수	키워드
161	경성	1929.9	조선경제잡지	165	긴축재정, 시장거래, 속(粟), 대두, 사제염(私製鹽), 전오염(煎熬鹽), 재제염(再製鹽)

【목차】

[담총]

긴축정책과 조선 – 정무총감 아옥수웅(兒玉秀雄)

[조사]

조선에서 시장취인(取引)의 정황 / 조선 무역 개황 / 경성의 상황(商況)과 금융 / 조선의 회사 이동(異動) / 속(粟) 및 대두작(大豆作)의 예상 / 사제염(私製鹽)의 정황

[녹사]

[중요경제통계]

【해설】

본호에는 담총 1건, 조사 6건, 녹사 6건이 수록되어 있으며 말미에 중요경제통계가 첨부되어 있다.

담총 1건은 총독부 정무총감 고다마 히데오(兒玉秀雄)가 실업구락부 예회(例會) 석상에서 진행한 강연을 기록한 것으로 긴축재정은 조선민중의 정신적 진흥을 도모하기 위해 필요한 정책이라고 주장한 내용이다.

조사 중 1번째 건은 1928년도 조선의 시장 거래의 현황을 52쪽에 이르는 방대한 분량으로 상세하게 정리한 자료이다. 이 자료는 2호시장, 3호시장, 4호시장의 거래액, 이전 9년간의 추세, 각 도별 거래고, 전국 재래시장의 개시일, 농산물 수산물 직물 축산물 기타물품의 거래액 등을 망라하고 있다. 다음 3건은 통상적 수록 항목으로 각각 1929년도 8월 중 일본 및 외국과의 무역 개황, 경성의 품목별 상업 및 금융 현황, 조선 내 회사들에 있어서 본점 및 지점의 변동 상황을 다룬 것이다. 5번째 건은 1929년도 속(粟) 및 대두(大豆) 예상생산량에 대해 이전 6년간을 누년비교하고 각 도별, 작부단별, 예상고를 정리한 표이다. 6번째 건은 1928년도 사제염(私製鹽)의 정황에 대해 정리한 표이다. 이 자료는 전오염(煎熬鹽)과 재제염(再製鹽)으로 대별한 뒤 각각 주업(主業), 겸업(兼業)의 제조자 수, 염전 면적, 생산고 등을 각 도별, 일본인, 조선인으로 구분하여 정리하였다.

녹사는 8월 30일 역원회, 8월 30일 임시평의원회, 8월 31일 상업부회, 9월 2일 역원회, 9월 4일 임시평의원회, 9월 5일 역원회의 참석자, 안건, 발언 내용 등을 기록한 것이다.

연번	지역	연월일	자료명	호수	키워드
162	경성	1929.10	조선경제잡지	166	우유착취고, 연유(煉乳), 판매비료, 조선미, 면작, 하추잠(夏秋蠶)

【목차】

[조사]

조선서 우유 및 연유(煉乳), 분유의 수급 상황 / 조선 무역 개황(9월 중) / 경성의 상황(商況)과 금융(9월 중) / 조선의 회사 이동(異動)(9월 중) / 1928년 중 판매비료 수급 정황 / 1929년 제1회 미(米) 수확 예상고 / 1929년 면작(棉作) 수확 예상고 / 1929년 하추잠(夏秋蠶) 제2회 예상

[녹사]

[중요경제통계]

【해설】

본호에는 조사 8건, 녹사 2건이 수록되어 있으며 말미에 중요경제통계가 첨부되어 있다.

조사 중 1번째 건은 우유 및 연유(煉乳), 분유의 수급 상황을 분석, 정리한 자료이다. 여기에는 1926년 ~ 1928년까지 3개년 동안 우유 착취고(搾取高)의 도별 비교, 우유 연유 분유의 주요도시별 수급 상황, 소비 상황, 거래 방법 등이 파악되어 있다. 다음 3건은 통상적 수록 항목으로 각각 1929년도 9월 중 일본 및 외국과의 무역 개황, 경성의 품목별 상업 및 금융 현황, 조선 내 회사들에 있어서 본점 및 지점의 변동 상황을 다룬 것이다. 5번째 건은 1928년도 판매비료에 대해 종류별, 각 도별로 생산고와 소비고를 정리한 자료이다. 6번째 건은 1929년 미(米)의 제1회 예상수확량을 전년과 비교하며 각 도별, 작부단별로 파악한 자료이다. 7번째 건은 1929년 면작(棉作) 예상수확량을 육지면, 재래면으로 나누어 전년과 비교하며 각 도별로 파악한 자료이다. 8번째 건은 1929년 하추잠(夏秋蠶)의 제2회 예상으로 잠아(蠶兒)의 발육상황, 상엽(桑葉)의 과부족, 수견액(收繭額) 예상 등을 각 도별로 정리한 것이다.

녹사는 9월 26일 임시평의원회, 9월 9일 임시평의원회의 참석자, 안건, 발언 내용 등을 기록한 것이다.

연번	지역	연월일	자료명	호수	키워드
163	경성	1929.11	조선경제잡지	167	첩표류(疊表類), 만주속, 미(米)수확예상, 면포이입세

【목차】

[조사]

조선에서 첩표류(疊表類)의 수급 상황 / 선만(鮮滿) 속작(粟作) 예상과 만주 속(粟) 수입 예상 / 조선

무역 개황(10월 중) / 경성의 상황(商況)과 금융(10월 중) / 조선의 회사 이동(異動)(10월 중) / 제2회 조선 미(米) 수확 예상고

[담총]

면표 이입세(移入稅)에 대하여 - 궁림태사(宮林泰司)

[녹사]

[중요경제통계]

【해설】

본호에는 조사 6건, 담총 1건, 녹사 3건이 수록되어 있으며 말미에 중요경제통계가 첨부되어 있다.

조사 중 1번째 건은 조선에서 다다미류[疊表類]의 수급 상황을 조사, 분석한 자료이다. 이 자료는 최근 5년간 빙고(備後), 류큐(琉球) 각 도시의 생산 현황, 조선으로의 이입 상황, 조선에서의 수급, 거래 사정 등의 항목을 담고 있다. 2번째 건은 1929년도 선만(鮮滿) 속작(粟作) 수확 예상과 만주속(粟) 수입 예상에 관한 자료이다. 이 건은 조선 및 만주의 각 지역별, 월별 기상 상황과 그에 따른 작황 및 수확 예상, 만주속의 수입 예상 등을 다루고 있다. 다음 3건은 통상적 수록 항목으로 각각 1929년도 10월 중 일본 및 외국과의 무역 개황, 경성의 품목별 상업 및 금융 현황, 조선 내 회사들에 있어서 본점 및 지점의 변동 상황을 다룬 것이다. 6번째 자료는 11월 1일 기준으로 1929년도 미(米) 수확량을 예상한 것으로 수도(水稻), 육도(陸稻)의 각 도별 예상수확고를 전년도 실수고와 비교하며 파악하였다.

담총 1건은 미야바야시 타이지(宮林泰司)가 조선의 면포이입세(移入稅)는 직물소비세의 잔해로써 산업과 경제에 악폐를 끼치고 있으므로 폐지해야 한다고 주장하는 글이다.

녹사는 11월 9일 역원회, 11월 9일 공업부회, 11월 14일 임시평의원회의 참석자, 안건, 발언 내용 등을 기록한 것이다.

연번	지역	연월일	자료명	호수	키워드
164	경성	1929.12	조선경제잡지	168	공장현황, 온유(鰮油), 조선무역, 경성상업, 경성금융

【목차】

[조사]

조선에서 공장의 현황 / 조선에서 온유(鰮油)의 생산 상황 / 조선 무역 개황 / 경성의 상황(商況)과 금융 / 조선의 회사 이동(異動)

[녹사]

[중요경제통계]

【해설】

본호에는 조사 5건, 녹사 2건이 수록되어 있으며 말미에 중요경제통계가 첨부되어 있다.

조사 중 1번째 건은 조선의 공장 현황에 대해 52쪽에 이르는 방대한 분량으로 상세하게 정리한 자료이다. 이 자료는 먼저 공장의 자본금, 생산액, 종업원, 원동기 등을 기준으로 관공서, 일본인, 조선인, 외국인 등 경영자별 실태, 지방별 분포, 1910년 이래 누년 비교, 각 품목별 실태를 파악하였다. 이어서 전국 주요 공장의 소재지, 창업연월, 생산종목, 생산량 및 액수 등을 소개하였다. 2번째 건은 조선의 정어리 기름[鰮油] 생산 상황에 대해 조사한 자료이다. 이 자료는 먼저 이전 3 ~ 5년간 일본에서 어유(魚油)의 생산 및 수출 실태를 개관하고, 조선의 정어리 기름[鰮油] 및 기타 어유(魚油) 생산, 도시별 이출량을 정리하였다. 다음 3건은 통상적 수록 항목으로 각각 1929년도 11월 중 일본 및 외국과의 무역 개황, 경성의 품목별 상업 및 금융 현황, 조선 내 회사들에 있어서 본점 및 지점의 변동 상황을 다룬 것이다.

녹사 첫 번째 건은 12월 1일 평의원 정기 개선 결과를 일본인, 조선인으로 나누어 기록한 것이다. 2번째 건은 12월 9일 임시평의원회의 참석자, 안건, 발언 내용 등을 기록한 것이다.

연번	지역	연월일	자료명	호수	키워드
165	경성	1930.1	조선경제잡지	169	경성금융, 상품계, 녹비작물, 맥류, 공산품, 조선공장, 지가(地價)개정

【목차】

[조사]

객년 중 경성의 금융 개황 / 1929년 중의 상품계 개황 / 조선 무역 개황 / 경성의 상황(商況)과 금융 / 조선의 회사 이동(異動) / 녹비작물의 작부 단별(段別) 및 수확고 / 맥류의 실수고

[자료]

조선의 공업 상황과 그 장래에 대하여 / 경성 인천 등 시가지(市街地)의 지가(地價) 개정에 대하여

[녹사]

[중요경제통계]

【해설】

본호에는 조사 7건, 자료 2건, 녹사 4건이 수록되어 있으며 말미에 중요경제통계가 첨부되어 있다.

조사 중 1번째 건은 1929년도 금융 상황을 조사한 자료이다. 이 자료는 종류별 예금 및 대출, 은행별 금리, 조선내 및 대(對)일본 대(對)만주 대(對)외국 위체수불(爲替受拂), 종류별 어음[手形]교환을 월별로 정리하고 직업별 부도어음[不渡手形] 발행인원표를 제시하였다. 2번째 건은 1929년도 상품계 개황을 조사한 것인데, 2년간의 물가지수 월별 비교와 미(米), 대두(大豆), 속(粟), 사탕[砂糖] 등 각 상품별 월별 상장(相場)표를 제시하였다. 다음 3건은 통상적 수록 항목으로 각각 1929년도 12월 중 일본 및 외국과의 무역 개황, 경성의 품목별 상업 및 금융 현황, 조선 내 회사들에 있어서 본점 및 지점의 변동 상황을 다룬 것이다. 마지막 2건은 각각 1929년도 녹비작물의 작부단별(作付段別) 및 수확고, 맥류(麥類)의 실수고를 파악한 것이다.

자료 중 1번째 건은 조선의 공업 상황과 장래에 대해 조선은행 경성총재석 조사과에서 분석한 자료이다. 이 자료는 공산품의 소비와 수이입, 업종별 주요 공업 개황, 총독부 및 도(道)의 시설과 보조금, 공업원료, 연료 및 동력 등을 분석하고 부록으로 업태별 조선회사표, 조선공장 누년개괄표 등을 첨부하였다. 2번째 건은 시도(矢島) 경기도 재무부장이 경성, 인천, 수원, 개성 등 시가지의 지가(地價) 개정에 대해 논의한 짤막한 글이다.

녹사 중 3건은 1929년 12월 16일 역원회, 20일 역원회, 20일 임시평의원회의 참석자, 안건, 발언 내용 등을 기록한 것이다. 마지막 1건은 평의원의 배속분과를 결정한 내용이다.

연번	지역	연월일	자료명	호수	키워드
166	경성	1930.2	조선경제잡지	170	공업생산품, 경성상업, 경성금융, 조선미, 회사이동, 양잠

【목차】

[조사]

조선의 공업생산품 / 조선 무역 개황 / 경성의 상황(商況)과 금융 / 조선미(米)의 실수고 / 조선 회사의 이동(異動) / 조선의 양잠 상황

[녹사]

[중요경제통계]

【해설】

본호에는 조사 6건, 녹사 11건이 수록되어 있으며 말미에 중요경제통계가 첨부되어 있다.

조사 중 1번째 건은 1928년도 조선 공업생산품에 대해 32쪽에 걸쳐 상세하게 조사한 결과이다. 먼저 각 도별 생산액을 관영, 일본인, 조선인, 외국인으로 구별하여 파악하고, 이어서 각 품종에 따라 도별, 일본인, 조선인의 생산량(貫, 本, 箇 등), 생산액(円), 호수(戶數) 등을 표로 제시하였다. 다음 1건은 통상적 수록 항목으로 각각 1930년도 1월 중 일본 및 외국과의 무역 개황, 경성의 품목별 상업 및 금융 현황을 다룬 것이다. 4번째 건은 1929년도 조선미(米)의 실수고에 대해 작부단별, 수확고, 누년비교, 지방별로 정리한 표이다. 5번째 건은 통상적 수록 항목으로 조선 내 회사들에 있어서 본점 및 지점의 변동 상황을 다룬 것이다. 6번째 건은 1929년도 양잠 상황을 분석하고 지방별 춘잠(春蠶) 추잠(秋蠶)의 사양호수(飼養戶數), 소립매수(掃立枚數), 산견액(山繭額)과 양잠통계 누년비교를 제시하였다.

녹사는 1월 8일 역원회, 8일 임시평의원회, 11일 상업부회, 17일 공업부회, 18일 역원회, 18일 정기평의원회, 22일 교통운수부회, 22일 상업부회, 25일 공업부회, 29일 교통운수부회의 참석자, 안건, 발언 내용, 1930년도 세입출 예산 등을 기록한 것이다. 그리고 1월 16일에 임명된 특별평의원의 명단이 실려 있다.

연번	지역	연월일	자료명	호수	키워드
167	경성	1930.3	조선경제잡지	171	미두(米豆)검사, 입(叺)검사, 도수(屠獸)상황, 무역개황

【목차】

[조사]

조선 미두(米豆)의 검사 상황 / 조선 무역 개황(2월 중) / 조선의 회사 이동(異動)(2월 중) / 경성의

상황(商況)과 금융(2월 중) / 1928년도 입(叺)의 검사 성적 / 1928년 중의 도수(屠獸) 상황
[자료]
1929년 중의 무역 개황 / 경제일지(1월 및 2월 중)
[녹사]
[중요경제통계]

【해설】

본호에는 조사 6건, 자료 2건, 녹사 10건이 수록되어 있으며 말미에 중요경제통계가 첨부되어 있다.

조사 중 1번째 건은 1928년 11월 ~ 1929년 10월 사이의 1년간 미곡 및 대두(大豆)의 검사 실적을 개관하고 각 도별, 품종별, 등급별 검사 성적을 표로 제시한 자료이다. 다음 3건은 통상적 수록 항목으로 각각 1930년도 2월 중 일본 및 외국과의 무역 개황, 조선 내 회사들에 있어서 본점 및 지점의 변동 상황, 경성의 품목별 상업 및 금융 현황을 다룬 것이다. 5번째 건은 1928년도 가마니[叺]의 검사 성적에 대해 누년비교표, 각 도별 곡용 가마니[穀用叺], 염용 가마니[鹽用叺], 비료용 가마니[肥料用叺]의 검사성적표를 제시하였다. 6번째 건은 1928년도 도장(屠場) 및 도축(屠畜) 상황을 각 도별, 종류별로 파악하여 제시한 표이다.

자료 중 1번째 건은 1929년도 무역에 대해 10쪽에 걸쳐 상세하게 파악, 제시한 것이다. 이 자료는 무역 상대국을 외국, 만주, 일본으로 대별하고 각각의 월별, 항구별, 주요 수출품, 주요 수입품과 최근 10년간 추세를 분석하였다. 2번째 건은 1930년 1월과 2월에 경성과 조선 전국에서 발생한 경제관련 주요 사건과 일본 및 외국과의 관련 내용을 일자별로 기록한 경제일지이다.

녹사는 1월 24일 임시평의원회, 2월 7일 역원회, 2월 20일 역원회, 2월 24일 역원회, 2월 24일 임시평의원회, 3월 6일 상업부회, 3월 8일 상업부회, 3월 11일 상업부회, 3월 13일 상업부회, 3월 29일 역원회의 참석자, 안건, 회의 내용 등을 기록한 것이다.

연번	지역	연월일	자료명	호수	키워드
168	경성	1930.4	조선경제잡지	172	대만(臺灣), 가잠견(家蠶繭), 승입연(繩叺筵), 염매팔인(鹽賣捌人)규정, 이입세

【목차】

[조사]
조선 대만(臺灣)간의 중요 물산 취인(取引)에 대하여 / 조선 무역 개황(3월 중) / 경성의 상황(商況) 및 금융 / 조선 회사의 이동(異動)(3월 중) / 1929년도 조선의 가잠견(家蠶繭) 판매 상황 / 승입연(繩叺筵) 제조고 / 1929년 중 상품 견본 설명의 이용 수(數)
[자료]

염(鹽)의 수이입(輸移入) 관리와 매팔인(賣捌人) 규정의 제정 / 고무저화등용(ゴム底靴等用) 면포의 이입세(移入稅) 면제 / 경제일지

[녹사]

[중요경제통계]

【해설】

본호에는 조사 7건, 자료 3건, 녹사 6건이 수록되어 있으며 말미에 중요경제통계가 첨부되어 있다.

조사 중 1번째 건은 경성상업회의소 시찰단이 대만을 방문하여 현지의 산업, 무역 상태, 개선책 등을 상세하게 조사한 결과 보고서이다. 이 자료는 조선-대만 간의 무역 개관, 조선에서 이출된 주요 물품, 대만에서 수입된 주요 물품 등을 분석하고 있다. 다음 3건은 통상적 수록 항목으로 각각 1930년도 3월 중 일본 및 외국과의 무역 개황, 경성의 품목별 상업 및 금융 현황, 조선 내 회사들에 있어서 본점 및 지점의 변동 상황을 다룬 것이다. 5번째 건은 1929년도 가잠견(家蠶繭) 판매 상황, 누년비교, 견(繭)이출 누년비교를 13쪽에 걸쳐 상세하게 제시한 표이고, 6번째 건은 1928년 11월 ~ 1929년 10월 사이 승입연(繩叺筵)의 지방별 제조고, 누년비교를 제시한 표이다. 7번째 건은 1929년도 상품견본 증명의 이용 수(數)를 철도선별로 정리한 것이다.

자료 중 1번째 건은 1930년 3월 1일 제정된 〈염(鹽)의 수이입(輸移入)에 관한 건〉, 3월 31일에 공시된 〈염매팔인(鹽賣捌人) 규정〉을 게시한 것이다. 2번째 건은 1930년 4월 7일부터 시행된 고무저화등용(ゴム底靴等用) 면포의 이입세(移入稅) 면제에 관한 총독부령을 게시한 것이다. 3번째 건은 1930년 3월에 경성과 조선 전국에서 발생한 경제관련 주요 사건과 일본 및 외국과의 관련 내용을 일자별로 기록한 경제일지이다.

녹사는 3월 25일 임시평의원회, 3월 25일 금융부회, 4월 9일 역원회, 4월 12일 교통운수부회, 4월 16일 역원회, 4월 16일 임시평의원회의 참석자, 안건, 회의 내용 등을 기록한 것이다.

연번	지역	연월일	자료명	호수	키워드
169	경성	1930.5	조선경제잡지	173	화물이동, 경성상업, 경성금융, 회사이동, 조선상공회의소령

【목차】

[조사]

1929년 중 철도에서 본 경성의 화물 이동 상황 / 조선 무역 개황(4월 중) / 경성의 상황(商況)과 금융 (4월 중) / 조선의 회사 이동(異動) (4월 중)

[자료]

경제일지(4월 중) / 조선상공회의소령(朝鮮商工會議所令)

[녹사]
역원회
[중요경제통계]

【해설】
본호에는 조사 4건, 자료 2건, 녹사 7건이 수록되어 있으며 말미에 중요경제통계가 첨부되어 있다.
조사 중 1번째 건은 1929년도 경성역, 용산역, 왕십리역, 청량리역 등 경성의 화물 이동상황을 18쪽에 이르는 분량으로 상세하게 조사한 자료이다. 이 자료는 각 역별 도착 화물의 월별, 품목별 톤수를 정리한 표, 주요 물품별 상황에 대한 기술, 물품별·발송역별 도착표, 도착지별 발송표를 포함하고 있다. 다음 3건은 통상적 수록 항목으로 각각 1930년도 4월 중 일본 및 외국과의 무역 개황, 경성의 품목별 상업 및 금융 현황, 조선 내 회사들에 있어서 본점 및 지점의 변동 상황을 다룬 것이다.
자료 중 1번째 건은 1930년 4월에 경성과 조선 전국에서 발생한 경제관련 주요 사건과 일본 및 외국과의 관련 내용을 일자별로 기록한 경제일지이다. 2번째 건은 1930년 5월 10일 제령(制令) 제5호로 공포된 〈조선상공회의소령(朝鮮商工會議所令)〉을 게재한 것이다.
녹사는 4월 21일 임시평의원회, 4월 26일 상업공업합의부회, 4월 28일 역원회, 5월 2일 역원회, 5월 2일 임시평의원회, 5월 15일 역원회, 5월 19일 역원회의 참석자, 안건, 결의안 등을 기록한 것이다.

연번	지역	연월일	자료명	호수	키워드
170	경성	1930.6	조선경제잡지	174	납촉(蠟燭), 조선미, 단사(簞笥), 총독부추가예산, 소매상제도개선안

【목차】
[조사]
조선에서 납촉(蠟燭)의 수급 상황 / 1929년 중 조선 미(米)의 수이출(輸移出) 사향지별(仕向地別) 조(調) / 조선 무역 개황 / 경성의 상황(商況)과 금융 / 조선의 회사 이동(異動) / 조선 단사(簞笥)에 대하여
[자료]
조선총독부 추가 예산 / 상공심의안(商工審議案) 답신(答申)의 소매제도 개선방책 / 조선 정기항로 일람표. 경제일지(6월 중)
[녹사]
[중요경제통계]

【해설】

본호에는 조사 6건, 자료 4건, 녹사 9건이 수록되어 있으며 말미에 중요경제통계가 첨부되어 있다.

조사 중 1번째 건은 조선에서 납촉(蠟燭)의 수급 상황을 조사한 것으로 일본의 생산 상황, 조선의 공급 및 수이입 상황, 주요 도시별 소비 상황을 소개하고 있다. 2번째 건은 1929년도 조선미(米)의 수이출에 대해 도착지별로 조사한 자료이다. 여기에서는 일본 및 중국 각 지역별로 현미, 정미, 쇄미(碎米), 인(籾) 등의 수이출량을 표로 제시하였다. 다음 3건은 통상적 수록 항목으로 각각 1930년도 5월 중 일본 및 외국과의 무역 개황, 경성의 품목별 상업 및 금융 현황, 조선 내 회사들에 있어서 본점 및 지점의 변동 상황을 다룬 것이다. 6번째 건은 장롱[簞笥]의 생산 실태를 파악한 간략한 자료인데, 각 품목별로 1인이 1개월에 생산하는 수, 일좌(一座)의 공임(工賃), 가격 등을 소개하였다.

자료 중 1번째 건은 1930년도 총독부 추가예산을 게재한 것이다. 2번째 건은 상공심의회(商工審議會)에서 보내온 해외무역진흥책, 석탄석유 및 대용연료 국책(國策), 소매상제도 개선안 중 〈소매상제도 개선안〉을 게재한 것이다. 3번째 건은 1930년 4월 1일 정기항로표를 조선총독부령 항로, 일본관청및지방청명령 항로, 관공영 항로, 자영 항로 등으로 나누고 각각 일본 및 외국항로, 연안항로별로 정리한 자료이다. 4번째 건은 1930년 5월에 경성과 조선 전국에서 발생한 경제관련 주요 사건과 일본 및 외국과의 관련 내용을 일자별로 기록한 경제일지이다.

녹사 중 7건은 5월 22일 역원회, 5월 22일 정기평의원회, 6월 5일 역원회, 6월 14일 역원회, 6월 14일 임시평의원회, 6월 14일 역원회, 6월 14일 임시평의원회의 참석자, 안건 등을 기록한 것이다. 2건은 1929년도 세입출 결산, 1929년도 경성상업회의소 사업성적을 기록한 것이다.

연번	지역	연월일	자료명	호수	키워드
171	경성	1930.7	조선경제잡지	175	상점, 상품출하통제, 석분(石粉), 춘잠, 국산품애용구제책

【목차】

[담총]

허(噓)와 진(眞) - 관승미(關勝彌) / 선상품(鮮商品) 생산 출하의 통제 - 송포영재(松浦瑛哉)

[조사]

조선에서 석분(石粉)의 수급 상황 / 1930년 춘잠(春蠶) 제2회 예상 / 조선 무역 개황(6월 중) / 조선의 회사 이동(異動)(6월 중) / 경성의 금융과 상황(商況)(6월 중)

[자료]

경제일지(6월 중) / 임시 산업심의회의 국산품 애용에 관한 답신(答申) / 상공성(商工省)의 국산품 애용 구체책(具體策) / 국산품에 적합한 품목들

[녹사]

[중요경제통계]

【해설】

본호에는 담총 2건, 조사 5건, 자료 4건, 녹사 5건이 수록되어 있으며 말미에 중요경제통계가 첨부되어 있다.

담총 중 1번째 건은 경성구호회(京城救護會)의 관승미(關勝彌)가 상점들이 번창하기 위해서는 신용, 친절, 상품에 대한 사랑이 중요하며, 백화점에 대항하여 소매상인들이 합동할 것을 주장한 글이다. 2번째 건은 조선물산협회 상무이사 송보영재(松浦瑛哉)가 조선 산업을 구원하는 것은 생산, 출하를 통제하는 것이라고 주장한 글이다.

조사 중 1번째 건은 조선에서 석분(石粉)의 수급 상황을 조사한 자료인데 여기에는 석분의 생산, 무역, 소비 상황, 거래 사정 등이 담겨 있다. 2번째 건은 1930년도 춘잠(春蠶) 예상수확을 6월 1일에 파악한 자료이다. 다음 3건은 통상적 수록 항목으로 각각 1930년도 6월 중 일본 및 외국과의 무역 개황, 조선 내 회사들에 있어서 본점 및 지점의 변동 상황, 경성의 품목별 상업 및 금융 현황을 다룬 것이다.

자료 중 1번째 건은 1930년 6월에 경성과 조선 전국에서 발생한 경제관련 주요 사건과 일본 및 외국과의 관련 내용을 일자별로 기록한 경제일지이다. 2번째 건은 임시산업심의회에서 보내온 '국산품애용에 철저를 기하기 위한 방책은 무엇인가'라는 자문에 대해 특별위원회에서 작성한 답신이다. 3번째 건은 상공성(商工省)의 〈국산품 애용 구체책(具體策)〉을 게재한 것이다. 4번째 건은 국산품에 적합한 품목, 수출국, 수량, 가액(價額)을 정리한 표이다.

녹사는 7월 5일 교통운수부회, 7월 5일 임시평의원회, 7월 10일 역원회, 7월 17일 임시평의원회, 7월 26일 역원회의 참석자, 안건 등을 기록한 것이다.

연번	지역	연월일	자료명	호수	키워드
172	경성	1930.8	조선경제잡지	176	중소상인, 경성불황, 화물출입, 주식, 수형교환고(手形交換高), 공업산품

【목차】

[담총]

중소상인을 어떻게 볼 것인가? - 궁림태사(宮林泰司)

[조사]

통계로 본 경성의 불황 개황 / 조선 무역 개황(7월 중) / 경성의 금융과 상황(商況)(7월 중) / 조선의 회사 이동(異動)(7월 중) / 1929년 중 선내(鮮內) 공업산품의 수급 상황

[자료]

경제일지(7월 중)

[녹사]

[중요경제통계]

【해설】

본호에는 담총 1건, 조사 5건, 자료 1건, 녹사 7건이 수록되어 있으며 말미에 중요경제통계가 첨부되어 있다.

담총 1건은 미야바야시 타이지(宮林泰司)가 중소상인들이 불황을 타개하기 위해서는 상업회의소를 중심으로 공동방면에서 노력이 필요하다는 등을 언급한 글이다.

조사 중 1번째 건은 경성의 불황에 대해 통계수치를 제시하며 분석한 자료이다. 이 자료는 화물의 출입상황, 물가의 하락, 주식계의 불황, 어음교환고[手形交換高]의 감소, 사업계의 부진 등으로 구성되어 있다. 다음 3건은 통상적 수록 항목으로 각각 1930년도 7월 중 일본 및 외국과의 무역 개황, 경성의 품목별 상업 및 금융 현황, 조선 내 회사들에 있어서 본점 및 지점의 변동 상황을 다룬 것이다. 5번째 건은 총독부에서 1929년도 선내(鮮內) 공업산품의 수급을 조사한 것으로 각 품목별 수이입액, 수이출액을 표로 정리하였다.

자료 1건은 1930년 7월에 경성과 조선 전국에서 발생한 경제관련 주요 사건과 일본 및 외국과의 관련 내용을 일자별로 기록한 경제일지이다.

녹사는 7월 26일 임시평의원회, 8월 1일 공업부회, 8월 13일 공업부회, 8월 18일 역원회, 8월 20일 임시평의원회, 8월 25일 역원회, 8월 25일 임시평의원회의 참석자, 안건 등을 기록한 것이다.

연번	지역	연월일	자료명	호수	키워드
173	경성	1930.9	조선경제잡지	177	국산품애용, 만주산곡물, 경성상업, 경성금융, 회사이동

【목차】

[담총]

국산품의 애용에 대하여 -재등실(齋藤實) / 국산품 애용과 국민의 자각 - 아옥수웅(兒玉秀雄) / 국산품의 애용 운동 - 송촌송성(松村松盛)

[조사]

만주산 주요 곡물의 조선 수입 상황 / 조선 무역 개황(8월 중) / 경성의 상황(商況)과 금융(8월 중) / 조선의 회사 이동(異動)(8월 중)

[자료]

중개상인은 어떻게 되나?

경제일지(8월 중)

[녹사]

[중요경제통계]

【해설】

본호에는 담총 3건, 조사 4건, 자료 2건, 녹사 5건이 수록되어 있으며 말미에 중요경제통계가 첨부되어 있다.

담총 3건은 조선총독부 총독 및 관료들이 국산품 애용을 독려하는 짤막한 글들이다. 1번째 건은 총독 사이토 마코토(齋藤實)가 불황 대책으로 국산품 애용을 강조하며 최근 22억원의 수입품 중 6억원 상당의 물품은 국산품으로 대용이 가능하다는 점을 들고 있다. 2번째 건은 정무총감 고다마 히데오(兒玉秀雄)가 일반인들에게 국산품 애용의 정신을 보급해야 함을 언급하고 있다. 3번째 건은 식산국장 마츠무라 마츠모리(松村松盛)가 조선산업의 앞날을 위해 조선산품의 애용을 고조시켜야 한다고 주장하고 있다.

조사 중 1번째 건은 만주산 미(米), 속(粟), 대두(大豆), 고량(高粱) 등 곡물류의 수입 상황을 소개하며 각 곡물마다 이전 5년 ~ 14년 기간의 누년비교표를 제시하고 있다. 다음 3건은 통상적 수록 항목으로 각각 1930년도 8월 중 일본 및 외국과의 무역 개황, 경성의 품목별 상업 및 금융 현황, 조선 내 회사들에 있어서 본점 및 지점의 변동 상황을 다룬 것이다.

자료 중 1번째 건은 국내외적 불경기 속에서 물가가 하락하고 있는 1930년에 긴축과 합리화가 경제계의 화두임을 지적하며 중개상인의 향방을 논의한 글이다. 2번째 건은 1930년 8월에 경성과 조선 전국에서 발생한 경제관련 주요 사건과 일본 및 외국과의 관련 내용을 일자별로 기록한 경제일지이다.

녹사는 9월 11일 상업부회, 9월 12일 역원회, 9월 17일 임시평의원회, 9월 25일 역원회, 9월 29일 임시평의원회의 참석자, 안건 등을 기록한 것이다.

연번	지역	연월일	자료명	호수	키워드
174	경성	1930.10	조선경제잡지	178	국산품애용, 조선미가(米價), 농업자금, 곡물수입제한, 조선무역, 회사이동

【목차】

[담총]

국산 애용에 대하여 - 송촌송성(松村松盛)

[조사]

내지 및 조선의 미가(米價) 대책에 대하여 / 조선 무역 개황(9월 중) / 경성의 상황(商況)과 금융(9월 중) / 조선의 회사 이동(異動)(9월 중)

[자료]

경제일지(9월 중) / 경성 생산품 전시회 보고 / 경성 전기요금 치하(値下)

[녹사]

[중요경제통계]

【해설】

본호에는 담총 1건, 조사 4건, 자료 3건, 녹사 2건이 수록되어 있으며 말미에 중요경제통계가 첨부되어 있다.

담총 1건은 총독부 식산국장 마츠무라 마츠모리(松村松盛)가 9월 22일에 상업회의소가 개최한 강연회에서 국산 애용에 대하여 논의한 것이다. 이 자료는 국산품을 애용하면 국가산업이 진흥되고 국가산업이 진흥되면 국제수지가 개선되는 점을 역설하는 내용을 담고 있다.

조사 중 1번째 건은 일본 및 조선의 미가(米價) 대책에 대하여 분석한 자료이다. 이 자료는 농가에 응급자금을 융통할 것, 정부에서 대량으로 매수할 것, 외국 곡물의 수입 제한과 관세 인상, 농업자금 상환 기한 연기 등을 논의하고 있다. 다음 3건은 통상적 수록 항목으로 각각 1930년도 9월 중 일본 및 외국과의 무역 개황, 경성의 품목별 상업 및 금융 현황, 조선 내 회사들에 있어서 본점 및 지점의 변동 상황을 다룬 것이다.

자료 중 1번째 건은 1930년 9월에 경성과 조선 전국에서 발생한 경제관련 주요 사건과 일본 및 외국과의 관련 내용을 일자별로 기록한 경제일지이다.

녹사는 10월 9일 역원회, 10월 11일 임시평의원회의 참석자, 안건 등을 기록한 것이다.

연번	지역	연월일	자료명	호수	키워드
175	경성	1930.11	조선경제잡지	179	일본상품, 국산품애용, 유기(鍮器), 밀감, 미(米)수확예상, 조선상공회의소령시행규칙, 상공조합, 실업단체

【목차】

[담총]

세계시장에서 일본 상품 - 가정진남(佳井辰男) / 아국(我國) 경제계의 과거 및 현재 - 식야동(植野勳)

[조사]

조선 유기(鍮器)에 대하여 / 밀감(蜜柑)의 수급 상황 / 조선 무역 개황(10월 중) / 경성의 상황(商況)과 금융(10월 중) / 조선의 회사 이동(異動)(10월 중) / 조선 미(米)의 제2회 수확 예상

[자료]

조선상공회의소령 시행규칙 제정 / 경성상공조합 및 실업관계단체 일람표 / 경제일지

[녹사]

[중요경제통계]

【해설】

본호에는 담총 2건, 조사 6건, 자료 2건, 녹사 10건이 수록되어 있으며 말미에 중요경제통계가 첨부

되어 있다.

담총 중 1번째 건은 미쓰이(三井)물산 경성지점장 가정진남(佳井辰男)이 세계시장에 있어서 일본 상품과 일본 무역의 현 상황에 대해 강연한 것이다. 2번째 건은 조선식산은행 이사 식야동(植野勳)이 일본 경제계의 과거 및 현재에 대해 강연한 것으로 현 상황을 타개하기 위해 국산품 애용을 강조하고 있다.

조사 중 1번째 건은 조선 유기(鍮器)에 대하여 조사한 자료이다. 이 자료는 제조업자와 소매업자 명단, 주요 물품별 협정 가격, 최근 3년간 각 도별 생산업자 생산액 호수, 품목별 공임(工賃) 등에 관한 표를 포함하고 있다. 2번째 건은 밀감(蜜柑)의 수급 상황을 조사한 것으로 1930년도 일본 각 지방별 생산량을 작년 및 평년과 대비한 표, 1930년 11월 중순 경성의 밀감 시세표를 제시하고 있다. 다음 3건은 통상적 수록 항목으로 각각 1930년도 10월 중 일본 및 외국과의 무역 개황, 경성의 품목별 상업 및 금융 현황, 조선 내 회사들에 있어서 본점 및 지점의 변동 상황을 다룬 것이다. 6번째 건은 1930년도 11월 1일자에 예상한 미(米) 수확량을 19,249,719석(石)으로 파악한다는 자료이다.

자료 중 1번째 건은 1930년 11월 25일부터 시행되는 〈조선상공회의소령 시행규칙〉을 게재한 것이고, 2번째 건은 11월 현재 경성에 소재하는 상공조합 및 실업단체를 망라한 표이다. 3번째 건은 1930년 10월에 경성과 조선 전국에서 발생한 경제관련 주요 사건과 일본 및 외국과의 관련 내용을 일자별로 기록한 경제일지이다.

녹사는 10월 24일 역원회, 10월 27일 임시평의원회, 11월 6일 공업부회, 11월 7일 상업부회, 11월 8일 역원회, 11월 12일 역원회, 11월 14일 임시평의원회, 11월 14일 공업부회, 11월 17일 역원회, 11월 25일 역원회의 참석자, 안건, 결의 내용 등을 기록한 것이다.

연번	지역	연월일	자료명	호수	키워드
176	경성	1930.12	조선경제잡지	180	점두(店頭)장식, 일본물가, 전력수급, 경성상업, 경성금융, 회사이동

【목차】

[담총]

점두(店頭) 장식에 대하여 – 산형정지(山形靜智) / 상품 상장(上場)이 어디를 향하고 있는가? – 궁림태사(宮林泰司)

[조사]

경성의 전력 수급 개황 / 조선 무역 개황(11월 중) / 경성의 상황(商況)과 금융(11월 중) / 조선의 회사 이동(異動)(11월 중)

[자료]

경제일지(11월 중)

[중요경제통계]

【해설】

본호에는 담총 2건, 조사 4건, 자료 1건이 수록되어 있으며 말미에 중요경제통계가 첨부되어 있다.

담총 2건은 10월 21일부터 5일간 진행된 상업강습회 중 첫째날 강습의 요목을 속기한 것이다. 1번째 건은 경성고등공업학교 교수 산형정지(山形靜智)가 상점의 장식, 진열 방식 및 법칙 등을 중심으로 행한 강연이다. 2번째 건은 경성 사상(卸商)연맹회장 미야바야시 타이지(宮林泰司)가 세계적 불황 속에서 일본 물가가 어떻게 움직이고 있으며 경제계가 어떤 식으로 전개될 것인지를 피력한 강연이다.

조사 중 1번째 건은 경성의 전력 수요를 개관한 것으로 1918년 이래 전력 수요의 추세, 전력공급의 킬로와트 및 요금, 1929년 말 업종별 동력기 수와 마력 수, 1930년 5월 업태별 사용동력 및 마력 등을 제시하고 있다. 다음 3건은 통상적 수록 항목으로 각각 1930년도 11월 중 일본 및 외국과의 무역 개황, 경성의 품목별 상업 및 금융 현황, 조선 내 회사들에 있어서 본점 및 지점의 변동 상황을 다룬 것이다.

자료 1건은 1930년 11월에 경성과 조선 전국에서 발생한 경제관련 주요 사건과 일본 및 외국과의 관련 내용을 일자별로 기록한 경제일지이다.

연번	지역	연월일	자료명	호수	키워드
177	경성	1931.1	조선경제잡지	181	경성금융, 조선무역, 물가지수대조표, 주식상장표, 경성금융

【목차】

[조사]

작년 중 경성의 금융 / 작년 중 경성의 상황(商況) / 조선 무역 개황(12월 중) / 경성의 상황(商況)과 금융(12월 중)

[자료]

경제일지(12월 중)

[녹사]

[중요경제통계]

【해설】

본호에는 조사 4건, 자료 1건, 녹사 3건이 수록되어 있으며 말미에 중요경제통계가 첨부되어 있다.

조사 중 1번째 건은 1930년도 경성의 금융에 대해 조사한 자료이다. 이 자료는 경성 금융계의 추이를 월별로 기술하고 조합, 은행의 월별 금리, 대출, 금리, 위체수불(爲替受拂), 증서종류별 교환고, 어음교환[手形交換], 부도어음[不渡手形] 발행고, 경성취인소 출래고[京取出來高] 등을 표로 제시하였다. 2번째 건은 1930년도 경성의 상황(商況)을 조사한 것이다. 이 자료는 각 월별 물가지수대조표, 주식상장표를 제시하고 미(米), 대두(大豆), 사당(砂糖), 맥분(麥粉), 면사포(棉絲布)에 대한 각각의 상황(商況)을 기술하고 해당 품목의 월별 상장표(相場表)를 제시하고 있다. 다음 2건은 통상적 수록 항목으로 각각 1930년도 12월 중 일본 및 외국과의 무역 개황, 경성의 품목별 상업 및 금융 현황을 다룬 것이다.

자료 1건은 1930년 12월에 경성과 조선 전국에서 발생한 경제관련 주요 사건과 일본 및 외국과의 관련 내용을 일자별로 기록한 경제일지이다.

녹사는 1930년 11월 25일 의원총회, 1931년 1월 16일 역원회, 1930년 12월 18일 의원총회의 참석자, 안건 발언 내용 등을 기록한 것이다.

연번	지역	연월일	자료명	호수	키워드
178	경성	1931.2	조선경제잡지	182	조선무역, 경성상업, 경성금융, 회사이동, 미(米)실수고, 경성상공회의소정관, 경성상공회의소세입출예산

【목차】

[조사]

조선 무역 개황(1월 중) / 경성의 상황(商況)과 금융(1월 중) / 조선의 회사 이동(異動)(12월 및 1월 중) / 조선 미(米)의 실수고 / 조선 간이생명보험 개황

[자료]

1931년 중 조선 무역 개황 / 경제일지(1월 중) / 경성상공회의소 정관(定款) / 당(當) 회의소 1931년 세입출(歲入出) 예산

[녹사]

[중요경제통계]

【해설】

본호에는 조사 5건, 자료 4건, 녹사 12건이 수록되어 있으며 말미에 중요경제통계가 첨부되어 있다.

조사 중 1번째부터 3번째 자료는 통상적 수록 항목으로 각각 1931년도 1월 중 일본 및 외국과의 무역 개황, 경성의 품목별 상업 및 금융 현황, 1930년 12월 및 1931년 1월 조선 내 회사들에 있어서 본점 및 지점의 변동 상황을 다룬 것이다. 4번째 건은 1930년도 조선미(朝鮮米)의 실수고를 조사한 것으로 작부단별, 수확고를 1926년 이래 누년비교하고 각 도별 실태를 표로 제시한 자료이다. 5번째 건은 목차에는 없으나 본문에 게재된 것으로 1929년 10월부터 실시된 간이생명보험의 각 도별 계약 건수, 보험요금, 보험계약고, 1건당 평균 등을 표로 제시한 자료이다.

자료 중 1번째 건은 1930년도 조선의 무역에 대해 17쪽에 걸쳐 상세하게 분석한 자료이다. 이 자료는 조선의 대(對)외국 및 일본 무역을 개관하고 외국무역, 중국무역, 일본무역으로 나누어 항구별, 월별, 주요 수이출품을 소개하고 있다. 2번째 건은 1931년 1월에 경성과 조선 전국에서 발생한 경제관련 주요 사건과 일본 및 외국과의 관련 내용을 일자별로 기록한 경제일지이다. 3번째 건은 경성상공회의소 정관(定款)을 게재한 것이다. 4번째 건은 1931년도 경성상공회의소 세입출(歲入出) 예산을 게재한 자료이다.

녹사는 1월 21일 의원총회, 1월 21일 역원회, 1월 23일 상업부회, 1월 26일 역원회, 1월 26일 의원총회, 1월 27일 역원회, 1월 28일 의원총회, 1월 29일 의원총회, 2월 2일 역원회, 2월 9일 의원총회, 2월 10일 역원회, 2월 16일 의원총회의 참석자, 안건, 회의 결과 등을 기록한 것이다.

연번	지역	연월일	자료명	호수	키워드
179	경성	1931.3	조선경제잡지	183	상공조합, 본견포(本絹布), 인견포(人絹布), 산업진흥책, 국세영업세

【목차】

[조사]

경성의 상공조합 / 선인간(鮮人間) 본견포(本絹布) 인견포(人絹布) 이입(移入) 상황 / 조선 무역 개황

(2월 중) / 경성의 상황(商況)과 금융(2월 중) / 조선의 회사 이동(異動)(2월 중)
[자료]
산업개선과 생활개선 / 경제일지(2월 중) / 국세, 영업세 제도 개정 요강
[중요경제통계]

【해설】

본호에는 조사 5건, 자료 3건이 수록되어 있으며 말미에 중요경제통계가 첨부되어 있다.

조사 중 1번째 건은 경성의 상공조합에 대해 조사한 자료이다. 이 자료는 일본의 상공조합, 상업조합법안 요강, 공업조합법안 요강을 제시한 뒤 경성의 각 조합마다 진행하고 있는 현재의 사업, 계획 중인 사업을 기술하고 조합의 활용, 공동출자에 의한 공동 사입(仕入) 등으로 마무리짓고 있다. 2번째 건은 1930년에 조선으로 이입된 본견포(本絹布), 인견포(人絹布), 경견위인견포(經絹緯人絹布), 인견면교직포(人絹綿交織布)에 대해 세부품목별, 도시별로 정리한 자료이다. 다음 3건은 통상적 수록 항목으로 각각 1931년도 2월 중 일본 및 외국과의 무역 개황, 경성의 품목별 상업 및 금융 현황, 조선 내 회사들에 있어서 본점 및 지점의 변동 상황을 다룬 것이다.

자료 중 1번째 건은 대판(大阪)상공회의소 산업무역진흥위원회 및 산업진흥연구회에서 공동 입안하여 발표한 산업진흥책 제2집 〈산업개선과 생활개선〉을 게재한 것이다. 2번째 건은 1931년 2월에 경성과 조선 전국에서 발생한 경제관련 주요 사건과 일본 및 외국과의 관련 내용을 일자별로 기록한 경제일지이다. 3번째 건은 국세영업세 제도 개정 요강을 소개한 것으로 과세외(課稅外)의 범위 확장, 과세율의 저감 등 영업자의 부담을 경감, 완화시킨다는 내용을 담고 있다.

연번	지역	연월일	자료명	호수	키워드
180	경성	1931.4	조선경제잡지	184	조선회사, 조선무역, 경성상업, 경성금융, 회사이동, 특허출원, 실용신안등록

【목차】
[조사]
조선의 회사 수와 그 자본액 / 조선 무역 개황(3월 중) / 경성의 상황(商況)과 금융(3월 중) / 조선의 회사 이동(異動)(3월 중)
[자료]
특허 출원 심득(心得) / 실용신안등록 출원 심득(心得) / 경제일지(3월 중)
[녹사]
[중요경제통계]

【해설】

본호에는 조사 4건, 자료 3건, 녹사 12건이 수록되어 있으며 말미에 중요경제통계가 첨부되어 있다.

조사 중 1번째 건은 1930년 말 조선의 회사 수와 자본액에 대해 12쪽에 걸쳐 상세하게 조사한 자료이다. 여기에서는 각 도별, 업종별, 회사형태별(주식회사, 합자회사, 합명회사)로 구분하여 각각의 회사 수, 자본금을 표로 제시하고 있다. 다음 3건은 통상적 수록 항목으로 각각 1931년도 3월 중 일본 및 외국과의 무역 개황, 경성의 품목별 상업 및 금융 현황, 조선 내 회사들에 있어서 본점 및 지점의 변동 상황을 다룬 것이다.

자료 중 1번째 건은 특허 출원과 관련된 전반적 지식을 소개한 것이다. 여기에는 특허를 받을 수 있는 사람, 특허를 받아야 할 발명과 받을 수 없는 발명, 출원의 수속, 출원 중의 주의 사항, 출원 공고에 관한 사항이 담겨 있다. 2번째 건은 실용신안등록 출원에 관한 내용으로 발명과 실용실안의 구별, 등록받을 수 있는 실용신안 등을 설명하고 있다. 1931년 3월에 경성과 조선 전국에서 발생한 경제관련 주요 사건과 일본 및 외국과의 관련 내용을 일자별로 기록한 경제일지이다.

녹사는 3월 13일 역원회, 3월 18일 역원회, 3월 23일 의원총회, 3월 28일 역원회, 3월 28일 의원총회, 4월 1일 역원회, 4월 4일 의원총회, 4월 10일 역원회, 4월 11일 의원총회, 4월 15일 역원회, 4월 15일 의원총회, 4월 21일 역원회의 참석자, 안건, 회의 내용 등을 기록한 것이다.

연번	지역	연월일	자료명	호수	키워드
181	경성	1931.5	조선경제잡지	185	화물이동, 선미(鮮米)수이출, 녹비재배, 면(棉)수확고, 상표등록, 의장등록

【목차】

[조사]

철도에서 본 1931년 중 경성 화물 이동 상황 / 조선 무역 개황(4월 중) / 경성의 상황(商況)과 금융(4월 중) / 조선의 회사 이동(異動)(4월 중) / 사향지별(仕向地別) 선미(鮮米) 수이출 상황(1930년 중) / 녹비의 재배 상황(1930년 중) / 1930년의 면(棉) 수확고

[자료]

경제일지(4월 중) / 상표등록 출원 심득(心得) / 의장등록 출원 심득(心得)

[녹사]

[중요경제통계]

【해설】

본호에는 조사 7건, 자료 3건, 녹사 9건이 수록되어 있으며 말미에 중요경제통계가 첨부되어 있다.

조사 중 1번째 건은 1931년도에 철도를 통해 이동한 경성의 화물에 대해 23쪽에 이르는 분량으로

상세하게 정리한 자료이다. 이 자료는 경성, 용산, 청량리, 왕십리 4개 역에서 매월 발송, 도착한 화물의 세부 품목별 톤수를 표로 제시하였는데, 도착화물 총량은 789,987톤이고 발송화물 총량은 718,892톤이다. 다음 3건은 통상적 수록 항목으로 각각 1931년도 4월 중 일본 및 외국과의 무역 개황, 경성의 품목별 상업 및 금융 현황, 조선 내 회사들에 있어서 본점 및 지점의 변동 상황을 다룬 것이다. 5번째 건은 조선미(朝鮮米) 수이출의 도착지[仕向地]별 10개년을 비교하고, 1930년도 도착지별 상황을 표로 정리하였다. 6번째 건은 1930년도 녹비(綠肥)의 작부반별, 수확고를 전년과 비교한 것이고, 7번째 건은 1930년도 재래면, 육지면의 작부반별, 수확고를 각 도별로 정리한 것이다.

자료 중 1번째 건은 1931년 4월에 경성과 조선 전국에서 발생한 경제관련 주요 사건과 일본 및 외국과의 관련 내용을 일자별로 기록한 경제일지이다. 2번째, 3번째 건은 각각 상표등록 출원, 의장등록 출원에 대한 주의사항을 소개한 자료이다.

녹사 중 8건은 4월 27일 역원회, 5월 2일 교통부회, 5월 5일 역원회, 5월 5일 의원총회, 5월 5일 금융부회, 5월 14일 상업부회, 5월 15일 공업부회, 5월 18일 역원회의 참석자, 안건, 결의 내용 등을 기록한 것이다. 그리고 5월 25일, 26일 이틀간 개최된 제14회 조선상공회의소연합회 의결 사항과 출석인원이 실려 있다.

연번	지역	연월일	자료명	호수	키워드
182	경성	1931.6	조선경제잡지	186	내지경제, 구미(歐米)경제, 중국 수출세율, 발명계, 취인소령, 무진업령, 신탁업령, 공산품평회

【목차】

[담총]

귀성만담(歸城漫談) - 궁림태사(宮林泰司)

[조사]

중화민국 수출세율 개정과 조선 / 조선 무역 개황(5월 중) / 경성의 상황(商況)과 금융(5월 중) / 조선의 회사 이동(異動)(5월 중)

[자료]

아국(我國) 발명계의 현황 / 조선취인소령(朝鮮取引所令) / 조선무진업령(朝鮮無盡業令) / 조선 무진업령 시행규칙 / 조선신탁업령(朝鮮信託業令) / 경기도 내 공산품평회(工産品評會) 취의서(趣意書) 및 회칙 / 경제일지(5월 중)

[녹사]

[중요경제통계]

【해설】

본호에는 담총 1건, 조사 4건, 자료 7건, 녹사 3건이 수록되어 있으며 말미에 중요경제통계가 첨부되어 있다.

담총 1건은 경성사상(卸商)연맹회 회장 미야바야시 타이지(宮林泰司)가 2개월에 걸쳐 일본 상공업계를 시찰한 뒤 의원총회에서 강연한 내용을 속기한 것으로 일본의 경제 상황, 구미(歐米) 각국의 상황 등을 소개하고 있다.

조사 중 1번째 건은 중화민국 수출세율 개정의 진의(眞意), 신구(新舊)세율의 대조, 조선 측에 미치는 영향, 중국 측에 미치는 영향 등을 분석한 자료이다. 다음 3건은 통상적 수록 항목으로 각각 1931년도 5월 중 일본 및 외국과의 무역 개황, 경성의 품목별 상업 및 금융 현황, 조선 내 회사들에 있어서 본점 및 지점의 변동 상황을 다룬 것이다.

자료 중 1번째 건은 세계 발명계에서 일본의 지위, 일본 발명계의 추이, 1930년도 발명계의 성적 등을 정리한 것이다. 2번째 건은 1931년 6월 5일에 공포된 〈조선취인소령(朝鮮取引所令)〉을 게재한 것이다. 3번째, 4번째 건은 각각 6월 6일, 6월 25일에 개정된 〈조선무진업령(朝鮮無盡業令)〉, 〈조선무진업령 시행규칙〉을 게재한 것이다. 5번째 건은 6월 9일에 공포된 〈조선신탁업령(朝鮮信託業令)〉이다. 6번째 건은 경기도 내 공산품평회(工産品評會) 취의서(趣意書) 및 회칙이다. 7번째 건은 1931년 5월에 경성과 조선 전국에서 발생한 경제관련 주요 사건과 일본 및 외국과의 관련 내용을 일자별로 기록한 경제일지이다.

녹사는 5월 22일 의원총회, 6월 4일 역원회, 6월 9일 상업부회의 참석자, 안건, 결의 사항 등을 기록한 것이다.

연번	지역	연월일	자료명	호수	키워드
183	경성	1931.7	조선경제잡지	187	족대(足袋), 정기항로, 경성상공회의소 세입출, 경성상공회의소 사업실적

【목차】

[조사]

일본 족대(足袋) 및 지하족대(地下足袋)의 선내(鮮內) 수급 상황 / 상반기 조선 무역 개황 / 경성의 상황(商況)과 금융(6월 중) / 조선의 회사 이동(異動)(6월 중)

[자료]

조선의 정기항로(1931년 4월 현재) / 경제일지(6월 중) / 1930년도 당소(當所) 세입출(歲入出) 결산 / 1930년도 당소 사업 성적

[녹사]

[중요경제통계]

【해설】

본호에는 조사 4건, 자료 4건, 녹사 4건이 수록되어 있으며 말미에 중요경제통계가 첨부되어 있다.

조사 중 1번째 건은 1930년도 일본 버선[足袋] 및 작업화[地下足袋]의 선내(鮮內) 수급 상황을 조사한 자료이다. 이 자료는 일본 버선, 작업화의 발송지별 이입고, 조선 주요 도시로의 이입고와 종류 등을 상세히 소개하고 있다. 2번째 건은 1931년 상반기 조선의 무역 상황에 대해 대(對) 외국, 일본으로 나누어 기술한 것이다. 다음 2건은 통상적 수록 항목으로 각각 1931년도 6월 중 경성의 품목별 상업 및 금융 현황, 조선 내 회사들에 있어서 본점 및 지점의 변동 상황을 다룬 것이다.

자료 중 1번째 건은 1931년 4월 1일 정기항로에 대해 항로별, 경영별로 개관한 뒤, 조선총독부령 항로, 일본관청및지방청명령 항로, 관공영 항로, 자영 항로 등으로 나누어 정리한 표이다. 2번째 건은 1931년 6월에 경성과 조선 전국에서 발생한 경제관련 주요 사건과 일본 및 외국과의 관련 내용을 일자별로 기록한 경제일지이다. 3번째 건은 1930년도 경성상공회의소 세입세출 예산을 제시한 것이다. 4번째 건은 1930년도 경성상공회의소 사업에 대해 회의, 문서, 상공업 조사, 시찰단 접대, 기타 사업 등으로 나누어 정리한 자료이다.

녹사는 6월 25일 역원회, 6월 29일 의원총회, 7월 3일 역원회, 7월 6일 역원회의 참석자, 안건, 결의 사항 등을 기록한 것이다.

연번	지역	연월일	자료명	호수	키워드
184	경성	1931.8	조선경제잡지	188	화학공업, 경성상업, 경성금융, 회사이동, 인견(人絹), 계란

【목차】

[담총]

조선의 화학공업과 그 자원 - 산촌예길(山村鋭吉) / 조선에서 인견(人絹) 수요의 추세 - 실전무린(室田武隣)

[조사]

경성의 상황(商況)과 금융(7월 중) / 조선의 회사 이동(異動)(7월 중)

[자료]

조선의 계란 / 경제일지(7월 중)

[녹사]

[중요경제통계]

【해설】

본호에는 담총 2건, 조사 2건, 자료 2건, 녹사 1건이 수록되어 있으며 말미에 중요경제통계가 첨부

되어 있다.

담총 중 1번째 건은 중앙시험소 소장 산촌예길(山村銳吉)의 강연 내용을 속기한 것으로 직물업과 목면·마(麻)·견(絹), 제지업과 저(楮), 도자기공업과 와목점토[蛙目]·목절점토[木節] 등 조선의 화학공업과 그 원료들을 언급하고 있다. 2번째 건은 중앙시험소 기사 실전무린(室田武隣)이 인견(人絹)의 세계적 발달 추세, 인견의 종류, 조선에서 인견의 수요, 조선인이 인견 수요에 적합함 등을 내용으로 강연한 것이다.

조사 2건은 통상적 수록 항목으로 각각 1931년도 7월 중 경성의 품목별 상업 및 금융 현황, 조선 내 회사들에 있어서 본점 및 지점의 변동 상황을 다룬 것이다.

자료 중 1번째 건은 조선총독부 상공장려관에서 조선의 계란에 대해 조사한 것이다. 이 자료는 1929년말 각 도별, 품종별 우수(羽數), 주요 생산지, 최근 1년간 추정생산고, 거래 상황, 월별 시세 등에 관한 표를 포함하고 있다. 2번째 건은 1931년 7월에 경성과 조선 전국에서 발생한 경제관련 주요 사건과 일본 및 외국과의 관련 내용을 일자별로 기록한 경제일지이다.

녹사는 7월 13일 역원회의 참석자, 일본상공회의소에서 보내온 세제문제에 대한 회답 등을 기록한 것이다.

연번	지역	연월일	자료명	호수	키워드
185	경성	1931.9	조선경제잡지	189	하역기계(荷役機械), 조선무역, 경성상업, 경성금융, 회사이동, 잣, 조선견본시

【목차】

[담총]

기계잡담(機械雜談) - 공박(工博) 장미절랑(長尾節郎)

[조사]

조선 무역은 오래오래 떨치며 수출초과할까? / 경성의 상황(商況)과 금융(8월 중) / 조선의 회사 이동(異動)(8월 중)

[자료]

조선의 잣 / 총독부 주최 조선견본시(朝鮮見本市) 개최 / 경제일지(8월 중)

[녹사]

[중요경제통계]

【해설】

본호에는 담총 1건, 조사 3건, 자료 3건, 녹사 5건이 수록되어 있으며 말미에 중요경제통계가 첨부되어 있다.

담총 1건은 공학박사 장미절랑(長尾節郎)이 하역기계(荷役機械) 즉 크레인의 장점, 비용 등을 소개하고 각 지역의 조건에 맞는 기계를 설계해야 한다는 요지의 강연 속기록이다.

조사 중 1번째 건은 1931년 8월까지의 조선 무역의 추세를 분석하여 향후 무역수지를 예측한 것이다. 이 자료는 과거 10년간 수이출고 및 수이입고, 과거 5년간 9월 이후의 무역수지, 과거 3년간 주요 물품의 무역수지를 표로 제시하고 있다. 다음 2건은 통상적 수록 항목으로 각각 1931년도 8월 중 경성의 품목별 상업 및 금융 현황, 조선 내 회사들에 있어서 본점 및 지점의 변동 상황을 다룬 것이다.

자료 중 1번째 건은 조선총독부 상공장려관에서 조선의 잣에 대해 파악한 것이다. 여기에는 1931년도 각 도별 추정예상고, 강원도 각 군별 추정예상고, 생산지의 영업자, 경성의 도매업자[卸業者], 소매업자, 항구별 수이출 및 수이입고, 하얼빈 및 장춘(長春)의 상황 등을 소개되어 있다. 2번째 건은 조선총독부에서 개최하는 조선상품견본시(見本市)에 대해 개설 예정지, 출품 종류 및 수량, 참가 방법, 출품 방법, 상담 방법 등을 제시하고 있다. 3번째 건은 1931년 8월에 경성과 조선 전국에서 발생한 경제 관련 주요 사건과 일본 및 외국과의 관련 내용을 일자별로 기록한 경제일지이다.

녹사는 8월 26일 역원회, 9월 1일 역원회, 9월 1일 의원총회, 9월 9일 역원회, 9월 14일 역원회의 참석자, 안건, 결의 사항 등을 기록한 것이다.

연번	지역	연월일	자료명	호수	키워드
186	경성	1931.10	조선경제잡지	190	영국 금본위제, 경성상업, 경성금융, 회사이동

【목차】

[담총]

영국 금본위제 정지와 그 영향 - 영목무웅(鈴木武雄)

[조사]

경성의 상황(商況)과 금융(9월 중) / 조선의 회사 이동(異動)(9월 중)

[자료]

경제일지(9월 중)

[녹사]

[중요경제통계]

【해설】

본호에는 담총 1건, 조사 2건, 자료 1건, 녹사 1건이 수록되어 있으며 말미에 중요경제통계가 첨부되어 있다.

담총 1건은 경성제국대학 조교수 스즈키 다케오(鈴木武雄)가 10월 3일 경성상공회의소 주최 강연회에서 '영국 금본위제 정지와 그 영향'이라는 제목으로 발표한 것이다. 강연 내용은 금본위제가 무엇인지에 대한 개관, 영국 금본위제 정지의 사정, 영국 금본위제 정지가 세계경제에 미치는 영향, 영국 금본위제 정지와 일본에의 영향 등으로 구성되어 있다.

조사 2건은 통상적 수록 항목으로 각각 1931년도 9월 중 경성의 품목별 상업 및 금융 현황, 조선 내 회사들에 있어서 본점 및 지점의 변동 상황을 다룬 것이다.

자료 1건은 1931년 9월에 경성과 조선 전국에서 발생한 경제관련 주요 사건과 일본 및 외국과의 관련 내용을 일자별로 기록한 경제일지이다.

녹사는 9월 28일 역원회의 참석자, 안건, 결의 사항 등을 기록한 것이다.

연번	지역	연월일	자료명	호수	키워드
187	경성	1931.11	조선경제잡지	191	화재보험료율, 중앙시험연구소, 전국특산십전균일품대회, 화재보험료율

【목차】

[조사]

선내(鮮內) 화재보험료율 개정에 대하여 / 경성의 상황(商況)과 금융(10월 중) / 조선의 회사 이동(異動)(10월 중)

[자료]

중앙시험소의 시험연구 성적 및 실지지도(實地指導)에 의한 실시 성적 / 중앙시험소 시험연구 중의 물건 / 고도옥(高島屋) 전국특산십전균일품대회(全國特産拾錢均一品大會) 조선관계 출품물의 채부(採否) 성적 / 내지 주요 도시의 화재보험료율 / 경제일지(10월 중)

[녹사]

[중요경제통계]

【해설】

본호에는 조사 3건, 자료 5건, 녹사 10건이 수록되어 있으며 말미에 중요경제통계가 첨부되어 있다.

조사 중 1번째 건은 조선 내의 화재보험료율 개정에 대하여 분석한 자료이다. 이 자료는 과거 10개년간 화재발생 수, 손해액, 손해보험회사의 계약고 등을 제시하고 등급변경 정동명(町洞名) 등을 소개하고 있다. 다음 2건은 통상적 수록 항목으로 각각 1931년도 10월 중 경성의 품목별 상업 및 금융 현황, 조선 내 회사들에 있어서 본점 및 지점의 변동 상황을 다룬 것이다.

자료 중 1번째 건은 조선총독부 중앙시험소에서 시행한 시험연구성적 및 실지지도(實地指導)에 의한 실시성적을 게재한 것이다. 여기에서는 만년필용 잉크 제조법, 비누[石鹼] 제조법, 함북 생기령산(生氣領産) 내화점토(耐火粘土), 경남 통영산 수산화알미늄, 고려청자 부흥(復興) 등과 관련된 내용이 담겨 있다. 2번째 건은 조선총독부 중앙시험소에서 시험 중인 물건들에 대해 소개하고 있는데 조선산 산성백토(酸性白土)의 성상(性狀), 대마경간(大麻莖幹)의 이용 시험 등을 담고 있다. 3번째 건은 대판(大阪) 고도옥(高島屋)에서 개최된 전국특산십전균일품대회(全國特産拾錢均一品大會)에 출품된 미숫가루 등 23점의 채부(採否) 성적을 소개한 것이다. 4번째 건은 일본 주요 도시의 화재보험료율을 소개한 자료이다. 5번째 건은 1931년 10월에 경성과 조선 전국에서 발생한 경제관련 주요 사건과 일본 및 외국과의 관련 내용을 일자별로 기록한 경제일지이다.

녹사는 10월 13일 역원회, 10월 19일 의원총회, 10월 27일 역원회, 10월 31일 공업부회, 11월 2일 역원회, 11월 2일 의원총회, 11월 9일 역원회, 11월 13일 역원회, 11월 13일 의원총회, 11월 20일 교통부회의 참석자, 안건, 결의 사항 등을 기록한 것이다.

연번	지역	연월일	자료명	호수	키워드
188	경성	1931.12	조선경제잡지	192	만주사변, 만주군, 마포(麻浦), 이과(梨果), 중소상업진흥책

【목차】

[담총]

사변최중(事變最中)의 만주를 보며 – 적미정부(赤尾正夫)

[조사]

한강의 경제적 가치와 마포(麻浦)의 지위 / 조선 이과(梨果)의 내지 이출(移出) 검사 문제 / 경성의 상황(商況)과 금융(11월 중) / 조선의 회사 이동(異動)(11월 중)

[자료]

중소상업 진흥책

경제일지(11월 중)

[녹사]

[중요경제통계]

【해설】

본호에는 담총 1건, 조사 4건, 자료 2건, 녹사 8건이 수록되어 있으며 말미에 중요경제통계가 첨부되어 있다.

담총 1건은 경성상공회의소 조사과 적미정부(赤尾正夫)가 만주군에게 공급할 조선산품을 조사하기 위한 출장을 마치고 보고한 것으로 주류(酒類), 통조림, 과자 등을 언급하고 있다.

조사 중 1번째 건은 한강의 경제적 가치와 마포(麻浦)의 지위에 대해 분석한 자료이다. 이 자료는 한강의 하진(河津) 34개소의 가항선박(可航船泊), 조수에 따른 항로체가거리(航路遞加距離) 등 운수 상황을 제시하고 화물 취급량, 입선수(入船數) 등을 토대로 마포의 경제적 지위를 소개하였다. 2번째 건은 조선 배[梨果]의 일본 이출(移出) 검사 문제를 다룬 것인데, 최근 9개년의 생산 상황, 1930년의 품종별 수확고를 제시하였다. 다음 2건은 통상적 수록 항목으로 각각 1931년도 11월 중 경성의 품목별 상업 및 금융 현황, 조선 내 회사들에 있어서 본점 및 지점의 변동 상황을 다룬 것이다.

자료 중 1번째 건은 중소상업진흥위원회에서 결의한 중소상업진흥책을 소개한 것이다. 이 위원회는 경성상공회의소 의원과 상업인 대표 55명으로 구성되어 있으며, 3개의 분야로 나누어 상점 경영, 거래 개선, 물가 대책 등을 연구 협의하였다. 2번째 건은 1931년 11월에 경성과 조선 전국에서 발생한 경제관련 주요 사건과 일본 및 외국과의 관련 내용을 일자별로 기록한 경제일지이다.

녹사는 12월 5일 공업부회, 12월 7일 상업부회, 12월 8일 역원회, 12월 8일 의원총회, 12월 12일 역원회, 12월 16일 공업부회, 12월 18일 역원회, 12월 22일 의원총회의 참석자, 안건, 결의안 등을 기록한 것이다.

연번	지역	연월일	자료명	호수	키워드
189	경성	1932.1	조선경제잡지	193	금본위제, 전쟁배상금, 관세전쟁, 주조미(酒造米)통제, 재계, 산업합리화

【목차】

【해설】

본호에는 연두 기고문 1건, 담총 2건, 조사 3건, 잡록 1건, 녹사 3건이 수록되어 있으며 말미에 중요 경제통계가 첨부되어 있다.

연두 기고문 1건은 경성상공회의소 회장 진나이 모키치(陣內茂吉)가 세계적 차원의 금본위제·전쟁배상금·관세 등의 문제에 대해 통화팽창 억제, 산업 합리화, 무역 촉진 등으로 대응해야 한다고 언급한 내용이다.

담총 중 1번째 건은 오사카 상공회의소 회원 안주도삼랑(安住猪三郞)이 일본의 쌀부족 문제를 타개하기 위해 주조미(酒造米) 통제, 해외 이민 등을 주장한 것이다. 2번째 건은 요코하마 상공회의소 합리화연구소 소장 시목리일(柿木利一)이 일본 경제부진의 유래, 패전국 독일의 경제부활 방안, 경제사상의 변천과 경영경제학, 산업합리화와 산업기술 등을 피력한 것이다.

조사 중 1번째 건은 미증유의 세계경제공황의 경험한 1931년도 재계(財界)를 되돌아보는 내용이다. 이 자료는 금융계의 예금, 대부, 어음교환[手形交換]을 비롯하여 무역계, 상업계, 주식계의 상황, 물가 등을 기술하며 관련 표를 제시하였다. 다음 2건은 통상적 수록 항목으로 각각 1931년도 12월 중 경성의 품목별 상업 및 금융 현황, 조선 내 회사들에 있어서 본점 및 지점의 변동 상황을 다룬 것이다.

잡록 1건은 1931년 12월에 경성과 조선 전국에서 발생한 경제관련 주요 사건과 일본 및 외국과의 관련 내용을 일자별로 기록한 경제일지이다.

녹사는 1월 5일 역원회, 1월 20일 의원총회, 1월 30일 역원회의 참석자, 안건 등을 기록한 것이다.

연번	지역	연월일	자료명	호수	키워드
190	경성	1932.2	조선경제잡지	194	상공회의소 예산, 만몽경제, 조선무역, 모피, 조선전기사업령

【목차】

[자료]

1932년도 예산편성에 대하여 - 진내무길(陣內茂吉) / 만몽경제(滿蒙經濟)의 제문제에 대하여 - 화전신부(和田信夫) / 만몽경제좌담회(滿蒙經濟座談會) 속기

[조사]

1931년 조선무역 개황 / 만몽에 투자된 아국(我國)의 자본 / 작년 중 경성에 출회(出廻)한 모피류(毛皮類) / 경성의 상황(商況)과 금융(1월 중) / 조선의 회사 이동(異動)(1월 중)

[잡록]

경제일지(1월 중) / 조선전기사업령(朝鮮電氣事業令)

[녹사]

[중요경제통계]

【해설】

본호에는 자료 3건, 조사 5건, 잡록 2건, 녹사 3건이 수록되어 있으며 말미에 중요경제통계가 첨부되어 있다.

자료 중 1번째 건은 경성상공회의소 회장 진나이 모키치(陣內茂吉)가 1932년도 상공회의소 예산 중 조사비용을 어디에 지출할 것인지를 언급한 것이다. 2번째 건은 아사히신문사 경제부장 화전신부(和田信夫)가 경성상공회의소 주최 만몽경제좌담회에서 만몽경제의 제문제에 대해 강연한 것이다. 3번째 건은 앞 항목의 만몽경제좌담회(滿蒙經濟座談會) 전체 내용을 속기한 것이다.

조사 중 1번째 건은 1931년도 조선무역의 전반적 상황을 파악한 자료이다. 이 자료는 조선무역의 대세를 개관하고 대(對) 외국무역, 중국무역, 일본무역의 각각에 대해 국가별, 항구별, 수입품, 수출품, 최근 10년의 추세 등을 정리하였다. 2번째 건은 만철(滿鐵), 동양척식주식회사, 조선은행, 만철의 방계회사 등이 만몽(滿蒙)에 투자한 자본에 대해 기술한 자료이다. 3번째 건은 1931년도에 경성에 출하된 모피류(毛皮類)의 실태를 기술하고 종류별 매수(枚數), 가액(價額) 등을 표로 정리하였다. 다음 2건은 통상적 수록 항목으로 각각 1932년도 1월 중 경성의 품목별 상업 및 금융 현황, 조선 내 회사들에 있어서 본점 및 지점의 변동 상황을 다룬 것이다.

잡록 중 1번째 건은 1932년 1월에 경성과 조선 전국에서 발생한 경제관련 주요 사건과 일본 및 외국과의 관련 내용을 일자별로 기록한 경제일지이다. 2번째 건은 1932년 2월 27일에 공포된 〈조선전기사업령(朝鮮電氣事業令)〉을 게재한 것이다.

녹사는 2월 1일 공업교통연합부회, 2월 10일 교통부회, 2월 12일 역원회의 참석자, 안건 등을 기록한 것이다.

연번	지역	연월일	자료명	호수	키워드
191	경성	1932.3	조선경제잡지	195	은시장(銀市場), 만몽 농업이주, 관세전쟁, 만몽수전경영, 조만육경무역, 연료수급, 화산(和傘)

【목차】

[자료]

1931년의 은시장(銀市場)을 돌아보며 - 정정방수(正井芳樹) / 만몽(滿蒙)의 농업이주(農業移住) - 석총준(石塚峻)

[조사]

세계 관세전쟁의 실상 / 작년 중 본방(本邦) 주요품목 공산액 / 만몽수전경영(滿蒙水田經營)이 우리나라에 미치는 영향 / 조만육경무역(朝滿陸境貿易)의 추세 / 경성 연료수급(燃料需給) 조사 / 경성 화산(和傘)의 수요 상황 / 경성의 상업현황과 금융(2월 중) / 조선의 회사 이동

[잡록]

1932년도 경성상공회의소 세입세출 예산 / 경제일지(2월 중)

[중요경제통계]

【해설】

본호에는 자료 2건, 조사 8건이 수록되어 있으며 말미에 중요경제통계가 첨부되어 있다.

자료 중 1번째 건은 미국의 대규모 은거래 회사에서 작성한 보고서 〈Review of the Silver Market for 1931〉을 조선은행 경성총재석 조사과에서 일본어로 번역한 것이다. 2번째 건은 조선총독부 기사 이시즈카 다카시(石塚峻)가 만몽의 미개간지 분포, 기온과 작물, 파종 시기, 비료, 인구 증가 상황 등 농업이주(農業移住)에 관한 조건들을 소개한 내용이다.

조사 중 1번째 건은 세계 관세전쟁의 실상에 대해 조사한 자료이다. 이 자료는 관세전쟁의 원인, 보호정책의 방법, 일본의 중요 수출대상국들이 어떠한 전술을 구사하고 있는지 등을 상세하게 분석, 기술하고 있다. 2번째 건은 1931년도 일본의 주요 공산품 생산액을 정리한 자료이다. 3번째 건은 만주에서 수전(水田)농업의 현 상황, 조선에서 수전농업의 장래, 일본에서 쌀의 수급, 만몽 수전농업의 통제 등을 정리한 것이다. 4번째 건은 선만육경무역(鮮滿陸境貿易)의 추세를 분석하고 최근 5년간 주요 수출품, 수입품의 수량 및 가액(價額)을 표로 제시하였다. 5번째 건은 석탄, 해탄(骸炭), 연탄, 목탄, 신(薪) 등 경성의 연료수급(燃料需給) 실태를 조사한 것이다. 6번째 건은 경성의 우산[和傘] 수요를 개관한 것이다. 다음 2건은 통상적 수록 항목으로 각각 1932년도 2월 중 경성의 품목별 상업 및 금융

현황, 조선 내 회사들에 있어서 본점 및 지점의 변동 상황을 다룬 것이다.

잡록 1번째 건은 1932년도 경성상공회의소 세입세출 예산을 게재한 것이고, 2번째 건은 1932년 2월에 경성과 조선 전국에서 발생한 경제관련 주요 사건과 일본 및 외국과의 관련 내용을 일자별로 기록한 경제일지이다.

연번	지역	연월일	자료명	호수	키워드
192	경성	1932.4	조선경제잡지	196	만몽시찰단, 토산품, 피혁공업, 만주사변, 대만(對滿)수출, 정기항로

【목차】

[자료]

만몽경제시찰 보고 - 진내무길(陣內茂吉), 길성구지조(吉城龜之助), 전천상치랑(田川常治郎), 전중삼랑(田中三郎), 아부희지조(阿部喜之助), 도축강이(都筑康二) / 우리나라 자랑의 토산품

[조사]

우리나라 피혁공업의 기왕(旣往) 현재 및 장래 - 하전직치(賀田直治) / 만주사변이 조선에 미친 경제적 영향 / 조선산품의 대만(對滿)수출에 관한 고찰 / 경성의 상황(商況)과 금융(3월 중) / 조선의 회사 이동(異動)(3월 중)

[잡록]

조선 근해(近海) 정기항로 / 경제일지(3월 중)

[녹사]

[중요경제통계]

【해설】

본호에는 자료 2건, 조사 5건, 잡록 2건, 녹사 6건이 수록되어 있으며 말미에 중요경제통계가 첨부되어 있다.

자료 1번째 건은 만몽시찰단의 시찰보고이다. 이 건은 경성상공회의소 회장 진내무길(陣內茂吉), 부회장 길성구지조(吉城龜之助), 상의원(常議員) 전천상치랑(田川常治郎), 상의원 전중삼랑(田中三郎), 의원 아부희지조(阿部喜之助), 의원 도축강이(都筑康二)가 각각 보고한 내용으로 구성되어 있다. 2번째 건은 경성토산품전람회와 함께 진행한 경성토산품고안(考案)현상모집에 응모한 작품을 일본어로 번역하여 게재한 것이다.

조사 1번째 건은 조선피혁주식회사 사장인 가다 나오지(賀田直治)가 만몽 산업계에 자료를 제공하기 위해 일본 피혁공업의 기왕(旣往) 현재 및 장래를 논한 글이다. 2번째 건은 만주사변이 조선에 미치는 경제적 영향에 대해 분석한 자료이다. 이 자료는 경성, 인천, 대구 등 주요 도시의 금융계, 상품계,

무역 등에 끼치는 영향을 상세하게 파악하고 있다. 3번째 자료는 대만(對滿)수출에 대해 고찰한 것으로 수출의 추세, 수출품의 내용, 수출증진책과 거래상의 주의 등을 다루고 있다. 다음 2건은 통상적 수록 항목으로 각각 1932년도 3월 중 경성의 품목별 상업 및 금융 현황, 조선 내 회사들에 있어서 본점 및 지점의 변동 상황을 다룬 것이다.

잡록 중 1번째 건은 조선 정기항로일람표를 게재한 것으로 조선총독부령 항로, 일본관청및지방청명령 항로, 관공영 항로, 자영 항로 등으로 나누어 정리하였다. 2번째 건은 1932년 3월에 경성과 조선 전국에서 발생한 경제관련 주요 사건과 일본 및 외국과의 관련 내용을 일자별로 기록한 경제일지이다.

녹사는 3월 5일 역원회, 4월 4일 의원총회, 4월 6일 역원회, 4월 11일 의원총회, 4월 16일 역원회, 4월 19일 의원총회의 참석자, 안건, 결의안 등을 기록한 것이다.

연번	지역	연월일	자료명	호수	키워드
193	경성	1932.5	조선경제잡지	197	화물포장, 공예품전시회, 규격통일, 화물이동, 경성상업, 경성금융, 회사이동

【목차】

[자료]

철도수송상(鐵直輸送上)으로 본 화물의 포장에 대하여 - 저부녹사랑(諸富鹿四郎) / 수출용공예품 전시회 출품 간담회 / 아국(我國)의 규격통일과 단순화

[조사]

철도로 본 1931년 중의 경성화물 이동상황 / 경성의 상황(商況)과 금융(4월 중) / 조선의 회사 이동(異動)(4월 중)

[잡록]

경제일지(4월 중)

[녹사]

[중요경제통계]

【해설】

본호에는 자료 3건, 조사 3건, 잡록 1건, 녹사 4건이 수록되어 있으며 말미에 중요경제통계가 첨부되어 있다.

자료 중 1번째 건은 철도국 부참사 제부녹사랑(諸富鹿四郎)이 철도수송 과정에서 화물이 손상되는 경우가 많으므로 화물 포장의 개선이 요구된다는 견해를 피력한 것이다. 2번째 건은 10월에 요코하마, 오사카에서 개최될 공예품전시회의 물품 선정과 관련하여 국제화친회가 주최한 간담회의 개략을 게재한 것이다. 3번째 건은 공업제품의 규격통일, 상품의 단순화의 필요성, 조사회 심의의 경과, 규격

통일 사업의 장래 등을 담고 있다.

조사 중 1번째 건은 1931년도 경성역, 용산역, 청량리역, 왕십리역 등 4개역을 통해 이동한 화물이동 상황을 26쪽의 분량으로 상세하게 조사한 자료이다. 여기에서는 각 역별로 도착된 화물에 대해 그 개황을 기술하고 월별, 품목별로 이동된 톤수를 표로 제시하였으며, 이어서 발송된 화물에 대해서도 같은 방식으로 기술하고 제시하였다. 또한 주요 화물의 발착(發着)을 개관하고 표로 정리하였다. 다음 2건은 통상적 수록 항목으로 각각 1932년도 4월 중 경성의 품목별 상업 및 금융 현황, 조선 내 회사들에 있어서 본점 및 지점의 변동 상황을 다룬 것이다.

잡록 1건은 1932년 4월에 경성과 조선 전국에서 발생한 경제관련 주요 사건과 일본 및 외국과의 관련 내용을 일자별로 기록한 경제일지이다.

녹사는 5월 4일 역원회, 5월 5일 의원총회, 5월 10일 역원회, 5월 16일 의원총회의 안건, 안건, 결의안 등을 기록한 것이다.

연번	지역	연월일	자료명	호수	키워드
194	경성	1932.6	조선경제잡지	198	대만(對滿)수출, 화상(華商), 보증준비, 위체관리, 관세개정, 선미(鮮米)수이출, 경성토산품전람회

【목차】

[자료]

상창한화(商窓閑話) - 궁림태사(宮林泰司)

[조사]

아국의 위체(爲替)관리에 대하여 / 관세개정과 조선 / 1931년 중 선미(鮮米) 수이출(輸移出) 조사 / 경성의 상황(商況)과 금융(5월 중)

[잡록]

경성 토산품 전람회 보고 / 경제일지(5월 중)

[녹사]

[중요경제통계]

【해설】

본호에는 자료 1건, 조사 4건, 잡록 2건, 녹사 4건이 수록되어 있으며 말미에 중요경제통계가 첨부되어 있다.

자료 1건은 경성사상(卸商)연맹회 회장 미야바야시 타이지(宮林泰司)가 대(對)만주 수출무역 촉진 문제, 조선에 있는 화상(華商)의 현황, 불황타개책과 보증준비 등을 논의한 글이다.

조사 중 1번째 건은 일본의 위체(爲替)관리에 대하여 조사한 자료이다. 이 자료는 위체관리의 필요성, 목적, 금본위제의 세계적 실상, 독일 및 기타 국가들의 관리 방법, 일본의 관리 방법 등 항목으로 구성되어 있다. 2번째 건은 관세개정에 대해 소개한 자료인데 관세인상의 이유, 품목별 관세인상율, 조선에 끼치는 영향을 기술하며 관련 표를 제시하였다. 3번째 건은 1931년 중 선미(鮮米) 수이출(輸移出)에 대해 조사한 것으로 그 개황을 기술하고 도착지별[仕向地別], 현미 정미 인(籾) 쇄미(碎米) 등 종류별 수이출량을 표로 제시하였다. 4번째 건은 통상적 수록 항목으로 각각 1932년도 5월 중 경성의 품목별 상업 및 금융 현황, 조선 내 회사들에 있어서 본점 및 지점의 변동 상황을 다룬 것이다.

잡록 1번째 건은 경성 토산품 전람회에 대해 개회의 취지, 회칙, 역원(役員), 각 도별 출품인 및 점수, 일자별 사무 개요 등을 보고한 자료이다. 2번째 건은 1932년 5월에 경성과 조선 전국에서 발생한 경제관련 주요 사건과 일본 및 외국과의 관련 내용을 일자별로 기록한 경제일지이다.

녹사는 5월 24일 역원회, 5월 28일 공업부회, 6월 8일 역원회, 6월 13일 의원총회의 참석자, 안건, 결의 사항 등을 기록한 것이다. 이 중 6월 8일 역원회 기록에는 조선상공회의소 제1회 정기총회에 제출된 의안이 첨부되어 있다.

연번	지역	연월일	자료명	호수	키워드
195	경성	1932.7	조선경제잡지	199	조선공업자 구제(救濟), 간도, 공업시험소, 조선무역, 화물포장개선박람회

【목차】

[자료]

조선공업자 구제(救濟)좌담회 속기 / 간도의 경제적 가치와 조선 - 적미정부(赤尾正夫)

[조사]

공업시험소 현황. 상반기 조선 무역 개황(概況) / 경성의 상황(商況)과 금융(6월 중). 조선의 회사 이동(異動)(6월 중)

[잡록]

하조포장(荷造包裝)개선박람회 보고서 / 1931년도 당소(當所) 사업성적 보고 / 1931년도 당소 세입 세출 결산 / 경제일지(6월 중)

[녹사]

[중요경제통계]

【해설】

본호에는 자료 2건, 조사 4건, 잡록 4건, 녹사 7건이 수록되어 있으며 말미에 중요경제통계가 첨부되어 있다.

자료 중 1번째 건은 조선은행 총재, 상업은행 두취, 경성상공회의소 회장 등이 저리자금 융통, 영업세 경감, 국고보조금 등의 문제를 논의한 〈조선공업자 구제(救濟)좌담회〉 속기록이다. 2번째 건은 적미정부(赤尾正夫)가 간도의 농업, 삼림, 광업, 무역 등 경제적 가치에 대해 강연한 내용이다.

조사 중 1번째 건은 공업시험소 현황에 대해 조사한 것이다. 이 자료는 중앙시험소 연혁, 일본의 지방별 공업시험 기관, 전국 공업시험장 일람, 기능과 이용, 축소 후의 사업 개황 등으로 구성되어 있다. 2번째 건은 1932년 상반기 조선의 무역 상황을 조사한 것이다. 이 자료는 대(對)외국 무역에서 주요 수출품, 주요 수입품, 국가별 전년도 상반기와의 비교, 대(對)일본 무역에서 이입품목별, 이출품목별 전년도 상반기와의 비교를 보여주고 있다. 다음 2건은 통상적 수록 항목으로 각각 1932년도 6월 중 경성의 품목별 상업 및 금융 현황, 조선 내 회사들에 있어서 본점 및 지점의 변동 상황을 다룬 것이다.

잡록 중 1번째 건은 하조포장(荷造包裝)개선전람회에 대해 보고한 것으로 전람회의 취지, 전람회 규정, 위원 및 역원, 출품 목록 및 출품자 성명, 행사 과정, 수지(收支) 결산, 회무(會務) 일지 등을 담고 있다. 다음 2건은 각각 1931년도 경성상공회의소 사업성적 보고, 세입세출 예산을 게재한 것이다. 4번째 건은 1932년 6월에 경성과 조선 전국에서 발생한 경제관련 주요 사건과 일본 및 외국과의 관련 내용을 일자별로 기록한 경제일지이다.

녹사는 6월 23일 역원회, 6월 25일 역원회, 6월 29일 의원총회, 7월 8일 교통부회, 7월 14일 역원회, 7월 20일 역원회, 7월 20일 의원총회의 참석자, 안건, 결의 사항 등을 기록한 것이다.

연번	지역	연월일	자료명	호수	키워드
196	경성	1932.8	조선경제잡지	200	경인간 운수개선, 중소상공업자 구제, 산금(產金)정책, 금광업

【목차】

[자료]

경인간(京仁間) 운수개선 좌담회 / 최근의 중소상공업자 구제 문제

[조사]

조선의 산금(產金) - 천합창무(川合彰武) / 경성의 상황(商況)과 금융(7월 중) / 조선의 회사 이동(異動)(7월 중)

[잡록]

경제일지(7월 중)

[녹사]

[중요경제통계]

【해설】

본호에는 자료 2건, 조사 3건, 잡록 1건, 녹사 5건이 수록되어 있으며 말미에 중요경제통계가 첨부

되어 있다.

자료 중 1번째 건은 총독부 철도국·경성상공회의소·인천상공회의소 임원들이 경인간 화물전용차 운용, 운행회수 증가, 운임 인하 등을 주제로 진행한 〈경인간(京仁間) 운수개선 좌담회〉 속기록이다. 2번째 건은 적미정부(赤尾正夫)가 중소상공업 궁박(窮迫)의 원인, 실태, 구제책 등을 논의한 글이다.

조사 중 1번째 건은 조선은행 조사과 가와이 아키다케(川合彰武)가 조선의 산금정책(産金政策), 금광업의 현황, 채굴작업 진행[稼行]의 상황과 채굴정련의 개선, 금광업의 자본관계, 주요 금광업의 개황, 금광업의 장래 등을 소개한 자료이다. 다음 2건은 통상적 수록 항목으로 각각 1932년도 7월 중 경성의 품목별 상업 및 금융 현황, 조선 내 회사들에 있어서 본점 및 지점의 변동 상황을 다룬 것이다.

잡록 1건은 1932년 7월에 경성과 조선 전국에서 발생한 경제관련 주요 사건과 일본 및 외국과의 관련 내용을 일자별로 기록한 경제일지이다.

녹사는 8월 10일 상업부회, 8월 15일 역원회, 8월 15일 의원총회, 8월 17일 역원회, 8월 18일 의원총회의 참석자, 안건, 결의 사항 등을 기록한 것이다.

연번	지역	연월일	자료명	호수	키워드
197	경성	1932.9	조선경제잡지	201	경성 상권, 나고야(名古屋), 인견(人絹), 경성상업, 경성금융, 회사이동

【목차】

[조사]
경성의 상권(1) / 조선과 명고옥(名古屋)지방과의 거래 정황(상) / 조선에서 인견(人絹)의 수급 개황 / 경성의 상황(商況)과 금융(8월 중) / 조선의 회사 이동(異動)(8월 중)
[잡록]
경제일지(8월 중)
[녹사]
[중요경제통계]

【해설】

본호에는 조사 5건, 잡록 1건, 녹사 2건이 수록되어 있으며 말미에 중요경제통계가 첨부되어 있다.

조사 중 1번째 건은 경성의 상권이 경성에 인접한 경기도 뿐만 아니라 충청도, 전라도, 강원도, 황해도, 함경도까지 포함하는 것으로 보고 각 지방의 실상을 파악한 것이다. 이번 호에 실린 것은 그 1편으로 충청도, 전라도 일대의 소비시장을 개관한 것으로 대전, 강경, 전주, 공주, 조치원, 청주, 충주, 장호원, 홍성, 천안의 인구, 화물의 이동 등을 살피고 있다. 2번째 건은 조선과 나고야(名古屋) 지방과의 거래 상황을 파악한 자료 중 상편(上篇)인데, 41쪽에 이르는 방대한 분량이다. 이 자료는 나고야의 상권과 산업, 나고야 지방의 생산물, 나고야 지방의 대내무역으로 구성되어 있다. 3번째 건은 조선에서 인견(人絹)의 수급 상황을 개관한 것으로 인견공업의 발흥과 일본, 조선에 이입되는 추세, 조선에 이입된 인견포의 종류와 용도, 소비 상황, 인견포 생산지와 조선과의 관계, 조선 내의 생산상황과 장래로 구성되어 있다. 다음 2건은 통상적 수록 항목으로 각각 1932년도 8월 중 경성의 품목별 상업 및 금융 현황, 조선 내 회사들에 있어서 본점 및 지점의 변동 상황을 다룬 것이다.

잡록 1건은 1932년 8월에 경성과 조선 전국에서 발생한 경제관련 주요 사건과 일본 및 외국과의 관련 내용을 일자별로 기록한 경제일지이다.

녹사는 9월 3일 역원회, 9월 7일 의원총회의 참석자, 안건, 의결 사항 등을 기록한 것이다.

연번	지역	연월일	자료명	호수	키워드
198	경성	1932.10	조선경제잡지	202	공업조합, 나고야(名古屋), 상업조합법, 조선곡물검사령, 곡물검사시행규칙

【목차】

[조사]

공업조합에 대하여 - 조선에 실시를 요망한다 / 조선과 명고옥(名古屋)지방과의 거래 정황(하) / 경성의 상황(商況)과 금융(9월 중) / 조선의 회사 이동(異動)(9월 중)

[잡록]

내지(內地)에 시행한 상업조합법 / 경제일지(9월 중) / 조선곡물검사령 / 조선곡물검사 시행규칙

[녹사]

[중요경제통계]

【해설】

본호에는 조사 4건, 잡록 4건, 녹사 4건이 수록되어 있으며 말미에 중요경제통계가 첨부되어 있다.

조사 중 1번째 건은 공업조합이 조선에 실시되기를 요망하는 취지를 드러내며 공업조합에 대해 분석한 자료이다. 이 자료는 〈공업조합법〉과 〈공업조합법시행규칙〉을 발췌 게재하고, 일본의 업종별 공업조합 실태, 1934년 말 공업조합 일람표를 제시하고 있다. 2번째 건은 조선과 나고야(名古屋) 지방과의 거래 상황을 파악한 자료 중 하편(下篇)인데, 철도 및 항구 등 화물의 운송 경로를 소개하고 부록으로 청수항(清水港)의 개황과 대(對)조선 거래 상황을 덧붙였다. 다음 2건은 통상적 수록 항목으로 각각 1932년도 9월 중 경성의 품목별 상업 및 금융 현황, 조선 내 회사들에 있어서 본점 및 지점의 변동 상황을 다룬 것이다.

잡록 중 1번째 건은 일본[內地]에 시행한 〈상업조합법〉과 〈상업조합법시행규칙〉을 발췌하여 게재하였다. 2번째 건은 1932년 9월에 경성과 조선 전국에서 발생한 경제관련 주요 사건과 일본 및 외국과

의 관련 내용을 일자별로 기록한 경제일지이다. 다음 2건은 1932년 9월 24일 공포된 〈조선곡물검사령〉, 〈조선곡물검사령시행규칙〉을 각각 게재한 것이다.

녹사 중 3건은 9월 24일 역원회, 10월 15일 역원회, 10월 20일 역원회의 참석자, 안건 등을 기록한 것이다. 나머지 1건은 1932년 11월부터 집행되는 경성상공회의소 의원들의 명단, 영업장을 게시한 것이다.

연번	지역	연월일	자료명	호수	키워드
199	경성	1932.11	조선경제잡지	203	조선공업, 상공업경영, 공예, 중소공업, 미곡통제, 경성 상권, 선미 수이출고

【목차】

[자료]

조선공업과 상공회의소의 사명 – 하전직치(賀田直治) / 상공경영의 갱신(更新)에 대하여 – 복부동일(服部東一) / 공예 이야기 – 천천백교(淺川伯教)

[조사]

선내(鮮內) 중소공업과 그 금융 개선책 – 천합창무(川合彰武) / 미곡통제 문제에 대하여 – 선미(鮮米) 차별대우를 배격한다 / 경성의 상권(2) / 1931년도 선미 수이출고(輸移出高) / 경성의 상황(商況)과 금융(10월 중) / 조선의 회사 이동(異動)(10월 중)

[잡록] 경제일지(10월 중)

[녹사]

[중요경제통계]

【해설】

본호에는 자료 3건, 조사 6건, 잡록 1건, 녹사 13건이 수록되어 있으며 말미에 중요경제통계가 첨부되어 있다.

자료 중 1번째 건은 경성상공회의소 회장 가다 나오지(賀田直治)가 상업과 공업의 협조, 내선(內鮮) 경제관계의 밀접, 만주 경제와의 연결 등이 상공회의소의 사명이라고 주장한 글이다. 2번째 건은 핫토리 도이치(服部東一)가 상공업 경영의 과학적 관리, 합리화, 능률 증진 등 상공경영의 갱신(更新)에 대해 강연한 것의 속기록이다. 3번째 건은 아사카와 노리다카(淺川伯教)가 공예의 정의, 조선의 다완(茶碗), 공예의 취미성 등을 중심으로 펼친 공예 이야기이다.

조사 중 1번째 건은 중소공업과 금융개선책에 대해 조선은행 조사과 가와이 아키다케(川合彰武)가 정리한 것으로 공업의 전망, 공업금융, 중소상공업의 금융대책으로 구성되어 있다. 2번째 건은 선미(鮮米)의 차별대우를 반대하는 입장에서 미곡통제 문제를 논의한 것으로 미곡통제 요강, 반대운동, 조선에 미치는 영향 등을 담고 있다. 3번째 건은 경성의 상권에 대해 조사한 제2편으로 이천, 여주, 원주, 문막 등의 소비시장 실태를 파악한 것이다. 4번째 건은 1931년도 선미(鮮米) 수이출고에 대해 1쪽 분량으로 기술한 자료이다. 다음 2건은 통상적 수록 항목으로 각각 1932년도 10월 중 경성의 품목별 상업 및 금융 현황, 조선 내 회사들에 있어서 본점 및 지점의 변동 상황을 다룬 것이다.

잡록 1건은 1932년 10월에 경성과 조선 전국에서 발생한 경제관련 주요 사건과 일본 및 외국과의 관련 내용을 일자별로 기록한 경제일지이다.

녹사 중 처음 3건은 11월 8일 조선상공회의소에서 결정한 회사대표자 명단, 11월 11일에 선임된 역원들의 명단, 11월 16일에 결정된 의원배속 및 회계감사위원을 게시한 것이다. 이어서 1932년도 변경예산안을 다룬 10월 29일의 역원회, 미곡통제에 대한 의견을 결의한 11월 15일의 역원회 등 9개의 의사록이 수록되어 있다. 그리고 마지막에는 12월 1일에 임명된 특별의원 명단을 게재하였다.

연번	지역	연월일	자료명	호수	키워드
200	경성	1932.12	조선경제잡지	204	금본위제, 은본위제, 경인운수개선, 위체 안정안, 고신문(古新聞), 정기항로

【목차】

[자료]

물가와 화폐에 대하여 - 도변정길랑(渡邊精吉郎) / 경인운수개선 좌담회 / 외국 위체안정안(爲替安定案)에 대하여

[조사]

경성의 상권(3) / 숫자상으로 본 경기의 동향 / 고신문(古新聞)의 조선에서의 집산 상황 / 경성의 상황(商況)과 금융(11월 중) / 조선의 회사 이동(異動)(11월 중)

[잡록]

조선의 정기항로(1932년 10월 1일 현재) / 경제일지(11월 중)

[녹사]

[중요경제통계]

【해설】

본호에는 자료 3건, 조사 5건, 잡록 2건, 녹사 10건이 수록되어 있으며 말미에 중요경제통계가 첨부되어 있다.

자료 중 1번째 건은 만철(滿鐵) 촉탁 도변정길랑(渡邊精吉郎)이 금본위제와 은본위제의 역사를 통해 일본의 실정에 금본위제가 맞지 않다는 견해를 피력하며 물가와 화폐에 대하여 강연한 속기록이다. 2번째 건은 철도국·경성상공회의소·인천상공회의소 임원들이 진행한 〈경인운수개선 좌담회〉 속기록

이다. 3번째 건은 적미정부(赤尾正夫)가 외국위체(爲替) 안정책인 위체관리, 무역관리, 평가절하, 위체평형자본제도 등에 대해 논의한 글이다.

조사 중 1번째 건은 경성의 상권에 대해 조사한 제3편으로 춘천, 화천, 양구, 인제 등의 소비시장 실태를 파악한 것이다. 2번째 건은 물가, 무역고, 태환권 발행고, 중요 물품의 생산고 등 숫자에 근거하여 경기의 동향을 살핀 것이다. 3번째 건은 조선에서 고신문(古新聞)의 집산 상황, 고신문의 용도 등을 소개한 것이다. 다음 2건은 통상적 수록 항목으로 각각 1932년도 11월 중 경성의 품목별 상업 및 금융 현황, 조선 내 회사들에 있어서 본점 및 지점의 변동 상황을 다룬 것이다.

잡록 중 1번째 건은 1932년 7월 1일 조선의 정기항로에 대해 조선총독부명령 항로, 지방청 기타 명령 항로, 자영 항로로 나누어 기항 항구, 사용 선박, 항해 수, 경영자 등을 정리한 표이다. 2번째 건은 1932년 11월에 경성과 조선 전국에서 발생한 경제관련 주요 사건과 일본 및 외국과의 관련 내용을 일자별로 기록한 경제일지이다.

녹사는 도시 금융조합의 대부 한도를 5천원까지 확대할 것을 논의한 11월 28일의 금융부회, 경성에 만주국 영사관 설치를 요망하는 12월 26일의 의원총회 등 10건의 회의 의사록이다.

연번	지역	연월일	자료명	호수	키워드
201	경성	1933.1	조선경제잡지	205	병기(兵器)공업, 광산업, 조선무역, 경성경제계, 상점법안(商店法案)

【목차】

[자료]

1933년 초두에 서서 조선 재계에 대한 관측 및 희망 – 하전직치(賀田直治) / 1933년 경제계의 전망 – 궁림태사(宮林泰司)

[조사]

일만(日滿) 경제통제와 조선 – 적미정부(赤尾正夫) / 1932년 중의 경성 경제계 회고 / 경성의 상권(4) / 1932년 중의 조선 무역액 / 경성의 상황(商況)과 금융(12월 중) / 조선의 회사 이동

[잡록]

상점법안(商店法案)의 내용 / 경제일지(12월 중)

[녹사]

[중요경제통계]

【해설】

본호에는 자료 2건, 조사 6건, 잡록 2건이 수록되어 있으며 말미에 중요경제통계가 첨부되어 있다.

자료 중 1번째 건은 경성상공회의소 회장 가다 나오지(賀田直治)가 1933년 조선 재계에 대한 관측 및 희망을 피력한 것으로 병기(兵器)공업에서 철의 수요 증가로 광산업이 발달할 것 등을 예상하고 있다. 2번째 건은 경성도매[卸賣]연맹회장 미야바야시 타이지(宮林泰司) JODK에서 방송한 내용을 속기한 것으로 1933년 경제계를 전망하는 내용이다.

조사 중 1번째 건은 경성상공회의소 조사과 적미정부(赤尾正夫)가 일만(日滿) 경제통제, 만몽의 자원, 이민 상황, 조선의 무역, 만주의 금융, 조선의 희망 등을 내용으로 행한 강연을 속기한 것이다. 2번째 건은 세계적 불황, 농업 공황, 금본위제 정지 등과 관련하여 1932년도 경성 경제계의 흐름을 회고한 자료이다. 여기에는 미(米), 대두(大豆) 등 상품계 일반의 생산량 및 유통 상황, 물가의 추세, 화물 이동 상황, 위체(爲替) 동향, 금융계 일반, 주식계의 개요 등이 담겨져 있다. 3번째 건은 경성의 상권에 대해 조사한 제4편으로 강원도 철원군의 소비시장 실태와 금강산전철(金剛山電鐵) 연선(沿線)의 화물 출입 정황을 상세하게 제시하였다. 4번째 건은 1932년도 조선 무역액을 조사한 것으로, 대(對)외국무역과 대(對)일본무역으로 나누어 품목별로 전년도와 비교하여 각각의 증감 실태를 보여주고 있다. 다음 2건은 통상적 수록 항목으로 각각 1932년도 12월 중 경성의 품목별 상업 및 금융 현황, 조선 내 회사들에 있어서 본점 및 지점의 변동 상황을 다룬 것이다.

잡록 중 1번째 건은 〈상점법안(商店法案)〉의 내용을 설명하고 그 요강을 제시한 것이다. 2번째 건은 1932년 11월에 경성과 조선 전국에서 발생한 경제관련 주요 사건과 일본 및 외국과의 관련 내용을

일자별로 기록한 경제일지이다.

연번	지역	연월일	자료명	호수	키워드
202	경성	1933.2	조선경제잡지	206	국제연맹 탈퇴, 경제봉쇄, 내지 사업계, 조선미 실수고, 조선무역협회

【목차】

[자료]

국제연맹 탈퇴와 조선의 산업 진흥 – 하전직치(賀田直治) / 경제봉쇄는 두려울 게 못된다 – 고교무태랑(高橋茂太郎) / 내지의 사업계와 중요공업의 선행(先行) 및 그 채산(採算) – 천합창무(川合彰武)

[조사]

경성의 상권 / 조선 대외국(對外國)무역의 개관 / 경성의 상황(商況)과 금융(1월 중) / 조선의 회사 이동

[잡록]

경제일지(1월 중) / 1932년 조선미(朝鮮米) 실수고(實收高) / 1월 중 조선무역 개황 / 조선무역협회의 창립

[녹사]

[중요경제통계]

【해설】

본호에는 자료 3건, 조사 4건, 잡록 4건, 녹사 9건이 수록되어 있으며 말미에 중요경제통계가 첨부되어 있다.

자료 중 1번째 건은 경성상공회의소 회장 가다 나오지(賀田直治)가 국제연맹 탈퇴가 조선에 끼칠 영향을 논의한 것으로 만주국과 연관하여 조선의 중요성이 증가할 것이라고 전망하고 있다. 2번째 건은 미쓰이(三井)물산 경성지점장 고교무태랑(高橋茂太郎)이 일본의 국제연맹 탈퇴 후 경제봉쇄의 압박을 받고 있으나 일본 경제능력상 두려울 게 못되며 특히 조선은 위협을 느끼지 못할 것이라고 전망하고 있다. 3번째 건은 조선은행 총재석 조사과 가와이 아키다케(川合彰武)가 일본 사업계의 일반적 전망, 중요 공업의 전망을 분석한 것으로 33쪽의 방대한 분량이다.

조사 중 1번째 건은 경성의 상권에 대해 조사한 제5편으로 평강, 이천, 회양의 소비시장 실태와 강원도 각 군별 생산, 소비, 과부족품(過不足品)을 제시하였다. 2번째 건은 조선의 대(對)외국무역을 개관한 것으로 1932년 이전 5년간 외국무역의 지위, 국가별 무역고, 국가별 중요물품별 수량 등을 제시하였다. 다음 2건은 통상적 수록 항목으로 각각 1933년도 1월 중 경성의 품목별 상업 및 금융 현황, 조선 내 회사들에 있어서 본점 및 지점의 변동 상황을 다룬 것이다.

잡록 중 1번째 건은 1933년 1월에 경성과 조선 전국에서 발생한 경제관련 주요 사건과 일본 및 외국과의 관련 내용을 일자별로 기록한 경제일지이다. 2번째 건은 1932년도 조선미(朝鮮米) 실수고(實收高)에 대해 조사한 것으로 이전 5년간의 작부단별 및 수확고를 비교하고 1932년의 각 도별, 품종별, 작부단별 및 수확고를 전년도와 비교하였다. 3번째 건은 1933년 1월 중 무역에 대해 중요 품목별로 수출 및 수입의 가액(價額)을 정리한 것이다. 4번째 건은 조선무역협회의 취의서(趣意書), 정관(定款), 평의원 성명을 게재한 것이다.

녹사는, 가다 나오지(賀田直治) 경성상공회의소 회장이 곡물통제 문제 건으로 동경에 다녀온 경과를 보고한 1월 7일의 의원총회 등 9건의 각종 회의에 관한 의사록이다.

연번	지역	연월일	자료명	호수	키워드
203	경성	1933.3	조선경제잡지	207	경성제국대학, 세계경제, 길림, 조선무역, 연료수급, 상공종업원 표창규정, 영조물 대여규정

【목차】

[자료]

경성제대에 공·농·이학부를 급히 설립하자 - 평정웅삼랑(平井熊三郎) / 세계경제의 난국 타개와 그에 관련된 제문제 - 정정방수(正井芳樹) / 길림 지방 농업채산과 경제사정

[조사]

1932년 중 조선무역 개황 / 경기 연료수급 조사 / 조선의 회사 이동(異動)(2월 중) / 경성의 상황(商況)과 금융(2월 중)

[잡록]

경제일지(2월 중)

[녹사]

의사록(議事錄) - 1932년도 예산 / 상공종업원 표창규정 / 영조물(營造物) 대여규정 개정

[중요경제통계]

【해설】

본호에는 자료 3건, 조사 4건, 잡록 1건, 녹사 8건이 수록되어 있으며 말미에 중요경제통계가 첨부되어 있다.

자료 중 1번째 건은 경성상공회의소 부회장 히라이 구마사부로(平井熊三郎)가 국가산업개발과 밀접한 공·농·이학부를 경성제국대학에 급히 설립할 것을 주장하는 글이다. 2번째 건은 정정방수(正井芳樹)가 세계경제의 추이, 각국의 난국 타개 방법, 세계경제의 앞날과 일본의 입장 등을 밝힌 것이다. 3번째 건은 길림의 농업채산, 농경지로서 유망한 지역, 주요 지역의 경제사정 등을 소개한 것이다.

조사 중 1번째 건은 1932년도 조선무역을 개관한 것으로 외국무역, 만주무역, 일본무역에 대해 각각의 내용과 월별, 국가별, 품목별 상황을 제시하고 있다. 2번째 건은 1932년도에 경성 4개역에 도착한 연료품을 조사하여 석탄, 연탄, 해탄(骸炭), 목탄, 신(薪)의 수급상황을 분석한 자료이다. 다음 2건은 통상적 수록 항목으로 각각 1933년도 2월 중 조선 내 회사들에 있어서 본점 및 지점의 변동 상황, 경성의 품목별 상업 및 금융 현황을 다룬 것이다.

잡록 1건은 1933년 2월에 경성과 조선 전국에서 발생한 경제관련 주요 사건과 일본 및 외국과의 관련 내용을 일자별로 기록한 경제일지이다.

녹사는 1932년도 예산, 상공종업원 표창규정, 영조물(營造物) 대여규정 개정, 경성역 화물홈 확장, 사설철도 대금인환제(代金引換制) 건의, 선만(鮮滿)철도 여객운임 할인 등을 논의한 8월 31일 의원총회 등 8건의 회의에 관한 의사록이다.

연번	지역	연월일	자료명	호수	키워드
204	경성	1933.4	조선경제잡지	208	북선(北鮮), 간도, 세계통화경제회의, 화물이동, 특허법, 실용신안법, 상표법, 의장법

【목차】

[자료]

북선(北鮮), 간도 시찰 보고 / 세계통화경제회의에의 기대

[조사]

철도로 본 1932년 중의 경성 화물이동 상황 / 경성의 상황(商況)과 금융(3월 중) / 조선의 회사 이동(異動)(3월 중) / 각 상공회의소의 공업소유권 관계법규 개정 의견

[잡록]

경제일지(3월 중)

[녹사]

의사록 - 1932년도 잡곡 실수고(實收高), 동 1932년 중 선내(鮮內) 어시장 매상고

[중요경제통계]

【해설】

본호에는 자료 2건, 조사 4건, 잡록 1건, 녹사 2건이 수록되어 있으며 말미에 중요경제통계가 첨부되어 있다.

자료 중 1번째 건은 경성상공회의소 의원들이 북선(北鮮) 및 간도 지역으로의 상권확장을 도모하며 3월 7일부터 21일까지 시찰한 결과를 보고한 것이다. 2번째 건은 세계통화경제회의 개최의 필연성, 회의의 의제, 회의 결과의 기대 등을 소개한 것이다.

조사 중 1번째 건은 첫 번째 건은 1932년도 화물이동 상황에 대해 경성역, 용산역, 청량리역을 기준으로 품목별 월별 도착 톤수, 발송 톤수, 발송역별 도착 등을 표로 제시하며 주요화물의 발착 개황을 상세하게 기술한 32쪽의 방대한 자료이다. 다음 2건은 통상적 수록 항목으로 각각 1933년도 3월 중 경성의 품목별 상업 및 금융 현황, 조선 내 회사들에 있어서 본점 및 지점의 변동 상황을 다룬 것이다. 4번째 건은 특허국 장관이 일본상공회의소에 의뢰한 바에 따라 각 도시의 상공회의소에서 제시한 특허법, 실용신안법, 상표법, 의장법(意匠法) 등의 개정 의견을 정리한 자료이다.

잡록 1건은 1933년 3월에 경성과 조선 전국에서 발생한 경제관련 주요 사건과 일본 및 외국과의 관련 내용을 일자별로 기록한 경제일지이다.

녹사는 조선무역협회 보조를 논의한 4월 7일 역원회, 예산유용을 논의한 4월 20일 역원회의 참석자 및 결의 사항 등을 기록한 것이다. 맨 뒤쪽에 1932년도 잡곡 실수고(實收高), 1932년 중 선내(鮮內) 어시장 매상고가 실려 있다.

연번	지역	연월일	자료명	호수	키워드
205	경성	1933.5	조선경제잡지	209	국제연맹 탈퇴, 북선시찰, 면화증산, 위체관리법, 중앙시험소, 수출무역통제법, 원산국명 표기법, 기관연료경제조사

【목차】

[자료]

연맹탈퇴의 조서(詔書)를 받들며 - 고교형(高橋亨) / 북선시찰담 - 澁谷禮治 / 조선의 면화증산 장려에 관하여 - 고산자청(高山資淸) / 경성발전책과 상공회의소의 신규 계획 사업 - 이등정각(伊藤正慤) / 외국 위체관리법 연구 간담회 / 중앙시험소 주최의 공업간담회

[조사]

제정획책중(制定畫策中)이라 알려진 수출무역통제법에 대하여 / 경성의 상황(商況)과 금융(4월 중). 조선의 회사 이동(異動)(4월 중)

[잡록]

중화민국 수입품 원산국명 표기방법 / 조선근해 항로표(4월 1일 현재) / 기관연료경제조사(汽罐燃料經濟調査) / 경제일지(4월 중)

[녹사]

의사록

[중요경제통계]

【해설】

본호에는 자료 6건, 조사 3건, 잡록 4건, 녹사 8건이 수록되어 있으며 말미에 중요경제통계가 첨부되어 있다.

자료 중 1번째 건은 국제연맹 탈퇴에 즈음하여 조서(詔書) 받듦을 기념하며 경성제대 교수 다카하시 토오루(高橋亨)가 강연한 것이다. 2번째 건은 조선은행 조사과장 시부야 레이지(澁谷禮治)가 강연한 북선(北鮮) 여행담이다. 3번째 건은 고산자청(高山資淸)이 조선의 면화증산 장려를 피력한 글이다. 4번째 건은 상공회의소 이사 이등정각(伊藤正慤)이 경성발전책과 상공회의소가 해야 할 신규 계획사업을 밝힌 것이다. 5번째 건은 1933년 5월 1일 공포된 〈외국위체관리법〉에 대해 관계관청 및 직접관계자들이 경성상공회의소에 모여 진행 연구간담회를 기록한 것이다. 6번째 건은 조선총독부 중앙시험소가 주최하고 시험소 직원, 경성의 공업가, 경성상공회의소 회장, 부회장, 공업부원 등이 참가한 공업간담회의 개요를 기록한 것이다.

조사 중 1번째 건은 당국에서 제정하려고 하는 수출무역통제법의 목적, 내용을 소개하고 비판한 것이다. 다음 2건은 각각 1933년도 4월 중 경성의 품목별 상업 및 금융 현황, 조선 내 회사들에 있어서 본점 및 지점의 변동 상황을 다룬 것이다.

잡록 중 1번째 건은 중국수입품의 원산지를 표기하는 방법을 품목별로 소개하였고, 다음 건은 4월 1일 기준 조선근해 항로표를 제시한 것이다. 3번째 건은 기관(汽罐)의 연료로 석탄과 중유(重油)를 사용했을 때 각각의 비용을 비교하여 제시한 것이다. 4번째 건은 1933년 4월에 경성과 조선 전국에서 발생한 경제관련 주요 사건과 일본 및 외국과의 관련 내용을 일자별로 기록한 경제일지이다.

녹사는 도량용기 수선 요금 인하와 일본 상공업 시찰을 논의한 5월 9일 역원회 등 8건의 각종 회의에 관한 의사록이다.

연번	지역	연월일	자료명	호수	키워드
206	경성	1933.6	조선경제잡지	210	지하자원, 공업진흥 간담회, 중소상업자진흥 간담회, 목탄, 상공회의소 세입세출결산

【목차】

[자료]

재검토를 요하는 조선의 지하자원 - 소목탁이(素木卓二) / 조선상공회의소 주최의 공업진흥간담회 개황 / 중소상업자 진흥책 간담회

[조사]

대판(大阪)시장의 조선 목탄 - 조선물산협회 / 경성의 상황(商況)과 금융(5월 중) / 조선의 회사 이동(異動)(5월 중)

[잡록]

경제일지(5월 중) / 조선상공회의소 제2회 정기총회 / 경성상공회의소 사업성적 보고(1932년도) / 경성상공회의소 세입세출결산(1932년도)
[녹사] 의사록
[중요경제통계]

【해설】

본호에는 자료 3건, 조사 3건, 잡록 4건, 녹사 6건이 수록되어 있으며 말미에 중요경제통계가 첨부되어 있다.

자료 중 1번째 건은 조선총독부 연료선광연구소 기사 시라키 타쿠지(素木卓二)가 금, 철, 석탄, 흑연 등 조선의 지하자원 23종의 생산 및 분포 실태를 소개한 것이다. 2번째 건은 조선상공회의소가 주최한 6월 23일 공업진흥간담회의 참석자 및 각 발언 개요를 기록한 것이다. 3번째 건은 6월 8일 중소상업자들의 이해관계를 조정하기 위해 개최한 중소상업자 진흥책 간담회의 참석자, 발언 내용을 속기한 것이다.

조사 중 1번째 건은 조선물산협회에서 대판(大阪)시장의 조선 목탄에 관해 조사한 자료인데, 여기에는 일본의 제탄고(製炭高), 목탄을 위협하는 두탄(豆炭)의 등장, 조선 목탄의 결점 등이 소개되어 있다. 다음 2건은 통상적 수록 항목으로 각각 1933년도 5월 중 경성의 품목별 상업 및 금융 현황, 조선 내 회사들에 있어서 본점 및 지점의 변동 상황을 다룬 것이다.

잡록 중 1번째 건은 1933년 5월에 경성과 조선 전국에서 발생한 경제관련 주요 사건과 일본 및 외국과의 관련 내용을 일자별로 기록한 경제일지이다. 2번째 건은 1933년 6월 21일, 22일 양일에 개최된 조선상공회의소 제2회 정기총회의 의안, 출석자 등을 제시한 것이다. 다음 2건은 각각 1932년도 경성상공회의소 사업성적 보고, 1932년도 경성상공회의소 세입세출결산을 게재한 것이다.

녹사는 경인철도 복선화를 논의한 6월 28일 의원총회 등 6건의 각종 회의에 관한 의사록이다.

연번	지역	연월일	자료명	호수	키워드
207	경성	1933.7	조선경제잡지	211	일인(日印)통상조약, 조선면업, 도량형기, 조선의 기업회사, 조선무역, 조선무역촉진전람회, 취인소

【목차】

[자료]
일인(日印)통상조약 파기 문제와 조선면업의 입장에 대하여 - 궁림태사(宮林泰司)
[조사]
조선의 도량형기 판매가격 인하 문제에 대하여 - 덕가등책(德家藤策) / 조선의 기업회사 / 1933년 상반기의 조선무역 / 경성의 상황(商況)과 금융(6월 중) / 조선의 회사 이동(異動)(6월 중)
[잡록]

조선무역촉진전람회 회칙 및 역원(役員) 명부 / 선내(鮮內) 각 취인소(取引所)의 업적(1932년 중) / 경제일지(6월 중)
[녹사]
의사록
[중요경제통계]
[부록] 내지상공업 시찰 보고

【해설】
본호에는 자료 1건, 조사 5건, 잡록 3건, 녹사 3건이 수록되어 있으며 말미에 중요경제통계가 첨부되어 있다.

자료 1건은 경성사상(卸商)연맹회장 미야바야시 타이지(宮林泰司)가 일본·인도[日印]통상조약 파기에 따라 조선의 직물 산업에 초래될 영향과 그 대책 등을 논의한 것이다.

조사 중 1번째 건은 조사과 덕가등영(德家藤榮)이 도량형기를 전매하는 취지, 판매가격의 내선(內鮮) 비교, 조선 수요자들의 가격인하 요구 상황 등을 소개한 것이다. 2번째 건은 1932년말 기준으로 조선의 기업회사에 대해 업종별, 조직별 회사의 수와 공칭자본 및 불입자본금을 제시하고, 전년도 대비 증감 상황을 보여주는 자료이다. 3번째 건은 1933년 상반기 조선무역에 대해 항구별, 국가별, 품목별 상황을 소개한 것이다. 다음 2건은 통상적 수록 항목으로 각각 1933년도 6월 중 경성의 품목별 상업 및 금융 현황, 조선 내 회사들에 있어서 본점 및 지점의 변동 상황을 다룬 것이다.

잡록 중 1번째 건은 조선무역촉진전람회의 취지, 회칙, 출품신청서[出品申込書] 양식, 역원(役員) 명부를 게재한 것이다. 2번째 건은 조선 내 각 거래소[取引所]의 인원 및 회원, 자본액, 수지(收支), 미(米) 및 증권의 판매고 등을 보여주고 있다. 3번째 건은 1933년 6월에 경성과 조선 전국에서 발생한 경제관련 주요 사건과 일본 및 외국과의 관련 내용을 일자별로 기록한 경제일지이다.

녹사는 북선(北鮮) 견본시를 논의한 7월 8일 역원회, 만몽경제 조사를 논의한 7월 13일 의원총회, 경성의 공업용수 요금 인하 문제를 논의한 7월 17일 공업부회에 관한 의사록이다.

이번 호에는 부록으로, 6월 1일부터 18일까지 경성상공회의소 의원들이 일본의 상공업을 시찰하고 제출한 출장보고서가 실려 있다.

연번	지역	연월일	자료명	호수	키워드
208	경성	1933.8	조선경제잡지	212	평과(苹果), 오사카 중앙시매시장, 목탄, 설물업(屑物業), 현주(現住) 호수, 특용작물, 만주 관세

【목차】
[자료]

평과(苹果)의 출하통제 고찰 및 대판(大阪) 중앙 사매(卸賣)시장의 수급 상황 - 조선물산협회 / 조선목탄의 개선책 - 조선물산협회

[조사]

경성의 설물업(屑物業)에 대하여 / 1932년 말 선내(鮮內) 현주호수(現住戶數) / 조선의 종이에 대하여 - 妹尾光太郎 / 경성의 상황(商況)과 금융 / 조선의 회사 이동(異動).

[잡록]

1932년 조선 특용작물 실수고(實收高) / 만주국 관세의 개정(改訂)

경제일지

[녹사] 의사록

[중요경제통계]

【해설】

본호에는 자료 2건, 조사 5건, 잡록 4건, 녹사 2건이 수록되어 있으며 말미에 중요경제통계가 첨부되어 있다.

자료 중 1번째 건은 조선물산협회가 오사카(大阪) 및 그 주변 도시의 사과[苹果] 출하통제 상황, 오사카 중앙도매[卸賣]시장의 품종별 수급 상황을 소개한 것이다. 2번째 건은 조선물산협회가 조선목탄의 제탄기술상의 문제점 등을 지적하고 그 대책으로 규격의 통일, 품질 검사, 판매 통제 등을 제시한 것이다.

조사 중 1번째 건은 경성의 폐품업[屑物業]에 대하여 그 실태와 문제점을 분석한 것으로 폐품[屑物]의 규정, 각 품목별 폐품업의 실태 등을 소개하고 있다. 2번째 건은 1932년말 조선 내의 호구(戶口)를 일본인, 조선인, 만주 및 중국인, 기타 외국인으로 나누고 인구밀도, 부군별(府郡別) 인구, 직업별 호구 등을 조사한 것이다. 3번째 건은 매미광태랑(妹尾光太郎)이 조선의 종이에 대하여 조사한 것으로 연혁, 1930년도 조선지(朝鮮紙), 저원료(楮原料)의 생산고 등을 담고 있다. 다음 2건은 통상적 수록 항목으로 각각 1933년도 7월 중 경성의 품목별 상업 및 금융 현황, 조선 내 회사들에 있어서 본점 및 지점의 변동 상황을 다룬 것이다.

잡록 중 처음 2건은 각각 1932년도 조선 특용작물 실수고(實收高), 1932년 조선 승입연(繩叺筵) 제조고를 소개한 것이다. 3번째 건은 1933년 7월 22일에 개정, 공포된 만주국 관세의 집행령을 게재한 자료이다. 4번째 건은 1933년 7월에 경성과 조선 전국에서 발생한 경제관련 주요 사건과 일본 및 외국과의 관련 내용을 일자별로 기록한 경제일지이다.

녹사는 공업용수 요금 문제를 논의한 7월 31일 역원회, 대련(大連) 박람회 시찰을 논의한 8월 11일 역원회에 관한 의사록이다.

연번	지역	연월일	자료명	호수	키워드
209	경성	1933.9	조선경제잡지	213	만주국, 선만(鮮滿) 경제제휴, 화학공업, 생우(生牛), 만주국상표법, 정기항로, 염료봉함(染料封緘)

【목차】

[자료]

만주국의 경제사정에 대하여 아울러 선만(鮮滿) 경제제휴의 장래 고찰 - 하전직치(賀田直治) / 조선의 화학공업 자원과 그 개발 - 안동혁(安東赫)

[조사]

부산항의 생우(生牛) 이출 상황 / 경성 상황(商況)과 금융(8월 중) / 조선의 회사 이동(異動)(8월 중)

[잡록]

만주국상표법 / 조선 근해 정기항로 일람표(9월 1일 현재) / 색복(色服)장려의 철저를 기대하며 중앙시험소의 염료봉함(染料封緘) 개시 / 경제일지(8월 중)

[녹사]

의사록

[중요경제통계]

【해설】

본호에는 자료 2건, 조사 3건, 잡록 4건, 녹사 9건이 수록되어 있으며 말미에 중요경제통계가 첨부되어 있다.

자료 중 1번째 건은 경성상공회의소 회장 가다 나오지(賀田直治)가 만주 각지를 시찰한 결과에 대해 9월 12일 조선은행이 주최한 전국경제조사기관연합회 조선지부 예회(例會)에서 강연한 내용을 속기한 것으로 만주국의 경제 상황, 선만(鮮滿) 경제제휴의 장래 등을 언급하고 있다. 2번째 건은 중앙시험소 화학공업부 안동혁(安東赫)이 전분(澱粉)·양조·유지(油脂)·제지(製紙) 원료 등 조선의 화학공업 자원의 이용 현황과 개발 방법을 논의한 것이다.

조자 중 1번째 건은 부산항의 생우(生牛) 이출 상황에 대해 조사한 것으로 1932년도 월별 가액(價額), 최근 20년간의 이출 비교, 사입지별(仕入地別) 및 도착지별[仕向地別] 두수(頭數) 등을 포함하고 있다. 다음 2건은 통상적 수록 항목으로 각각 1933년도 8월 중 경성의 품목별 상업 및 금융 현황, 조선 내 회사들에 있어서 본점 및 지점의 변동 상황을 다룬 것이다.

잡록 중 1번째 건은 〈만주국상표법(滿洲國商標法)〉을 일본어로 번역하여 게재한 것이다. 2번째 건은 1933년 9월 1일 기준 조선근해 정기항로 일람표를 게재한 것이다. 3번째 건은 조선인들의 흰옷 염색을 위한 염료들 중 조악한 상품이 많기 때문에 중앙시험소에서 품질을 조사하여 주머니에 담아 증지(證紙)를 붙이기로 했다는 소식과 함께 〈염료봉함내규(染料封緘內規)〉를 게재한 것이다. 4번째 건은 1933년 8월에 경성과 조선 전국에서 발생한 경제관련 주요 사건과 일본 및 외국과의 관련 내용을 일자별로 기록한 경제일지이다.

녹사는 차량세(車輛稅)를 논의한 9월 2일 교통부회, 만주사변 전몰자 위령제 분담을 논의한 9월 5일 역원회 등 9건의 각종 회의에 관한 의사록이다.

연번	지역	연월일	자료명	호수	키워드
210	경성	1933.10	조선경제잡지	214	수도요금, 조선시장, 사염(私鹽), 공산액, 도량형령시행규칙, 자동차교통사업령

【목차】

[조사]

경성의 수도요금에 대하여 / 숫자로 본 본년 내지의 재계 / 1932년 조선 시장 통계 / 1932년 사염(私鹽) 생산 상황 / 1932년 중 경성부 내의 공업제산액(工業製産額) / 경성의 상황(商況)과 금융(9월 중) / 조선의 회사 이동(異動)(9월 중)

[잡록]

조선도량형령 시행규칙 개정 / 조선자동차교통사업령 / 경제일지

[녹사]

의사록

[중요경제통계]

【해설】

본호에는 조사 7건, 잡록 3건, 녹사 3건이 수록되어 있으며 말미에 중요경제통계가 첨부되어 있다.

조사 중 1번째 건은 경성의 수도요금에 대해 조사한 것으로 1922년 이래 급수호수(給水戶數), 조선·일본·만주 주요도시별 기본요금·최저요금·초과요금 비교, 양수기 사용요금, 수도공사 비용 등을 표로 제시하였다. 2번째 건은 1933년도 일본 재계(財界)의 상황을 숫자를 통해 분석한 것으로 이전 3년간의 물가지수, 통화 발행고, 예금고, 주식불입고, 수출입량 등을 표로 제시하고, 중요 품목별 생산고, 수입, 수출 등을 보여주고 있다. 3번째 건은 1932년도 말부터 현재까지 조선의 시장에 대해 〈시장규칙〉에 의거 정리한 통계표이다. 여기에는 시장의 종류별 수치, 각 도별, 상품종류별 판매고 등이 들어있다. 4번째 건은 1932년도 전오염(煎熬鹽), 재제염(再製鹽) 등 사염(私鹽)의 생산 상황을 조사한 것이다. 5번째 건은 1932년도 경성부 내 공산품의 종류별 생산액, 공장 수, 1912년 이래의 공산액 비교 등을 보여주는 자료이다. 다음 2건은 통상적 수록 항목으로 각각 1933년도 9월 중 경성의 품목별 상업 및 금융 현황, 조선 내 회사들에 있어서 본점 및 지점의 변동 상황을 다룬 것이다.

잡록 중 1번째 건은 1933년 10월 1일에 개정된 〈조선도량형령 시행규칙〉을 게재한 것이다. 2번째 건은 1933년 9월 7일에 반포된 〈조선자동차교통사업령〉을 게재한 것이다. 3번째 건은 1933년 9월에

경성과 조선 전국에서 발생한 경제관련 주요 사건과 일본 및 외국과의 관련 내용을 일자별로 기록한 경제일지이다.

녹사는 만주무역 간담회 문제를 논의한 9월 27일 역원회, 만주국 국도(國都)건설국장의 강연회 개최를 논의한 10월 18일 역원회 등 3건의 회의에 관한 의사록이다.

연번	지역	연월일	자료명	호수	키워드
211	경성	1933.11	조선경제잡지	215	상공정신, 일만(日滿)실업간담회, 전기조명, 조선물산, 경성 영업자, 축산, 미곡통제법시행령

【목차】

[자료]

상공정신의 작흥(作興) - 하전직치(賀田直治) / 일만(日滿) 실업간담회의 상황 - 평정웅삼랑(平井熊三郎) / 전기조명 이야기 - 관중광(關重廣) / 대판(大阪)에서 조선물산의 비판회 개기(概記) - 조선물산협회

[조사]

경성 영업자 수 조사 / 1932년 조선축산 제통계 / 경성의 상황(商況)과 금융(10월 중) / 조선의 회사 이동(異動)(10월 중)

[잡록]

미곡통제법 시행령 / 일본상공회의소 제6회 정기총회 의안 / 경제일지(10월 중)

[녹사]

의사록

[중요경제통계]

【해설】

본호에는 자료 4건, 조사 4건, 잡록 3건, 녹사 1건이 수록되어 있으며 말미에 중요경제통계가 첨부되어 있다.

자료 중 1번째 건은 경성상공회의소 회장 가다 나오지(賀田直治)가 자력갱생, 협력봉사, 보은감사 등 상공정신을 일으킬 것을 강조하는 글이다. 2번째 건은 경성상공회의소 부회장 히라이 구마사부로(平井熊三郎)가 일만실업간담회에 참석하여 교통문제, 관세문제, 면화문제 등을 제출한 것에 대한 결과 보고이다. 3번째 건은 관중광(關重廣)이 경성전기주식회사 주최로 개최한 간담회에서 강연한 상점조명, 건축조명, 공장조명 등에 관한 발표의 속기록이다. 4번째 건은 조선물산협회가 오사카(大阪) 아세아전람회에 출품한 조선물산에 대해 현지 전문가들이 비판한 견해를 소개한 것이다.

조사 중 1번째 건은 1933년 6월 기준으로 경성의 영업자들에 대해 조사한 것으로 일본인·조선인·

외국인 비율, 업종별 일본인·조선인 비율, 품목별 영업·업태, 주요 정동별(町洞別) 실태 등을 담고 있다. 2번째 건은 1932년도 조선축산에 관한 통계자료로 각 도별, 가축종류별 두수(頭數) 및 가액(價額) 등을 보여주고 있다. 다음 2건은 통상적 수록 항목으로 각각 1933년도 10월 중 경성의 품목별 상업 및 금융 현황, 조선 내 회사들에 있어서 본점 및 지점의 변동 상황을 다룬 것이다.

잡록 중 1번째 건은 〈미곡통제법시행령〉을 게재한 것이고, 2번째 건은 일본상공회의소 제6회 정기총회 의안이다. 3번째 건은 1933년 10월에 경성과 조선 전국에서 발생한 경제관련 주요 사건과 일본 및 외국과의 관련 내용을 일자별로 기록한 경제일지이다.

녹사는 11월 6일 역원회의 참석자, 안건, 회의 내용 등을 기록한 것이다.

연번	지역	연월일	자료명	호수	키워드
212	경성	1933.12	조선경제잡지	216	섬유공업, 전장대(田莊臺), 안전농촌, 일만실업협회, 만주국 상표등록

【목차】

[자료]

1933년 재계를 돌아보며 - 하전직치(賀田直治) / 아국 섬유공업의 현황에 대하여 - 궁림태사(宮林泰司) / 전장대(田莊臺)의 안전농촌에 대하여 - 대내무치(大內武治) / 상권옹호운동에 대하여

[조사]

조선의 화학공업 / 대(對) 내지 및 외국 자금 유출입 조사 / 경성의 상황(商況)과 금융(11월 중) / 조선의 회사 이동(異動)(11월 중)

[잡록]

일만실업협회 창립 / 만주국 상표등록출원 심득(心得) / 경제일지(11월 중)

[녹사]

의사록

[중요경제통계]

[부록]

만주국 경제조사 보고서 / 만주 대박람회 시찰보고서

【해설】

본호에는 자료 4건, 조사 4건, 잡록 3건, 녹사 6건이 수록되어 있으며 말미에 중요경제통계가 첨부되어 있다.

자료 중 1번째 건은 경성상공회의소 회장 가다 나오지(賀田直治)가 1933년을 회고하며 조선의 자원을 조사하여 증산계획을 수립하고, 만주국 흥기와 관련하여 조선의 중요성을 인식해야 한다고 언급한

것이다. 2번째 건은 미야바야시 타이지(宮林泰司)가 면화 소비량, 인견(人絹) 생산량 등 일본 섬유공업의 현황에 대하여 소개한 것이다. 3번째 건은 경성제국대학 교수 오우치 다케하루(大內武治)가 만주국 출장 결과에 대해 전국경제조사연합회 조선지부에서 강연한 것으로 전장대(田莊臺)의 안전농촌을 소개하고 있다. 4번째 건은 상권옹호운동에 대해 소개한 것으로 운동의 이유, 운동에 대한 반박, 구매조합운동 등을 담고 있다.

조사 중 1번째 건은 조선의 화학공업에 관한 것으로 각 도별 주요품의 생산액, 자본액 등을 표와 함께 상세히 제시하고 있다. 2번째 건은 조선에서 일본 및 외국을 상대로 한 자금의 유출, 유입을 조사한 것으로 1929년 이후 4년간을 비교하고 있다. 다음 2건은 통상적 수록 항목으로 각각 1933년도 11월 중 경성의 품목별 상업 및 금융 현황, 조선 내 회사들에 있어서 본점 및 지점의 변동 상황을 다룬 것이다.

잡록 중 1번째 건은 1933년 8월 대련(大連)에서 개최된 일만실업회(日滿實業會)의 회칙, 역원 등을 게재한 것이다. 2번째 건은 〈만주국상표법〉에 따라 등록출원할 경우 유의 사항을 개조서(個條書)로 나열한 것이다. 3번째 건은 1933년 11월에 경성과 조선 전국에서 발생한 경제관련 주요 사건과 일본 및 외국과의 관련내용을 일자별로 기록한 경제일지다.

녹사는 내년도 사업 문제를 논의한 11월 29일 역원회, 상업조합의 실체 조사를 논의한 12월 2일 상업부회 등 6건의 각종 회의에 관한 의사록이다.

부록으로 만주 경제조사·만주 박람회 보고서가 첨부되어 있다.

연번	지역	연월일	자료명	호수	키워드
213	경성	1934.1	조선경제잡지	217	일선만 경제블럭, 조선 약주, 만주국 통관수속, 조선무역고, 수형법(手形法), 소절수법(小切手法)

【목차】

[자료]

1934년 재계의 추세 및 희망 - 하전직치(賀田直治) / 조선 약주에 대하여—쌀의 수급조절 일책(一策)으로서 그것을 국제음료로 만들자 - 편산암(片山嵓) / 만주국 통관수속에 관한 무역업자 주의점

[조사]

1933년의 조선무역고 / 경성의 상황(商況)과 금융(12월 중) / 조선의 회사 이동(異動)(12월 중)

[잡록]

수형법(手形法) 및 소절수법(小切手法) 시행에 관하여, 부(附) 각 관계법규 / 통보일속(通報一束) / 경제일지(12월 중)

[녹사]

의사록

[중요경제통계]

【해설】

본호에는 자료 3건, 조사 3건, 잡록 3건, 녹사 7건이 수록되어 있으며 말미에 중요경제통계가 첨부되어 있다.

자료 중 1번째 건은 경성상공회의소 회장 가다 나오지(賀田直治)가 1934년 일선만 경제블럭의 구체적 경영 등 재계의 추세를 전망하고 자원산업과 상공업을 연관짓는 정책 등 희망을 제시하였다. 2번째 건은 공학박사 편산암(片山嵓)이 쌀의 수급조절을 위한 방법으로 조선 약주를 국제음료로 만들 것을 제안한 것이다. 3번째 건은 만주국 통관수속과 관련하여 수출입신고서 작성 방법 등 무역업자가 주의해야 할 점들을 제시한 것이다.

조사 중 1번째 건은 1933년 조선의 무역고에 관한 것으로 대(對)외국무역·일본무역으로 나누어 주요 물품의 수출 및 수입 가액(價額)을 보여주고 있다. 다음 2건은 통상적 수록 항목으로 각각 1933년도 12월 중 경성의 품목별 상업 및 금융 현황, 조선 내 회사들에 있어서 본점 및 지점의 변동 상황을 다룬 것이다.

잡록 중 1번째 건은 어음법[手形法], 수표법[小切手法]에 대해 설명하고 관계 법령들을 게재한 것이다. 2번째 통보일속에서는 철도 수하물 운임의 개정된 내용, 중국의 새로운 도량형제 등을 소개하고 있다. 3번째 건은 1933년 12월에 경성과 조선 전국에서 발생한 경제관련 주요 사건과 일본 및 외국과의 관련 내용을 일자별로 기록한 경제일지이다.

녹사는, 상권옹호 및 소매상업진흥 문제를 논의하고 성명서를 채택한 1933년 12월 20일의 의원총

회 등 7건의 각종 회의에 관한 의사록이다.

연번	지역	연월일	자료명	호수	키워드
214	경성	1934.2	조선경제잡지	218	미국 평가절하, 남만주 목탄, 차륜세, 보험, 조선 국세(國勢), 일인(日印)신통상조약, 만주국도량형법

【목차】

[자료]

미국의 평가절하와 그 영향 – 수간미계(水間美繼) / 남만의 목탄에 대하여 – 조선무역협회 봉천지부

[조사]

차륜세(車輪稅)에 대하여 / 1933년 중의 경제계 회고 / 조선의 보험 통계 / 1934년 조선 국세(國勢) 조사 결과 / 경성의 상황(商況)과 금융(1월 중) / 조선의 회사 이동(異動)(1월 중)

[잡록]

일인(日印)신통상조약 요강 / 만주국도량형법 / 경제일지(1월 중) / 통보일속(通報一束)

[녹사]

의사록

[중요경제통계]

【해설】

본호에는 자료 2건, 조사 6건, 잡록 4건, 녹사 8건이 수록되어 있으며 말미에 중요경제통계가 첨부되어 있다.

자료 중 1번째 건은 2월 3일 경성상공회의소가 주최한 '미국의 평가절하에 관한 연구회'에서 조선식산은행 이사 수간미계(水間美繼)가, 미국의 평가절하와 그 영향을 프랑스의 경우와 비교하여 설명한 것이다. 2번째 건은 남만주의 목탄에 대해 그 수요, 지역별 출하 상황, 목탄의 종류, 시세 등을 조선무역협회 봉천지부에서 소개하는 내용이다.

조사 중 1번째 건은 조선, 일본의 차륜세(車輪稅) 실태를 조사한 것으로 자동차, 자전거, 마차 등의 도시별 부과액을 제시하고 있다. 2번째 건은 1933년도 경제계 전반을 회고한 것으로 상품 일반, 물가, 화물 운송, 위체(爲替), 금융 일반, 주식계 등의 동향을 살피고 있다. 3번째 건은 생명보험, 손해보험에 관한 1931년, 1932년의 통계이다. 4번째 건은 1934년 조선의 지방별, 연령별 인구를 보여주는 국세(國勢) 조사 결과이다. 다음 2건은 통상적 수록 항목으로 각각 1934년도 1월 중 경성의 품목별 상업 및 금융 현황, 조선 내 회사들에 있어서 본점 및 지점의 변동 상황을 다룬 것이다.

잡록 중 처음 2건은 각각 일본·인도[日印]신통상조약의 요강, 만주국 도량형법을 안내한 것이다. 3번째 건은 1934년 1월에 경성과 조선 전국에서 발생한 경제관련 주요 사건과 일본 및 외국과의 관련

내용을 일자별로 기록한 경제일지이다. 4번째 통보일속은 산업보유법안, 조선소작령의 대강 등을 소개하고 있다.

녹사는, 조선미 이입(移入) 제한에 대해 반대 성명서를 결의한 2월 5일 의원총회 등 각종 회의 8건에 관한 의사록이다.

연번	지역	연월일	자료명	호수	키워드
215	경성	1934.3	조선경제잡지	219	면경지(棉莖紙), 잠사업, 용지표준화, 나진항, 조선미, 연료수급, 근해 항로

【목차】

[자료]

면경지(육지면) 제조시험 개보(概報) - 매미광태랑(妹尾光太郎) / 조선잠사업의 현황에 대하여 - 소하야청장(小賀野淸藏) / 제용지표준화에 대하여 / 나진항의 현재와 장래 - 만주국철로총국

[조사]

조선미(朝鮮米)와 조선의 경제기구 - 조선상공회의소 / 경성의 기업회사 수 / 1933년 중의 조선무역 개황 / 경성 연료수급 조사 / 경성의 상황(商況)과 금융(2월 중) / 조선의 회사 이동(異動)(2월 중)

[잡록]

1월1일 현재 조선 근해 항로 / 경제일지(2월 중) / 통보일속(通報一束)

[녹사] 의사록

[중요경제통계]

【해설】

본호에는 자료 4건, 조사 6건, 잡록 3건, 녹사 6건이 수록되어 있으며 말미에 중요경제통계가 첨부되어 있다.

자료 중 1번째 건은 중앙시험소 촉탁 매미광태랑(妹尾光太郎)이 육지면의 줄기를 원료로 하여 종이 만드는 시험 결과를 보고하는 내용이다. 2번째 건은 조선잠종(蠶種)제조업조합 중앙회장 소하야청장(小賀野淸藏)이 1월 29일 일본 중앙잠사회위원회에서 조선의 잠사업계 현황을 설명하고 생사(生絲)수출제한으로부터 조선을 제외시켜야 한다고 역설한 내용이다. 3번째 건은 사무용지, 서적잡지류, 장부, 영수증 등의 용지표준화에 대하여 설명한 것이다. 4번째 건은 만주국철로총국에서 나진항의 현재 상황과 대련(大連) 등과 경쟁하게 될 전망을 제시한 것이다.

조사 중 1번째 건은 미(米)의 경지면적 및 수확고, 수이출, 거래 및 운송, 금융 등 조선미와 경제기구에 대한 것이다. 2번째 건은 1932년, 1933년도 경성의 업종별, 조직별 기업회사 수와 이동상황 등을 소개한 것이다. 3번째 건은 1933년도 조선의 대(對)외국 및 일본 무역의 실태를 조사한 것이다.

4번째 건은 1933년도 석탄, 해탄(骸炭), 목탄 등 경성의 연료수급을 조사한 것이다. 마지막 2건은 통상적 수록 항목으로 각각 1934년도 2월 중 경성의 품목별 상업 및 금융 현황, 조선 내 회사들에 있어서 본점 및 지점의 변동 상황을 다룬 것이다.

잡록 중 1번째 건은 1934년 1월 1일 기준 조선근해 정기항로표이다. 2번째 건은 1934년 2월에 경성과 조선 전국에서 발생한 경제관련 주요 사건과 일본 및 외국과의 관련 내용을 일자별로 기록한 경제일지이다. 3번째 통보일속은 중국의 맥분 수출 해금, 미국의 금(金)준비법 개요 등을 소개하고 있다.

녹사는, 만주국 수입관세 문제와 공업용 수도요금 인하 문제 등을 논의한 2월 27일 역원회 등 각종 회의 6건에 관한 의사록이다.

연번	지역	연월일	자료명	호수	키워드
216	경성	1934.4	조선경제잡지	220	경성공업, 무진금융(無盡金融), 경성 상권, 만주속, 조선미, 조선농지령

【목차】

[자료]

경성 및 부근 공업의 현재와 장래 - 하전직치(賀田直治) / 무진금융(無盡金融)좌담회 / 중앙시험소 업무 개황

[조사]

경성의 상권 조사 / 1933년 중 만주속(滿洲粟)의 수입고 / 경성의 상황(商況)과 금융 / 조선의 회사 이동(異動) / 1933년 조선미 실수고 / 1933년 잡곡 실수고

[잡록]

조선농지령의 제정 / 경제일지(3월 중) / 통보일속(通報一束)

[녹사]

의사록

【해설】

본호에는 자료 3건, 조사 6건, 잡록 3건, 녹사 5건이 수록되어 있으며 말미에 중요경제통계가 첨부되어 있다.

자료 중 1번째 건은 경성상공회의소 회장 가다 나오지(賀田直治)가 경성 및 부근 공업에 대해 생산고, 공장 및 직공의 수 등 현상(現狀)을 설명하고 장래의 경성공업계를 전망한 것이다. 2번째 건은 3월 19일 무진업자(無盡業者) 및 상공업자들의 좌담회에 참석한 인원들과 발언 내용을 기록한 것이다. 3번째 건은 중앙시험소의 연혁, 규모, 업무 등을 소개한 것이다.

조사 중 1번째 건은 경성의 상권 조사 제6편으로 강원도 동해안 지역의 물자 수급, 거래 상황 등을

소개한 것이다. 2번째 건은 1933년도 만주속(滿洲粟)의 수입고에 대해 최근 10개년간 비교, 항구별 수입고 등으로 정리한 것이다. 다음 2건은 통상적 수록 항목으로 각각 1934년도 3월 중 경성의 품목별 상업 및 금융 현황, 조선 내 회사들에 있어서 본점 및 지점의 변동 상황을 다룬 것이다. 나머지 2건은 각각 1933년도 조선미, 잡곡의 지방별 수확고를 제시한 것이다. 잡곡 수확고는 목차에 제시되어 있지 않으나 본문에 들어있다.

잡록 중 1번째 건은 〈조선농지령〉을 게재한 것이다. 2번째 건은 1934년 3월에 경성과 조선 전국에서 발생한 경제관련 주요 사건과 일본 및 외국과의 관련 내용을 일자별로 기록한 경제일지이다. 3번째 통보일속은 일본-만주 전보요금 개정안, 산업통제법 개정론 등을 소개하고 있다.

녹사는, 상품견본 증명에 관한 건을 논의한 3월 26일의 역원회, 예산 유용(流用)에 관한 건을 논의한 3월 30일의 역원회 등 각종 회의 5건에 관한 의사록이다.

연번	지역	연월일	자료명	호수	키워드
217	경성	1934.5	조선경제잡지	221	양모(羊毛), 만주수출 해산물, 미곡통제법, 인저장안(籾貯藏案), 화물이동, 경성 상권, 실업(失業)조사

【목차】

[자료]

조선시찰의 감상과 조선에의 기대 - 진전신오(津田信吾) / 면양(緬羊) 국책수립의 필요와 조선의 임무에 대하여 - 조선권농회사 / 만주 수출해산물 조사서 - 조선무역협회

[조사]

선미(鮮米)를 중심으로 하는 미가문제의 일고찰 / 철도로 본 1933년 중 경성화물 이동 상황 / 경성의 상권 조사(7) / 조선의 실업(失業) 조사 / 1933년 주요농산물 수확고 / 경성의 상황(商況)과 금융(4월 중) / 조선의 회사 이동(異動)(4월 중)

[잡록]

통보일속(通報一束) / 경제일지(4월 중)

[녹사]

의사록

[중요경제통계]

【해설】

본호에는 자료 3건, 조사 7건, 잡록 2건, 녹사 5건이 수록되어 있으며 말미에 중요경제통계가 첨부되어 있다.

자료 중 1번째 건은 가네가후치[鐘ヶ淵]방적주식회사 사장 쓰다 신고(津田信吾)가 부산, 대전, 광주,

인천 등을 돌아보고 그 감상과 조선에의 기대를 피력한 강연이다. 2번째 건은 조선권농회사 조사부에서 양모(羊毛)와 관련하여 국책수립의 필요성, 자급계획, 장려보급 방법 등을 밝힌 것이다. 3번째 건은 조선무역협회가 만주로 수출하는 해산물에 대해 상(商)관습, 판매 시기, 운임 및 관세, 출하량 등을 소개한 자료이다.

조사 중 1번째 건은 미곡통제법, 인(籾) 저장안(貯藏案) 등 선미(鮮米) 미가문제를 고찰한 것이다. 2번째 건은 1933년도 경성 4개역의 화물 발착을 통해 화물이동 상황을 조사한 것이다. 3번째 건은 경성의 상권조사 제7편으로 강릉, 삼척, 울진의 물자수급 및 거래 상황을 파악한 것이다. 4번째 건은 일본인, 조선인의 실업(失業) 실태를 조사한 것이다. 5번째 건은 1933년도 주요농산물의 실수고를 파악한 것이다. 마지막 2건은 통상적 수록 항목으로 각각 1934년도 4월 중 경성의 품목별 상업 및 금융 현황, 조선 내 회사들에 있어서 본점 및 지점의 변동 상황을 다룬 것이다.

잡록 중 통보일속은 해산물 통제안에 대한 조선무역협회의 진정(陳情), 하얼빈의 견본시(見本市) 개최 등을 소개하고 있다. 2번째 건은 1934년 4월에 경성과 조선 전국에서 발생한 경제관련 주요 사건과 일본 및 외국과의 관련 내용을 일자별로 기록한 경제일지이다.

녹사는, 경성상공회의소 증축에 관한 건을 논의한 4월 19일의 역원회, 일본 상공업 및 경제시찰 문제를 논의한 4월 20일의 역원회 등 각종 회의 5건에 관한 의사록이다.

연번	지역	연월일	자료명	호수	키워드
218	경성	1934.6	조선경제잡지	222	조선공업, 구주(九州) 시찰, 미가지수(米價指數), 소매상권, 조선무역, 정기항로, 주조세령(酒造稅令)

【목차】

[자료]

조선공업의 현세(現勢) - 조선상공회의소 / 구주(九州) 경제상황 시찰 보고 - 등전미삼랑(藤田米三郎), 성명신(成明信)

[조사]

선미(鮮米)를 중심으로 한 미가문제의 일고찰(하) / 경성 소매상권 내의 인구증가의 추세와 그 분포상태의 변천 / 신고서류로 본 조선의 대외무역 / 경성의 상황(商況)과 금융(5월 중) / 조선의 회사이동(異動)(5월 중)

[잡록]

조선 정기항로 4월1일 현재 / 조선 주조세령(酒造稅令) 개정 공포 / 통보일속(通報一束) / 경제일지(5월 중)

[녹사]

녹사

[중요경제통계]

【해설】

본호에는 자료 2건, 조사 5건, 잡록 4건, 녹사 4건이 수록되어 있으며 말미에 중요경제통계가 첨부되어 있다.

자료 중 1번째 건은 조선상공회의소가 각 지역 상의에 설문지를 보내 조사한 조선공업의 현세(現勢) 상(上)편으로 부산, 신의주, 진남포, 목포의 상황을 보여주고 있다. 2번째 건은 상공회의소 상의원 후지타 요네사부로(藤田米三郎) 등 3인이 야하타(八幡), 후쿠오카, 나가사키 등 규슈[九州]를 시찰하고서 그 경제상황을 보고한 내용이다.

조사 중 1번째 건은 1910년 이래의 미가지수(米價指數), 수확고의 변동과 미가율의 변동 등을 통해 미가문제를 고찰한 것이다. 2번째 건은 경성의 소매상권을 분석하기 위해 각 동별 인구를 상세하게 파악한 40쪽 분량의 자료이다. 3번째 건은 1931~1933년도 신고서 숫자를 통해 대외무역을 파악한 것이다. 마지막 2건은 통상적 수록 항목으로 각각 1934년도 5월 중 경성의 품목별 상업 및 금융 현황, 조선 내 회사들에 있어서 본점 및 지점의 변동 상황을 다룬 것이다.

잡록 중 1번째 건은 1934년 4월 1일자 조선의 정기항로표이고, 2번째 건은 개정된 〈주조세령(酒造稅令)〉의 내용을 소개한 것이다. 3번째 통보일속은 제5회 만주국 견본시 개최, 영국 식민지의 수입할당 지역 등을 소개하고 있다. 4번째 건은 1934년 5월에 경성과 조선 전국에서 발생한 경제관련 주요 사건과 일본 및 외국과의 관련 내용을 일자별로 기록한 경제일지이다.

녹사는, 규슈[九州]지방 상공업 및 경제상황 시찰 보고와 상업실무원 학력검정시험 규정을 결정이 이루어진 6월 13일의 의원총회 등 각종 회의 4건에 관한 의사록이다.

연번	지역	연월일	자료명	호수	키워드
219	경성	1934.7	조선경제잡지	223	조선공업, 한약, 중앙사매시장, 소매상권, 호구조사, 경성상업, 경성금융, 회사이동

【목차】

[자료]

조선공업의 현세(現勢) - 조선상공회의소 / 약초의 재배와 이용에 대하여 - 천구리일(川口利一) / 중앙 사매(卸賣)시장 보(報)

[조사]

경성 소매상권 내의 인구증가의 추세와 그 분포상황의 변천 / 1933년말 조선 총인구 / 경성의 상황(商況)과 금융(6월 중) / 조선의 회사 이동(異動)(6월 중)

[잡록]

제3회 조선상공회의소 정기총회 결의록 / 1933년도 당소 사업보고 / 통보일속(通報一束) / 경제일지(6월 중)
[녹사]
[중요경제통계]

【해설】
본호에는 자료 3건, 조사 4건, 잡록 4건, 녹사 4건이 수록되어 있으며 말미에 중요경제통계가 첨부되어 있다.
자료 중 1번째 건은 조선상공회의소가 각 지역 상공회의소에 설문지를 보내 조사한 조선공업의 현세(現勢) 하(下)편으로 인천, 원산, 대구, 군산, 개성, 청진, 경성(京城)의 상황을 보여주고 있다. 2번째 건은 총독부 기사 천구리일(川口利一)이 한약의 역사, 종류를 밝히고 조선의 약초 재배 실태와 이용방법 등을 소개한 것이다. 3번째 건은 경성상공회의소 상의원 고거롱삼랑(高居瀧三郎) 등 4인이 중앙도매[卸賣]시장의 연혁, 기구, 거래방법, 문제점 등을 파악한 조사보고서이다.
조사 중 1번째 건은 경성의 소매상권을 분석하기 위해 각 동별 인구를 상세하게 파악한 자료의 제2편이다. 2번째 건은 1933년말 호구조사 결과로 지역별, 남녀별, 본적별, 1호당 인구수를 담고 있다. 다음 2건은 통상적 수록 항목으로 각각 1934년도 6월 중 경성의 품목별 상업 및 금융 현황, 조선 내 회사들에 있어서 본점 및 지점의 변동 상황을 다룬 것이다.
잡록 중 처음 2건은 각각 제3회 조선상공회의소 정기총회 결의록, 1933년도 상공회의소 사업보고서를 게재한 것이다. 3번째 통보일속은 일본의 맥주양조업, 소맥(小麥)의 세계 수요 예상 등을 소개하고 있다. 4번째 건은 1934년 6월에 경성과 조선 전국에서 발생한 경제관련 주요 사건과 일본 및 외국과관련 내용을 일자별로 기록한 경제일지이다.
녹사는, 1933년도 사업보고 및 수지결산(收支決算)의 승인과 조선상공회의소 제3회 정기총회 경과보고가 이루어진 6월 30일의 의원총회 등 각종 회의 4건에 관한 의사록이다.

연번	지역	연월일	자료명	호수	키워드
220	경성	1934.8	조선경제잡지	224	공정회(工政會), 공업진흥, 피복공업, 은행합동, 내지 중앙사매시장, 금융통계

【목차】
[자료]
조선공업의 진흥에 관한 공정회(工政會) 지부의 건의 / 조선의 섬유공업 및 피모(皮毛)공업 자원의 전모
[조사]

조선의 은행 합동(上) / 1934년 상반기의 조선무역 개황 / 내지 중앙사매(卸賣)시장의 현황에 대하여(上) / 선내 상반기의 금융통계 / 경성의 상황(商況)과 금융(7월 중) / 조선의 회사 이동(異動)(7월 중)
[잡록]
통보일속(通報一束) / 경제일지(6월 중)
[녹사]
[중요경제통계]

【해설】

본호에는 자료 2건, 조사 6건, 잡록 2건, 녹사 3건이 수록되어 있으며 말미에 중요경제통계가 첨부되어 있다.

자료 중 1번째 건은 공정회(工政會) 지부에서 조선공업의 진흥을 위해 국가적 기관, 자원조사기관, 공업시험기관, 공업교육기관의 확충을 총독부에 건의한 것이다. 2번째 건은 경성상공회의소 회장 가다 나오지(賀田直治)가 피복(被服)자원의 현황과 장래, 피복공업과 그 수요 등 조선의 섬유·피모(皮毛) 공업 자원의 전모(全貌)를 소개한 것이다.

조사 중 1번째 건은 영국, 미국, 일본의 은행합동을 소개하며 은행합동의 대세를 고찰한 것이다. 2번째 건은 1934년 상반기 조선무역의 상황을 개관한 것이다. 3번째 건은 일본 중앙도매[卸賣]시장에 대해 개설과정, 도매인[卸賣人], 사용료 등을 소개한 것이다. 4번째 건은 1934년 상반기 은행예금, 어음교환고 등 금융통계를 기술한 것이다. 마지막 2건은 통상적 수록 항목으로 각각 1934년도 7월 중 경성의 품목별 상업 및 금융 현황, 조선 내 회사들에 있어서 본점 및 지점의 변동 상황을 다룬 것이다.

잡록 중 1번째 통보일속은 세계 소맥 수확 예상, 만철(滿鐵) 화물 운임 인하 등을 소개하고 있다. 2번째 건은 1934년 7월에 경성과 조선 전국에서 발생한 경제관련 주요 사건과 일본 및 외국과의 관련 내용을 일자별로 기록한 경제일지이다.

녹사는, 상공회의소 마크 현상모집에 관해 논의한 7월 13일의 역원회, 마포 축항(築港) 문제를 논의한 8월 15일의 역원회 등 각종 회의 3건에 관한 의사록이다.

연번	지역	연월일	자료명	호수	키워드
221	경성	1934.9	조선경제잡지	225	한약, 화하(靴下), 내지 중앙사매시장, 고무, 베니야판, 전동력, 와사(瓦斯)

【목차】
[자료]
약초의 재배와 이용에 대하여(2) - 천구리일(川口利一) / 만주에서 화하(靴下)의 수급상황 조사
[조사]

내지 중앙사매(卸賣)시장의 현황에 대하여(中) / 최근 고무가격의 등세(騰勢)와 그 안정 / 베니야판의 수급 정황 / 경성의 상황(商況)과 금융(8월 중) / 조선의 회사 이동(異動)(8월 중)

[잡록]

전선(全鮮) 전동력(電動力) 및 와사(瓦斯) 요금조(料金調) / 통보일속(通報一束) / 경제일지(8월 중)

[녹사]

[중요경제통계]

【해설】

본호에는 자료 2건, 조사 5건, 잡록 3건, 녹사 3건이 수록되어 있으며 말미에 중요경제통계가 첨부되어 있다.

자료 중 1번째 건은 총독부 기사 천구리일(川口利一)이 조선의 약초 재배 실태와 이용방법을 소개한 제2편으로 한약의 치료적 가치, 각종 한약의 성분과 효능을 제시한 것이다. 2번째 건은 조선무역협회에서 만주의 화하(靴下)의 수급상황 조사한 것으로 최근 1년간의 수입수량 및 금액, 수입 경로, 현지의 생산 실태 등을 담고 있다.

조사 중 1번째 건은 일본 중앙도매시장에 대해 고찰한 제2편으로 교토 중앙도매시장의 도매인, 부속영업인, 매출인 등을 조사한 것이다. 2번째 건은 고무에 대해 세계 생산고, 가격의 추세, 소비 상황 등을 소개한 것이다. 3번째 건은 베니야판의 종류, 발송지[仕出地], 가격 등을 조사한 것이다. 마지막 2건은 통상적 수록 항목으로 각각 1934년도 8월 중 경성의 품목별 상업 및 금융 현황, 조선 내 회사들에 있어서 본점 및 지점의 변동 상황을 다룬 것이다.

잡록 중 1번째 건은 조선의 도시별, 회사별 전동력(電動力) 및 가스[瓦斯]의 요금(料金)을 조사한 것이다. 2번째 통보일속은 정우회와 총독부가 파악한 미(米) 생산비의 차이, 조선 내 전기사업의 현황 등을 소개하고 있다. 3번째 건은 1934년 8월에 경성과 조선 전국에서 발생한 경제관련 주요 사건과 일본 및 외국과의 관련 내용을 일자별로 기록한 경제일지이다.

녹사는, 경성상공연합회 주최 견본시(見本市) 비용 문제와 경성상공회의소 건물 증축공사 문제를 논의한 8월 28일의 역원회 등 각종 회의 3건에 관한 의사록이다.

연번	지역	연월일	자료명	호수	키워드
222	경성	1934.10	조선경제잡지	226	세계경제, 일화(日貨)배척, 기업(機業), 서진(西陣), 내지 중앙사매시장

【목차】

[자료]

최근 일본경제 비약 원인과 그 장래 - 고교구길(高橋龜吉)

[조사]

내지 주요기업(機業)의 정황과 조선향(朝鮮向) 견직물에 대하여(1) - 덕가등영(德家藤榮) / 내지 중앙사매(卸賣)시장의 현상(現狀)에 대하여(下) / 기업회사에서 본 조선의 공업 / 조선의 회사 이동(異動)(9월 중) / 경성의 상황(商況)과 금융(9월 중)

[잡록]

경제일지(9월 중)

[녹사]

[중요경제통계]

【해설】

본호에는 자료 1건, 조사 5건, 잡록 1건, 녹사 2건이 수록되어 있으며 말미에 중요경제통계가 첨부되어 있다.

자료 1건은 다카하시(高橋)경제연구소 소장 다카하시 가메키치(高橋龜吉)가 최근 일본경제 비약 원인과 그 장래를 논한 것으로 세계경제 변화 속의 일화(日貨)배척 문제, 세계의 경제국가주의와 만주문제 등을 담고 있다.

조사 중 1번째 건은 조사과 덕가등영(德家藤榮)이 교토(京都) 직물업의 정황과 조선향(朝鮮向) 견직물에 대해 소개한 것으로 서진(西陣)의 연혁, 종류 및 생산액 등을 담고 있다. 2번째 건은 일본 중앙도매시장에 대해 고찰한 제3편으로 오사카 중앙도매시장의 배급소, 도매인 등을 조사한 것이다. 3번째 건은 섬유, 화학 등 각종 공업회사를 통해 조선의 공업을 파악한 것이다. 마지막 2건은 통상적 수록 항목으로 각각 1934년도 9월 중 경성의 품목별 상업 및 금융 현황, 조선 내 회사들에 있어서 본점 및 지점의 변동 상황을 다룬 것이다.

잡록 1건은 1934년 9월에 경성과 조선 전국에서 발생한 경제관련 주요 사건과 일본 및 외국과의 관련 내용을 일자별로 기록한 경제일지이다.

녹사는, 정관 변경 문제와 조선산업심의회 설치 문제를 논의한 10월 5일의 역원회, 같은 안건을 논의한 10월 9일의 의원총회에 관한 의사록이다.

연번	지역	연월일	자료명	호수	키워드
223	경성	1934.11	조선경제잡지	227	조선상공업, 번화가(盛り場), 한약, 기업(機業), 서진(西陣), 서진직물동업조합정관

【목차】

[자료]

조선 상공업의 변천과 그 장래 - 하전직치(賀田直治) / 경성 상공업 진흥의 일책(一策) - 석천영요

(石川榮耀) / 약초 재배와 이용에 대하여(3) - 천구리일(川口利一)

[조사]

내지 주요기업(機業)의 정황과 조선향(朝鮮向) 견직물에 대하여(2) - 덕가등영(德家藤榮) / 조선의 회사 이동(異動)(10월 중) / 경성의 상황(商況)과 금융(10월 중)

[잡록]

통보(通報) / 경제일지(10월 중)

[중요경제통계]

【해설】

본호에는 자료 3건, 조사 3건, 잡록 2건이 수록되어 있으며 말미에 중요경제통계가 첨부되어 있다.

자료 중 1번째 건은 경성상공회의소 회장 가다 나오지(賀田直治)가 10월 13일 경성고등상업학교에서 강연한 것으로 조선 상공업의 연원과 특질, 조선 상공업의 발달과 중요성의 향상, 조선 상공업의 현세(現勢)와 동향 등을 담고 있다. 2번째 건은 도쿄 도시계획위원 석천영요(石川榮耀)가 8월 27일 강연한 내용을 속기한 것으로 경성의 번화가를 고찰하여 그 결점을 지적하고 유럽의 예를 들며 번화가의 경영 문제 등을 논의하고 있다. 3번째 건은 총독부 기사 천구리일(川口利一)이 조선의 약초 재배 실태와 이용방법을 소개한 제3편으로 한약의 종류를 식물성, 동물성, 광물성으로 나누어 설명한 내용이다.

조사 중 1번째 건은 조사과 덕가등영(德家藤榮)이 교토(京都) 직물업의 정황과 조선향(朝鮮向) 견직물에 대해 소개한 제2편으로 서진(西陣)의 조직, 거래 방법, 기업(機業)관계 등을 소개하고 말미에 〈서진직물동업조합정관〉을 발췌하여 덧붙여 놓았다. 다음 2건은 통상적 수록 항목으로 각각 1934년도 10월 중 조선 내 회사들에 있어서 본점 및 지점의 변동 상황, 경성의 품목별 상업 및 금융 현황을 다룬 것이다.

잡록 중 1번째 통보는 미(米) 수확예상고, 맥(麥) 수확예상고 등을 소개하고 있다. 2번째 건은 1934년 10월에 경성과 조선 전국에서 발생한 경제관련 주요 사건과 일본 및 외국과의 관련 내용을 일자별로 기록한 경제일지이다.

연번	지역	연월일	자료명	호수	키워드
224	경성	1934.12	조선경제잡지	228	금융조합, 서민금융, 경기도 공장, 풍수해, 소맥분 운임

【목차】

[자료]

구미(歐米)의 서민 금융에 대하여 - 산근혜(山根譿)

[조사]

경성 및 인접 읍면 공업의 대요(大要) / 근기(近畿) 풍수해와 경성상공업의 영향 / 경성의 상황(商況)과 금융(11월 중) / 조선의 회사 이동(異動)(11월 중)

[잡록]

통보일속(通報一束) / 경제일지(11월 중)

[녹사]

[중요경제통계]

【해설】

본호에는 자료 1건, 조사 4건, 잡록 2건, 녹사 4건이 수록되어 있으며 말미에 중요경제통계가 첨부되어 있다.

자료 1건은 조선금융조합연합회 교육부장 산근혜(山根譓)가 유럽과 미국의 금융조합을 시찰하고서 그 결과를 강연한 것으로 이탈리아, 프랑스, 독일, 미국의 서민금융의 상황에 대한 내용을 담고 있다.

조사 중 1번째 건은 경기도와 주변 읍면의 공장의 종류별 수, 분포상황, 공산액, 직공수 및 평균임금, 노동시간 등을 정리한 것이다. 2번째 건은 1934년 9월 21일 태풍으로 인한 경성의 공업, 상업상 영향을 분석, 정리한 자료이다. 다음 2건은 통상적 수록 항목으로 각각 1934년도 11월 중 경성의 품목별 상업 및 금융 현황, 조선 내 회사들에 있어서 본점 및 지점의 변동 상황을 다룬 것이다.

잡록 중 1번째 통보일속은 용산-만주간 소맥분 운임 인하, 제7회 일본상공회의소 정기총회에 제출한 의안 등을 소개하고 있다. 2번째 건은 1934년 11월에 경성과 조선 전국에서 발생한 경제관련 주요 사건과 일본 및 외국과의 관련 내용을 일자별로 기록한 경제일지이다.

녹사는, 1934년도 예산변경 문제와 조선상공회의소 임시총회 경과보고를 안건으로 한 10월 31일의 의원총회 등 각종 회의 4건에 관한 의사록이다.

연번	지역	연월일	자료명	호수	키워드
225	경성	1935.1	경제월보	229	산음, 북륙 마쓰에시(松江市), 중국, 한약, 기류시(桐生市), 직물

【목차】

[자료]

조선 경제력의 발전과 수도 경성 상공업자의 사명 - 하전직치(賀田直治) / 산음북육(山蔭北陸)지방 경제시찰 보고 - 원덕상(元悳常), 도축강이(都筑康二), 동목중길(桐木重吉) / 지나(支那)를 말하다 - 가등경삼랑(加藤敬三郎) / 약초 재배와 이용에 대하여(4) - 천구리일(川口利一)

[조사]

1934년 중의 경제계 회고 / 내지의 주요 기업지(機業地)의 정황과 조선향(向) 견직물에 대하여(3) / 경성의 상황(商況)과 금융(12월중) / 조선의 회사의 이동(異動)(12월중)

[잡록]

통보일속(通報一束) / 경제일지(12월중)

[주요경제통계]

【해설】

본 호에는 자료가 4건, 조사가 4건, 잡록 2건이 수록되어 있으며 말미에 주요경제통계가 첨부되어 있다.

자료 4건 가운데 처음의 것은 경성상공회의소 회두의 기고문으로 조선 주변의 경제상태 개관, 조선 경제의 현세와 동향, 조선통치와 산업, 일본자본의 조선 투하, 조선경제 진척의 실제 사례, 조선경제 발전 관련 문제, 국민의 각오, 수도 경성의 위치와 사명, 경성의 긴요 사항 등을 설명하고 있다. 다음 1건은 상공회의소 부회두 원덕상 등 3명의 마쓰에시(松江市)를 비롯한 일본 산음과 북륙지방 각 지역을 답사한 경제시찰 보고서이다. 세 번째 내용은 상공회의소 특별회원인 조선은행 총재의 중국 상해, 남경, 한구를 비롯한 중국 주요지역을 시찰하고 특히 중국의 재정과 공채, 차관, 지방재정, 무역, 산업진흥, 일본의 이익과의 관계 등을 설명하고 있다. 네 번째 내용은 조선 내 한약 재배의 역사와 사용실태, 일본 약초재배 현황 등을 살핀 것이다.

조사 4건 가운데 첫 번째 것은 1934년 중 경제계와 상품계의 추이, 물가 동향, 화물운송 상황, 위채와 주식 동향 등을 살폈다. 다음 1건은 일본 군마현(群馬縣) 기류시(桐生市)의 직물 생산 연혁과 최근 추세, 종류 및 제조고, 사용고를 통계로 제시하였다. 마지막의 2건은 월보에 통상적으로 수록되는 항목으로 1934년 12월 중 경성의 상업현황과 금융, 조선 내의 회사 변동을 다룬 것이다.

잡록 2건은 통상보고로 동해남부선의 영업연장, 1934년 조선 각 특별회계 세입예상 추가 공포, 조선 내에서의 부정경쟁 방지령 등을 내용으로 하고 있다. 마지막 1건은 12월 중 경성과 조선 전국에서 행해졌던 경제관련 주요 사건과 일본 및 외국과의 관련 내용을 날짜별로 기록한 경제일지이다.

연번	지역	연월일	자료명	호수	키워드
226	경성	1935.2	경제월보	230	상품견본증명, 조선식산은행, 가잠, 생사, 생명보험, 손해보험, 조선지

【목차】

[자료]

상품견본증명 좌담회 / 약초 재배와 이용에 대하여(5) - 천구리일(川口利一) / 임시 이득세법안(利得稅法案)의 내용

[조사]

조선의 은행 합동(下) / 1934년 중 발행한 상품견본증명서 / 1933년도 가잠사(家蠶糸) 생산 상황 / 조선의 보험 통계 / 경성의 상황(商況)과 금융(1월중) / 조선의 회사의 이동(異動)(1월중)

[잡록]

경성 중소상공업진흥조사위원회 조직 / 조선 정기 근해(近海) 항로표(1935년 1월 현재) / 일본 타월 제품 단순화 규격 / 통보일속(通報一束) / 경제일지(1월중)

[녹사]

[주요경제통계]

【해설】

본 호에는 자료가 3건, 조사가 6건, 잡록 4건, 녹사 1건이 수록되어 있으며 말미에 주요경제통계가 첨부되어 있다.

자료 중 처음의 상품견본 증명에 관한 좌담회는 경성상업회의소 주최로 열린 것으로 출석자들의 발언내용을 속기록으로 작성하였다. 두 번째 내용은 전월호의 연속 기사로 과거 1년간 조선 내 약초 재배 실적, 상황 조사, 이용가치 등을 살폈다. 세 번째 자료는 임시이득세법안에 관한 것으로 과세 목적, 과세이득 산정방법, 소액이득의 면제, 세율, 수입견적액 등의 대강을 소개한 것이다.

조사 6건 가운데 첫 번째는 조선식산은행 설립까지의 경과와 조선상업은행 중심의 은행합동과 매입, 지방은행의 신설과 병합 등에 관한 내용이다. 두 번째는 1934년 중 경성상공회의소에서 발행한 상품견본 증명서의 월별, 상품별 내역이다. 세 번째는 1933년도 조선 내의 가잠(家蠶)과 생사(生絲) 생산 상황을 표로 비교하였다. 네 번째는 조선 내 생명보험, 손해보험의 종류별 수입과 지출내역을 표로 살핀 것이다. 마지막의 2건은 월보에 통상적으로 수록되는 항목으로 1935년 1월 중 경성의 상업 현황과 금융, 조선 내의 회사 변동상황을 다룬 것이다.

잡록에서는 첫 번째로 중소기업진흥조사위원회 설립의 취지, 조직, 위원회 명단을 수록하였다. 다음은 조선의 정기 근해항로를 전년도 실적과 대비하고 항로별 경영자, 항로별 상황과 영업내역을 표로 제시하였다. 세 번째는 일본에서 생산된 타월에 대한 일본 상공성의 품목별 표준규격을 표로 설명하고 있다. 다음 통보일속은 1933년 중 조선의 어업고, 중국 훈춘의 조선지(朝鮮紙) 수요 상황 등에

관한 건이다. 그 다음은 1935년 1월 중 경성과 조선 전국에서 행해졌던 경제관련 주요 사건과 일본 및 외국과의 관련 내용을 날짜별로 기록한 경제일지이다.

녹사는 경성상공회의소 의원총회와 역원회, 금융부회, 경성중소기업진흥조사회 제1회 위원회 개최 상황내역이다.

연번	지역	연월일	자료명	호수	키워드
227	경성	1935.3	경제월보	231	소매상점자기진단서, 공장결함진단서 무역상황, 은행, 금융조합,

【목차】

[자료]

구미만유잡감(歐米漫遊雜感) - 산구중정(山口重政) / 소매상점 자기진단서(自己診斷書) / 공장 결함 진단법(缺陷診斷法) / 일본 상의(商議)의 산견(産繭) 처리, 수출 생사(生糸) 판매 통제, 미곡 자치관리법 등에 관한 건의

[조사]

1934년 중 조선 무역 개황 / 내지의 주요 기업지(機業地)의 정황과 조선향(向) 견직물에 대하여(4) / 1934년 중 경성 연료 수급 조사 / 1934년 말의 조선의 은행 통계 / 1934년 말 현재 금융조합 통계 / 경성의 상황(商況)과 금융(2월중) / 조선의 회사의 이동(異動)(2월중)

[잡록]

통보일속(通報一束) / 경제일지(월중)

[녹사]

[주요경제통계]

【해설】

본 호에는 자료가 4건, 조사가 7건, 잡록 2건, 녹사 1건이 수록되어 있으며 말미에 주요경제통계가 첨부되어 있다.

자료 중 첫 번째는 조선식산은행 산업금융과장이 1934년 봄부터 1935년 2월까지 구미 각국 시찰내용을 경성상업회의소에서 강연한 속기록이다. 두 번째는 일본능률연합회가 동경시역소에서 발표한 소매상점 자기진단서를 소개한 것이다. 여기에는 사무와 직제, 인사, 상품, 구입, 판매방침, 점포, 광고, 경리와 관련된 내용을 수록하였다. 세 번째는 대판부 산업능률연구소가 빌표한 공장결함진단서로 경영, 판매, 회계, 조직관리, 인사, 공장설비, 작업관리, 안전과 복리 등을 수록하였다. 네 번째는 일본 상업회의소에서 일본 산업계의 대변혁을 초래한 것으로 결의한 산견(産繭)처리통제안을 비롯한 4가지 의견 내용과 이를 관계당국에 건의를 요청한 사항이다.

조사 중 처음의 것은 1934년 중 조선의 외국 및 일본과의 무역상황을 수치와 설명을 통해 총 정리한 것이다. 다음 1건은 1월호의 연속으로 일본 군마현(群馬縣) 기류시(桐生市)의 직물 조직, 조선과의 관계, 관련기업 등을 통계와 설명으로 제시하였다. 세 번째는 석탄과 연탄을 비롯한 1934년 경성부 연료의 수요와 공급을 조사한 내역이다. 그 다음 2건은 1934년 말 현재 조선은행 등 각 은행과 금융조합의 현황을 소개한 것이다. 마지막의 2건은 월보에 통상적으로 수록되는 항목으로 1935년 2월 중 경성의 상업현황과 금융, 조선 내의 회사 변동상황을 다룬 것이다.

잡록 중 통속일반은 1934년도 조선미 실 수확고, 양잠현황 등에 관한 내용으로 되어 있다. 그 다음은 1935년 2월 중 경성과 조선 전국에서 행해졌던 경제관련 주요 사건과 일본 및 외국과의 관련 내용을 날짜별로 기록한 경제일지이다.

녹사는 경성상공회의소 금융부, 역원회, 의원총회, 교통부회 등의 회의 내용과 결정사항 내역이다.

연번	지역	연월일	자료명	호수	키워드
228	경성	1935.4	경제월보	232	경원선, 구미시찰, 화물 이동, 상품견본, 조선산업박람회

【목차】

[자료]

북선(北鮮) 및 동부만주(東部滿洲) 시찰 보고 - 이궁상일(二宮常一), 이등수일(伊藤壽一), 원구정(原口定) / 구미만유잡감(歐米漫遊雜感) - 산구중정(山口重政) / 북철(北鐵)의 화물 운임 개정

[조사]

철도로 본 1934년 중의 경성 화물 이동(異動) 상황 / 경성의 상황(商況)과 금융(3월중) / 조선의 회사의 이동(異動)(3월중)

[잡록]

만주국에의 상품견본 휴대에 관한 간이취급(簡易取扱)이 개시되다 / 1935년도 경성상공회의소 세출입(歲出入) 예산 / 통보일속(通報一束) / 경제일지(3월중)

[녹사]

[주요경제통계]

【해설】

본 호에는 자료가 3건, 조사가 3건, 잡록 4건, 녹사 1건이 수록되어 있으며 말미에 주요경제통계가 첨부되어 있다.

자료 중 첫 번째 내용은 경성상공회의소 의원과 서기 3인이 경원선으로 3월 청진 등 조선 북부지방을 경유해서 도문을 거쳐 북간도의 연길, 용정 및 봉천, 신경, 하얼빈 등 동만주 일대 경제상황

시찰 관련 보고서이다. 이 글에서는 조선 북부 3개의 항구에 대한 의견, 간도성의 산업계 현황 등도 살폈다. 다음은 전월 호에서 이어지는 조선식산은행 산업금융과장이 1934년 봄부터 1935년 2월까지 구미 각국 시찰내용을 경성상업회의소에서 강연한 속기록으로 영국과 프랑스, 독일, 소련, 미국 관련 견문 내용이다. 세 번째는 3월 21일 러일 양국 간에 조인을 마친 동청철도 화물 운임 개정과 관련하여 여객과 화물의 운임요금, 계산규칙 등을 소개하고 있다.

조사 중 첫 번째 내용은 1934년 중 경성의 화물 이동상황을 조사한 것이다. 여기서는 일반개황, 도착화물 및 발송화물 개황, 각 역별 발착 톤수, 미곡을 비롯한 주요 농수산물과 공산품의 발착상황 등을 상세히 기록하였다. 그 다음의 2건은 월보에 통상적으로 수록되는 항목으로 1935년 3월 중 경성의 상업현황과 금융, 조선 내의 회사 변동상황을 다룬 것이다.

잡록의 첫 번째 내용은 종래 만주국으로 갈 때 상품견본을 휴대할 경우 무리가 있었음에 대해 만주국 훈령이 공포됨에 따라 이전보다 간편하게 취급할 수 있게 되었다는 내용을 소개하고 있다. 두 번째 내용은 1935년도 경성상공회의소 세입 및 세출 예산을 각 항목별로 상세히 정리하였다. 통보일속에서는 조선산업박람회 개최 관련 내용 등을 소개하고 있다. 다음은 1935년 3월 중 경성과 조선 전국에서 행해졌던 경제관련 주요 사건과 일본 및 외국과의 관련 내용을 날짜별로 기록한 경제일지이다.

녹사는 경성상공회의소 교통부회, 공업부회, 상업부회, 역원회 등의 회의와 결정사항 등의 내역이다.

연번	지역	연월일	자료명	호수	키워드
229	경성	1935.5	경제월보	233	중국, 소매점, 중요산업통제법, 공장경영자기진단서, 자동차

【목차】

[자료]

조지(朝支)무역에의 희망 - 하전직치(賀田直治) / 상매번창공작(商賣繁昌工作) - 좌등전위(佐藤傳衛) / 내지 경기(景氣)의 시찰 - 궁림태사(宮林泰司) / 중요산업통제법에 대하여 / 공장 경영 자기진단서(自己診斷書)

[조사]

경성 대(對)지방 자동차 교통 조사(上) / 경성의 상황(商況)과 금융(4월중) / 조선의 회사의 이동(異動)(4월중)

[잡록]

통보일속(通報一束) / 경제일지(4월중)

[녹사]

[주요경제통계]

【해설】

본 호에는 자료가 5건, 조사가 3건, 잡록 2건, 녹사 1건이 수록되어 있으며 말미에 주요경제통계가 첨부되어 있다.

자료 중 첫 번째 내용은 경성상업회의소 회두가 중국 경제시찰로서 조선에 파견된 장가주(張嘉鑄) 일행을 상업회의소로 초대하여 조선과 중국의 무역에 관한 좌담회 개최 시 강연 속기록이다. 두 번째는 경성상공회의소에서 일본 경영광고능률연구소장 사이토(佐藤傳衛)를 초빙해서 강연회를 개최한 내용 속기록이다. 그는 소매점 부진의 원인과 진단, 장래, 광고 등과 관련해 강연을 하였다. 세 번째는 경성 도매상연합회장이 조선면사포상(朝鮮綿絲布商) 연합회의 일본시찰단 20여 명과 같이 일본 각 산업부문의 생산 및 거래상황 등을 시찰하고 돌아온 내용을 보고한 것이다. 네 번째는 1931년에 공포되어 오는 1936년 8월에 종료되는 중요산업통제법의 입법취지, 적용범위, 법률 조항 검토 등을 살폈다. 다섯 번째는 1934년 일본 가나가와현(神奈川縣) 공장진단위원회에서 공장경영자기진단서를 작성해서 일반공장에 배포한 내용을 소개한 것이다. 여기에는 경영일반, 생산회계, 공장설비, 조직과 운용, 공장관리, 재료, 노동, 임금, 안전복지시설 등과 관련한 내용을 수록하였다.

조사 중 첫 번째 내용은 경성상공회의소 서기가 조사한 경성과 지방의 자동차 교통 관련 내용이다. 자동차교통사업령 시행, 경성과 수원, 인천 등 주변 대도시 간의 영업 선로, 화물운송 상황 등이 조사되었다. 그 다음의 2건은 월보에 통상적으로 수록되는 항목으로 1935년 4월 중 경성의 상업현황과 금융, 조선 내의 회사 변동상황을 다룬 것이다.

잡록 중 통보일속은 1934년 조선면화 실 수확고, 거래소 매매고 등을 소개하고 있다. 다음은 1935년 4월 중 경성과 조선 전국에서 행해졌던 경제관련 주요 사건과 일본 및 외국과의 관련 내용을 날짜별로 기록한 경제일지이다.

녹사는 5월 11일 개최된 경성상공회의소 역원회의 의제와 출석자, 결정사항 등의 내역이다.

연번	지역	연월일	자료명	호수	키워드
230	경성	1935.6	경제월보	234	경성 상업시찰, 자동차 교통, 회사, 공산액, 정기 근해 항로표

【목차】

[자료]

경성에서 상점을 시찰하고 - 좌등전위(佐藤傳衛) / 통상옹호법의 발동에 대하여

[조사]

경성 대(對)지방 자동차 교통 조사(下) - 이등정통(伊東正統) / 1934년 말 현재 조선의 회사 조(調) / 1933년 조선 공산액 / 1934년 중 선미(鮮米)의 수이출 향사지(向仕地) 조사 / 1934년 중 조선의 야채 수확고 / 경성의 상황(商況)과 금융(5월중) / 조선의 회사의 이동(異動)(5월중)

[잡록]
통보일속(通報一束) / 경제일지(월중) / 신간 장서(藏書) 목록
[녹사]
[주요경제통계]

【해설】

본 호에는 자료가 2건, 조사가 7건, 잡록 3건, 녹사 1건이 수록되어 있으며 말미에 주요경제통계가 첨부되어 있다.

자료에서 첫 번째 내용은 잡지「소매점경영」주사의 경성 상업시찰 보고기록이다. 그는 경성의 상점가, 일본인 중심의 본정통 진단, 요망사항, 조선인 중심의 종로상점가, 백화점과 소매점, 요리점의 상황 등을 정리하였다. 두 번째는 통상옹호법 발동에 즈음하여 그 입법의 취지, 무역조절 및 통상옹호에 관한 법률 및 부칙 등의 법의 내용, 법을 발동하게 된 원인, 일본과 캐나다와의 무역관계, 법률 발동의 효과 등을 설명한 것이다.

조사에서 처음의 것은 전호에 이은 경성과 지방의 자동차 교통 관련 내용이다. 경성과 광주, 이천, 여주, 원주, 횡성, 홍천, 춘천 등 인접한 도시 간의 영업 선로, 화물운송 상황 등이 조사되었다. 두 번째는 1934년 말 현재 조선 내의 회사의 업종과 회사 명, 소재지, 자본금 내역 등을 상세히 조사하였다. 세 번째는 1933년 조선의 공산액으로, 공장과 종업원, 공장 소재지역과 생산액, 품목별 생산고를 다루고 있다. 네 번째는 1934년 말 현재 조선 미(米)의 수이출 조사내역이다. 여기에는 미곡의 종류, 일본 이출지와 이출액 내역을 상세히 조사하였다. 다섯 번째는 1934년까지의 3개년 간 조선에서의 야채 수확고를 표로 제시한 것이다. 그 다음의 2건은 월보에 통상적으로 수록되는 항목으로 1935년 5월 중 경성의 상업현황과 금융, 조선 내의 회사 변동상황을 다룬 것이다.

잡록은 첫 번째로 1935년 4월 1일 현재 조선의 정기 근해 항로표를 각 항목별로 표로 제시하였다. 다음 통보일속은 대항(對抗)운임공정률, 일본의 미곡 현재고 등을 소개하고 있다. 다음은 1935년 5월 중 경성과 조선 전국에서 행해졌던 경제관련 주요 사건과 일본 및 외국과의 관련 내용을 날짜별로 기록한 경제일지이다. 세 번째는 경성상공회의소 소장 경제관련 신간 장서 목록 소개이다.

녹사는 5월 16일 개최된 경성상공회의소 역원회의 의제와 출석자, 5월 18일 의원총회 등의 내역이다.

연번	지역	연월일	자료명	호수	키워드
231	경성	1935.7	경제월보	235	면업, 인조견, 요업, 무역, 도자기, 초자, 평원철도, 원산항

【목차】

[자료]

선내(鮮內) 면업 및 인견업계(人絹業界)의 현황 - 궁림태사(宮林泰司) / 내지의 주요 요업(窯業) 원료와 조선의 산출(産出)에 대하여 - 삼포영재(杉浦瑛哉)
[조사]
1935년 상기(上期)의 조선 무역 / 경성의 상황(商況)과 금융(6월중) / 조선의 회사의 이동(異動)(6월중)
[잡록]
경성상공회의소 사업성적 보고(1934년도) / 1934년도 경성상공회의소 세입출(歲入出) 결산 / 제4회 조선상의총회(朝鮮商議總會) 결의 사항 / 신간 장서 목록 / 통보일속(通報一束)
경제일지(6월중)
[녹사]
[주요경제통계]

【해설】

본 호에는 자료가 2건, 조사가 3건, 잡록 6건, 녹사 1건이 수록되어 있으며 말미에 주요경제통계가 첨부되어 있다.

자료의 첫 번째 내용은 6월 12일 경성공업고등학교에서 경성도매상연맹 회장이 조선의 면업(綿業)과 인조견(人造絹) 생산현황에 대한 강연 속기록이다. 그는 일본의 방적이 세계 제일이며, 섬유공업은 중대하며, 일본은 향후 세계에서 가장 유망한 인조견 제조국가로 발전할 것이라 주장하였다. 아울러 이는 조선에서도 유망한 산업이 될 것으로 보고 있다. 두 번째는 일본 국내의 요업(窯業) 원료, 즉 도자기 원료의 비관적인 생산량 감소를 지적하고 그 대안으로 조선 내에서도 풍부한 도자기와 유리[硝子] 원료들을 적극적으로 조사하고 개발해야 할 필요성을 제기하였다.

조사의 처음 내용은 1935년 상반기 조선의 무역현황이다. 내용을 대외국 무역, 대일본 무역 순으로 정리하였다. 이에 따르면 대외무역은 전년에 비하면 수출 363만 1천여 원, 수입 717만 3천여 원, 합계 1,080만 4천여 원으로 수입초과액은 354만 2천여 원이었다. 대일본 무역은 이출 2억 3,807만여 원, 이입 2억 5,892만 5천여 원, 합계 4억 9,699만 5천여 원으로 이입초과 738만 4천여 원이었다. 이는 전년에 비해 이출 4,838만여 원, 이입 6,185만 1천여 원, 합계 1억 1,023만 2천여 원으로 이입초과가 1,347만여 원 증가한 것으로 되어 있다. 그 다음의 2건은 월보에 통상적으로 수록되는 항목으로 1935년 6월 중 경성의 상업현황과 금융, 조선 내의 회사 변동상황을 다룬 것이다.

잡록의 첫 번째와 두 번째 내용은 1934년도 경성상공회의소의 서무, 회계, 실적 등의 사업성적 보고와 세입세출 결산을 표로 작성한 것이다. 그 다음은 제4회 조선상공회의소 총회에서 결의한 평원철도(平元鐵道) 완성과 원산항 항만시설 확장에 관한 내용보고이다. 통보일속은 1935년도 보리 수확 예상고 등에 대한 소개로 되어 있다. 다음은 1935년 6월 중 경성과 조선 전국에서 행해졌던 경제관련 주요 사건과 일본 및 외국과의 관련 내용을 날짜별로 기록한 경제일지이다.

녹사는 6월 22일 개최된 경성상공회의소 의원총회의 의제와 출석자, 6월 28일의 역원회 등의 내역이다.

연번	지역	연월일	자료명	호수	키워드
232	경성	1935.8	경제월보	236	신원보증에 관한 법률, 상품 단순화, 양모공업, 호구, 시장

【목차】

[자료]

신원보증에 관한 법률의 시행에 대하여 - 증영정일(增永正一) / 상품의 단순화에 대하여

[조사]

본방(本邦)의 양모공업의 개요 / 조선의 1934년 말 호구(戶口) / 경성의 상황(商況)과 금융(7월중) / 조선의 회사의 이동(異動)(7월중)

[잡록]

조선상공회의소 의원 선거 단속 표준 / 통보일속(通報一束) / 경제일지(7월중) / 신간 장서 목록

[녹사]

[주요경제통계]

【해설】

본 호에는 자료가 2건, 조사가 4건, 잡록 4건, 녹사 1건이 수록되어 있으며 말미에 주요경제통계가 첨부되어 있다.

자료의 처음 내용은 조선총독부 법무국장이 일본 국내에서 1933년 법률 제42호로 공포된 신원보증에 관한 법률 제정과 동년 10월 1일의 실행에 대해서 경제월보에 기고한 것이다. 두 번째 내용은 일본 상공성 임시산업합리국에서 작성한 「상품의 단순화에 대해서」라는 논설이다. 여기서는 상품 단순화의 의의, 상품 단순화의 효과, 상품 단순화의 방법, 상품 단순화와 공업품 규격 통일, 상품 단순화의 실례 등에 관해 구체적으로 기술되어 있다.

조사의 첫 번째 내용은 일본 국내의 양모공업(羊毛工業)의 연혁과 연도별, 지역별 현황, 수입, 수출 등에 관한 개요를 적은 것이다. 두 번째는 1934년 현재 조선의 호구(戶口) 조사 내역을 표와 설명으로 제시한 것이다. 호는 401만 606호이고 인구는 2,112만 5,827인으로 전년에 비해 호수는 5만 8,557호, 인구는 33만 4,506인이 증가된 것으로 조사되었다. 그 다음의 2건은 월보에 통상적으로 수록되는 항목으로 1935년 7월 중 경성의 상업현황과 금융, 조선 내의 회사 변동상황을 다룬 것이다.

잡록의 처음은 경기도로부터 통보받은 조선상공회의소 의원 선거 단속 표준에 관한 내용이다. 여기에는 후보자 및 선거운동자에 관한 사항 등이 실려 있다. 통보일속은 조선공업협회 설립 예정수, 1934년 말 조선시장통계 등을 수록하고 있다. 다음은 1935년 7월 중 경성과 조선 전국에서 행해졌던 경제 관련 주요 사건과 일본 및 외국과의 관련 내용을 날짜별로 기록한 경제일지이다.

녹사는 8월 19일 개최된 경성상공회의소 역원회의 「철도화물운송 취급에 관한 건」「상점경영 강습회 개최의 건」 등에 관한 의제와 출석자 관련 내역이다.

연번	지역	연월일	자료명	호수	키워드
233	경성	1935.9	경제월보	237	공업연료, 경성부, 제사업, 양잠업, 공업조합

【목차】

[자료]

연료의 사용 방법 – 전촌번삼랑(殿村繁三郎) / 선만(鮮滿) 여행의 감상 – 가무정웅(加茂正雄) / 경성부 시가계획 구역 확장안(案) / 경성부내(內)의 공업연료 절약 지도에 대하여

[조사]

조선의 제사업(製絲業) / 내지 공업조합의 통제 사업 / 경성의 상황(商況)과 금융(8월중) / 조선의 회사의 이동(異動)(8월중)

[잡록]

통보일속(通報一束) / 경제일지(8월중) / 신간 장서 목록 /

[녹사]

[주요경제통계]

【해설】

본 호에는 자료가 4건, 조사가 4건, 잡록 3건, 녹사 1건이 수록되어 있으며 말미에 주요경제통계가 첨부되어 있다.

자료의 처음 내용은 8월 24일 경성부청 주최로 총독부 중앙시험소에서 공업연료 절약 실지 지도 및 강연회 속기록 중 오사카부(大阪府) 기사의 강연 내용을 월보에 기재한 것이다. 두 번째 내용은 공학박사 카무 마사오(加茂正雄)가 조선과 만주를 여행하고 일본으로 돌아가는 도중에 9월 11일 조선 공업협회, 공정회 지부 및 경성상업회의소 주최 하에 상업회의소 회의실에서 강연한 내용의 속기록이다. 세 번째는 경성부 확장의 장래를 고려한 도시계획 수립의 필요성에 따른 경성부와 관계방면의 연구 결과 그 내용을 성안하여 부회(府會)에 부의 중인데, 그 내용의 대략과 신시가지 면적, 편입 지구 등을 제시하고 있다. 네 번째는 근년 경성부 내에서 중소공업을 진흥하자는 요망에 호응하여 연구를 실행한 결과를 경성부 주최 공업연료의 절약 실지 지도 및 강연, 좌담회로 실행되었다는 내용 등을 기술하고 있다. 또한 중앙상공주식회사, 이와무라제사소(岩村製絲所), 시마야양조소(嶋屋釀造所) 등 3 공장에 대한 진단 내용까지 수록하였다.

조사의 첫 번째는 조선의 제사업(製絲業)의 현황이다. 여기서는 양잠업의 추이, 생산량 통계, 제사업의 추이, 제사공장과 생산고, 제사업자의 기업조직, 관련 법령 등을 소개하고 있다. 두 번째는 일본 국내 공업조합의 통제사업의 현황을 제시하였다. 여기서는 공업조합 수, 공업조합의 통제사업을 표로 정리하였다. 다음 2건은 월보에 통상적으로 수록되는 항목으로 1935년 8월 중 경성의 상업현황과 금융, 조선 내의 회사 변동상황을 다룬 것이다.

잡록 중 통보일속은 상점경영강습회, 강연회 개최 현황 등을 수록하고 있다. 다음은 1935년 8월 중 경성과 조선 전국에서 행해졌던 경제관련 주요 사건과 일본 및 외국과의 관련 내용을 날짜별로 기록한 경제일지이다.

녹사는 8월 21일 개최된 경성상공회의소 의원총회의 의제와 출석자, 8월 29일 역원회의 의제와 출석자 등과 관련한 내역이다.

연번	지역	연월일	자료명	호수	키워드
234	경성	1935.10	경제월보	238	시정 25년, 소매점, 상점조명, 상점법안, 상공좌담회

【목차】

[자료]

시정(始政) 25주년 소감 – 하전직치(賀田直治) / 손님을 끌어 모으는 법 – 좌등전위(佐藤傳衛) / 소매점의 자력갱생법 – 원전리일(園田理一) / 상점 조명(照明)에 대하여 – 서강준웅(西岡俊雄) / 의회(議會)에 제출되었다고 하는 내지 상점법(商店法)

[조사]

내지 지방 정촌(町村)에 집단적으로 존재하는 공업 / 상업조합의 수(數)와 사업 / 경성의 상황(商況)과 금융(9월중) / 조선의 회사의 이동(異動)(9월중)

[잡록]

조선 국유철도화물수송관계규칙(國有鐵道貨物輸送關係規則) 개정 / 경성 전기회사의 전기 가스(瓦斯) 요금 인하 / 통보일속(通報一束) / 경제일지(9월중) / 신간 장서 목록

[녹사]

[주요경제통계]

【해설】

본 호에는 자료가 5건, 조사가 4건, 잡록 5건, 녹사 1건이 수록되어 있으며 말미에 주요경제통계가 첨부되어 있다.

자료의 처음은 경성상공회의소 회두가 1910년 한일 '병합' 이래 1935년까지 25년 간의 과거와 현재를 비교하면서 그 변화과정과 미래의 전망, 상공인들이 노력해야 할 여러 가지 사항 등을 제시하고 있다. 두 번째는 일본능률협회 위원이 상점을 경영하면서 어떻게 손님을 끌어들여야 하는가에 대한 방법을 제시한 것이다. 그 중 몇 가지로 손님의 얼굴을 살피고, 개업 당시의 기분을 지속할 것, 상품권유 방법과 선전 등에 관한 방법을 제시하였다. 세 번째는 일본 도쿄시 상공상담소 촉탁이 조선 내의 소매점들이 스스로 발전의 찬스를 살려 압박을 피해 자립의 길로 가는 방법과 개선의 기회, 동업자 관찰, 점원의견 반영, 상담소 이용, 상품 시장 조사 등의 방법을 제시한 것이다. 네 번째는 동경전기회

사 사원이 만주시찰 후 돌아가는 중에 경성상공회의소 주최 강연회에서 상점의 조명에 관한 내용을 중심으로 언급한 속기록이다. 마지막은 1933년 일본 통상 의회에서 제출하였다 폐기된 상점법안이 다시 의회에 제출되었다는 내용을 수록하고 있다.

조사의 처음 내용은 최근 상공성에서 조사한 일본 국내 정촌(町村)에 집단적으로 존재하는 공업의 종류와 정촌 수, 그 발달 원인을 각 지방에서 보고받은 후 조사한 내용을 표로 정리한 것이다. 두 번째는 일본 국내 상업조합의 수와 현황을 제시한 것이다. 그 다음 2건은 월보에 통상적으로 수록되는 항목으로 1935년 9월 중 경성의 상업현황과 금융, 조선 내의 회사 변동상황을 다룬 것이다.

잡록의 처음 2건은 총독부 고시인 조선국유철도 화물운송 관계규칙 개정과 경성전기회사의 전기 가스 요금 인하의 시행 내용이다. 통보일속은 시정 25주년 회고 상공좌담회, 1935년도 밤 및 대두 수확예상고 등을 수록하고 있다. 다음은 1935년 9월 중 경성과 조선 전국에서 행해졌던 경제관련 주요 사건과 일본 및 외국과의 관련 내용을 날짜별로 기록한 경제일지이다.

녹사는 9월 26일과 10월 11일 각기 개최된 경성상공회의소 의원총회의 의제와 출석자 관련 내역이다.

연번	지역	연월일	자료명	호수	키워드
235	경성	1935.11	경제월보	239	상점, 봉천길림선, 통제사업, 공업용 소금, 소매업개선조사위원회, 동양공업회

【목차】

[자료]

경성 상점 타진(打診) 잡감(雜感) - 좌등전위(佐藤傳衛), 원전리일(園田理一) / 봉길연선각지(奉吉沿線各地) 상취인(商取引)의 실정 - 천야증일(淺野增一) / 내지 산업조합과 상업조합의 비교

[조사]

조선 통제사업 조사(1) - 삼길길랑(三吉吉郎) / 아국(我國) 공업염(工業鹽)의 부족과 조선의 자급책 / 경성의 철도화물 집산 추이 / 경성의 상황(商況)과 금융(10월중) / 조선의 회사의 이동(異動)(10월중)

[잡록]

상공성(商工省)의 소매업개선조사회안(小賣業改善調査會案)의 성립 / 통보일속(通報一束) / 경제일지(10월중) / 신간 장서 목록

[녹사] [주요경제통계]

【해설】

본 호에는 자료가 3건, 조사가 5건, 잡록 4건, 녹사 1건이 수록되어 있으며 말미에 주요경제통계가 첨부되어 있다.

자료 중 첫 번째는 9월 17일부터 4일간 경성부청과 경성상공회의소 주최 강습회에서 일본능률협회 연구원과 동경 상공상담소 촉탁이 경성 내 10여 개 상점을 타진한 내용을 속기록으로 정리한 것이다. 두 번째는 조선무역협회 봉천지부의 아사노(淺野增一)가 만주 봉천과 길림선 철도 연선에 속한 각 지역의 상품 거래의 현황을 1주일간의 현지출장 후 보고한 것이다. 세 번째는 전일본상권옹호연맹이 조사한 일본 내의 산업조합과 상업조합 현황을 연혁, 목적, 법률적 성질, 종류, 설립, 사업, 조합원, 출자, 의결권, 책임권한, 특전 등과 관련하여 비교 정리한 것이다.

조사 중 첫 번째는 경성상공회의소 조사과에서 조사한 조선 내의 통제사업 조사 내용의 일부이다. 이번 호에는 전기사업통제 관련 내용이 수록되어 있다. 두 번째는 일본 국내의 공업용 소금 부족 현황과 조선의 자급책 관련 내용이다. 주 내용은 일본 공업염의 용도, 공급부족 상황, 원료염의 수입난, 공업염의 자급책, 조선 내 소금 생산고와 수이출고, 조선의 자급정책 등이다. 세 번째는 1925년부터 1934년까지의 경성 내 경성역, 용산역 등 각 역의 화물 집산과 출입에 관한 내용을 표로 상세하게 정리한 것이다. 다음 2건은 월보에 통상적으로 수록되는 항목으로 1935년 10월 중 경성의 상업현황과 금융, 조선 내의 회사 변동상황을 다룬 것이다.

잡록의 처음은 일본 상공성의 소매업개선조사위원회가 1934년 12월 26일 심의항목으로 소매업의 조직, 경영, 금융 등에 관한 특별위원회 설치에 관한 사항 등을 결의한 내용의 소개이다. 통보일속은 동양공업회의 개최, 조선미 수확예상고 등을 수록하고 있다. 다음은 1935년 10월 중 경성과 조선 전국에서 행해졌던 경제관련 주요 사건과 일본 및 외국과의 관련 내용을 날짜별로 기록한 경제일지이다.

녹사는 11월 1일의 직원선거, 11월 7일의 특별의원 임명, 11월 11일 의원총회 관련 내역이다.

연번	지역	연월일	자료명	호수	키워드
236	경성	1935.12	경제월보	240	공예지도소, 통제사업, 공장유치책, 일본상공회의소, 중국 신상표법, 총 생산액

【목차】

[자료]

공예지도소(工藝指導所)의 설치를 바란다 - 하전직치(賀田直治)

[조사]

조선 통제사업 조사(2) - 삼길길랑(三吉吉郎) / 내지의 공장 유치책(誘致策)으로서의 지방세 면제와 기타 방법에 대하여 / 경성의 상황(商況)과 금융(11월중) / 조선의 회사의 이동(異動)(11월중)

[잡록]

일본상공회의소 제8회 총회 보고 / 개정된 지나(支那)의 신상표법(新商標法)의 주요 사항 / 통보일속(通報一束) / 경제일지(11월중) / 신간 장서 목록

[녹사]

[주요경제통계]

【해설】

본 호에는 자료가 1건, 조사가 4건, 잡록 5건, 녹사 1건이 수록되어 있으며 말미에 주요경제통계가 첨부되어 있다.

12월호 자료에는 공예지도소 설치에 즈음한 경성상공회의소 회두 가다 나오지(賀田直治)의 글이 수록되어 있다. 그는 공예지도소의 연혁과 사업 방침, 업무 일반, 1934년도 경비와 직원 등과 관련한 개요를 소개하고 있다.

조사의 첫 번째는 전월 호에 이어지는 경성상공회의소 조사과에서 조사한 조선 내의 통제사업 조사 내용의 일부이다. 이번 호에도 전기사업통제 관련 내용이 수록되어 있다. 두 번째로는 각 지역 공장유치책의 일환으로서 일본 본토에서 시행 중인 지방세 면제 등의 방법에 관한 내용을 수록하고 있다. 구체적으로는 요코하마시(橫濱市), 나고야시(名古屋市), 니이가다시(新瀉市) 공장에 관한 시세(市稅) 면제규정 등에 관한 내용이다. 그 다음 2건은 월보에 통상적으로 수록되는 항목으로 1935년 11월 중 경성의 상업현황과 금융, 조선 내의 회사 변동상황을 다룬 것이다.

잡록의 처음 내용은 일본상공회의소 제8회 정기총회의 보고 내용이다. 정기총회는 11월 19일부터 3일간 동경상업회의소에서 개최되었는데, 경성상공회의소 회두 가다 나오지와 이사도 이 회의에 출석하였다. 제1부는 산업무역에 관한 것이었고, 제2부는 세제 및 금융, 제3부는 운수 및 교통, 제4부는 회의소 관계 내용으로 회의가 진행되었다. 두 번째는 개정된 중국의 신 상표법의 주요 사항을 제시한 것으로 이 중 조선산 명반석(明礬石)의 개발이 유망할 것으로 전망하였다. 다음 통보일속에서는 1934년 중 농공광수임업 등 조선의 총 생산액 수량, 조선간이생명보험금 할당융통 결정 등의 내용을 기록하고 있다. 경제일지에서는 1935년 11월 경성과 조선 전국에서 행해졌던 경제관련 주요 사건과 일본 및 외국과의 관련 내용을 날짜별로 기록하고 있다.

녹사는 12월 9일 개최된 경성상공회의소 역원회의 의제와 출석자 관련 내역이다.

연번	지역	연월일	자료명	호수	키워드
237	경성	1936.1	경제월보	240	재계 동향, 한상룡, 폐제개혁, 현미 중량제, 경제계 회고, 상품견본증명서

【목차】

[자료]

본년의 재계와 오인(吾人)의 각오 – 하전직치(賀田直治) / 1935년의 회고와 본년의 전망 – 한상룡(韓相龍) / 지나(支那) 폐제개혁(幣制改革)과 그 영향 – 삽곡예치(澁谷禮治) / 내지의 현미중량제(玄米重量制)의 개황

[조사]

1935년 경제계 회고 / 1935년 중 발행 상품견본증명서(商品見本證明書) / 경성의 상황(商況)과 금융(12월중) / 조선의 회사의 이동(異動)(12월중)

[잡록]

통보일속(通報一束) / 경제일지(12월중) / 신간 장서 목록

[녹사]

1935년 중 경제월보 총목차

[주요경제통계]

【해설】

본 호에는 자료가 4건, 조사가 4건, 잡록 3건, 녹사 1건이 수록되어 있으며 말미에 주요경제통계가 첨부되어 있다. 본래 241호가 되어야 하나, 발행 오류로 1935년 12월호와 동일한 240호가 되었다. 이후에 정정하지 않고 중복인 상태로 계속 발행, 1936년 2월호는 241호가 되었다.

자료의 첫 번째는 조선상공회의소 회두(會頭) 가다 나오지(賀田直治)의 글을 수록하였다. 그는 일본 국내와 만주국, 중국, 대만 및 남양(南洋) 재계의 동향과 더불어 세계 재계 및 조선의 재계의 동향을 살피고 전망을 제시하였다. 두 번째는 경성상공회의소 특별의원 한상룡(韓相龍)이 기술한 1935년 조선 재계의 회고와 1936년의 전망 관련 내용이다. 세 번째는 조선은행 조사과장 시부야(澁谷禮治)가 1935년 12월 23일 경성상업회의소 제1회의실에서 강연한 내용의 속기록이다. 주 내용은 중국 폐제개혁의 중점, 신 폐제의 취지와 그 효과, 최근의 중국 경제상황, 중국 폐제개혁이 일본에 미치는 영향 순으로 되어 있다. 네 번째는 사단법인 선미협회(鮮米協會)에서 조사한 일본 내의 현미(玄米) 중량제 문제의 개황에 관한 자료이다. 여기에는 중량제 주장의 근거, 계량의 정도(精度)와 용량제의 결점, 중량제에 대한 각 방면의 의향, 어려운 점과 그 대안 등을 설명하고 있다.

조사의 첫 번째는 1935년 조선 경제계의 회고로 경제계 일반, 미곡과 콩을 비롯한 상품계 일반, 물가 동향, 금융계 일반, 위체시장, 화물이동, 무역, 사업계 동향과 관련한 내용을 수치와 해설로 설명하고 있다. 두 번째는 1934년부터 35년도까지의 발행 상품견본증명서 관련 내용으로 1월부터 12월까

지의 발행고와 발행지역,, 상품내역을 항목별로 표로 구성하였다. 다음 2건은 월보에 통상적으로 수록되는 항목으로 1935년 12월 중 경성의 상업현황과 금융, 조선 내의 회사 변동상황을 다룬 것이다.

잡록 중 통보일속은 1935년 중 조선 내 공사청부고 등을 수록하였고, 경제일지는 1935년 12월 경성과 조선 전국에서 행해졌던 경제관련 주요 사건과 일본 및 외국과의 관련 내용을 날짜별로 기록하고 있다.

녹사의 처음은 12월 23일 개최된 경성상공회의소 의원총회 의제와 출석자 관련 내역이다. 다음은 1935년 1월부터 12월까지의 경성상공회의소 발간 경제월보 총 목차를 기재하였다.

연번	지역	연월일	자료명	호수	키워드
238	경성	1936.2	경제월보	241	일본과 조선, 능률적 인생관, 사업회사, 조선 근해 항로, 소매상업

【목차】

[자료]

내지와 조선과의 경제관계에 대하여 - 신호정웅(神戶正雄) / 능률적 인생관의 신조를 말한다 - 상야양일(上野陽一)

[조사]

1935년 말 선내(鮮內) 사업회사 조(調) / 경성부내(內) 영업자 조사 / 경성의 상황(商況)과 금융(1월중) / 조선의 회사의 이동(異動)(1월중)

[잡록]

조선 근해(近海) 항로표 / 통보일속(通報一束) / 신간 장서 목록 / 경제일지

[녹사]

[주요경제통계]

【해설】

본 호에는 자료가 2건, 조사가 4건, 잡록 4건, 녹사 1건이 수록되어 있으며 말미에 주요경제통계가 첨부되어 있다.

자료의 첫 번째 내용은 경도(京都) 제국대학 교수 법학박사 고베 마사오(新戶正雄)가 경성상업회의소 제1회의실에서 강연한 일본과 조선과의 경제관계 관련 내용의 속기록이다. 그는 조선을 일본의 원료와 식량의 공급지로서, 미곡 공급지로서, 공업화의 문제로서 일본과 조선의 긴밀한 관계를 강조하고 있다. 두 번째는 1월 30일 경성부 및 경성상공회의소 주최 상점경영강습회에 강사로 초빙된 일본 산업능률연구소장 우에노 요이치(上野陽一)가 '능률적 인생관의 신조를 말한다'라는 주제로 경성부청 회의실에서 강연한 내용의 속기록이다. 그는 자신의 신조로 정견(正見), 정업(正業), 감사(感謝), 보

은(報恩), 정진(精進)의 다섯 가지 요체를 제시하였다.

조사의 첫 번째는 1935년 말 현재 조선 내 사업회사의 실태를 조사한 것이다. 여기에는 회사 수와 자본금, 사업별 형태, 공칭자본금 50만원 이상의 회사 명 등을 표로 수록하였다. 두 번째는 경성부 내의 영업자를 조사한 내역이다. 구체적으로는 일본인과 조선인의 업종별 영업자 수, 품목별 영업자 수, 품목별 업태(業態) 표, 정동별(町洞別) 영업자 수가 각기 표로 상세히 정리되어 있다. 그 다음 2건은 월보에 통상적으로 수록되는 항목으로 1936년 1월 중 경성의 상업현황과 금융, 조선 내의 회사 변동상황을 다룬 것이다.

잡록의 처음 내용은 조선 근해 항로를 각기 표로 제시한 것이다. 여기에는 전년도와 비교, 항로와 영업자 별 비교 표, 개별 정기항로 일람표가 상세히 정리되어 있다. 두 번째 통보일속은 경성상업회의소의 소매상업 진흥 표준어 현상모집 입선 발표와 그 표어 등의 내용을 기록하고 있다. 경제일지에서는 1936년 1월 경성과 조선 전국에서 행해졌던 경제관련 주요 사건과 일본 및 외국과의 관련 내용을 날짜별로 기록하고 있다.

녹사는 1월 24일, 29일 개최된 경성상공회의소 역원회의 의제와 출석자 관련 내역 등을 수록하였다.

연번	지역	연월일	자료명	호수	키워드
239	경성	1936.3	경제월보	242	함경남도, 함경북도, 경성 연료 수급, 본정가, 종로통

【목차】

[조사]

북선(北鮮)의 자원과 주요 공업의 근상(近狀) / 1935년 중 경성 연료 수급 조사 / 경성 상점가(商店街)로서의 본정(本町) 및 종로통(鍾路通)의 개황 / 경성의 상황(商況)과 금융(2월중) / 조선의 회사의 이동(異動)(2월중) / 1936년도 경성상공회의소 세입세출(歲入歲出) 예산

[잡록]

경제일지(2월중) / 통보일속(通報一束) / 신간 장서 목록(2월중)

[주요경제통계]

【해설】

본 호에는 조사가 6건, 잡록 3건, 녹사 1건이 수록되어 있으며 말미에 주요경제통계가 첨부되어 있다. 조사의 처음 내용은 함경남도와 함경북도 등 조선 북부의 공업자원과 주요 공업현황을 조사 정리한 것이다. 여기에서는 농업자원, 임업자원, 수산자원, 광산자원을 조사하고 각 도별 공업상황도 지역별, 항목별로 조사하였다. 두 번째는 1935년 중 경성의 연료 수급에 관한 조사보고서다. 이 보고서에는 각종의 석탄입하와 연탄 입하, 신탄, 목탄, 석유 등의 입하상황까지 표로 정리되어 있다. 세

번째는 1935년 11월 일본상공회의소 총회 석상에서 제시된 조사자료 중의 하나로 경성 본정가 및 종로통의 상점현황을 정리 소개한 것이다. 상점명칭, 위치, 규모, 구성, 영업형태, 고객 현황, 단체조직, 공통시설, 야시장과 노점상, 가격 등까지 기재되어 있다. 그 다음 2건은 월보에 통상적으로 수록되는 항목으로 1936년 2월 중 경성의 상업현황과 금융, 조선 내의 회사 변동상황을 다룬 것이다. 다음은 1936년도 경성상공회의소 세입 세출 예산을 각기 표로 작성한 것이다.

잡록의 첫 번째 내용인 경제일지는 1936년 2월 중 경성과 조선 전국에서 행해졌던 경제관련 주요 사건과 일본 및 외국과의 관련 내용을 날짜별로 기록하고 있다. 다음 통보일속은 조선간이보험적립자금융통 할당 내정, 조선의 10가지 잡곡 실 수확고 등의 내용기록이다. 마지막으로 일본을 비롯한 각 지역 상공회의소의 조사 자료의 서명, 발행소 별 장서 목록이다.

연번	지역	연월일	자료명	호수	키워드
240	경성	1936.4	경제월보	243	북중국, 발명특허, 실용신안, 무역개황, 경성중소공업진흥조사위원회

【목차】

[자료]

북지나(北支那) 경제시찰 보고 - 전천(田川) 부회두 외 6명

[조사]

조선의 발명(發明) / 1935년 조선 무역 개황 / 경성의 상황(商況)과 금융(3월중) / 조선의 회사의 이동(異動)(3월중)

[잡록]

경제일지(3월중) / 통보일속(通報一束) / 신간 장서 목록(3월중)

[녹사]

[주요경제통계]

【해설】

본 호에는 자료가 1건, 조사가 4건, 잡록 3건, 녹사 1건이 수록되어 있으며 말미에 주요경제통계가 첨부되어 있다.

자료는 경성상공회의소 부회두 다가와(田川常治郎) 및 의원 등 일행 7명 명의로 작성된 북중국 경제시찰 보고 내용이다. 이들은 북중국의 정치사정, 자원, 산업 및 경제사정을 시찰하기 위해 3월 2일 경성을 출발하여 봉천-대련-청도-제남-천진-북경-산해관 등을 차례로 거쳐 3주간의 일정을 마치고 귀경하였다. 이 보고는 4월 4일 의원총회 석상에서 이루어진 것이다.

조사의 첫 번째는 1926년부터 1935년까지 10년간 조선에서의 발명 특허 현황과 실용신안등록 내

용을 월별, 건별로 조사하고 그것을 표로 작성한 것이다. 다음은 과거 10년간 특허와 실용신안등록 상황을 종류별, 건별로 조사하고 표로 작성하였다. 또한 발명특허와 실용신안이 사업화 또는 제품화되어 시장에서 판매되는 상황도 상품별, 소유자별로 조사 정리하였다. 두 번째는 1935년도 조선의 무역개황을 설명한 것이다. 여기서는 조선의 대외국무역과 대일본무역을 수출입별로 살피고 무역액, 월별, 연별, 국가별, 주요 항구별, 품목별 현황 등에 관한 내용을 표로서 비교 분석하고 있다. 다음 2건은 월보에 통상적으로 수록되는 항목으로 1936년 3월 중 경성의 상업현황과 금융, 조선 내의 회사 변동상황을 다룬 것이다.

잡록의 첫 번째 내용인 경제일지는 1936년 3월 중 경성과 조선 전국에서 행해졌던 경제관련 주요 사건과 일본 및 외국과의 관련 내용을 날짜별로 기록하고 있다. 다음 통보일속은 3월 30일 경성중소공업진흥조사위원회의 결의사항 전문 소개 등의 내용으로 구성되어 있다. 신간 장서 목록은 3월 중 수집된 일본을 비롯한 각 지역 상공회의소의 조사 자료의 서명, 발행소 별 장서 목록이다.

녹사는 3월 6일과 4월 4일에 개최된 경성상공회의소 역원회, 4월 4일 의원총회의 의제와 출석자 관련 내역 등을 수록하였다.

연번	지역	연월일	자료명	호수	키워드
241	경성	1936.5	경제월보	244	선만이사회, 산업경제 관련 주요법안, 통제사업, 조합통제, 경성의 화물

【목차】

[자료]

북선동만(北鮮東滿) 시찰 보고 - 이등정의(伊藤正懿) / 특별의회에 제출된 산업경제관계의 주요 법안

[조사]

조선 통제사업 조사(3) / 철도로 본 1935년 중의 경성 화물 이동 상황 / 경성의 상황(商況)과 금융(4월중) / 조선의 회사의 이동(異動)(4월중)

[잡록]

통보일속(通報一束) / 경제일지(4월중) / 신간 장서 목록(4월중)

[녹사]

[주요경제통계]

【해설】

본 호에는 자료가 2건, 조사가 4건, 잡록 3건, 녹사 1건이 수록되어 있으며 말미에 주요경제통계가 첨부되어 있다.

자료의 처음은 경성상공회의소 이사 이토(伊藤正懿)가 4월 20, 21일 양일 간 청진에서 개최된 선만

(鮮滿)이사회 출장 관련 보고이다. 이사회 출석 후 그는 나진과 웅기를 거쳐 두만강 건너 중국 투먼(圖們), 무단장(牧丹江) 등지를 시찰하고 상공업자와 관헌 등을 만난 후 26일에 경성으로 돌아왔다. 두 번째는 5월 1일부터 3주간 일본의 특별의회에서 히로다(廣田) 내각에 제출한 「1936년도 실행예산안」을 비롯한 30여 건의 산업경제 관련 주요법안을 소개한 것이다. 여기서는 조선 경제계에도 중요한 영향을 미칠 것으로 예상되는 「상공조합중앙금고법안」 「선만척식회사설립안」 「항로통제법안」 등 여러 법안의 개략적인 내용을 차례로 제시하였다.

조사의 첫 번째는 전년도 12월호에 이어지는 경성상공회의소 조사과에서 조사한 조선 내의 통제사업 조사 내용의 일부이다. 이번 호에는 각종 조합통제 관련 내용이 수록되어 있다. 두 번째는 1934년과 1935년 2년 간 경성의 화물 이동상황이다. 내용은 각 월별로 일반 개황, 도착화물 개황, 발송화물 개황, 주요 화물 발착 상황 순으로 상세하게 표로 정리되어 있다. 다음 2건은 월보에 통상적으로 수록되는 항목으로 1936년 4월 중 경성의 상업현황과 금융, 조선 내의 회사 변동상황을 다룬 것이다.

잡록 첫 번째의 통보일속은 경성상업회의소 주최로 2월부터 4월까지 매달 1차례씩 총 3회에 걸쳐 개최된 소매상점 부기 강습회 내용 소개 등으로 되어 있다. 다음 경제일지는 1936년 4월 중 경성과 조선 전국에서 행해졌던 경제관련 주요 사건과 일본 및 외국과의 관련 내용을 날짜별로 기록하고 있다. 신간 장서 목록은 4월 중 수집된 일본을 비롯한 각 지역 상공회의소의 조사 자료의 서명, 발행소별 장서 목록이다.

녹사는 4월 21일, 27일과 5월 14일에 개최된 경성상공회의소 역원회의 의제와 출석자 관련 내역을 수록하였다.

연번	지역	연월일	자료명	호수	키워드
242	경성	1936.6	경제월보	245	기타규슈, 공예품, 용지류 표준, 양회, 정기항로

【목차】

[자료]

북구주(北九州)지방 산업경제 시찰 보고 - 등전미삼랑(藤田米三郎) 외 9명 / 산업적 공예에 대하여 - 국정희태랑(國井喜太郎)

[조사]

은행관계용지(銀行關係用紙) 표준사상(標準仕上) 촌법(寸法) / 내지의 공업조합 개황(上) - 덕가등영(德家藤榮) / 조선의 양회(洋灰)의 수급과 증산 계획 / 경성의 상황(商況)과 금융(5월중) / 조선의 회사의 이동(異動)(5월중) / 조선 근해(近海) 정기항로표(4월 1일 현재)

[잡록]

통보일속(通報一束) / 제5회 조선상의(朝鮮商議) 총회의 결의요망 사항 / 경제일지(5월중) / 신간

장서 목록(5월중)

[녹사]

[주요경제통계]

【해설】

본 호에는 자료가 2건, 조사가 6건, 잡록 4건, 녹사 1건이 수록되어 있으며 말미에 주요경제통계가 첨부되어 있다.

자료의 첫 번째는 경성상공회의소 상의원 후지다(藤田米三郎) 등 회의소 일행 10명의 일본 기타규슈(北九州) 지방 경제시찰 보고서다. 후지다 일행은 후쿠오카(福岡) 시에서 열린 하카다항(博多港) 축항기념 박람회 참석을 기회로 5월 1일부터 고쿠라(小倉), 후쿠오카, 구루메(久留米), 구마모토(熊本), 가고시마(鹿兒島), 미야자키(宮崎) 등 기타규슈 지역뿐만 아니라 규슈 주요 도시의 공장, 항만 등 산업경제시찰을 마치고 12일에 귀경하였다. 두 번째는 6월 2일 조선실업구락부에서 일본 상공성 공예지도소장을 초빙하여 조선 내 공예품에 대한 비판과 제작공정 및 경영 등에 관한 실지지도와 요망사항 등에 관한 강연내용을 속기록으로 정리한 것이다.

조사의 첫 번째는 일본 상공성 임시산업합리국에서 1932년 7월 1일 용지표준화위원회를 설치하고 심의를 거쳐 정한 각종 용지류의 표준에 관한 내용을 전표, 통장, 수취증, 승인장, 의뢰서, 보고서 별로 가기 표로 정리한 것이다. 두 번째는 조선에서 중소공업을 대상으로 한「공업조합령」공포와 관련하여 참고를 위해 일본 국내의 공업조합 등 조합사업 실태를 조사한 것을 기록한 것이다. 세 번째는 조선에서의 양회(洋灰)의 수요 공급과 증산계획 관련 내용이다. 여기서는 일본 양회업계의 상황, 조선, 및 대만의 시멘트 통제에 대한 대책, 조선에서의 시멘트 수급과 양회의 생산계획 등의 문제를 살피고 있다. 그 다음 2건은 1936년 5월 중 경성의 상업현황과 금융, 조선 내의 회사 변동상황을 다룬 것이다. 마지막은 1936년 4월 1일 현재 조선 근해 정기항로를 전년도 실적과 대비하고 항로별 경영자, 항로별 상황과 영업내역을 표로 제시한 것이다.

잡록의 통보일속은 1936년도 조선면화 공동 판매고, 1934년 중 조선 내 어종별 어획고 등을 기록한 것이다. 그 다음은 6월 16일에 개최된 조선상공회의소 제5회 정기총회의 각 지역 제출안건 소개로 되어 있다. 경제일지는 1936년 5월 중 경성과 조선 전국의 경제관련 주요 사건과 일본 및 외국과의 관련 내용을 날짜별로 기록하고 있다.

녹사는 5월 22일의 역원회, 25일의 의원총회의 의안과 의제, 출석자 등을 수록하였다.

연번	지역	연월일	자료명	호수	키워드
243	경성	1936.7	경제월보	246	중요산업통제법, 미곡자치관리법, 산업합리화, 공업조합령, 조선철광

【목차】

[자료]

중요산업통제법의 외지(外地) 시행에 관한 좌담회 / 미곡자치관리법 조선 시행의 내용

[조사]

선산품(鮮産品)의 상품규격 조사(1) / 내지의 공업조합 개황(中) - 덕가등영(德家藤榮) / 1936년 상기(上期)의 조선 무역 / 본년(本年) 상반기의 조선의 발명계(發明界) / 경성의 상황(商況)과 금융(6월중) / 조선의 회사의 이동(異動)(6월중)

[잡록]

경성상공회의소 1935년도 사업성적 보고 / 통보일속(通報一束) / 경제일지(6월중) / 신간 장서 목록(6월중)

[녹사]

[주요경제통계]

【해설】

본 호에는 자료가 2건, 조사가 6건, 잡록 4건, 녹사 1건이 수록되어 있으며 말미에 주요경제통계가 첨부되어 있다.

자료의 처음은 6월 8일 경성상공회의소 주최로 일본 은행집합소에서 개최된 「중요산업통제법」(제69 의회 의결)의 외지 시행에 관한 정부와 민간의 좌담회 내용을 정리한 것이다. 관측에서는 내각조사국 조사관, 총독부 식산국장 등이, 민간에서는 조선공업협회 회장, 경성상공회의소 회두 등 수십 명이 참석하였다. 두 번째는 「미곡자치관리법」을 조선에 시행하는 내용이다. 「미곡자치관리법」의 내용, 이 법을 조선에 시행하는 내용의 순으로 항목별로 구체적으로 정리 되어 있다.

조사의 첫 번째는 산업합리화의 한 방책으로 일본 국내와 마찬가지로 조선의 생산품을 곡물 및 곡분(穀粉)류 등으로 구분하여 규격의 단순화와 표준화를 기하기 위한 일환으로 시행한 조사 내역이다. 두 번째는 전월호에 이어 조선에서 중소공업을 대상으로 한 「공업조합령」 공포와 관련하여 참고를 위해 일본 내의 공업조합 등 조합사업 실태를 조사한 것을 기록한 것이다. 세 번째는 1936년 상반기 조선의 대외국무역과 대일본무역을 각기 표로 정리하였다. 네 번째는 1936년 1월부터 6월까지 6개월간 조선 내의 실용신안과 특허 출원 건수, 종류별 내용과 소유권자 등을 사안별로 정리하였다. 그 다음 2건은 1936년 6월 중 경성의 상업현황과 금융, 조선 내의 회사 변동상황을 다룬 것이다.

잡록의 처음은 경성상공회의소의 1935년도 사업성적 보고내용으로 서무회계, 사업 순으로 정리하였다. 통보일속은 1935년 중 조선철광 생산액과 수산액 등을 기록하였다. 경제일지는 1936년 6월 중

경성과 조선 전국에서 행해졌던 경제관련 주요 사건과 일본 및 외국과의 관련 내용을 날짜별로 기록하고 있다.

녹사는 6월 10일과 20일의 의원총회, 19일, 30일의 역원회의 의안과 의제, 출석자 등을 수록하였다.

연번	지역	연월일	자료명	호수	키워드
244	경성	1936.8	경제월보	247	공예화, 공예지도소, 인조섬유, 시멘트, 산업합리화

【목차】

[자료]

공예상품의 제작 방법 – 국정희태랑(國井喜太郎) / 내지의 공예지도기관과 공예산업 – 국정희태랑(國井喜太郎) / 인조섬유(ステープル ファイバー)의 현상(現狀)과 장래 – 도을웅(嶋乙雄) / 조선 시멘트계(界), 협정을 이루다

[조사]

선산품(鮮産品)의 규격 조사(2) / 경성의 상황(商況)과 금융(7월중) / 조선의 회사의 이동(異動)(7월중)

[잡록]

통보일속(通報一束) / 경제일지(7월중) / 신간 장서 목록(7월중)

[녹사]

[주요경제통계]

【해설】

본 호에는 자료가 4건, 조사가 3건, 잡록 3건, 녹사 1건이 수록되어 있으며 말미에 주요경제통계가 첨부되어 있다.

자료의 첫 번째 내용은 6월 3일과 4일 이틀간 걸친 일본 상공성 공예지도소장 구니이(國井喜太郎)의 경성상공회의소 강연 속기록이다. 경성상공회의소에서는 조선산 상품의 공예화와 조선 내 공예지도소 설치의 가능성을 타진하기 위해 그를 초빙하여 조선 각지를 시찰케 하고 실업자와 관헌들을 참석시켜 공예지도의 중요성에 관한 이야기를 청취하였다. 연이어 구니이는 일본 국내에서 공예지도소를 설치한 원인, 공예품의 해외진출 방안, 상공성의 지도 장려 방법, 일본 각 현(縣)의 지도소 설치, 교토(京都)의 현황, 조선에서의 지도와 판로 등 공예산업 전반에 관해 설명하고 있다. 세 번째는 일본방적주식회사 전무취체가 소개한 양모(羊毛)의 대용으로 사용 가능한 인조섬유(스테블 화이버)의 성능 및 현재 상황과 특징, 중요성과 장래성, 제조법 등에 관한 내용이다. 네 번째는 6월 일본 동경의 시멘

트연합회에서 타결된 일본과 조선 양 시장의 2원 체제를 근간으로 하면서 조선공장의 한정 생산율을 규정한 협정 문안을 소개한 것이다. 여기에는 '생산설비확장대책의 건' '조선에서의 생산설비확장대책의 건'을 비롯한 5건이 수록되어 있다.

조사의 처음 내용은 전월 호에 이은 산업합리화의 한 방책으로 일본 국내와 마찬가지로 조선의 생산품을 음료품, 과실 및 소채류, 수산품 등으로 구분하여 규격의 단순화와 표준화를 기하기 위한 일환으로 시행한 조사 내역이다. 다음 2건은 1936년 7월 중 경성의 상업현황과 금융, 조선 내의 회사 변동 상황을 다룬 것이다.

잡록의 통보일속은 1936년도 조선 내 맥작(麥作) 예상고, 조선의 전기통제 구체안 발표 등에 관한 건이다. 경제일지는 1936년 7월 중 경성과 조선 전국에서 행해졌던 경제관련 주요 사건과 일본 및 외국과의 관련 내용을 날짜별로 기록하고 있다.

녹사는 7월 25일, 27일, 8월 8일의 역원회의 의안과 의제, 출석자 등을 수록하였다.

연번	지역	연월일	자료명	호수	키워드
245	경성	1936.9	경제월보	248	통제경제, 도자공업, 공예공업, 공업조합령, 조선미

【목차】

[자료]

국책과 통제경제 - 소도정일(小島精一) / 아국(我國)의 도자공업(陶磁工業)의 장래에 대하여 - 평야경보(平野耕輔)

[조사]

조선의 공예공업 조사 / 내지의 공업조합 개황(下) / 경성의 상황(商況)과 금융(8월중) / 조선의 회사의 이동(異動)(8월중)

[잡록]

통보일속(通報一束) / 경제일지(8월중) / 신간 장서 목록(8월중)

[녹사]

[주요경제통계]

【해설】

본 호에는 자료가 2건, 조사가 4건, 잡록 3건, 녹사 1건이 수록되어 있으며 말미에 주요경제통계가 첨부되어 있다.

자료의 첫 번째는 8월 25일 경성공업협회와 조선무역협회, 경성상업회의소 공동 주최 일본 내각 조사국 전문위원이자 고지마(小島)경제연구소장인 고지마(小島精一)의 초청강연회 내용의 속기록이다. 그는 '국책과 통제경제'라는 주제로 통제경제는 만주사변 후의 산물로 일본의 통제경제는 국책상의 지도원리라고 주장하였다. 또한 통제경제 강화의 필요성 증가와 통제경제주의와 국가사회주의의 비교, 나치 통제경제의 근본원리 등에 관해 설명하면서 금융통제는 국책과 합치되는 것이고 준전시상황에서는 산업과 노동의 통제가 필요하다고 주장하였다. 두 번째는 조선공업협회와 상공회의소 공동 주최로 7월 3일 거행된 일본 상공성 도자기시험소장 히라노(平野耕輔)의 강연 속기록이다. 그는 일본 도자기는 세계적인 상품이며 일본은 도자기업에 강점을 가지고 있으며 조선의 도자기 원료 생산지로서 중요하다면서 향후에도 도자기산업의 장래는 유망하다고 설명하고 있다.

조사의 첫 번째는 경성상공회의소에서 조선의 공예공업 관련 조사 내용을 소개한 것이다. 조선 내 가정공업 및 부업진흥을 위해 일본 상공성 공예지도소장을 초빙하여 부산, 대구, 평양, 경성의 현지 실태 조사를 행하고 이를 토대로 경기도, 평안남북도, 충청남북도, 전라남북도, 경상남북도, 황해도, 함경남북도 순으로 조선 전 지역의 실태조사를 한 내용을 수록하고 있다. 두 번째는 7월호에 이어 조선에서 중소공업을 대상으로 한 「공업조합령」 공포와 관련하여 참고를 위해 일본 내의 공업조합 등 조합사업 실태를 조사한 것을 기록한 것이다. 말미에 일본의 대표적 공업조합들의 개요와 사업현황을 부기하였다. 그 다음 2건은 1936년 8월 중 경성의 상업현황과 금융, 조선 내의 회사 변동상황을 다룬 것이다.

잡록 중 통보일속은 1935년 조선미의 일본과 만주의 수출지역, 국세 조사의 조선 내 각 부(府) 인구수 에 관한 표 등을 수록하고 있다. 경제일지는 1936년 8월 중 경성과 조선 전국에서 행해졌던 경제관련 주요 사건과 일본 및 외국과의 관련 내용을 날짜별로 기록하고 있다.

녹사는 8월 28일, 9월 5일의 역원회, 8월 29일의 의원총회, 9월 7일의 긴급의원총회의 의안과 의제, 출석자 등을 수록하였다.

연번	지역	연월일	자료명	호수	키워드
246	경성	1936.10	경제월보	249	북선, 동만, 세제개혁안, 조선산업경제조사회, 주식회사, 조선상공조합연합회

【목차】

[자료]

북선(北鮮) 동만(東滿) 경제사정 시찰 보고 - 도축강이(都筑康二) 상의원(常議員) 외 5명 / 최근 조명(照明)의 동향 - 이하수웅(伊賀秀雄) / 내지 세제개혁안의 전모(全貌) / 조선산업경제조사회 열리다

[조사]

조선의 주식회사의 자본금과 설립년월 조사 / 선산품(鮮産品)의 규격 조사(3) / 경성의 상황(商況)과 금융(9월중) / 조선의 회사의 이동(異動)(9월중)

[잡록]

경성상공조합연합회 창립되다 / 통보일속(通報一束) / 경제일지(9월중) / 신간 장서 목록(9월중)
[주요경제통계]

【해설】

본 호에는 자료가 4건, 조사가 4건, 잡록 4건이 수록되어 있으며 말미에 주요경제통계가 첨부되어 있다.

자료의 처음 내용은 경성상공회의소 상의원과 의원, 사무원 6명이 9월 21일 함경도 함흥과 흥남을 경유해서 두만강을 넘어 중국 도문과 목단강 각지를 돌아보고 귀국 시에는 하얼빈, 신경, 봉천을 시찰한 후 10월 5일 서울로 돌아오는 15일 간의 각종 기업, 도시의 경제사정 시찰과 관련한 간단한 보고서다. 두 번째는 경성전기주식회사의 전기사업 25주년 기념사업의 일환으로 경성상공회의소가 10월 13일 일본 조명학회 위원인 이가(伊賀秀雄)를 부민회관 강당에 초빙하여 '최근 조명의 동향'이라는 제목의 강연의 속기록이다. 세 번째는 9월 22일 일본 각의에서 대장상이 설명한 법인소득세, 영업수익세, 자본이자세, 광업세, 주세, 인지세, 등록세, 지조(地租), 직물소비세, 유가증권 이전세 관련 세제개혁안의 내용을 소개하고 각 항목별로 검토한 것이다. 네 번째는 10월 20일부터 24일까지 5일 간 조선총독부에서 개최된 조선산업경제조사회의 회의 내용을 소개한 것이다. 회의에서는 자문 안 외에 농업, 임업, 수산, 공업, 철도, 전력, 금융, 재정, 교통 등 다방면에 관한 안건이 논의되었다. 말미에 위원명단이 수록되어 있다.

조사의 첫 번째는 1935년 말 현재 조선 내의 주식회사의 수를 업종별, 공칭/불입 자본금별로 분류하고, 다시 5만원부터 3천만원까지 액수 단위로 재분류하였다. 각 회사는 설립 시기별로 다시 분류하였다. 두번째 내용은 8월 호에 이은 산업합리화의 한 방책으로 일본 국내와 마찬가지로 조선의 생산품 중 관힐류(罐詰類), 포백류(布帛類) 등으로 구분하여 규격의 단순화와 표준화를 기하기 위한 일환으로 시행한 조사 내역이다. 다음 2건은 1936년 9월 중 경성의 상업현황과 금융, 조선 내의 회사 변동상황을 다룬 것이다.

잡록의 첫 번째는 새로 설립된 조선상공조합연합회의 임원과 회원 명부, 정관을 소개한 것이다. 통보일속은 1935년 중 조선의 시장통계, 농업호수 등을 수치로 기록한 것이다. 경제일지는 1936년 9월 중 경성과 조선 전국에서 행해졌던 경제관련 주요 사건과 일본 및 외국과의 관련 내용을 날짜별로 기록하고 있다.

연번	지역	연월일	자료명	호수	키워드
247	경성	1936.11	경제월보	250	미강유, 직물통제, 조선산업경제조사회, 중앙시매시장, 상업조합, 통제사업

【목차】

[자료]

조선의 중소상공업 진흥에 대하여 - 하전직치(賀田直治) / 미강유(米糠油)의 생산 판매에 부쳐 고찰 - 송포영재(松浦瑛哉) / 조선 직물통제 문제를 어떻게 볼 것인가? - 궁림태사(宮林泰司) / 조선산업경제조사회 답신(答申)의 전모(全貌) / 경성 중앙사매시장안(中央卸賣市場案)의 내용

[조사]

내지의 상업조합 개황(1) / 조선 통제사업 조사(4) / 경성의 상황(商況)과 금융(10월중) / 조선의 회사의 이동(異動)(10월중)

[잡록]

통보일속(通報一束) / 경제일지(10월중) / 신간 장서 목록

[녹사]

[주요경제통계]

【해설】

본 호에는 자료가 5건, 조사가 4건, 잡록 2건, 녹사 1건이 수록되어 있으며 말미에 주요경제통계가 첨부되어 있다.

자료의 첫 번째는 조선상공회의소 회두의 기고문이다. 그는 조선의 중소 상공업 문제는 일본과 마찬가지로 중요성을 띤 것이므로 이를 진작시키기 위해서는 업자 스스로의 자력갱생, 경영개선, 난립에 대한 조정 등이 있어야 할 것이며, 관민이 협조하여 시설을 조정할 필요성이 있다고 주장하고 있다. 두 번째는 조선물산협회 상무이사 마쓰우라(松浦瑛哉)가 기고한 미강유(米糠油)의 생산과 판매 관련 내용이다. 그는 미강(쌀겨)의 생산과 유지(油脂) 원료로의 활용, 일본과 조선 미강의 품질, 미강의 생산상황과 용도, 가격, 수집과 착유, 미강유의 판매상황, 공동판매 등에 관해 서술하였다. 세 번째는 경성도매상연맹 회장 미야바야시(宮林泰司)의 조선직물의 통제에 대한 노력문제, 통제문제, 관세문제의 3가지 진단 내용이다. 네 번째는 10월 20일부터 5일간 총독부 회의실에서 열린 조선산업경제조사위원회에서 가결된 「조선산업경제 개발에 관한 일반방침」 등에 관한 답신 전체 내용을 수록한 것이다. 다섯 번째는 10월 16일 개최된 경성부 중앙도매시장조사위원회에서 확정한 시장개설안의 내용 설명이다. 이 안에는 시장의 취급품목, 상인의 종별과 인원 수, 시장의 관리, 단속, 거래의 감독, 보증금을 비롯한 제반 규정을 수록하였다.

조사의 첫 번째는 조선에서의 공업조합 제도 마련 준비를 위한 선행작업으로 경성상공회의소 조사국에서 일본 국내의 상업조합의 실태를 조사 정리한 것이다. 중소상업계의 현황, 상업조합의 개요, 조합의 사업 순으로 되어 있다. 두 번째는 5월호에 이어지는 경성상공회의소 조사과에서 조사한 조선내의 통제사업 조사 내용의 일부이다. 이번 호에도 조합통제 관련 내용이 수록되어 있다. 다음 2건은 1936년 10월 중 경성의 상업현황과 금융, 조선 내의 회사 변동상황을 다룬 것이다.

잡록 중 통보일속은 조선 거주 일본인의 본적지별 조사 내용 등의 소개이다. 경제일지는 1936년 10월 중 경성과 조선 전국에서 행해졌던 경제관련 주요 사건과 일본 및 외국과의 관련 내용을 날짜별로 기록하고 있다.

연번	지역	연월일	자료명	호수	키워드
248	경성	1936.12	경제월보	251	신탄와사(薪炭瓦斯), 중앙사매시장, 공장, 만주국보세법, 강계수력전기사업

【목차】

[자료]

신탄와사발생기(薪炭瓦斯發生機) 보급의 급무 – 좌등진오랑(佐藤鎭五郎) / 경성부(京城府) 중앙사매시장(中央卸賣市場)에 대하여 – 대야용(大野勇)

[조사]

경성의 공장 조사(上) / 경성의 상황(商況)과 금융(11월중) / 조선의 회사의 이동(異動)(11월중)

[잡록]

제9회 일상총회(日商總會)의 의안(議案) / 만주국(滿洲國) 보세법(保稅法) 공포(公布)하다 / 통보일속(通報一束) / 경제일지(11월중) / 신간 장서 목록

[녹사]

[주요경제통계]

【해설】

본 호에는 자료가 2건, 조사가 3건, 잡록 5건, 녹사 1건이 수록되어 있으며 말미에 주요경제통계가 첨부되어 있다.

자료의 첫 번째 내용은 10월 27일 조선총독부 조선산업경제조사위원회 위원이자 신탄와사(薪炭瓦斯) 발생기 보급회장인 임학박사 사이토(佐藤鎭五郎)의 조선 방문 시에 조선산림회와 경성상공회의소 공동주관으로 그를 초빙하여 강연회를 개최한 내용의 속기록이다. 사이토는 현재 일본에는 목탄 재료가 풍부하게 있는데 목탄 가스는 가솔린을 대체할 수 있고 비용도 절약할 수 있다고 주장하였다. 그는 목탄가스 발생기와 필요한 목탄 종류를 설명하면서 현재 일본 육군에서 여러 방안을 연구 중이며 그 결과 결함도 극복할 수 있을 것으로 보고 있다. 두 번째는 경성상공회의소의 의뢰를 받은 경성부 촉탁 오노(大野勇)의 11월 26일자 강연내용이다. 오노는 시장의 개혁은 당연한 일이지만 조선에는 중앙도매시장법이 없어 아직까지는 시장규칙에 의해 규정되고 있다고 주장하였다. 그는 향후 추진될 경성부 중앙도매시장의 건설비는 70만원이고 거래액은 400만원, 수입은 7만원으로 예상하고 있다.

조서의 첫 번째는 경성에 소재한 공장에 대한 종합적 조사의 첫 번째 내용이다. 이번 호에 수록된 것은 총 공장수 및 종류별 공장 수, 공장 분포 상태, 창업 연차별로 본 공장 수, 경영조직별 공장 수, 공장에서 사용하는 원료 및 재료, 공장생산액에 관한 세부 내역이다. 그 다음 2건은 1936년 11월 중 경성의 상업현황과 금융, 조선 내의 회사 변동상황을 다룬 것이다.

잡록의 첫 번째는 11월 17일부터 18일 양일 간 동경상공회의소에서 개최된 제9회 일본상공회의소 정기총회에서 발의된 32건의 의안을 소개한 것이다. 두 번째는 11월 2일 공포되고 20일부터 시행된

「만주국보세법」의 전문을 게재하였다. 통보일속은 동양척식주식회사와 모리(森) 재단의 공동사업인 강계(江界)수력전기사업 계획 내용 등에 대한 기록이다. 경제일지는 1936년 11월 중 경성과 조선 전국에서 행해졌던 경제관련 주요 사건과 일본 및 외국과의 관련 내용을 날짜별로 기록하고 있다.

녹사는 12월 11일의 의원총회, 11월 27일, 12월 7일의 역원회의 의안과 의제, 출석자 등을 수록하였다.

연번	지역	연월일	자료명	호수	키워드
249	경성	1937.1	경제월보	252	조선 상공계, 북지나, 대련, 경성상품, 방직업

【목차】

[자료]

조선 상공계의 회고와 전망 – 하전직치(賀田直治)

[조사]

1936년 경제계 회고 / 북지나(北支那) 및 대련(大連)의 경성상품의 비판 – 덕가등영(德家藤榮) / 만주의 경성상품의 판로확장 및 상황(商況) 조사 보고 – 원구정(原口定) / 경성의 공장 조사(中) / 경성의 상황(商況)과 금융(12월중) / 조선의 회사의 이동(異動)(12월중)

[잡록]

통보일속(通報一束) / 경제일지(12월중) / 신간 장서 목록

[녹사]

[주요경제통계]

【해설】

본 호에는 자료가 1건, 조사가 6건, 잡록 3건, 녹사 1건이 수록되어 있으며 말미에 주요경제통계가 첨부되어 있다.

자료는 조선상공회의소 회두 가다 나오지(賀田直治)의 '조선 상공계의 회고와 전망'을 수록하였다. 그는 그간의 조선 상공업계의 사정과 동향에 관해 개괄하고 1936년의 각종 통제문제, 상공업과 관련된 총독부, 지방청 등 각 기관의 행정에 관해 술회하고 있다. 1937년도에는 각종 공장과 시설 공사가 진행 중이고, 상업과 무역도 활발하고 주요 원료의 수급도 나날이 증가하고 만주이민도 증가하는 등 전도가 유망할 것으로 파악하고 있다. 반면 국제정세와 물가 앙등 등의 문제가 재계에 큰 영향을 줄 것으로 전망하였다.

조사의 첫 번째는 1936년 1년간의 경제계 상황 전반을 회고한 것이다. 경제계 일반, 상품계 일반, 물가 동향, 금융계 일반, 위체(爲替) 시장, 주식, 화물 상황, 무역개황, 사업계 순으로 수치를 포함하여 상세히 정리하였다. 두 번째는 경성상공회의소 업무과에서 11월 4일부터 28일까지 25일간 조사한 조선과 북중국의 무역 추세와 현황 내용이다. 장래 수출이 유망한 각종 견본 상품들을 열거하고 대련, 청도, 제남, 천진, 북경 등의 주요 영업자들과의 상호 방문과 의견교환 등에 관한 내용을 제시하였다. 세 번째도 경성상공회의소 업무과원 하라구치(原口定)가 경성 상품의 만주방면의 판로 확장 방법과 지역의 상업현황을 조사 보고한 내용이다. 용정, 목단강, 하얼빈, 치치하얼, 신경, 길림, 봉천, 안동 등 주요 지역의 상황을 각기 설명하고 있다. 네 번째는 경성에 소재한 공장에 대한 종합적 조사의 두 번째 내용이다. 이번 호에 수록된 것은 경영자별 공장 수와 생산액, 주요 공업 개황, 공장종업자,

노동임금에 관한 세부 내역이다. 다음 2건은 1936년 12월 중 경성의 상업현황과 금융, 조선 내의 회사 변동상황을 다룬 것이다.

잡록의 통보일속은 조선 내 방직업, 일본의 인견(人絹) 생산고 등에 대한 기록이다. 경제일지는 1936년 12월 중 경성과 조선 전국에서 행해졌던 경제관련 주요 사건과 일본 및 외국과의 관련 내용을 날짜별로 기록하고 있다.

녹사는 12월 19일의 의원총회, 1937년 1월 20일의 역원회의 의안과 의제, 출석자 등을 수록하였다.

연번	지역	연월일	자료명	호수	키워드
250	경성	1937.2	경제월보	253	능률운동, 공통상품권, 공장 조사, 상품견본증명서, 소매업 구제안

【목차】

[자료]

과학적 관리법과 잘못된 능률운동 및 능률증진의 진정한 의의에 대하여 - 복부동일(服部東一)

[조사]

공통상품권제도에 대하여 / 경성의 공장 조사(下) / 작년 중 조선의 발명계(發明界) / 1936년 중 발행된 상품견본증명서 / 경성의 상황(商況)과 금융(1월중) / 조선의 회사의 이동(異動)(1월중)

[잡록]

통보일속(通報一束) / 경제일지(1월중) / 신간 장서 목록

[녹사]

[주요경제통계]

【해설】

본 호에는 자료가 1건, 조사가 6건, 잡록 3건, 녹사 1건이 수록되어 있으며 말미에 주요경제통계가 첨부되어 있다.

자료는 1월 21일 경성부와 경성상공회의소 주최로 개최한 공업경영 지도 강습회에 초빙한 체신성과 후쿠오카현 촉탁이자 일본 능률연합회 상무이사 핫토리(服部東一)의 '과학적 관리법과 잘못된 능률운동 및 능률증진의 진정한 의의에 대하여'라는 제목의 강연 속기록이다. 여기서 그는 형식을 쫓지 말고 근본을 지킬 것, 토지의 사정과 공장의 개성을 존중할 것, 테일러가 제창한 과학적 관리법의 진수, 과학적 관리법이 만들어진 배경, 과학적 관리의 발달경로, 사실에 기초한 처리 등에 관해 설명하고 있다.

조사의 첫 번째는 공통상품권 제도에 대한 내용이다. 일본 내에서의 공통상품권의 일반적 단속 방침 및 각 도시의 상황과 조선 내의 현황과 그 후의 새로운 경향을 중심으로 검토하였다. 두 번째는 경성에 소재한 공장에 대한 종합적 조사의 세 번째 내용이다. 이번 호에 수록된 것은 취업시간과 휴

일, 공장에서 사용하는 동력 및 연료, 관영공장과 뚝섬(纛島)의 공업, 공장 소유의 특허와 신안 등에 관한 세부 내역이다. 세 번째는 1936년 중 조선 내의 각종 발명과 실용신안, 특허의 등록사항을 월별, 내용별로 정리한 것이다. 네 번째는 1936년에 발행한 상품견본 증명서의 월별, 지역별, 상품별 발행 현황을 표로 작성한 것이다. 다음 2건은 1937년 1월 중 경성의 상업현황과 금융, 조선 내의 회사 변동 상황을 다룬 것이다.

잡록의 통보일속은 일본 내 상공회의소 설립 신규 인가와 동경상공회의소의 소매업 구제안 등에 관한 내용으로 되어 있다. 경제일지는 1937년 1월 중 경성과 조선 전국에서 행해졌던 경제관련 주요 사건과 일본 및 외국과의 관련 내용을 날짜별로 기록하고 있다. 그 다음에는 1936년 1년간 간행한 경성상공회의소 경제월보 총 목차를 수록하였다.

녹사는 1월 26일의 의원총회, 2월 6일, 27일의 역원회의 의안과 의제, 출석자 등을 수록하였다.

연번	지역	연월일	자료명	호수	키워드
251	경성	1937.3	경제월보	254	상공업 관계 법안, 조선 무역, 선산품(鮮産品), 지류, 경성상공회의소

【목차】

[자료]

제70의회에 제출된 상공업 관계 법안의 내용

[조사]

1936년 조선 무역 개황 / 선산품(鮮産品)의 규격 조사(4) / 경성의 상황(商況)과 금융(2월중) / 조선의 회사의 이동(異動)(2월중)

[잡록]

1937년 경성상공회의소 세입출(歲入出) 예산 / 통보일속(通報一束) / 경제일지(2월중) / 신간 장서 목록

[녹사]

[주요경제통계]

【해설】

본 호에는 자료가 1건, 조사가 4건, 잡록 4건, 녹사 1건이 수록되어 있으며 말미에 주요경제통계가 첨부되어 있다.

자료는 2월 14일 일본 제70회 의회에 제출된 각종 상공업 관계 법안 내용이다. 임시조세증징법안, 법인자본세법안, 외화채(外貨債) 특별법안, 유가증권이전세법안, 휘발유(揮發油)세법안, 수출통제세법안, 사가(絲價)안정법안 요항, 관세정률법중개정법률안, 알콜전매법안, 백화점법안요강, 소운송업법

안, 일본운송주식회사법안, 무역조합법안요항, 우편법중개정법률안, 무역조정법안, 제철사업법안요강, 인조석유사업법요강, 제국연료흥업주식회사법안요강 등이다.

조사의 첫 번째는 1936년도 조선 전체의 무역상황을 정리한 것이다. 조선의 대외국무역과 대일본무역의 월별, 국가별 경과와 조선 주요 무역항의 수이출 내역과 수출입 상품과 최근 10년간 대외무역의 추세를 설명하고 말미에 조선을 경유하는 일본의 만주 수이출 품목과 수량, 가격 등을 표로 제시하였다. 두 번째는 전년도 10월 호에 이은 산업합리화의 한 방책으로 일본 국내와 마찬가지로 조선의 생산품 중 지류(紙類) 관련 내용으로 규격의 단순화와 표준화를 기하기 위한 일환으로 시행한 조사 내역이다. 다음 2건은 1937년 2월 중 경성의 상업현황과 금융, 조선 내의 회사 변동상황을 다룬 것이다.

잡록의 첫 번째는 1937년도 경성상공회의소의 세입 세출 예산을 각 항목별로 표로 작성한 것이다. 통보일속은 1935년의 조선공산액 및 1936년 중 조선양잠상황 등에 관한 내용이다. 경제일지는 1937년 2월 중 경성과 조선 전국에서 행해졌던 경제관련 주요 사건과 일본 및 외국과의 관련 내용을 날짜별로 기록하고 있다.

녹사는 1937년 3월 8일의 역원회, 3월 12일의 의원총회의 의안과 의제, 출석자 등과 관련한 내용이다.

연번	지역	연월일	자료명	호수	키워드
252	경성	1937.4	경제월보	255	산업경제, 신흥공업, 화물이동, 경성 연료, 근해항로

【목차】

[자료]

조선 산업경제의 현세(現勢)와 장래 - 하전직치(賀田直治)

[조사]

철도로 본 1936년 중의 경성 화물 이동 상황 / 1936년 중 경성 연료 수급 조사 / 경성의 상황(商況)과 금융(3월중) / 조선의 회사의 이동(異動)(3월중)

[잡록]

조선 근해(近海) 정기항로표(4월 1일 현재) / 통보일속(通報一束) / 경제일지(3월중) / 신간 장서 목록(3월중)

[녹사]

[주요경제통계]

【해설】

본 호에는 자료가 1건, 조사가 4건, 잡록 4건, 녹사 1건이 수록되어 있으며 말미에 주요경제통계가 첨부되어 있다.

자료는 조선상공회의소 회두 가다 나오지(賀田直治)의 기고문인 '조선 산업경제의 현세와 장래'를 수록하였다. 가다는 조선의 주요 신흥공업을 적기하고 무산철광개발 계획을 비롯하여 현재 착수 중인 사업을 종류별로 열기하면서, 조선의 경제계의 약진발전을 전망하였다. 그는 조선의 개발에 관한 긴요한 사항으로 자원개발에 노력하고 중공업을 발전시키고 무역의 강화, 철도 확장, 항공 시설 마련, 전신과 전화의 보급, 금융제도 정비, 농어촌 경제 갱생과 중소공업 진흥계획 실시 등의 필요성을 역설하였다. 이를 위해서 관민이 협동하여 책임을 다하자고 부연하였다.

조사의 첫 번째는 1936년 중 경성의 화물 이동상황을 조사한 것이다. 여기서는 일반개황, 도착화물 및 발송화물 개황, 각 역별 발착 톤수, 미곡을 비롯한 주요 농수산물과 공산품의 발착상황 등을 상세히 기록하였다. 두 번째는 1936년 중 경성의 연료 수급에 관한 조사 내용이다. 석탄과 연탄을 비롯한 경성부 연료의 수요와 공급을 조사하고 각 항목별로 표로 제시하였다. 다음의 2건은 1937년 3월 중 경성의 상업현황과 금융, 조선 내의 회사 변동상황을 다룬 것이다.

잡록의 첫 번째는 1937년 4월 1일 현재까지의 조선 근해 항로를 각기 표로 제시한 것이다. 여기에는 조선총독부 명령항로, 지방청과 기타 명령항로, 자영(自營)항로에 관한 내용을 표로 정리하였다. 통보일속은 「조선유산암모니아의 수출입 허가규칙」, 국채(國債)의 소재별 및 연 이자액 등에 관한 내용으로 되어 있다. 경제일지는 1937년 3월 중 경성과 조선 전국에서 행해졌던 경제관련 주요 사건과 일본 및 외국과의 관련 내용을 날짜별로 기록하고 있다.

녹사는 1937년 3월 24일, 4월 1일, 4월 17일의 역원회의 의안과 의제, 출석자와 3월 24일의 의안인 「경성건축재료품전시회회칙안」을 수록하였다.

연번	지역	연월일	자료명	호수	키워드
253	경성	1937.9	경제월보	260	경인일체, 일지사변, 북한강, 회사, 조선산금령, 임시사업자금조정법

【목차】

[자료]

경인일체(京仁一體)의 구현화(具現化)에 대하여 - 하전직치(賀田直治)

[조사]

일지사변(日支事變)의 영향 조사 / 한강유역 이용 조사(下) / 1936년 말의 선내(鮮內) 제 회사(諸會社) 업태별(業態別) 조사 / 경성의 상황(商況)과 금융(8월중) / 조선의 회사의 이동(異動)(8월중)

[잡록]

임시사업자금조정법 / 통보일속(通報一束) / 경제일지(8월중) / 신간 장서 목록(8월중)

[녹사]

[주요경제통계]

【해설】

본 호에는 자료가 1건, 조사가 5건, 잡록 4건, 녹사 1건이 수록되어 있으며 말미에 주요경제통계가 첨부되어 있다.

자료는 경성상공회의소 회두 가다 나오지(賀田直治)의 기고문인 '경인일체(京仁一體)의 구현화(具現化)에 대하여'를 수록하였다. 이 글에서 그는 중일전쟁 이후 경성부와 인천은 산업정책 및 국책, 국방의 중요성에도 해당하는 문제라고 주장하였다. 경인의 일체화를 위한 개발책으로 가다는 현재의 경인철도 및 경인도로 연선 지대의 개선책, 경인 간 미개발 해안 및 평야지대의 개발책, 경인이 일체화될 경우에 경기도의 위치 등에 관한 여러 가지 의견과 해결책을 제시하였다.

조사의 처음 내용은 중일전쟁이 조선경제에 미치는 영향에 대한 조사보고서 내용이다. 9월 21일에 발표도하였다. 여기서는 경성부 내에서 일본인이 경영하는 소매상점과 조선인이 경영하는 소매상점에 미치는 영향, 공업에 미치는 영향으로 구분하여 정리하였다. 두 번째는 선편을 이용한 북한강 유역 주요 지역의 수운이용과 목재 등의 운반 상황을 설명한 것의 마지막 내용이다. 전편 내용은 자료가 확보되지 않아 현재로는 확인할 수 없다. 이 글에서는 가평군, 춘천군, 화천군, 양구군, 인제군 순으로 되어 있다. 세 번째는 1936년 말 현재 조선 내의 여러 회사를 업태별로 조사한 내용을 표로 작성한 것이다. 금융업, 보험업, 상업, 공업, 전기사업, 농림업, 광업, 운수창고업, 잡업의 순으로, 개별적으로는 업태별, 회사 수, 자본금, 자본 증감액이 정리되어 있다. 다음의 2건은 1937년 8월 중 경성의 상업 현황과 금융, 조선 내의 회사 변동상황을 다룬 것이다.

잡록의 처음 내용은 9월 21일 일본 수상관저에서 개최되고 25일 공포된 자금조사위원회의 「임시사업자금조정법」 내용을 소개한 것이다. 통보일속은 제령 제16호 「조선산금령(朝鮮産金令)」, 관세법 등 법률 제53호 개정에 대한 총독부의 의견 등에 관한 내용이다. 경제일지는 1937년 8월 중 경성과 조선 전국에서 행해졌던 경제관련 주요 사건과 일본 및 외국과의 관련 내용을 날짜별로 기록하고 있다.

녹사는 1937년 9월 4일, 17일의 역원회 및 8월 21일, 9월 7일, 17일의 의원총회의 의안과 의제, 출석자 등을 수록하였다.

연번	지역	연월일	자료명	호수	키워드
254	경성	1937.10	경제월보	261	임시자금조정법, 무역통제, 촉진사업, 전문점회, 백화점법

【목차】

[자료]

임시자금조정법 / 수출입품에 관한 임시조치법

[조사]

내지의 무역통제에 관한 조사 / 전문점회(專門店會)에 대하여(下) / 경성의 상황(商況)과 금융(9월

중) / 조선의 회사의 이동(異動)(9월중)
[잡록]
통보일속(通報一束) / 경제일지(9월중) / 신간 장서 목록(9월중)
[녹사]
[주요경제통계]

【해설】
본 호에는 자료가 2건, 조사가 4건, 잡록 3건, 녹사 1건이 수록되어 있으며 말미에 주요경제통계가 첨부되어 있다.

자료의 처음 내용은 지난 72회 임시의회의 협찬을 받아 9월 27일 시행된 「임시자금조정법」 내용을 소개한 것이다. 조선에서는 10월 14일 칙령 제594호로 공포되어 당일부터 시행되었고, 시행규칙도 조선총독부령 제157호로서 15일 발포 즉시 실시되었다. 두 번째는 조선에서 수출입 등에 관한 임시조치에 관한 법규를 소개한 것이다. 이 내용은 일부 품목을 제한 수입제한과 수입금지에 규정된 품목은 일본 본토와 마찬가지로 총독부령으로 조선에 적용하는 내용이 주요 골자이다. 그에 관한 전문을 소개하고 있다.

조사의 처음 내용은 일본 내에서의 무역통제 및 촉진사업에 관한 조사 내용을 소개한 것이다. 수입통제에 관한 각종 법규 내용소개와 상공회의소 등에서 조사한 산업무역관 설립경과 및 설립계획, 수출품 검사 등에 관한 보고 내용 등으로 되어 있다. 두 번째는 전문점회(專門店會)에 관한 조사의 마지막 내용으로 각 전문점회의 특징적 사업, 가맹자 및 업종 등에 관한 내용이다. 다음의 2건은 1937년 9월 중 경성의 상업현황과 금융, 조선 내의 회사 변동상황을 다룬 것이다.

잡록 중 통보일속은 제71 특별의회에서 통과된 「백화점법」의 시행규칙, 「백화점조합령」, 「백화점위원회관제」에 대한 일본 각의의 결정사항의 내용 등으로 되어 있다. 경제일지는 1937년 9월 중 경성과 조선 전국에서 행해졌던 경제관련 주요 사건과 일본 및 외국과의 관련 내용을 날짜별로 기록하고 있다.

녹사는 1937년 10월 12일, 19일의 역원회의 의안과 의제, 출석자 관련 내용을 수록하였다.

연번	지역	연월일	자료명	호수	키워드
255	경성	1937.11	경제월보	262	북지, 북선 루트, 목탄, 중앙선, 물가대책답신안

【목차】
[자료]
북지(北支)의 산업경제를 보다 - 하전직치(賀田直治) / 소위 『북선(北鮮) 루트(ルート)』에 대하여 -

영목무웅(鈴木武雄)
[조사]
경성의 목탄 수급 조사 / 중앙연선(中央沿線) 상권 조사(1) / 경성의 상황(商況)과 금융(10월중) / 조선의 회사의 이동(異動)(10월중)
[잡록]
물가대책답신안(物價對策答申案) 전문 / 통보일속(通報一束) / 경제일지(10월중) / 신간 장서 목록(10월중)
[녹사]
[주요경제통계]

【해설】
본 호에는 자료가 2건, 조사가 4건, 잡록 4건, 녹사 1건이 수록되어 있으며 말미에 주요경제통계가 첨부되어 있다.

자료의 첫 번째는 조선상공회의소 회두 가다 나오지(賀田直治)의 기고문인 '북지(北支)의 산업경제를 보다'의 내용 소개이다. 가다는 하북, 산동, 산서, 하남, 섬서의 5개 성(省)과 새외(塞外)의 합이(哈爾), 수원(綏遠)의 2개 성을 포함한 7개의 성으로 파악하고 있다. 여기서는 지역과 인구, 경계, 지형, 지미(地味), 기후, 교통, 산물, 공업, 무역, 유망산업, 도시와 농촌, 중대 문제, 경제건설 문제 순으로 자신의 견해를 설명하였다. 두 번째는 9월 25일 경성부 은행집합소에서 개최된 전국경제조사기관연합회 조선지부 회의 석상에서 경성제국대학 교수 스즈키 다케오(鈴木武雄)가 강연한 내용이다. 8월 14일부터 조선 북부를 거쳐 3주간에 걸친 신경과 하얼빈을 비롯한 중국 동북만주지역의 주요도시를 시찰하고 돌아오면서 각 지역의 경제상황에 관해 보고 느낀 점을 경제학자의 입장에서 상세히 정리하여 소개하고 있다.

조사의 첫 번째는 조선권농주식회사 조사부에서 조사한 일상 생활 수요품으로서의 경기도와 경성부 목탄의 수요 공급 상황으로 상세한 표와 그에 대한 설명으로 작성되어 있다. 두 번째는 조선을 남북으로 관통하고 경성-부산과 동해의 2선과 만나는 경부중앙선의 부설과 관련하여 교통정비와 연선의 자원개발에 관한 내용으로 되어 있다. 다음의 2건은 1937년 10월 중 경성의 상업현황과 금융, 조선 내의 회사 변동상황을 다룬 것이다.

잡록의 첫 번째는 11월 12일 개최된 물가대책위원회에서 철(鐵), 동력, 생활 등에 관한 각 소위원장이 각 소위원회에 답신한 사항의 전문(全文)이다. 두 번째 통보일속은 만주국 중공업 대통제회사 설립, 1936년 조선 내 공장임금 조사 등에 관한 내용으로 되어 있다. 경제일지는 1937년 10월 중 경성과 조선 전국에서 행해졌던 경제관련 주요 사건과 일본 및 외국과의 관련 내용을 날짜별로 기록하고 있다.

녹사는 1937년 10월 28일의 역원회, 10월 23일의 의원총회의 의안과 의제, 출석자 관련 내용을 수록하였다.

연번	지역	연월일	자료명	호수	키워드
256	경성	1937.12	경제월보	263	상공업계, 북지무역, 중앙선, 공업시험소, 조선임시비료배급통제령

【목차】

[자료]

1937년 경제계의 회고 - 하전직치(賀田直治) / 북지무역(北支貿易) 시찰 보고서 - 호도우차랑(戶島祐次郎) 의원 외 4명

[조사]

중앙연선(中央沿線) 상권 조사(2) / 내선만(內鮮滿)의 대표적 공업시험소 근황 / 경성의 상황(商況)과 금융(11월중) / 조선의 회사의 이동(異動)(11월중)

[잡록]

조선 비료 배급 통제령 / 제10회 일본상공회의소 총회 / 제8·9회 소매상점 부기 강습회 / 통보일속(通報一束) / 경제일지(11월중) / 신간 장서 목록(11월중)

[녹사] [주요경제통계]

【해설】

본 호에는 자료가 2건, 조사가 4건, 잡록 6건, 녹사 1건이 수록되어 있으며 말미에 주요경제통계가 첨부되어 있다.

자료의 첫 번째는 조선상공회의소 회두 가다 나오지(賀田直治)가 1937년도 조선의 경제계를 회고한 글이다. 그는 1937년 간의 조선 상공업계의 사정과 동향에 관해 개괄하면서, 내각이 바뀌고 총선거가 실시되고 물가도 급등했고 무역도 전례가 없는 수입초과 현상을 보였던 한 해로 회고하고 있다. 또한 노구교(蘆溝橋) 사건이 전면적인 중일전쟁으로 발전하여 경제계에도 큰 영향을 주어 조선에서도 더욱 긴장 노력을 하여야 할 필요를 통감하면서 앞으로 '경제전, 사상전, 외교전'에서 극심한 변화가 있을 것으로 전망하고 있다. 두 번째는 경성상공회의소 의원 4명, 과장 1명의 북중국 무역시찰단이 10월 24일부터 11월 6일까지 경성에서 배로 대련으로 가서 이후 천진, 북경, 진황도, 산해관, 금현(錦縣), 봉천 등지를 14일 간 시찰한 견문보고서이다. 각 지역별 경제 및 수출입 상황, 조선과의 관계 등을 기재하였다.

조사의 첫 번째는 전월 호에 이은 두 번째 내용으로 경부중앙선의 부설과 관련하여 교통정비와 연선의 자원개발에 관한 내용으로 되어 있다. 원주를 중심으로 한 시장거래, 상인현황, 상권 등을 상세히 정리하였다. 두 번째는 일본, 조선, 만주에서의 대표적 공업시험소의 1936년도 사업내용에 관한 개괄적인 조사 보고서이다. 다음의 2건은 1937년 11월 중 경성의 상업현황과 금융, 조선 내의 회사 변동상황을 다룬 것이다.

잡록의 첫 번째는 12월 10일 경성부령 제18호로 공포된 「조선임시비료배급통제령」의 전문 소개이

다. 두 번째는 11월 25일부터 양일간에 걸쳐 동경상공회의소에서 개최된 일본상공회의소 정기총회의 중요안건의 결의와 진정서에 대한 내용을 소개한 것이다. 세 번째는 10월 25일부터 11월 1일까지 경성상공회의소에서 개최된 소매상점 부기 강습회의 강사와 교재, 참석자 관련 내용이다. 통보일속은 「산금조정법」에 의한 허가신청 등으로 되어 있다. 경제일지는 1937년 11월 중 경성과 조선 전국에서 행해졌던 경제관련 주요 사건과 일본 및 외국과의 관련 내용을 날짜별로 기록하고 있다.

녹사는 1937년 11월 19일, 12월 6일의 역원회의 의안과 의제, 출석자 관련 내용을 수록하였다.

연번	지역	연월일	자료명	호수	키워드
257	경성	1938.1	경제월보	264	경제계, 만주국관세법, 손실보상제도, 조선총독부 세입세출, 국내자금 조사규칙

【목차】

[자료]

1938년 경제계의 전망과 희망 - 하전직치(賀田直治) / 개정 만주국 관세법

[조사]

1937년 경제계 회고 / 손실보상제도에 대한 조사(1) / 경성의 상황(商況)과 금융(12월중) / 조선의 회사의 이동(異動)(12월중)

[잡록]

1938년도 조선총독부 예산 강요(綱要) / 금 및 백금의 사용제한에 관한 간담회 / 북지(北支) 신관세율(新關稅率) 인하 발표되다 / 국내 자금조사규칙 / 조선 근해 정기항로 / 통보일속(通報一束) / 경제일지(12월중) / 신간 장서 목록(12월중)

[녹사]

1937년도 경성상공회의소 경제월보 총목차

[주요경제통계]

【해설】

본 호에는 자료가 2건, 조사가 4건, 잡록 8건, 녹사 1건이 수록되어 있으며 말미에 주요경제통계가 첨부되어 있다.

자료의 첫 번째는 조선상공회의소 회두 가다 나오지(賀田直治)가 1938년도 조선의 경제계를 전망한 글이다. 그는 일본 국내 경제계는 중일전쟁 이래 전시체제 방침을 유지하여 자금조달, 위체 관리, 무역통제, 소비절약, 대용품 사용, 국산장려, 국방산업 등에 중점을 두고 일다고 주장하였다. 조선도 협심 노력하여야 할 것인데, 다행히 농촌의 작황이 좋고 군수산업은 더욱 융성한 상태이고 무역도 하반기에는 수입초과가 위축되면서 주식계도 정돈될 것으로 전망하였다. 다만 중소상공업이 불황에 있고 농촌도 전쟁이 길어질 경우 곤란해 질 것으로 예상하였다. 두 번째는 1937년 1월 1일 시행된 「개정만주국관세법」의 개요와 개정 법률안의 내용 전문을 소개한 것이다.

조사의 첫 번째는 1937년 경제계 전반을 회고한 것이다. 경제계 일반, 상품계 일반, 물가동향, 금융계 개황, 위채시장, 주식, 화물 이동 상황, 무역개황, 사업계 현황 순으로 설명하고 있다. 두 번째는 손실보상제도에 대한 조사의 첫 번째 내용이다. 이번 호는 1936년 기한종료된 손실보상제도를 실시한 일본 내의 30시부현(市府縣)의 중소기업자금 융통 손실보상제도 요강과 규정 등을 설명한 것이다. 다음의 2건은 1937년 12월 중 경성의 상업현황과 금융, 조선 내의 회사 변동상황을 다룬 것이다.

잡록의 첫 번째는 전년도와 비교한 1938년도 조선총독부 세입세출 예산액, 세입 세출 증가내역이

다. 두 번째는 1월 4일 공포된 금 및 백금의 사용제한에 관한 법령 전문과 영업자들과의 질의응답 내용이다. 세 번째는 1월 21일 중화민국 임시정부가 공포한 관세율 인하 개정에 관한 법률 내용을 소개한 것이다. 네 번째는 1월 4일 발포된 「국내자금조사규칙」 전문이다. 다음은 1937년 10월 1일 현재 조선근해 정기항로의 조사 분석에 관한 표이다. 통보일속은 조선내 수산업자 호수(戶數) 등을 수록하였다.

연번	지역	연월일	자료명	호수	키워드
258	경성	1938.2	경제월보	265	구주, 중앙선, 손실보상제도, 발명계, 소매상점부기강습회, 사제 염(鹽)

【목차】

[자료]

구주(歐洲)의 현세(現勢)와 대지(對支) 경영의 귀착점에 대하여(1) - 겸전택일랑(鎌田澤一郎)

[조사]

중앙연선(中央沿線) 상권 조사(3) / 손실보상제도에 대한 조사(2) / 경성의 목재 수급 조사 - 조선권농회사 / 작년 중 조선의 발명계(發明界) / 경성의 상황(商況)과 금융(1월중) / 조선의 회사의 이동(異動)(1월중)

[잡록]

소매상점 부기 강습회 보고 / 통보일속(通報一束) / 경제일지(1월중) / 신간 장서 목록(1월중)

[녹사]

[주요경제통계]

【해설】

본 호에는 자료가 1건, 조사가 6건, 잡록 4건, 녹사 1건이 수록되어 있으며 말미에 주요경제통계가 첨부되어 있다.

이번호 자료는 조선총독부 촉탁이자 대륙경제연구소 소장인 카마다(鎌田澤一郎)의 현재 서구의 사정과 중국 경영에 대한 소개의 첫 번째 내용이다. 이번 호에서 그는 중일전쟁 이후 일본인들은 세계관을 확대할 필요성이 있으며, 영국도 식량을 비롯한 자원문제로 큰 소동을 겪어 자급책이 필요하다는 내용과 미나미(南次郎) 총독의 축산(畜産)입국론 등등에 관해 소개하고 있다.

조사의 첫 번째는 전년도 12월 호에 이은 세 번째 내용으로 경부중앙선의 부설과 관련하여 교통정비와 연선의 자원개발에 관한 내용으로 되어 있다. 제천, 영월, 평창, 단양 등의 시장거래, 상인현황, 상권 등을 상세히 정리하였다. 두 번째는 손실보상제도에 대한 조사의 두 번째 내용이다. 이번 호는 1936년 기한종료된 손실보상제도를 실시한 오사카부(大阪府) , 교토(京都), 나고야(名古屋), 고베(神

戶), 요코하마(橫濱)의 중소기업자금 융통 손실보상제도 요강과 규정 등을 설명하였다. 세 번째는 조선권농주식회사 조사부에서 조사한 경성부의 목재수급 관련 내용이다. 경성부의 소비량, 생산량, 수이입 상황, 경기도의 임상별, 소유별, 수종별 임야면적과 임야축적량, 채벌량 등을 각기 표로 제시하였다. 네 번째는 1937년 중 조선 내의 월별 실용신안등록과 도별, 사업자별 특허 등록상황이다. 그 다음 2건은 1938년 1월 중 경성의 상업현황과 금융, 조선 내의 회사 변동상황을 다룬 것이다.

잡록의 첫 번째는 1936년 2월부터 1937년 2월까지의 기간 진행된 제1회부터 제11회까지의 소매상점 부기강습회 내용에 대한 보고이다. 각 회수별, 국적별 참가상황이 수치로 정리되어 있다. 다음 통보일속은 1936년 중 사제 염(鹽) 제조고, 1937년 조선 무역개황 등의 내용이다. 경제일지는 1938년 1월 중 경성과 조선 전국에서 행해졌던 경제관련 주요 사건과 일본 및 외국과의 관련 내용을 날짜별로 기록하고 있다.

녹사는 1938년 1월 20일 역원회, 1월 26일 의원총회의 의안과 의제, 출석자 관련 내용을 수록하였다.

연번	지역	연월일	자료명	호수	키워드
259	경성	1938.3	경제월보	266	구주, 무역상황, 경성상공회의소 세입세출, 면제품, 조선 공산액

【목차】

[자료]

구주(歐洲)의 현세(現勢)와 대지(對支) 경영의 귀착점에 대하여(2) – 겸전택일랑(鎌田澤一郎)

[조사]

1937년 조선 무역 개황 / 경성의 상황(商況)과 금융(2월중) / 조선의 회사의 이동(異動)(2월중)

[잡록]

1938년도 경성상공회의소 세입세출(歲入歲出) 예산 / 통보일속(通報一束) / 경제일지(2월중) / 신간장서 목록(2월중)

[녹사]

[주요경제통계]

【해설】

본 호에는 자료가 1건, 조사가 3건, 잡록 4건, 녹사 1건이 수록되어 있으며 말미에 주요경제통계가 첨부되어 있다.

이번호 자료는 전월 호에 이은 조선총독부 촉탁이자 대륙경제연구소 소장인 카마다(鎌田澤一郎)의 현재 서구의 사정과 중국 경영에 대한 소개의 두 번째 내용이다. 그는 이전의 유럽은 결코 오늘과는 다르다는 것을 생각해야 하며 프랑스 파리는 환락도시가 되었고 정치적으로 불안정한 상황을 보이고 있는 반면 독일이 흥하고 융성하는 이면에는 국민들의 결속력과 노력이 있었고 건설적 변화가 있었다는 내용 등을 강조하고 있다.

조사 중 첫 번째는 1937년 중 조선의 외국 및 일본과의 무역상황, 중개무역(통과무역) 등을 수치와 설명을 통해 상세하게 정리한 것이다. 다음의 2건은 1938년 2월 중 경성의 상업현황과 금융, 조선 내의 회사 변동상황을 다룬 것이다.

잡록의 첫 번째는 1938년도 경성상공회의소의 세입세출 예산을 표로 작성하고 1938년도 회원들의 경비부과 징수방법을 제시한 것이다. 두 번째 통보일속은 면제품과 인조섬유(스테이블 화이버) 혼용에 관한 조선총독부령 제22호의 각 조문 소개, 1936년도 조선 공산액 조사 관련 내용이다. 경제일지는 1938년 2월 중 경성과 조선 전국에서 행해졌던 경제관련 주요 사건과 일본 및 외국과의 관련 내용을 날짜별로 기록하고 있다. 다음 신간 장서 목록은 『조선광구(鑛區)일람』을 비롯한 경성상공회의소의 수집 및 기증 도서 목록이다.

녹사는 1938년 3월 2일과 17일의 역원회, 3월 22일 의원총회의 의안과 의제, 출석자 관련 내용을 수록하였다.

연번	지역	연월일	자료명	호수	키워드
260	경성	1938.4	경제월보	267	철도, 화물, 석탄 수급, 조선지나사변특별세령, 신규산업

【목차】

[조사]

철도로 본 1937년 중의 경성 화물 이동 상황 / 경성의 석탄 수급 조사 / 경성의 상황(商況)과 금융(3월중) / 조선의 회사의 이동(異動)(3월중)

[잡록]

조선 지나사변(支那事變) 특별세 과세 품목 / 통보일속(通報一束) / 경제일지(3월중) / 신간 장서 목록(3월중)

[녹사]

[주요경제통계]

【해설】

본 호에는 조사가 4건, 잡록 4건, 녹사 1건이 수록되어 있으며 말미에 주요경제통계가 첨부되어 있다.

조사의 첫 번째는 1937년 중 경성의 철도화물 이동상황을 조사한 것이다. 여기서는 일반개황, 도착화물 및 발송화물 개황, 각 역별 발착 톤수, 미곡을 비롯한 주요 농수산물과 공산품의 발착상황 등을 상세히 기록하였다. 두 번째는 1937년 중 경성의 석탄 수급에 관한 조사 내용이다. 유연탄, 무연탄,

석탄, 연탄 등의 경성부 연료의 수요와 공급을 조사하고 각 항목별로 표로 제시하였다. 그 다음의 2건은 1938년 3월 중 경성의 상업현황과 금융, 조선 내의 회사 변동상황을 다룬 것이다.

잡록의 첫 번째는 3월 31일 공포된 「조선지나사변특별세령」에 따라 과세품목 및 과세최저한도 및 물품세에 관한 경성세무감독국과 세무서의 설명을 게재한 것이다. 두 번째 통보일속은 1938년도 각도 신규산업 예산, 1937년도 생산가액 조사 등에 관한 내용을 수록한 것이다. 세 번째 경제일지는 1938년 3월 중 경성과 조선 전국에서 행해졌던 경제관련 주요 사건과 일본 및 외국과의 관련 내용을 날짜별로 기록하고 있다. 다음 신간 장서 목록은 『동일시국정보(東日時局情報)』 제2권 제1호를 비롯한 경성상공회의소의 수집 및 기증 도서 목록이다.

녹사는 1938년 4월 7일 개최된 역원회의 의안과 의제, 출석자 관련 내용을 수록하였다.

연번	지역	연월일	자료명	호수	키워드
261	경성	1938.5	경제월보	268	북지, 경제시찰단, 물가, 조선지나사변특별세령, 경성순회견본시

【목차】

[자료]

북지(北支) 경제 시찰 보고

[조사]

사변하(事變下)의 물가의 동향 / 경성의 상황(商況)과 금융(4월중) / 조선의 회사의 이동(異動)(4월중)

[잡록]

조선 지나사변특별세령(支那事變特別稅令) / 동(銅) 및 선철(銑鐵)의 사용제한에 관한 부령(府令) / 제7회 경성 순회견본시(巡回見本市) 보고 / 통보일속(通報一束) / 경제일지(4월중) / 신간 장서 목록(4월중)

[녹사]

[주요경제통계]

【해설】

본 호에는 자료가 1건, 조사가 3건, 잡록 6건, 녹사 1건이 수록되어 있으며 말미에 주요경제통계가 첨부되어 있다.

자료는 경성상공회의소 의원 5명, 사무국원 1명의 북중국 경제시찰단이 4월 11일부터 20일간 경성에서 배로 대련으로 가서 이후 청도, 천진, 북경 등지를 시찰한 견문보고서이다. 산동성, 몽고 경계, 석가장(石家莊) 등지를 집중 시찰하고 각 지역별 정치경제 상황과 시찰 감상 등을 수록하였다.

조사의 첫 번째는 중일전쟁 하의 물가동향에 대한 조사 보고다. 최근의 도소매 물가동향과 물가고의 특징 등을 분석하였다. 그 다음의 2건은 1938년 4월 중 경성의 상업현황과 금융, 조선 내의 회사 변동상황을 다룬 것이다.

잡록의 첫 번째는 1938년 3월 31일 공포된 「조선지나사변특별세령」의 전문을 소개한 것이다. 두 번째는 조선총독부령 제93호인 「동(銅) 및 선철(銑鐵)의 사용제한에 관한 부령(府令)」의 전문을 소개한 것이다. 세 번째는 4월 4일부터 경성상공회의소에서 주최한 제7회 경성순회견본시 참가점포 및 개시장, 개시일, 입장자 수를 설명과 표로 제시한 것이다. 네 번째 통보일속은 면사의 배급통제 실시와 통제요강 등에 관한 내용을 수록한 것이다. 다섯 번째 경제일지는 1938년 4월 중 경성과 조선 전국에서 행해졌던 경제관련 주요 사건과 일본 및 외국과의 관련 내용을 날짜별로 기록하고 있다. 여섯 번째 신간 장서 목록은 『경성제국대학농학부농림경제팜플렛』을 비롯한 경성상공회의소의 수집 및 기증 도서 목록이다.

녹사는 1938년 5월 6일 개최된 역원회와 5월 11일 개최된 의원총회의 의안과 의제, 출석자 관련 내용을 수록하였다.

연번	지역	연월일	자료명	호수	키워드
262	경성	1938.6	경제월보	269	관세율 개정, 조선지나사변특별세령, 조선중요광물증산령, 와사발생로 설치 장려금 교부 규칙, 휘발유 및 중유 판매 취체 부령

【목차】

[조사]

조선의 대지(對支)무역과 관세개정의 영향 / 경성의 상황(商況)과 금융(5월중) / 조선의 회사의 이동(異動)(5월중)

[잡록]

조선 지나사변특별세령(支那事變特別稅令) 시행규칙 / 조선 중요광물증산령(重要鑛物增産令) / 와사(瓦斯)발생로(發生爐) 설치 장려금 교부 규칙 / 휘발유(揮發油) 및 중유(重油) 판매 취체(取締) 부령(府令) / 통보일속(通報一束) / 경제일지(5월중) / 신간 장서 목록(5월중)

[녹사]

부록, 중화민국 개정 수입세율 표

[주요경제통계]

【해설】

본 호에는 조사가 3건, 잡록 7건, 녹사 1건이 수록되어 있으며 말미에 주요경제통계가 첨부되어 있다.

조사의 첫 번째는 6월 1일 실시된 중국정부의 새로운 관세율 개정이 조선의 대중국 무역과 조선 물산에 미치는 영향을 분석한 것이다. 내용은 대중국 무역의 지위, 무역의 추이, 수출입품의 경합, 중일전쟁 하의 조선의 대중국 무역의 추이, 관세개정의 의의, 관세개정이 조선에 미치는 영향 순으로 되어 있다. 그 다음 2건은 1938년 5월 중 경성의 상업현황과 금융, 조선 내의 회사 변동상황을 다룬 것이다.

잡록의 첫 번째는 전월 호에 게재한 1938년 3월 31일 공포된 「조선지나사변특별세령」에 이은 그 「시행규칙」 전문을 소개한 것이다. 두 번째는 1938년 5월 12일 공포된 「조선중요광물증산령(朝鮮重要鑛物增産令)」 전문과 그 「시행규칙」을 소개한 것이다. 세 번째는 1938년 6월 1일 공포된 「와사(瓦斯)발생로(發生爐) 설치 장려금 교부 규칙」의 전문 소개이다. 네 번째는 같은 해 6월 13일 공포된 「휘발유(揮發油) 및 중유(重油) 판매 취체(取締) 부령(府令)」의 전문 소개이다. 다섯 번째 통보일속은 관동주(關東州) 수출허가제 실시, 1938년도 맥작(麥作) 상황 조사 등에 관한 내용으로 되어 있다. 여섯 번째의 경제일지는 1938년 5월 중 경성과 조선 전국에서 행해졌던 경제관련 주요 사건과 일본 및 외국과의 관련 내용을 날짜별로 기록하고 있다. 다음 신간 장서 목록은 『전기사업요람』(제29회)을 비롯한 경성상공회의소의 수집 및 기증 도서 목록이다.

녹사의 첫 번째는 1938년 5월 21일, 6월 14일 개최된 역원회와 5월 25일, 6월 14일 개최된 의원총회의 의안과 의제, 출석자 관련 내용을 수록하였다. 두 번째는 부록으로 1938년 6월부터 시행된 「중화민국개정수입세표율」의 전문을 소개하고 있다.

연번	지역	연월일	자료명	호수	키워드
263	경성	1938.7	경제월보	270	석탄수급, 무역개황, 충청남북도, 수출입물, 철강, 선철, 폭리취체

【목차】

[조사]

선내(鮮內) 석탄 수급 조사와 그 대책 / 1938년 상반기의 조선 무역 개황 / 충청남북도 상권 조사(1) / 경성의 상황(商況)과 금융(6월중) / 조선의 회사의 이동(異動)(6월중)

[잡록]

수출입품 등에 관한 임시조치에 관한 부령중(府令中) 개정 / 철강공작물(鐵鋼工作物) 축조의 제한에 관한 부령중(府令中) 개정 / 선철주물제조제한령(銑鐵鑄物製造制限令) 적용 물품 지정 / 폭리취체령(暴利取締令) 개정 / 폭리취체령 개정 중점 / 1937년도 경성상공회의소 세입세출(歲入歲出) 결산 / 동(同) 사업성적 보고 / 통보일속(通報一束) / 경제일지(6월중) / 신간 장서 목록(6월중)

[녹사]

[주요경제통계]

【해설】

본 호에는 조사가 5건, 잡록 10건, 녹사 1건이 수록되어 있으며 말미에 주요경제통계가 첨부되어 있다.

조사의 첫 번째는 중일전쟁 기간 일본과 만주국의 전시 중공업의 진전과 수요의 확대에 대응하기 위해 조선의 석탄 수급상태의 개황과 대책을 살핀 것이다. 조선 내에서의 석탄 수급 개황, 석탄수급의 장래, 석탄수급의 대책 순으로 정리되어 있다. 두 번째는 1938년도 상반기 조선의 무역개황을 설명한 것이다. 여기서는 조선의 대외국무역과 대일본무역을 수출입별로 살피고 무역액, 월별, 연별, 국가별, 주요 항구별, 품목별 현황 등에 관한 내용을 표로서 비교 분석하고 있다. 세 번째는 충청남북도의 상권조사에 관한 첫 번째 내용이다. 이번 호에서는 충남 대전, 조치원과 공주, 천안, 성환의 지세와 산물, 각 장시의 거래고 등을 살폈다. 그 다음의 2건은 1938년 6월 중 경성의 상업현황과 금융, 조선 내의 회사 변동상황을 다룬 것이다.

잡록의 첫 번째부터 네 번째는 1938년 6월 30일 공포된 「수출입품 등에 관한 임시조치에 관한 부령중(府令中) 개정」 전문, 7월 16일 공포된 「철강공작물(鐵鋼工作物) 축조의 제한에 관한 부령중(府令中) 개정」 전문, 7월 18일 공포된 「선철주물제조제한령(銑鐵鑄物製造制限令) 적용 물품 지정」 전문, 7월 21일 공포된 「폭리취체령(暴利取締令) 개정」 전문을 각기 소개한 것이다. 다섯 번째는 경성부 식산국장이 「폭리취체령 개정」의 중점 내용의 소개를 언급한 것인데, 골자는 판매가격의 표시를 명한 것이 있다는 것이다. 여섯 번째와 일곱 번째는 1937년도 경성상공회의소의 세입과 세출 결산 내역을 표로 제시하고 사업성적을 회계 계정별로 보고한 것이다. 통보일속은 1937년 중 어시장 판매고, 5월 중 미곡 이동고 등을 정리하였다. 경제일지는 1938년 6월 중 경성과 조선 전국에서 행해졌던 경제관련 주요 사건과 일본 및 외국과의 관련 내용을 날짜별로 기록하고 있다.

녹사는 6월 25일, 7월 8일과 6월 29일에 각기 개최된 역원회와 의원총회의 의사록을 수록하였다.

연번	지역	연월일	자료명	호수	키워드
264	경성	1938.8	경제월보	271	조선 재계, 중국시찰단, 조선공업조합령, 외국위체관리법, 동사용제한령

【목차】

[자료]

최근 20년 이래의 조선 재계의 변천 - 하전직치(賀田直治) / 중지(中支) 경제 시찰 보고

[조사]

경성의 상황(商況)과 금융(7월중) / 조선의 회사의 이동(異動)(7월중)

[법령]

조선 공업조합령(工業組合令) / 조선 공업조합령 시행규칙 / 수출입품 등에 관한 임시조치법 개정 /

외국위체관리법(外國爲替管理法) 개정 / 동사용제한령(銅使用制限令) 개정 / 동제품(銅製品)의 제조제한령(製造制限令) 개정
[잡록]
통보일속(通報一束) / 경제일지(7월중) / 신간 장서 목록(7월중)
[녹사]
[주요경제통계]

【해설】

본 호에는 자료가 2건, 조사가 2건, 법령 6건, 잡록 3건, 녹사 1건이 수록되어 있으며 말미에 주요경제통계가 첨부되어 있다.

자료의 첫 번째는 조선상공회의소 회두 가다 나오지(賀田直治)가 한일 병합 이후 20년 동안 조선 재계(財界)의 변천을 회고한 글이다. 그는 통감과 초대 총독부터 중일전쟁 시기에 이르는 기간까지의 국제상황과 연결시켜 조선의 정치변동 상황과 각 총독들의 통치형태를 열거하면서 각 기간별로 당시 재정형편, 농업과 공업문제 등등에 관해 술회하고 있다. 두 번째는 경성상공회의소 상의원, 의원, 조사과장 등 8명으로 구성된 중국시찰단 일행의 보고서 내용이다. 이들은 7월 16일부터 8월 2일까지 나가사키(長崎)를 거쳐 중국 상해, 남경, 소주, 항주 순으로 시찰하고 돌아와 해당지역의 경제사정과 금융, 위체, 무역, 방적 등에 관한 기록을 남겼다.

조사는 2건으로 1938년 7월 중 경성의 상업현황과 금융, 조선 내의 회사 변동상황을 다룬 것이다.

법령관련 내용은 총 6건으로 제령 제27호 「조선 공업조합령(工業組合令)」, 조선총독부령 제165호 「조선 공업조합령 시행규칙」, 조선총독부령 제161호 「수출입품 등에 관한 임시조치법 개정」, 조선총독부령 제152호 「외국위체관리법(外國爲替管理法) 개정」, 조선총독부령 제160호 「동사용제한령(銅使用制限令) 개정」, 조선총독부령 제155호 「동제품(銅製品)의 제조제한령(製造制限令) 개정」의 전문을 소개하고 있다.

잡록의 첫 번째 통보일속은 1937년 면(棉) 생산가액 조사와 과수 생산고 등에 관한 내용으로 되어 있다. 경제일지는 1938년 7월 중 경성과 조선 전국에서 행해졌던 경제관련 주요 사건과 일본 및 외국과의 관련 내용을 날짜별로 기록하고 있다.

녹사는 8월 3일, 8월 16일의 역원회와 8월 16일의 의원총회 의사록을 수록하였다.

연번	지역	연월일	자료명	호수	키워드
265	경성	1938.9	경제월보	272	시장, 충남북, 금리, 와사발생로, 특허

【목차】

【해설】

본 호에는 조사가 5건, 법령 8건, 잡록 4건, 녹사 1건이 수록되어 있으며 주요경제통계를 첨부하였다.

조사의 첫 번째는 최근 조선 내의 상거래 현황을 구체적으로 파악하기 위한 일환으로 각 시장 별 상황을 조사한 것이다. 5개년 간 거래상황과 지역별 시장 수와 거래 물품을 도소매시장, 미곡시장, 증권시장의 순으로 파악하였다. 두 번째는 충청남북도의 상권조사에 관한 두 번째 내용이다. 이번 호에서는 강경, 부여 등 호남 연선 지방, 서천, 보령, 홍주, 청양, 아산, 예산 등 경남(京南) 연선 지방, 당진, 서산 등 북부 연선 지방의 지세와 산물, 각 장시의 거래고 등을 살폈다. 세 번째는 저금리 시대를 맞아 일본과 조선의 금리 현황을 비교 분석한 것이다. 그 다음의 2건은 1938년 8월 중 경성의 상업현황과 금융, 조선 내의 회사 변동상황을 다룬 것이다.

법령관련 내용은 총 8건으로 「와사발생로 설치장려금 교부규칙」(총독부령 제173호, 1938년 8월 19일), 「임시 자금조정법 시행령 개정」(칙령 제590호), 「임시 자금조정법 시행규칙 개정」(총독부령 제173호, 8월 19일), 「연, 아연, 주석 등의 사용제한령」(동령 175호, 8월 23일), 「피혁사용제한령」(동령 176호, 8월 23일), 「학교졸업자 사용제한령 및 시행규칙」(칙령 제599호, 8월 23일), 「조선총독부 시국대책조사회 관제」(칙령 601호, 8월 26일), 「면제품 인조섬유 혼용 부령 개정 및 표식 규정」(총독부령 191호, 9월 15일)의 전문을 소개하고 있다.

잡록의 첫 번째는 1938년 상반기 조선에서의 발명 특허 현황과 실용신안등록 내용을 월별, 건별로 조사하고 그것을 표로 작성한 것이다. 두 번째 통보일속은 상공성의 전업(轉業) 대책 등을 소개한 것이다.

경제일지는 1938년 8월 중 경성과 조선 전국에서 행해졌던 경제관련 주요 사건과 일본 및 외국과의 관련 내용을 날짜별로 기록하고 있다.

녹사는 8월 26일, 9월 14일의 역원회와 9월 19일의 의원총회 의사록을 수록하였다.

연번	지역	연월일	자료명	호수	키워드
266	경성	1938.10	경제월보	273	지나사변, 은행예금, 철도화물, 물품판매가격 취체, 연료판매, 상공종업원

【목차】

[조사]

사변(事變) 후 1년간의 부내(府內) 은행 예금 대출의 추이 / 사변 후의 경성의 철도 화물 하동(荷動) 개황 / 경성의 상황(商況)과 금융(9월중) / 조선의 회사의 이동(異動)(9월중)

[법령]

조선 물품판매가격 취체규칙

[잡록]

조선 연료 판매 최고가격 / 학교졸업생 할당 / 제6회 상공종업원 표창 / 통보일속(通報一束) / 경제일지(9월중) / 신간 장서 목록(9월중)

[녹사]

[주요경제통계]

【해설】

본 호에는 조사가 4건, 법령 1건, 잡록 6건, 녹사 1건이 수록되어 있으며 말미에 주요경제통계가 첨부되어 있다.

조사의 첫 번째는 중일전쟁 발발 이후 1년 간의 경성부의 은행예금과 대출의 추이를 살핀 것이다. 금융계의 개황, 조선은행권 발행고 추이, 예금 추이, 대출금의 추이, 월별 금융이동의 원인과 금융조합 및 우편저축 현황 순으로 정리되어 있다. 두 번째는 중일전쟁 후 경성 철도화물의 이동에 대한 조사보고서다. 여기서는 일반개황, 도착화물 및 발송화물 개황, 각 주요 역별 발착 톤수, 미곡을 비롯한 주요 농수산물과 공산품의 발착상황 등을 상세히 기록하였다. 그 다음 2건은 1938년 9월 중 경성의 상업현황과 금융, 조선 내의 회사 변동상황을 다룬 것이다.

법령은 1938년 10월 12일 부령(府令) 제218호로 공포된 「조선 물품판매가격 취체규칙」의 전문이다.

잡록의 첫 번째는 제4회 물품전문위원회 답신 중의 하나인 조선 연료 판매 최고가격의 내용이다. 석탄과 연탄, 목탄의 가격등귀 억제 응급대책의 일환으로 작성된 것이다. 두 번째는 칙령과 부령으로 공포된 국가총동원법 실시에 따른 경성부의 「학교졸업자 사용 제한령」과 시행규칙의 내용을 소개한 것이다. 세 번째는 10월 12일 경성상공회의소에서 개최된 제6회 상공종업원 표창식 내용이다. 통보일속은 조선농민의 만주이주 취급요강 개정 등의 내용으로 되어 있다. 경제일지는 1938년 9월 중 경성과 조선 전국에서 행해졌던 경제관련 주요 사건과 일본 및 외국과의 관련 내용을 날짜별로 기록하고 있다. 다음 신간 장서 목록은 『대만지(對滿支) 시국 30년지』를 비롯한 경성상공회의소의 수집 및 기증 도서 목록이다.

녹사는 1938년 10월 3일 개최된 역원회의 의안과 의제, 출석자 관련 내용을 수록하였다.

연번	지역	연월일	자료명	호수	키워드
267	경성	1938.11	경제월보	274	제조원가, 전업(轉業), 주식, 고무, 면포

【목차】

[자료]

제조원가 계산준칙(計算準則)

[조사]

내지의 전업(轉業)시설 조사 / 주(株)를 통한 조선 산업개발상의 일고찰(一考察) - 조선권농회사 조사부 / 경성의 상황(商況)과 금융(10월중) / 조선의 회사의 이동(異動)(10월중)

[법령]

고무(ゴム)의 사용제한령 / 조선 물품판매가격 취체규칙 중 개정 / 조선산(朝鮮産) 면사포(綿絲布) 판매 가격

[잡록]

경성부 면제품(綿製品) 모제품(毛製品) 최고가격 / 통보일속(通報一束) / 경제일지(10월중) / 신간 장서 목록(10월중)

[녹사]

[주요경제통계]

【해설】

본 호에는 자료가 1건, 조사가 4건, 법령 3건, 잡록 4건, 녹사 1건이 수록되어 있으며 말미에 주요 경제통계가 첨부되어 있다.

자료는 일본 상공성 재무관리위원회가 발표한 '제조원가 계산준칙'의 전문이다. 총론, 원가요소, 제

품비, 노동비, 경비, 종합원가계산, 개별원가계산, 부문비계산, 표준원가계산, 원가계산과 공업회계와의 관계 순으로 되어 있다.

조사의 첫 번째는 일본 내에서의 중소상공업자의 전업(轉業) 문제와 관련시설에 대한 조사내용이다. 중일전쟁의 영향 아래 있는 현실에서 도쿄, 요코하마, 오사카를 비롯한 각 지역 전업시설의 상황을 소개하고 '희생산업' 대책의 방향과 실시 상황의 일반을 기술하고 있다. 두 번째는 조선권농회사 조사부가 조사한 경성의 금융현황과 증권계의 근황, 주식에 대한 일본인, 조신인의 관심과 열풍과 주요 주주현황 등을 설명한 것이다. 그 다음 2건은 1938년 10월 중 경성의 상업현황과 금융, 조선 내의 회사 변동상황을 다룬 것이다.

법령은 총 3건으로 「고무의 사용제한령」(부령 제227호, 11월 5일), 「조선 물품판매가격 취체규칙 중 개정」(총독부고시 제870호, 10월 31일), 「조선산 면사포(綿絲布) 판매 가격」(총독부고시 제871호, 10월 31일)의 전문을 소개한 것이다.

잡록의 첫 번째는 경기도고시 제233호로 11월 17일 공포된 「경성부 면제품(綿製品) 모제품(毛製品) 최고가격」의 제품별 지정 내용이다. 두 번째 통보일속은 조선 내 농업호수 조사, 경지면적 조사 등의 내용이다. 경제일지는 1938년 10월 중 경성과 조선 전국에서 행해졌던 경제관련 주요 사건과 일본 및 외국과의 관련 내용을 날짜별로 기록하고 있다.

녹사는 1938년 11월 1일의 경성상공회의소 의원선거 당선자 명단과 11월 8일의 의원총회, 11월 9일 역원회의 의안과 의제, 출석자 관련 내용을 수록하였다.

연번	지역	연월일	자료명	호수	키워드
268	경성	1938.12	경제월보	275	재계전망, 동아신질서, 충청남북도, 시장거래, 경성부 공장

【목차】

[자료]

1938년 말 재계 전망 - 하전직치(賀田直治)

[조사]

충청남북도 상권 조사(3) / 조선의 시장취인(市場取引)의 현황 / 경성부 내의 공장의 추이 / 경성의 상황(商況)과 금융(11월중) / 조선의 회사의 이동(異動)(11월중)

[법령]

고공품(藁工品) 수급규칙 / 조선 비료취체령 시행규칙 개정

[잡록]

혼재(混載) 전용(專用) 화차(貨車) 운임할인 / 통보일속(通報一束) / 경제일지(11월중) / 신간 장서 목록(11월중)

[녹사]

[주요경제통계]

【해설】

본 호에는 자료가 1건, 조사가 5건, 법령 2건, 잡록 4건, 녹사 1건이 수록되어 있으며 말미에 주요경제통계가 첨부되어 있다.

자료는 조선상공회의소 회두 가다 나오지(賀田直治)의 1938년 말 재계의 전망에 관한 글을 수록하였다. 그는 중일전쟁이라는 비상시국에서 국민일반은 근면해야 하고 한마음을 다함에 따라 재계도 대체로 안정되어 간다고 주장하였다. 나아가 이번 전쟁을 계기로 일층 발전하여 장애를 극복하고 진전을 향해나가면 동아(東亞)의 신질서 건설도 진전이 있을 것으로 전망하였다.

조사의 첫 번째는 9월호에 이어지는 충청남북도 상권조사의 세 번째 내용이다. 이번 호에서는 청주, 진천, 음성, 충주, 제천, 단양, 영동, 옥천, 보은 등 충북지방의 지세와 산물, 각 장시의 거래고 등을 살폈다. 두 번째는 조선의 시장거래 상황에 관한 조사내용이다. 1911년부터 1936년까지의 총생산고에서 차지하는 시장거래고와 각 도별 시장 수와 개시일, 거래고와 도와 시군별 시장명과 소재지, 거래상황 등을 표로 작성하였다. 세 번째는 경성부의 항목별 공장 수 및 생산액, 동력, 남녀 직공 수를 조사분석한 것이다. 그 다음 2건은 1938년 11월 중 경성의 상업현황과 금융, 조선 내의 회사 변동상황을 다룬 것이다.

법령은 총 2건으로 「고공품(藁工品) 수급규칙」(부령 제237호, 11월 29일), 「조선 비료취체령 시행규칙 개정」(부령 제238호, 11월 30일)의 전문을 소개한 것이다.

잡록의 첫 번째는 조선총독부고시 제951호, 제954호, 제955호에 규정한 조선국유철도 화물운임 할인 관련 내용을 수록하였다. 두 번째 통보일속은 1937년 조선의 공산액, 11월 중 조선의 대일본 무역개황 등에 관한 내용이다. 경제일지는 1938년 11월 중 경성과 조선 전국에서 행해졌던 경제관련 주요 사건과 일본 및 외국과의 관련 내용을 날짜별로 기록하고 있다.

녹사는 1938년 12월 1일과 9일의 역원회, 12월 9일의 의원총회의 의안과 의제, 출석자 관련 내용이다.

연번	지역	연월일	자료명	호수	키워드
269	경성	1939.1	경제월보	276	재계, 지나사변, 성전(聖戰), 시장거래, 국내자금조사규칙, 외국위체관리령

【목차】

[자료]

1939년 연두(年頭) 재계(財界) 대관(大觀) - 하전직치(賀田直治)

[조사]

성전하(聖戰下) 제2년 경제계 회고 / 조선의 시장취인(市場取引)의 현황(2) / 경성의 상황(商況)과 금융(12월중) / 조선의 회사의 이동(異動)(12월중)

[법령]

1939년 국내자금조사규칙 / 외국위체관리령(外國爲替管理令) 개정

[잡록]

통보일속(通報一束) / 경제일지(12월중) / 신간 장서 목록(12월중)

[녹사]

[주요경제통계]

【해설】

본 호에는 자료가 1건, 조사가 4건, 법령 2건, 잡록 3건, 녹사 1건이 수록되어 있으며 말미에 주요경제통계가 첨부되어 있다.

자료는 조선상공회의소 회두 가다 나오지(賀田直治)의 1939년의 새해를 맞이하는 재계의 전망에 관한 글을 수록하였다. 그는 중일전쟁 하의 장기전은 총력전을 의미하며 무력전 외에 사상전, 외교전, 경제전을 종합적으로 운영해야 할 것이라고 하였다. 이를 위해서는 거국일치하여 신동아건설의 정신력과 경영력을 경주하여 불요불굴의 노력은 물론 일본과 만주, 중국이 경제블록을 결성하고 상호 제휴하여야만 한다고 주장하였다.

조사의 첫 번째는 중일전쟁 2년차를 맞아 그간의 경제계 전반을 회고하는 내용이다. 중일전쟁을 '성전(聖戰)'으로 규정하면서 경제계 일반, 무역개황, 상품계 일반, 사업계, 물가동향, 금융계 개황, 화물 이동상황, 주식계 동행 순으로 정리하였다. 두 번째는 전월 호에 이은 조선의 시장거래 상황에 관한 조사내용이다. 각 도와 시군별 시장명과 소재지, 거래상황 등을 1호, 2호, 3호 시장으로 구분하여 표로 작성하였다. 다음 2건은 1938년 12월 중 경성의 상업현황과 금융, 조선 내의 회사 변동상황을 다룬 것이다.

법령은 총 2건으로 「1939년 국내자금조사규칙」(부령 제242호, 1938년 12월 21일), 「외국위체관리령(外國爲替管理令) 개정」(부령 제245, 246, 247호, 12월 26일)의 전문을 소개한 것이다.

잡록 중 통보일속은 조선금융단 결성과 규약, 농사개량 저리자금 각도별 할당액 등에 관한 내용이

다. 경제일지는 1938년 12월 중 경성과 조선 전국에서 행해졌던 경제관련 주요 사건과 일본 및 외국과의 관련 내용을 날짜별로 기록하고 있다.

녹사는 1939년 1월 9일과 14일, 19일의 역원회, 1월 18일의 의원총회의 의안과 의제, 출석자 관련 내용이다.

연번	지역	연월일	자료명	호수	키워드
270	경성	1939.2	경제월보	277	지나관세, 수출입 무역, 소득세령 시행규칙, 와사발생로, 섬유공업설비제한령

【목차】

[조사]

지나(支那) 관세개정의 요망(要望)과 그 한계 / 조선의 이출입무역(移出入貿易)에 관한 시정점(是正點) / 경성의 상황(商況)과 금융(1월중) / 조선의 회사의 이동(異動)(1월중)

[법령]

조선 소득세령 시행규칙 개정 / 와사발생로(瓦斯發生爐) 설치장려금 교부규칙 개정 / 섬유공업 설비제한령

[잡록]

통보일속(通報一束) / 경제일지(1월중) / 신간 장서 목록(1월중)

[녹사]

1938년도 경성상공회의소 경제월보 총목차

[주요경제통계]

【해설】

본 호에는 조사가 4건, 법령 3건, 잡록 3건, 녹사 1건이 수록되어 있으며 말미에 주요경제통계가 첨부되어 있다.

조사의 첫 번째는 '지나(支那) 관세개정의 요망과 그 한계'로 되어 있다. 총설, 개정요망의 내용과 '요망서', 결어의 순으로 되어 있다. 결어에서는 '사변'(중일전쟁) 전후의 중국 관세제도 개관, 종가세와 종량세, 수출세와 전구세(轉口稅) 제도, 일본의 전시무역 통제와 중국관세 개정 등에 관한 내용을 수록하였다. 두 번째는 조선의 수출입 무역의 문제점을 진단하고 그 해결책을 제시한 것이다. 먼저 조선은 수출과 수입에서 수입초과액이 누적되고 있다고 지적하고, 이어 수입과 수출의 중심지인 일본의 한신(阪神)의 수출입 싱황과 대판상공회의소에서 조사한 조선과위 거래내역을 소개하고 있다. 다음은 중일전쟁 이후 수출입이 더욱 증가하였지만 거래상에서 운수기관의 부족, 어음결제의 지연, 수하물 문제, 가격비율, 규격의 불일치 등의 문제점도 지적하고 있다. 그 다음 2건은 1939년 1월 중

경성의 상업현황과 금융, 조선 내의 회사 변동상황을 다룬 것이다.

법령은 총 3건으로 「조선 소득세령 시행규칙 개정」(총독부령 제3호, 1월 18일), 「와사발생로(瓦斯發生爐) 설치장려금 교부규칙 개정」(총독부령 제30호, 1월 21일), 「섬유공업 설비제한령」(총독부령 제4호, 1월 28일)의 전문을 소개하고 있다.

잡록의 첫 번째 통보일속은 1939년도 조선총독부 예산과 특별회계 예산 강요(綱要) 등의 내용이다. 경제일지는 1939년 1월 중 경성과 조선 전국에서 행해졌던 경제관련 주요 사건과 일본 및 외국과의 관련 내용을 날짜별로 기록하고 있다.

녹사는 1939년 1월 19일과 2월 26일의 역원회, 1월 26일의 의원총회의 의안과 의제, 출석자 관련 내용이다.

연번	지역	연월일	자료명	호수	키워드
271	경성	1939.3	경제월보	278	공업조합, 농산물가, 조선 무역, 발명계, 조선국유철도화물운송

【목차】

[조사]

내지의 공업조합의 현황(1) / 사변하(事變下) 농산물가의 동향과 농가경제 / 1938년 조선 무역의 개황(1) / 1938년 조선의 발명계(發明界) / 경성의 상황(商況)과 금융(2월중) / 조선의 회사의 이동(異動)(2월중)

[잡록]

통보일속(通報一束) / 경제일지(2월중) / 신간 장서 목록(2월중)

[녹사]

[주요경제통계]

【해설】

본 호에는 조사가 6건, 잡록 3건, 녹사 1건이 수록되어 있으며 말미에 주요경제통계가 첨부되어 있다.

조사의 첫 번째는 일본 내 공업조합 현황의 첫 번째 내용이다. 「공업조합법」에 기초한 1925년부터 38년까지의 연혁과 조합의 수, 1938년 말 당시의 현황을 지역별, 조합수, 조합원수, 자본금과 생산액, 업종별 상황과 사업에 관해 정리하였다. 두 번째는 중일전쟁 시기 농산물가의 동향과 농가경제에 대한 조사다. 농산물가의 일반적 특징, 농가수입과 농산물가의 동향, 농가지출과 농가구입품 가격 동향, 전시체제 하의 농가경제에 관한 내용이다. 세 번째는 1938년도 조선의 무역개황을 설명한 것 중 첫 번째 내용이다. 여기서는 조선의 대외국무역과 대일본무역을 수출입별로 살피고 무역액, 월별, 연별,

국가별, 주요 항구별, 품목별 현황 등에 관한 내용을 표로서 비교 분석하고 있다. 말미에 최근 10년간 대외무역의 추세를 표로 비교하였다. 네 번째는 1938년 중 조선 내의 각종 발명과 실용신안, 특허의 등록사항을 월별, 내용별로 정리한 것이다. 그 다음 2건은 1939년 2월 중 경성의 상업현황과 금융, 조선 내의 회사 변동상황을 다룬 것이다.

잡록의 통보일속은 조선국유철도화물운송의 할인, 미곡배급통제법안 등에 관한 내용이다. 경제일지는 1939년 2월 중 경성과 조선 전국에서 행해졌던 경제관련 주요 사건과 일본 및 외국과의 관련 내용을 날짜별로 기록하고 있다. 신간 장서 목록은 『조선경제통계연감(1939년)』을 비롯한 경성상공회의소의 수집 및 기증 도서 목록이다.

녹사는 1939년 3월 7일과 21일의 역원회, 3월 7일과 22일의 의원총회의 의안과 의제, 출석자 관련 내용이다.

연번	지역	연월일	자료명	호수	키워드
272	경성	1939.4	경제월보	279	공업조합, 무역, 비료판매, 피혁 배급, 지나사변

【목차】

[조사]

내지의 공업조합의 현황(2) / 1938년 조선 무역의 개황(2) / 경성의 상황(商況)과 금융(3월중) / 조선의 회사의 이동(異動)(3월중)

[법령]

조선 비료판매가격 취체규칙 / 피혁(皮革) 배급통제령 / 조선 공업조합중앙회 설립규칙 / 조선 지나사변(支那事變) 특별세령 개정 / 동상령(同上令) 시행규칙 개정 / 조선 임시조세조치령 개정 / 동상령(同上令) 시행규칙 개정 / 조선 임시이득세령(利得稅令) 개정 / 동상령(同上令) 시행규칙 개정 / 조선 출항세령(出港稅令) 개정 / 동상령(同上令) 시행규칙 개정 / 회사 이익배당 및 자금융통령 / 동상(同上) 시행규칙 / 1935년 본부고시(本府告示) 제29호 개정

[잡록]

1939년도 본소(本所) 세입세출(歲入歲出) 예산 / 통보일속(通報一束) / 경제일지(3월중) / 신간 장서 목록(3월중)

[녹사]

[주요경제통계]

【해설】

본 호에는 조사가 4건, 법령 14건, 잡록 4건, 녹사 1건이 수록되어 있으며 말미에 주요경제통계가

첨부되어 있다.

조사의 첫 번째는 전월 호에 이은 일본 내 공업조합 현황의 두 번째 내용이다. 1938년 말 당시 도쿄, 나고야, 히로시마의 공업조합의 현황을 중심으로 정리하였다. 두 번째도 전월 호에 이어 1938년도 조선의 무역개황을 설명한 것 중 두 번째 내용이다. 여기서는 조선의 대일본무역을 수출입별로 살피고 무역액, 월별, 연별, 주요 항구별, 품목별 현황 등에 관한 내용을 표로서 비교 분석하고 있다. 말미에 최근 10년 간 대일본 무역의 추세를 표로 비교하였다. 다음 2건은 1939년 3월 중 경성의 상업현황과 금융, 조선 내의 회사 변동상황을 다룬 것이다.

법령과 그에 대한 시행규칙은 총 14건인데, 「조선 비료판매가격 취체규칙」(부령 25호, 3월 6일), 「피혁배급통제령」(부령 31호, 3월 15일), 「조선 공업조합중앙회 설립규칙」(총독부령 38호, 3월 29일), 「조선 지나사변 특별세령 개정」 및 그 시행규칙 개정(3월 31일), 「조선 임시조세조치령 개정」 및 그 시행규칙 개정(3월 31일), 「조선 임시이득세령 개정」 및 그 시행규칙 개정(3월 31일), 「조선 출항세령 개정」 및 그 시행규칙 개정(3월 31일), 「회사 이익배당 및 자금융통령」 및 시행규칙(4월 1일), 「1935년 본부고시(本府告示) 제29호 개정」(4월 13일)의 전문을 싣고 있다.

잡록의 첫 번째는 1939년도 경성상공회의소의 세입과 세출 예산을 표로 작성한 것이다. 통보일속은 1938년도 면화수확고 등의 내용이다. 경제일지는 1939년 3월 중 경성과 조선 전국에서 행해졌던 경제관련 주요 사건과 일본 및 외국과의 관련 내용을 날짜별로 기록하고 있다.

녹사는 1939년 4월 7일 개최된 역원회의 의안과 출석자 관련 내용이다.

연번	지역	연월일	자료명	호수	키워드
273	경성	1939.5	경제월보	280	상점가, 철도화물, 석탄수급, 임시자금조정법, 사(絲)배급통제

【목차】

[자료]

흥아기(興亞期)의 상점가(商店街)의 경영 - 石川榮耀

[조사]

철도에 의한 1938년 중의 경성 집산화물(集散貨物) 상황 / 경성의 석탄 수급 조사 / 경성의 상황(商況)과 금융(4월중) / 조선의 회사의 이동(異動)(4월중)

[법령]

임시자금조정법 시행규칙 개정 / 임시자금조정법 중(中) 개정 / 임시자금조정법을 조선에 시행하는 건(件) 개정 / 임시자금조정법 시행령 중(中) 개정

[잡록]

경기도 사배급통제조합(絲配給統制組合) 규약 / 선재제품(線材製品) 및 아연철판(亞鉛鐵板) 배급협

의회 규칙 / 통보일속(通報一束) / 경제일지(4월중) / 신간 장서 목록(4월중)
[녹사]
[주요경제통계]

【해설】

본 호에는 자료가 1건, 조사가 4건, 법령 4건, 잡록 5건, 녹사 1건이 수록되어 있으며 말미에 주요경제통계가 첨부되어 있다.

자료는 4월 24일 경성상공회의소 상공상담소가 제1회의실에서 개최한 일본 나고야(名古屋) 상공회의소 회원이자 광고협회 상담역인 이시카와(石川榮耀)의 강연 속기록이다. 그는 국가 총동원 전시체제기에 경성의 상점가들도 미력을 다하여 국민정신을 진작시키는데 노력하고 일반 시민들의 피로를 위로하는데 앞장설 것을 주장하였다.

조사의 첫 번째는 1938년 중 경성의 철도 화물 이동상황을 조사한 것이다. 개황, 도착화물 및 발송화물 개황, 경성부 내 각 역별 발착 톤수, 미곡을 비롯한 주요 농수산물과 공산품의 발착상황 등을 상세히 기록하였다. 두 번째는 1938년 중 경성의 석탄 수급에 관한 조사 내용이다. 유연탄, 무연탄, 석탄, 연탄 등의 경성부 연료의 수요와 공급을 조사하고 각 항목별로 표로 제시하였다. 그 다음 2건은 1939년 4월 중 경성의 상업현황과 금융, 조선 내의 회사 변동상황을 다룬 것이다.

법령과 그에 대한 시행규칙은 총 4건인데, 「임시자금조정법 시행규칙 개정」과 「임시자금조정법 중 개정법률」(4월 22일), 「임시자금조정법을 조선에 시행하는 건 개정」과 「임시자금조정법 시행령 중 개정」(상동)의 전문을 싣고 있다.

잡록의 첫 번째와 두 번째는 「경기도 사배급통제조합(絲配給統制組合) 규약」(1938년 10월 6일)과 「선재제품(線材製品) 및 아연철판(亞鉛鐵板) 배급협의회 규칙」(1939년 4월 10일)의 전문 소개다. 다음 통보일속은 경성부 호구조사상황, 미곡 종별 실 수확고 등에 관한 표이다. 경제일지는 1939년 4월 중 경성과 조선 전국에서 행해졌던 경제관련 주요 사건과 일본 및 외국과의 관련 내용을 날짜별로 기록하고 있다.

녹사는 1939년 5월 11일 개최된 역원회의 의안과 출석자 관련 내용이다.

연번	지역	연월일	자료명	호수	키워드
274	경성	1939.6	경제월보	281	공업조합, 미(米), 대두(大豆), 국세조사, 농기구, 철강, 가잠사

【목차】
[조사]
조선과 상업조합 / 내지의 공업조합 현황(3) / 1938년 중 조선 미(米) 및 대두(大豆)의 수이출(輸移

出) 개황 / 경성의 상황(商況)과 금융 / 조선의 회사의 이동(異動)

[법령]

임시 국세조사(國勢調查) 시행규칙 / 국민 직업능력 신고령 시행규칙 / 공장사업장 기능자양성령(技能者養成令) 시행규칙 / 1938년 부령(府令) 제161호 중(中) 개정

[잡록]

내지산(內地産) 이입(移入) 농기구철강(農器具鐵鋼) 배급 요강 / 선산(鮮産) 농기구용 철강 배급통제 요강 / 농기구 판매 배급 통제 요강 / 공장 기능자 양성령(養成令)에 관한 사업 / 공장 기능자 양성 비율에 관한 건(件) / 기능자 양성령 시행규칙 제5조의 직종지정(職種指定)의 건 / 양성공(養成工) 자격에 관한 건 / 통보일속(通報一束) / 경제일지(5월중) / 신간 장서 목록(5월중)

[녹사]

[주요경제통계]

【해설】

본 호에는 조사가 5건, 법령 4건, 잡록 10건, 녹사 1건이 수록되어 있으며 말미에 주요경제통계가 첨부되어 있다.

조사의 첫 번째는 조선과 일본의 상업조합과의 관계에 관한 내용이다. 전시 통제경제와 상업조합 문제, 일본에서의 상업조합의 현황, 상업조합의 제 문제, 조선과 상업조합 순으로 정리되어 있다. 두 번째는 앞의 4월 호에 이은 일본 내 공업조합 현황의 세 번째 내용이다. 1932년 1월에 창립된 단후(丹後) 축면(縮緬) 공업조합의 현황과 사업개황에 관해 상세히 정리하였다. 세 번째는 1938년 중 조선미(米)와 대두(大豆)의 수이출 현황이다. 쌀과 콩의 연도별 일본 각 현과 및 외국 수출지역과 수량을 설명하고 표로 제시하고 있다. 다음 2건은 1939년 5월 중 경성의 상업현황과 금융, 조선 내의 회사 변동상황을 다룬 것이다.

법령은 「조선 1939년 임시 국세조사 시행규칙」(5월 13일), 「국민 직업능력 신고령 시행규칙」(5월 15일), 「공장사업장 기능자양성령 시행규칙」(6월 12일), 「1938년 부령(府令) 제161호 중 개정」(6월 15일)의 전문이다.

잡록 중 6건은 「내지산(內地産) 이입(移入) 농기구철강(農器具鐵鋼) 배급 요강」 등의 내용으로 되어 있다. 통보일속은 조선의 공장 수 및 종업원 수, 가잠사(家蠶絲) 생산상황 등에 관한 설명과 표이다. 경제일지는 1939년 5월 중 경성과 조선 전국의 경제관련 주요 사건과 일본 및 외국과의 관련 내용을 날짜별로 기록하고 있다.

녹사는 1939년 5월 23일, 6월 12일, 6월 19일의 역원회와 5월 23일 의원총회 관련 내용이다.

연번	지역	연월일	자료명	호수	키워드
275	경성	1939.7	경제월보	282	상업조합, 내화재, 외국위체관리법, 미(米), 면화, 맥류, 춘잠

【목차】

[조사]

내지의 상업조합의 현황(1) / 조선의 내화재(耐火材) 원료 / 경성의 상황(商況)과 금융 / 조선의 회사의 이동(異動)

[법령]

외국위체관리법(外國爲替管理法)에 기초한 명령의 건 중(中) 개정 / 외국위체관리법 시행수속 중 개정 / 1938년 부령(府令) 제152호 중 개정

[잡록]

1938년도 미(米) 수확고 / 조선 면화(棉花) 생산액 / 조선 맥류(麥類)의 수확 예상 / 1938년도 경성상공회의소 사업성적 보고서 / 1938년도 경성상공회의소 세입세출(歲入歲出) 결산 / 통보일속(通報一束) / 경제일지(6월중) / 신간 장서 목록(6월중)

[녹사]

[주요경제통계]

【해설】

본 호에는 조사가 4건, 법령 3건, 잡록 8건, 녹사 1건이 수록되어 있으며 말미에 주요경제통계가 첨부되어 있다.

조사의 첫 번째는 일본 내의 상업조합 현황에 대한 첫 번째 조사보고서다. 일본 주요지역을 중심으로 업종별 상업조합 현황을 소개하고 있다. 두 번째는 중일전쟁기 군수산업으로서의 조선의 내화재 제조사업의 추세를 각종 원료와 지역별, 주요 광산별 자원 정보, 내화공업의 수급상황 등의 현황을 정리한 것이다. 다음 2건은 1939년 6월 중 경성의 상업현황과 금융, 조선 내의 회사 변동상황을 다룬 것이다.

법령은 「외국위체관리법에 기초한 명령의 건 중 개정」(7월 7일), 「외국위체관리법 시행수속 중 개정」(7월 7일), 「1938년 부령(府令) 제152호 중 개정」(7월 7일)의 전문을 소개한 것이다.

잡록의 첫 번째는 1938년도 미 수확고 수도(水稻)와 육도(陸稻)로 구분하여 조선의 각 지역별로 파악한 것이다. 두 번째는 1934년부터 1938년까지 5개년 간의 조선 내 목화(棉) 생산액을 육지면과 재래면으로 구분하고 이를 지역별로 파악한 것이다. 세 번째는 1939년의 조선에서의 각종 보리의 지역별 예상 수확고를 표로 제시하였다. 네 번째는 1938년도 경성상업회의소의 사업성적 보고를 서무회계, 사업별로 분석한 것이다. 다섯 번째는 같은 해 회의소의 세입과 세출 내역에 대한 결산표이다. 통보일속은 춘잠(春蠶) 가격 기준 결정, 수도작 모종현황 등과 관련한 내용과 표이다. 경제일지는 1939년 6월 중 경성과 조선 전국의 경제관련 주요 사건과 일본 및 외국과의 관련 내용을 날짜별로

기록하고 있다.

녹사는 1939년 6월 26일의 의원총회의의 의안과 출석자 관련 내용이다

연번	지역	연월일	자료명	호수	키워드
276	경성	1939.8	경제월보	283	북선, 동북 만주, 상업조합, 종업자 고입제한령, 과수, 시장취인고

【목차】

[자료]

북선(北鮮) 및 동북만주(東北滿洲) 경제시찰 보고

[조사]

내지의 상업조합의 현황(2) / 경성의 상황(商況)과 금융(7월중) / 조선의 회사의 이동(異動)(7월중)

[법령]

종업자(從業者) 고입(雇入)제한령 시행규칙 / 공장취업시간 제한령 시행규칙 / 임금통제령 시행규칙

[잡록]

선내(鮮內) 주요 과수(果樹)의 생산고 / 조선의 시장취인고(市場取引高) / 조선의 목재의 판매가격 / 조선 면직물 링크제(リンク制) 취급 요강 / 조선 국유철도 자동차선(線) 화물운송규칙 / 통보일속(通報一束) / 경제일지(7월중) / 신간 장서 목록(7월중)

[녹사]

[주요경제통계]

【해설】

본 호에는 자료가 1건, 조사가 3건, 법령 3건, 잡록 8건, 녹사 1건이 수록되어 있으며 말미에 주요경제통계가 첨부되어 있다.

자료는 7월 24일 경성상공회의소 의원총회에서 상공회의소 회두를 단장으로 하는 일행 10명의 북선 및 동북 만주 경제시찰 보고 내용을 간추린 것이다. 조선의 청진, 나진, 웅기와 만주의 목단강, 카무스(佳木斯), 하얼빈의 일반상황과 경제상황을 기록하였다.

조사의 첫 번째는 전월 호에 이은 일본 내의 상업조합에 관한 두 번째 보고 내용이다. 나고야, 오사카, 고베의 상업조합 현황을 소개하고 있다. 그 다음 2건은 1939년 7월 중 경성의 상업현황과 금융, 조선 내의 회사 변동상황을 다룬 것이다.

법령은 「종업자(從業者) 고입(雇入)제한령 시행규칙」(7월 31일), 「공장취업시간 제한령 시행규칙」(7월 31일), 「임금통제령 시행규칙」(7월 31일)의 전문을 소개한 것이다.

잡록의 첫 번째는 1938년도 조선 내 주요 과수의 각 지역별 생산고를 평과(苹果; 사과), 포도, 감(柿)

별로 구분하여 통계수치로 설명하고 있다. 두 번째는 조선 내 각 시장의 최근 5년간 거래고와 각 도별 1, 2, 3호별 시장을 시장 수, 개시일, 매매고 별로 통계를 낸 것이다. 세 번째는 총독부령 제507호로 6월 21일 고시한 「조선의 목재의 판매가격」 내용이다. 네 번째와 다섯 번째는 「조선 면직물 링크제 취급 요강」과 「조선 국유철도 자동차선(線) 화물운송규칙」(8월 1일)이다. 통보일속은 7월 20일 현재 수도(水稻) 식부(植付; 모내기) 현황, 비료소비고 등을 표로 제시한 것이다. 경제일지는 1939년 7월 중 경성과 조선 전국의 경제관련 주요 사건과 일본 및 외국과의 관련 내용을 날짜별로 기록하고 있다.

녹사는 1939년 7월 24일, 27일, 8월 7일의 역원회와 7월 24일 의원총회 관련 내용이다.

연번	지역	연월일	자료명	호수	키워드
277	경성	1939.9	경제월보	284	미곡수급, 중소상공 금융제도, 발명계, 비료수출, 수출입품, 비료 판매가격, 특허

【목차】

[조사]

1938년 경성의 미곡 수급 개황 / 내지의 중소상공금융제도 개황 / 본년 상반기의 조선의 발명계(發明界) / 경성의 상황(商況)과 금융(8월중) / 조선의 회사의 이동(異動)(8월중)

[법령]

조선 비료수출허가규칙 / 수출입품 등에 관한 임시조치법 중 개정 / 조선 중소상공업 자금융통 손실보상 규정 / 조선 비료 판매가격 취체규칙 중 개정

[잡록]

통보일속(通報一束) / 경제일지 / 신간 장서 목록

[녹사]

[주요경제통계]

【해설】

본 호에는 조사가 5건, 법령 4건, 잡록 3건, 녹사 1건이 수록되어 있으며 말미에 주요경제통계가 첨부되어 있다.

조서의 첫 번째는 1893년 경성의 미곡 수급에 관한 내용이다. 전국 각 도와 각 역으로부터의 미곡의 입하경로와 수량, 전년도 대비 증감액과 월별 조사 내용을 표로 수록하고 있다. 두 번째는 일본 내의 중소상공업 금융제도의 사정을 동경을 비롯한 주요 도시별로 알아보고 정부의 정책으로서 중소금융의 각종 시설의 설치상황을 것이다. 세 번째는 1939년 상반기 109건의 조선에서의 실용신안 공고 현황과 78건의 등록현황, 21건의 특허등록을 각 건별, 특허일별, 특허권 소유자 별로 제시한 것이다. 그 다음 2건은 1939년 8월 중 경성의 상업현황과 금융, 조선 내의 회사 변동상황을 다룬 것이다.

법령은 「조선 비료수출허가규칙」(8월 9일), 「수출입품 등에 관한 임시조치법 중 개정」(8월 15일), 「조선 중소상공업 자금융통 손실보상 규정」(8월 23일), 「조선 비료 판매가격 취체규칙 중 개정」(8월 29일)의 전문을 수록하였다.

잡록 중 통보일속은 중국 목단강에서 조선 산 염건어물의 수요가 격증한다는 내용 등이다. 경제일지는 1939년 8월 중 경성과 조선 전국의 경제관련 주요 사건과 일본 및 외국과의 관련 내용을 날짜별로 기록하고 있다. 신간 장서 목록은 『통계연보』(1938년, 군산상공회의소)를 비롯한 경성상공회의소의 수집 및 기증 도서 목록이다.

녹사는 1939년 9월 20일의 역원회 안건과 출석자, 기타 사항 등과 관련한 내용이다.

연번	지역	연월일	자료명	호수	키워드
278	경성	1939.10	경제월보	285	일본해, 경제경찰범, 경금속, 미곡시장 주식회사, 대외무역

【목차】

[자료]

일본해(日本海) 호수화(湖水化) 문제 - 하전직치(賀田直治)

[조사]

경제경찰범(經濟警察犯)의 추이에 대하여 / 경성의 상황(商況)과 금융 / 조선의 회사의 이동(異動)

[법령]

경금속(輕金屬) 제조사업법 시행규칙 / 조선 미곡시장 주식회사령 / 만관지향수출조사령(滿關支向輸出調査令) / 국민징용령 시행규칙 / 물품재고수량(物品在庫數量) 조사규칙

[잡록]

중요물자 제조사업용품의 수입세 면제의 건(件) / 인촌(燐寸) 판매가격 개정 / 조선산(朝鮮産) 고무화(ゴム靴) 판매가격 / 미소[味噌] 판매가격 / 통보일속(通報一束) / 경제일지(9월중) / 신간 장서 목록(9월중)

[녹사]

[주요경제통계]

【해설】

본 호에는 자료가 1건, 조사 3건, 법령 5건, 잡록 7건, 녹사 1건이 수록되어 있으며 말미에 주요경제통계가 첨부되어 있다.

자료는 경성상공회의소 회두 가다 나오지(賀田直治)의 글을 수록하였다. 8월 25일 일본 니가타(新潟)에서 열린 일본해 경제연맹 총회 출석 후 회의 사정을 소개한 글이다. 총회의 참석자는 250여명

이었고 의안은 30건 이상이었는데, 그중 이(裏)일본을 내(內)일본으로 변경하고, 항만과 배후지 개발, 일본해의 수송문제, 해항(海航)의 개선, 농촌의 공업화 등과 관련된 내용을 보고하였다.

조사의 첫 번째는 중일전쟁 이후 경제경찰범의 추이를 살핀 것이다. 월별, 도별, 법령별 위반검거 건수와 인원을 표로 제시하였다. 그 다음 2건은 1939년 9월 중 경성의 상업현황과 금융, 조선 내의 회사 변동상황을 다룬 것이다.

법령은 「경금속 제조사업법 시행규칙」(9월 20일), 「조선 미곡시장 주식회사령」(9월 22일), 「만관지향수출조정령(滿關支向輸出調整令)」(9월 29일), 「국민징용령 시행규칙」(9월 30일), 「물품재고수량 조사규칙」(10월 2일)의 전문 내용이다.

잡록은 「중요물자 제조사업용품의 수입세 면제의 건」(10월 6일), 「인촌(燐寸) 판매가격 개정」(10월 6일), 「조선산 고무화(靴) 판매가격」(10월 6일), 「미소[味噌](일본된장) 판매가격」(10월 2일) 등을 고시 지정한 것이다. 다음 통보일속은 9월 중 조선의 대외무역 개황, 1939년도 면작 수확 예상고 등의 내용이다. 경제일지는 1939년 9월 중 경성과 조선 전국의 경제관련 주요 사건과 일본 및 외국과의 관련 내용을 날짜별로 기록하고 있다.

녹사는 1939년 9월 25일의 의원총회, 10월 14일의 역원회 관련 내용이다.

연번	지역	연월일	자료명	호수	키워드
279	경성	1939.11	경제월보	286	경성, 평안북도, 상업조합, 급여 임시조치령, 전력조정령

【목차】

[자료]

경성의 상권(商圈)으로서의 평안남도(上)

[조사]

내지의 상업조합의 현황(3) / 경성의 상황(商況)과 금융(10월중) / 조선의 회사의 이동(異動)(10월중)

[법령]

회사직원 급여 임시조치령 시행규칙 / 전력조정령(電力調整令) 시행규칙 / 가격등(價格等)통제령 시행규칙 / 임금 임시조치령 시행규칙

[잡록]

텅스텐, 수연광(水鉛鑛) 기준가격 / 현미(玄米) 및 백미(白米) 공정가격(公定價格) / 환정(丸釘) 공정가격 / 대맥(大麥) 나맥(裸麥) 속(粟) 및 대두(大豆) 공정가격 / 통보일속(通報一束) / 경제일지(10월중) / 신간 장서 목록(10월중)

[녹사]

[주요경제통계]

【해설】

본 호에는 자료가 1건, 조사 3건, 법령 4건, 잡록 7건, 녹사 1건이 수록되어 있으며 말미에 주요경제 통계가 첨부되어 있다.

자료는 경성의 상권이 평안북도에 미치는 영향을 조사한 것 중 첫 번째 내용이다. 1938년부터 1939년 9월까지 경성에서 평안북도로 보낸 화물의 종류와 톤수, 도착지를 표로 정리하였다. 반대로 평안도에서 경성으로 보낸 화물도 조사하였다. 말미에 신의주와 수풍(구룡포)의 경제 상황을 기술하였다.(제목은 '평안남도'로 되어 있으나 내용은 평안북도 관련이다).

조사의 첫 번째는 8월 호에 이은 일본 내의 상업조합에 관한 세 번째 보고 내용이다. 통제상업조합, 지구상업조합의 현황을 소개하고 있다. 그 다음 2건은 1939년 10월 중 경성의 상업현황과 금융, 조선 내의 회사 변동상황을 다룬 것이다.

법령은 「회사직원 급여 임시조치령 시행규칙」(10월 27일), 「전력조정령 시행규칙」(10월 27일), 「가격등통제령 시행규칙」(10월 27일), 「임금 임시조치령 시행규칙전문」(10월 27일) 전문 내용이다.

잡록의 4건은 「텅스텐, 수연광(水鉛鑛) 기준가격」(10월 30일), 「현미 및 백미 공정가격」(11월 10일), 「환정(丸釘) 공정가격」(11월 18일), 「대맥 나맥 속(粟) 및 대두 공정가격」(11월 21일) 전문 내용이다. 다음 통보일속은 경지면적 조사와 농업호수 조사 등의 내용이다. 경제일지는 1939년 10월 중 경성과 조선 전국의 경제관련 주요 사건과 일본 및 외국과의 관련 내용을 날짜별로 기록하고 있다.

녹사는 1939년 11월 1일, 6일, 10일, 11일의 역원회, 6일, 8일, 11일의 의원총회 관련 내용이다.

연번	지역	연월일	자료명	호수	키워드
280	경성	1939.12	경제월보	287	물가, 경성, 평안북도, 미곡시장 주식회사령, 석탄배급, 제철설비

【목차】

【해설】

본 호에는 조사가 4건, 법령 3건, 잡록 6건, 녹사 1건이 수록되어 있으며 말미에 주요경제통계가 첨부되어 있다.

조사의 첫 번째는 중일전쟁의 장기화와 그 영향에 따른 조선의 물가동향 전반을 살핀 것이다. 곡물류, 조미료, 음료, 기타 식료품, 의료품, 금속류, 건축재료, 연료, 비료, 잡화의 도매물가와 소매물가 동향을 분석하고 있다. 두 번째는 경성의 상권이 평안북도에 미치는 영향을 조사한 것 중 두 번째 내용이다. 삭주와 창성, 초산, 벽동, 위원, 만포진, 중강진, 강계의 경제 상황을 기술하였다. 그 다음 2건은 1939년 11월 중 경성의 상업현황과 금융, 조선 내의 회사 변동상황을 다룬 것이다.

법령은 「조선 미곡시장 주식회사령 시행규칙」(11월 29일), 「조선 석탄 배급통제규칙」(12월 1일), 「제철설비 제한규칙」(11월 22일)의 전문을 수록하였다.

잡록의 처음 3건은 「목탄(木炭) 공정가격」(11월 25일), 「석탄 및 연탄 공정가격」(11월 29일), 「법랑철기(琺瑯鐵器) 공정가격」(11월 29일)에 관한 경기도의 고시이다. 네 번째 통보일속은 「신금량(産金量) 계출규칙(屆出規則)」(12월 2일 공포), 식산계(殖産契) 사업성적 등의 내용이다. 경제일지는 1939년 11월 중 경성과 조선 전국의 경제관련 주요 사건과 일본 및 외국과의 관련 내용을 날짜별로 기록하고 있다. 신간 장서 목록은 『안동상공안내』(안동상공회의소)를 비롯한 경성상공회의소의 수집 및 기증도서들에 관한 것이다.

녹사는 1939년 11월 27일, 12월 6일, 11일의 역원회, 11월 27일, 12월 6일의 의원총회 관련 내용이다.

연번	지역	연월일	자료명	호수	키워드
281	경성	1940.1	경제월보	288	중일전쟁, 텅스텐, 수연광, 운모, 소작료, 미곡배급, 폭리행위

【목차】

[조사]

성전하(聖戰下) 제3년 경제계 회고 / 경성의 상황(商況)과 금융(12월중) / 조선의 회사의 이동(異動)(12월중)

[법령]

텅스텐광(鑛) 및 수연광(水鉛鑛) 배급 조정규칙 / 운모(雲母) 배급 조정규칙 / 소작료 통제령 / 소작료 통제령 시행규칙 / 조선 미곡 배급 조정령 / 미곡 배급 통제에 관한 건(件) / 폭리행위 등 취체규칙 / 금(金) 사용규칙 / 조선 소운송업령(小運送業令) 시행규칙 / 가격 등 통제령 시행규칙 중(中) 개정

[잡록]

곡용사두입(穀用四斗叺) 및 염용입(鹽用叺) 공정가격(公定價格) / 경성 및 부산 미곡시장 최고가격 / 조선산(朝鮮産) 인조섬유(スフ) 공정가격 / 통보일속(通報一束) / 경제일지(12월중) / 신간 장서 목록(12월중)

[주요경제통계]

【해설】

본 호에는 조사가 3건, 법령 10건, 잡록 6건이 수록되어 있으며 말미에 주요경제통계가 첨부되어 있다.

조사의 첫 번째는 중일전쟁 3년 간 조선 경제계의 전반을 회고한 것이다. 국제정세와 외부적 조건에 따른 통제경제 강화에 따른 변화를 무역계, 도소매 물가, 상품계, 사업계, 금융계, 주식계 동향 전반을 상세히 정리하였다. 그 다음 2건은 1939년 12월 중 경성의 상업현황과 금융, 조선 내의 회사 변동상황을 다룬 것이다.

법령은 「텅스텐광(鑛) 및 수연광(水鉛鑛) 배급 조정규칙」(10월 23일), 「운모(雲母) 배급 조정규칙」(12월 14일), 「소작료 통제령」(12월 5일), 「소작료 통제령 시행규칙」(12월 18일), 「조선 미곡 배급 조정령」(12월 27일), 「미곡 배급 통제에 관한 건」(동일), 「폭리행위 등 취체규칙」(12월 28일), 「금(金) 사용규칙」(12월 29일), 「조선 소운송업령(小運送業令) 시행규칙」(12월 29일), 「가격 등 통제령 시행규칙 중 개정」(1940년 2월 1일)의 전문을 수록하였다.

잡록의 처음 3건은 「곡용사두입(穀用四斗叺) 및 염용입(鹽用叺) 공정가격」(12월 15일), 「경성 및 부산 미곡시장 최고가격」(12월 27일), 「조선산 인조섬유(スフ) 공정가격」(12월 28일) 등에 관한 경성부의 고시이다. 통보일속은 농작물 피해상황 조사, 상전(桑田)면적 조사 등의 내용이다. 경제일지는

1939년 12월 중 경성과 조선 전국의 경제관련 주요 사건과 일본 및 외국과의 관련 내용을 날짜별로 기록하고 있다.

연번	지역	연월일	자료명	호수	키워드
282	경성	1940.2	경제월보	289	신용보증협회, 사당(沙糖), 자금조사, 방공건축, 해운통제, 총동원물자

【목차】

[조사]

안전보장기관으로서의 신용보증협회 / 경성의 사당(砂糖) 소비 상황 / 경성의 상황(商況)과 금융(1월중) / 조선의 회사의 이동(異動)(1월중)

[법령]

1940년도 국내 자금조사규칙 / 방공건축(防空建築)규칙 / 해운통제령 및 시행규칙 / 총동원물자 사용수용령(使用收用令) 및 시행규칙

[잡록]

잡곡 공정가격(公定價格) 및 미곡 공정가격 / 조선 국유철도 화물 운임 할인표(表) / 전분이(澱粉飴)의 공정가격 / 면사(綿絲)의 공정가격 / 조선산(朝鮮産) 광폭면직물(廣幅綿織物)의 공정가격 / 인견직물(人絹織物)의 공정가격 / 인조섬유(スフ) 견물(絹物) 공정가격 / 선산혁(鮮産革) 공정가격 / 카바이트(カーバイト) 공정가격 / 소다회(ソーダ灰) 및 가성소다(苛性ソーダ) 공정가격 / 통보일속(通報一束) / 경제일지(1월중) / 신간 장서 목록

[주요경제통계]

【해설】

본 호에는 조사가 4건, 법령 4건, 잡록 13건이 수록되어 있으며 말미에 주요경제통계가 첨부되어 있다.

조사의 첫 번째는 중일전쟁 시기 중소기업의 금융 경색과 손실보상제도의 실시상황과 결함 문제를 살피고, 그에 대한 보장기관으로서의 신용보증협회의 설립과 활동 및 사명에 대해 살피고 있다. 두 번째는 1938, 1939년 경성의 사탕(沙糖) 소비상황을 월별로 조사한 것이다. 그 다음 2건은 1940년 1월 중 경성의 상업현황과 금융, 조선 내의 회사 변동상황을 다룬 것이다.

법령은 「1940년도 국내 자금조사규칙」(1월 15일), 「방공((防空)건축규칙」(1월 26일), 「해운통제령 및 시행규칙」(1월 31일, 2월 15일), 「총동원물자 사용수용령 및 시행규칙」(1939년 12월 15일, 1940년 2월 20일)의 전문이다.

잡록은 「잡곡 공정가격 및 미곡 공정가격」(1월 4일, 1월 6일), 「조선 국유철도 화물 운임 할인표」

(1월 15일), 「전분이(澱粉飴)의 공정가격」(2월 9일), 「면사의 공정가격」(2월 10일), 「조선산 광폭면직물의 공정가격」(2월 10일), 「인견직물의 공정가격」(2월 10일), 「인조섬유(スフ) 견물(絹物) 공정가격」(2월 10일), 「선산혁(鮮産革) 공정가격」(2월 21일), 「카바이트 공정가격」(2월 21일), 「소다회 및 가성소다 공정가격」(2월 21일)에 대한 통지이다. 이어지는 통보일속은 2월에 인조섬유 할당가격이 결정되었다는 내용 등이다. 경제일지는 1940년 1월 중 경성과 조선의 경제관련 주요 사건과 일본, 외국의 관련 내용 기록이다.

연번	지역	연월일	자료명	호수	키워드
283	경성	1940.3	경제월보	290	중소상공금융, 손실보상제도, 수출조사, 발명계, 육운통제령

【목차】

[조사]

중소상공금융과 손실보상제도 / 조선산(朝鮮産) 제3국향(向) 수출품 조사 / 1939년 하반기의 발명계(發明界) / 경성의 상황(商況)과 금융(2월중) / 조선의 회사의 이동(異動)(2월중)

[법령]

육운통제령(陸運統制令), 동(同) 시행규칙 / 석유 배급 통제규칙 / 섬유공업 설비 제한규칙 / 만관지향(滿關支向) 수출조정령 중(中) 개정

[잡록]

인촌(燐寸) 판매가격 / 제면(製綿) 판매가격 / 탈지면(脫脂綿) 판매가격 / 조선산(朝鮮産) 소주(燒酎) 판매가격 / 통보일속(通報一束) / 경제일지(2월중) / 신간 장서 목록(2월중)

[주요경제통계]

【해설】

본 호에는 조사가 5건, 법령 4건, 잡록 7건이 수록되어 있으며 말미에 주요경제통계가 첨부되어 있다.

조사의 첫 번째는 중소상공업의 금융과 손실보상제도를 파악한 것이다. 전시 통제경제하의 중소기업의 금융 문제와 일본의 손실보상제도, 조선의 손실보상제도의 현황을 차례로 살피고 있다. 두 번째는 조선에서 생산되어 제3국으로 수출하는 물품을 조사한 것이다. 수출무역품 현황을 각 품목별로 살피고 있다. 세 번째는 1939년 하반기 6개월간 조선 내의 실용신안과 특허 출원 건수, 종류별 내용과 소유권자 등을 사안별로 정리하였다. 그 다음 2건은 1940년 2월 중 경성의 상업현황과 금융, 조선 내의 회사 변동상황을 다룬 것이다.

법령은 「육운통제령, 동(同) 시행규칙」(1월 31일, 2월 25일), 「석유 배급 통제규칙」(3월 1일), 「섬유

공업 설비 제한규칙」(3월 11일), 「만관지향(滿關支向) 수출조정령 중 개정」(3월 15일)의 전문이다.

잡록 중 4건은 「인촌(燐寸) 판매가격」(3월 2일), 「제면(製綿) 판매가격」(3월 7일), 「탈지면(脫脂綿) 판매가격」(3월 7일), 「조선산 소주 판매가격」(3월 23일)에 대한 지정이다. 다섯 번째의 통보일속은 임산액과 임산부업, 맥작의 배합비료 관련 내용이다. 경제일지는 1940년 2월 중 경성과 조선의 경제관련 주요 사건과 일본, 외국의 관련 내용 기록이다.

연번	지역	연월일	자료명	호수	키워드
284	경성	1940.4	경제월보	291	동아신질서, 무역, 조선산, 자동차, 미곡

【목차】

[자료]

중북지(中北支) 경제시찰 보고서

[조사]

1939년 조선 무역의 개황(상) / 조선산(朝鮮產) 제3국향(向) 수출품 조사(2) / 경성의 상황(商況)과 금융(3월중) / 조선의 회사의 이동(異動)(3월중)

[법령]

자동차 교통사업법 중 개정 / 피혁(皮革) 배급통제령 중 개정 / 조선 제사업령(製糸業令) 시행규칙 중 개정 / 종업자고입(從業者雇入) 제한령 중 개정

[잡록]

미곡 최고판매가격 중 개정 / 조선산(朝鮮產) 곡물곡분(穀物穀粉) 포장용 포대(布袋) 판매가격 / 면봉사(綿縫糸)의 판매가격 / 통보일속(通報一束) / 경제일지(3월중)

[주요경제통계]

【해설】

본 호에는 자료가 1건, 조사 4건, 법령 4건, 잡록 5건이 수록되어 있으며 말미에 주요경제통계가 첨부되어 있다.

자료는 2월 19일부터 3월 7일까지 경성상공회의소 회두를 단장으로 하는 일행 4명의 북중국 경제시찰 보고서다. 북경, 천진, 제남, 청도, 상해, 남경, 소주 순서로 일반상황과 자원, 기업, 무역, 수운(水運) 교통, 관세, 통화 등의 경제상황을 기록하였다.

조사의 첫 번째는 1939년도 조선의 무역개황을 설명한 것 중 첫 번째 내용이다. 여기서는 조선의 대외무역과 대일본무역 중 중국과 만주를 중심으로 하는 대외국 무역을 수출입별로 살피고 무역액, 월별, 연별, 주요 항구별, 품목별 현황 등에 관한 내용을 표로서 비교 분석하고 있다. 두 번째는 월보

표지에는 '조선산(朝鮮産) 제3국향(向) 수출품 조사(2)'로 기재되어 전월 호에 이은 조선에서 생산되어 제3국으로 수출하는 물품을 조사한 것에 관한 내용이다. 그 다음 2건은 1940년 3월 중 경성의 상업현황과 금융, 조선 내의 회사 변동상황을 다룬 것이다.

법령은 「자동차 교통사업법 중 개정」(4월 9일), 「피혁 배급통제령 중 개정」(3월 27일), 「조선 제사업령(製絲業令) 시행규칙 중 개정」(3월 30일), 「종업자 고입(雇入) 제한령 중 개정」(3월 30일)의 전문이다.

잡록 중 3건은 「미곡 최고판매가격 중 개정」(3월 27일), 「조선산 곡물곡분(穀物穀粉) 포장용 포대 판매가격」(4월 13일), 「면봉사(綿縫絲)의 판매가격」(4월 15일) 등 고시와 지정 등에 관한 내용 전문이다. 다음 통보일속은 조선산 미(米)의 실 수확고, 두류(豆類)의 실수확고 등에 관한 조사 내용이다. 경제일지는 1940년 3월 중 경성과 조선의 경제관련 주요 사건과 일본, 외국의 관련 내용 기록이다.

연번	지역	연월일	자료명	호수	키워드
285	경성	1940.5	경제월보	292	개정상법, 가격 등 통제령, 농업용 약재, 대두유, 청량음료, 특수강, 미국

【목차】

[자료]

개정상법(改正商法)에 대하여 – 경성제대 교수 서원관일(西原寬一)

[조사]

경성의 상황(商況)과 금융(4월중) / 조선의 회사의 이동(異動)(4월중) /

[법령]

가격 등 통제령 시행규칙 중 개정

[잡록]

마닐라삼제(マニラ麻製) 로프(ロープ), 토와인(トワイン), 암사(岩糸) 판매가격 중 개정 / 신동품(伸銅品)의 판매가격 / 농업용 약제(藥劑)의 판매가격 / 금절거인(金切鋸刃)의 판매가격 / 조선산 대두유(大豆油) 판매가격 / 조선산 합성청주(合成淸州)의 판매가격 / 청량음료의 판매가격 중 개정 / 특수강(特殊鋼) 판매가격 / 통보일속(通報一束) / 경제일지(4월중)

[주요경제통계]

【해설】

본 호에는 자료가 1건, 조사 2건, 법령 1건, 잡록 10건이 수록되어 있으며 말미에 주요경제통계가 첨부되어 있다.

자료는 3월 26일 경성제국대학 교수 니시하라(西原寬一)가 경성상공회의소 제1회의실에서 강연한 내용의 속기록이다. 그는 1940년 1월 1일 개정된 조선에서의 상법(商法)의 내용은 일본 본토의 것과 하등 차이가 없다는 점을 강조하면서 법 개정의 경과와 특색, 각 조항에 대해 상세히 설명하고 있다.

조사의 첫 번째와 두 번째는 1940년 4월 중 경성의 상업현황과 금융, 조선 내의 회사 변동상황을 다룬 것이다.

법령은 「가격 등 통제령 시행규칙 중 개정」(총독부령 제131호, 5월 16일)의 전문 소개이다.

잡록 중 앞의 8건은 「마닐라삼제(マニラ麻製) 로프, 노끈(twine), 암사(岩糸) 판매가격 중 개정」(4월 30일), 「신동품(伸銅品)의 판매가격」(4월 30일), 「농업용 약제(藥劑)의 판매가격」(5월 4일), 「금절거인(金切鋸刃)의 판매가격」(5월 4일), 「조선산 대두유(大豆油) 판매가격」(5월 4일), 「조선산 합성청주(合成清州)의 판매가격」(5월 4일), 「청량음료의 판매가격 중 개정」(5월 4일), 「특수강 판매가격」5월 24일)

등 고시와 지정 등에 관한 내용 전문이다. 다음 통보일속은 1938년 조선의 공산액, 1940년 1월 중 미국의 미면(米棉) 수출상황 등에 관한 조사 내용이다. 경제일지는 1940년 4월 중 경성과 조선의 경제관련 주요 사건과 일본, 외국의 관련 내용 기록이다.

연번	지역	연월일	자료명	호수	키워드
286	경성	1940.6	경제월보	293	물가정책, 무역, 손실보상제도, 수출입품, 청주, 공업용 화약류

【목차】

[자료]

신물가정책(新物價政策)에 대하여 - 조선총독부 물가조정과장 각영청(角永清)

[조사]

1939년 조선 무역의 개황(下) / 손실보상제도의 실시 개황 / 경성의 상황(商況)과 금융(5월중) / 조선의 회사의 이동(異動)(5월중)

[법령]

수출입품 등 임시조치령 중 개정

[잡록]

내지산(內地産) 청주(清州) 판매가격 / 맥주 판매가격 / 영업장의 주류(酒類) 판매가격 / 연유(煉乳) 및 분유(粉乳) 판매가격 / 조선산(朝鮮産) 청주 판매가격 중 개정 / 나추(螺錐) 판매가격 / 겹하물족대(袷夏物足袋) 판매가격 / 공업용 화약류 판매가격 / 옥촉서(玉蜀黍) 제품 판매가격 / 자전거, 리어카 및 삼륜차용 타이어 및 중대(中袋) 판매가격 / 류행리(柳行李) 판매가 / 통보일속(通報一束) / 경제일지(5월중)

[주요경제통계]

【해설】

본 호에는 자료가 1건, 조사 4건, 법령 1건, 잡록 13건이 수록되어 있으며 말미에 주요경제통계가 첨부되어 있다.

자료는 5월 24일 경성상공회의소 제1회의실에서 개최된 조선총독부 물가조정과장 가쿠나가(角永清)의 강연 속기록이다. 그는 전시체제 하 조선의 물가정세와 특수 사정과 조선총독부의 물가 정책을 실시방안에 관해 설명하였다.

조사의 첫 번째는 1939년도 조선의 무역개황을 설명한 것 중 두 번째 내용이다. 여기서는 조선의 대외무역과 대일본무역 중 대일본무역을 수출입별로 살피고 무역액, 월별, 연별, 주요 항구별, 품목별 현황 등에 관한 내용을 표로서 비교 분석하고 있다. 두 번째는 전시체제 하 중소상공업자의 손실보상제도의 실시와 관련하여 1939년도의 은행별 자금융통 승인액과 도별 승인액, 금액별 승인액, 업태별 융통고에 관해 소개하고 있다. 다음 2건은 1940년 5월 중 경성의 상업현황과 금융, 조선 내의 회사 변동상황을 다룬 것이다.

법령은 「수출입품 등 임시조치령 중 개정」(총독부령 제126호, 5월 13일)의 전문이다.

잡록 중 11건은 일본산 청주(清州) 및 맥주 판매가격, 영업장에서 주류 판매가격, 연유 및 분유 판매가격(6월 8일) 등에 관한 고시내용이다. 통보일속은 중국 신경(新京)의 석탄을 일본에 수출하는 내용 등에 관한 것이다. 경제일지는 1940년 5월 중 경성과 조선의 경제관련 주요 사건과 일본, 외국의 관련 내용 기록이다.

연번	지역	연월일	자료명	호수	키워드
287	경성	1940.7	경제월보	294	철도화물, 수출호망품, 인촌(燐寸), 특수농산물, 전화, 의약품

【목차】

[조사]

철도에 의한 1939년 중의 경성 화물 집산 상황 / 조선산(朝鮮産) 제3국향(向) 수출호망품(輸出好望品) 조사(3) / 조선의 인촌(燐寸) 수급 상황 / 경성의 상황(商況)과 금융 / 조선의 회사의 이동(異動)

[법령]

특수농산물 종자 수급 조정규칙 / 전화(電話)규칙 중 개정 / 한천(寒天) 수급 조정규칙 / 조선 잡곡 배급 통제규칙 / 조선 잡곡 배급 통제규칙 제1조의 규정에 의한 지정(指定) / 폭리행위 등 취체규칙 중 개정 / 폭리행위 등 취체규칙 제2조의 규정에 의한 양식(樣式) / 철강(鐵鋼) 수급 조정규칙 / 사치품 등 제조판매 제한규칙 / 사치품 등 제조판매 제한규칙의 규정에 의한 물품의 연월일 지정(指定)

[잡록]

투약담(投藥壜)의 판매가격 / 학습장 및 대학노트 판매가격 / 조선산(朝鮮産) 일본약국방(日本藥局方) 알콜(アルコール) 판매가격 / 의약품의 판매가격 / 내지인향(內地人向) 오복(吳服)의 판매가격 / 판초자(板硝子)의 판매가격 / 조선산 막대소(莫大小) 제품의 판매가격 / 축음기(蓄音機) 레코드 판매가격 / 공업용 화약류의 판매가격 중 개정 / 조선내(朝鮮內) 현주호구수(現住戶口數)(1939년 말) / 통보일속(通報一束) / 경제일지(6월중)

[주요경제통계]

【해설】

본 호에는 조사가 5건, 법령 10건, 잡록 12건이 수록되어 있으며 주요경제통계가 첨부되어 있다.

조사의 첫 번째는 1939년 중 경성의 철도 화물 이동상황을 조사한 것이다. 개황, 도착화물 및 발송화물 개황, 경성부 내 각 역별 발착 톤수, 미곡을 비롯한 주요 농수산물과 공산품의 발착상황 등을 상세히 기록하였다. 두 번째는 3월호에 이은 조선에서 생산되어 제3국으로 수출하는 유망물품을 조사한 것이다. 나전칠기(螺鈿漆器)를 비롯하여 각 품목별로 살피고 있다. 세 번째는 조선 내 각 공장의 성냥의 생산과 수급, 배급기구 등에 관한 내용이다. 법령은 「특수농산물 종자 수급 조정규칙」(7월 12일), 「전화규칙 중 개정」(7월 16일), 「한천(寒天) 수급 조정규칙」(7월 16일) 등의 전문이다.

잡록 중 10건은 「투약담(投藥壜)의 판매가격」(7월 1일), 「학습장 및 대학노트 판매가격」(7월 1일) 등에 관한 고시내용이다. 다음 통보일속은 해외경제정보로 중국 신경(新京)의 채탄(採炭) 코크스 앙등에 따른 석탄가격 인상, 북경의 중요품 수입조합 결성 등에 관한 것이다. 경제일지는 1940년 6월 중 경성과 조선의 경제관련 주요 사건과 일본, 외국의 관련 내용 기록이다.

연번	지역	연월일	자료명	호수	키워드
288	경성	1940.8	경제월보	295	노동 임은(賃銀), 목탄, 수출조정령, 대마, 건전지, 의약품

【목차】

[조사]

경성의 상황(商況)과 금융(7월중) / 경성의 노동 임은(賃銀)(7월중) / 조선의 회사의 이동(異動)(7월중)

[법령]

조선 목탄(木炭) 배급 통제규칙 / 만관지향(滿關支向) 수출조정령 중 개정 / 대마(大麻) 수급 조정규칙 / 조선 소다(ソーダ)공업약품 배급 통제규칙

[잡록]

조선산 저피(楮皮) 및 상피(桑皮)의 판매가격 / 휴행전등용(携行電燈用) 건전지의 판매가격 / 수쿠프

(Scoop; 가래) 및 쇼벨(Shovel; 삽)의 판매가격 / 정제옥촉서(精製玉蜀黍, マゾラ油)의 판매가격 / 내지산(內地產) 의약품의 판매가격 / 조선산 약용(藥用) 소분담(小分壜)의 판매가격 / 조선산 족대(足袋)의 판매가격 / 수방(手紡) 저마포(苧麻布)의 판매가격 / 조선산 소폭견직물(小幅絹織物)의 판매가격 / 수방(手紡) 대마포(大麻布)의 판매가격 / 마람루(麻襤褸)의 판매가격 / 조선산 동물(冬物) 소학생용(小學生服)의 판매가격 / 조선산 동물(冬物) 작업복류(作業服類)의 판매가격 / 조선산 검도의(劍道衣) 및 유도착(柔道着)의 판매가격 / 조선산 면타올 직물(綿タオル織物)의 판매가격 / 내지산(內地產) 청죽(青竹)의 판매가격 / 통보일속(通報一束) / 경제일지(7월중)

[주요경제통계]

【해설】

본 호에는 조사가 3건, 법령 4건, 잡록 18건이 수록되어 있으며 말미에 주요경제통계가 첨부되어 있다.

조사의 3건은 1940년 7월 중 경성의 상업현황과 금융, 노동 임금, 조선 내의 회사 변동상황을 다룬 것이다.

법령은 「조선 목탄(木炭) 배급 통제규칙」(7월 16일), 「만관지향(滿關支向) 수출조정령 중 개정」(8월 5일), 「대마(大麻) 수급 조정규칙」(8월 6일), 「조선 소다공업약품 배급 통제규칙」(8월 21일)의 전문 소개이다. 잡록 중 16건은 「조선산 저피(楮皮) 및 상피(桑皮)의 판매가격」(7월 30일), 「휴행전등용(携行電燈用) 건전지의 판매가격」 등에 관한 통지이다. 다음 통보일속은 조선 내 가잠(家蠶) 판매상황, 무역통제법 등에 관한 것이다. 경제일지는 1940년 7월 중 경성과 조선의 경제관련 주요 사건과 일본, 외국의 관련 내용 기록이다.

연번	지역	연월일	자료명	호수	키워드
289	경성	1940.9	경제월보	296	신경제체제, 알콜, 넥타이, 조선지, 단선(團扇), 사치품, 소주, 청주

【목차】

[자료]

우리의 전시경제의 현단계와 신경제체제(新經濟體制) – 고교구길(高橋龜吉)

[조사]

경성의 상황(商況)과 금융(8월중) / 경성의 노동임은(勞働賃銀)(8월중) / 조선의 회사의 이동(異動)(8월중)

[법령]

알콜 배급 통제규칙

[잡록]
내지산(內地產) 넥타이의 판매가격 / 조선지(朝鮮紙)의 판매가격 / 내지산(內地產) 단선(團扇)의 판매가격 / 조선산 진면가공품(眞綿加工品)의 판매가격 / 조선산 소주(燒酎)의 판매가격 개정 / 조선산 청주(淸酒)의 판매가격 개정 / 내지산 청주의 판매가격 개정 / 이입칠(移入漆)의 판매가격 / 모사(毛絲)의 판매가격 / 조선 면봉사(綿縫絲)의 판매가격 개정 / 조선 인조견사(人造絹絲)의 판매가격 / 과자류(菓子類)의 판매가격 / 빵류(麵類)의 판매가격 / 사치품 등 금지령에 관한 통첩일속(通牒一束) / 통보일속(通報一束) / 경제일지(8월중)
[주요경제통계]

【해설】
본 호에는 자료 1건, 조사 3건, 법령 1건, 잡록 16건이 수록되어 있으며 주요경제통계가 첨부되어 있다.

자료는 9월 6일 경성상공회의소 주최로 조선일보사 강당에서 열린 일본 경제학계의 권위자인 다카하시(高橋龜吉) 초청강연 속기록이다. 그는 전시 경제체제의 현 단계와 신경제 정책문제과 필요성 등에 관해 언급하였다.

조사의 3건은 1940년 8월 중 경성의 상업현황과 금융, 노동 임금, 조선 내의 회사 변동상황을 다룬 것이다.

법령은 「조선 알콜 배급 통제규칙」(총독부령 제200호, 9월 4일)의 전문을 소개한 것이다.

잡록 중 14건은 일본산 넥타이의 판매가격(8월 24일), 조선지(朝鮮紙) 판매가격(8월 30일), 일본산 단선(團扇)의 판매가격(8월 30일), 조선산 진면가공품(眞綿加工品)의 판매가격(8월 30일) 등에 관한 통지이다. 다음 통보일속은 해외경제정보로 중국 신경의 대일무역과 계획화, 화물의 운선운송에 관한 새로운 규정 등에 관한 것이다. 경제일지는 1940년 8월 중 경성과 조선의 경제관련 주요 사건과 일본, 외국의 관련 내용 기록이다.

연번	지역	연월일	자료명	호수	키워드
290	경성	1940.10	경제월보	297	무역조합, 노동임은, 고동(故銅), 고연(故鉛), 배급 통제, 공용알콜

【목차】
[조사]
내지의 무역조합 기구 / 경성의 상황(商況)과 금융(9월중) / 경성의 노동임은(勞働賃銀)(9월중) / 조선의 회사의 이동(異動)(9월중)
[법령]

철설(鐵屑) 고동(故銅) 및 고연(故鉛) 배급 통제규칙

[잡록]

조선산 공용(工用) 알콜의 판매가격 / 용(蛹) 및 용유(蛹油)의 판매가격 / 내지산(內地產) 백사류(帛紗類)의 판매가격 / 내지산 추(箒)의 판매가격 / 내지산 반금(半襟) 판매가격 / 내지산 손수건(ハンカチーフ) 및 수식(手拭)의 판매가격 / 내지산 오복소간물(吳服小間物)의 판매가격 / 접번(蝶番)의 판매가격 / 내지산 기저귀커버(おしめカバー) 판매가격 / 건축용 금물류(金物類) 판매가격 / 경제일지(9월중)

[주요경제통계]

【해설】

본 호에는 조사가 4건, 법령 1건, 잡록 11건이 수록되어 있으며 말미에 주요경제통계가 첨부되어 있다.

조사의 첫 번째는 일본 국내의 무역조합기구를 설명한 것이다. 통제경제와 무역조합, 일본 내의 무역조합 현황과 기구, 기구 개정 문제 등과 관련한 내용이다. 그 다음의 3건은 1940년 9월 중 경성의 상업현황과 금융, 노동 임금, 조선 내의 회사 변동상황을 다룬 것이다.

법령은 「철설(鐵屑) 고동(故銅) 및 고연(故鉛) 배급 통제규칙」(총독부령 제225호, 10월 30일)의 전문을 소개한 것이다.

잡록 중 10건은 조선산 공업용 알콜의 판매가격(9월 28일), 용(蛹) 및 용유(蛹油)의 판매가격(9월 28일), 일본산 백사류(帛紗類)의 판매가격(10월 23일), 일본산 추(箒)의 판매가격(10월 23일), 일본산 반금(半襟) 판매가격(10월 23일) 등에 관한 통지이다. 마지막의 경제일지는 1940년 9월 중 경성과 조선의 경제관련 주요 사건과 일본, 외국의 관련 내용 기록이다.

연번	지역	연월일	자료명	호수	키워드
291	경성	1940.11	경제월보	298	전시경제, 회사경리통제령, 미곡, 과실, 채소, 생선

【목차】

[자료]

우리 전시경제(戰時經濟) 최근의 위치 - 고교구길(高橋龜吉)

[조사]

경성의 상황(商況)과 금융(10월중) / 경성의 노동임은(勞働賃銀)(10월중) / 조선의 회사의 이동(異動)(10월중)

[법령]

회사경리통제령(會社經理統制令) 및 동(同) 시행규칙

[잡록]

미곡의 최고 판매가격 / 과실 및 채소의 판매가격 / 식용 생선어개류(生鮮魚介類)의 판매가격 / 통보일속(通報一束) / 경제일지(10월중)

[주요경제통계]

【해설】

본 호에는 자료가 1건, 조사 3건, 법령 1건, 잡록 5건이 수록되어 있으며 말미에 주요경제통계가 첨부되어 있다.

자료는 일본 경제학계의 권위자인 다카하시(高橋龜吉) 기고문이다. 그는 최근 일본 경제계의 위상이 악화된 문제, 일본정부의 재계 대책의 결함과 그 시정방향, 인플레이션과 경제통제 문제 등에 관해 언급하고 있다

조사의 3건은 1940년 10월 중 경성의 상업현황과 금융, 노동 임금, 조선 내의 회사 변동상황을 다룬 것이다.

법령은 「회사경리통제령(會社經理統制令) 및 동(同) 시행규칙」(10월 16일, 11월 4일)의 전문을 소개한 것이다.

잡록의 3건은 미곡의 최고 판매가격(11월 1일), 과실 및 채소의 판매가격(11월 12일), 식용 생선어개류(生鮮魚介類)의 판매가격(11월 12일)에 관한 고시이다. 네 번째 통보일속은 총독부 식산국이 조사한 1938년 말 조선 내의 공장 및 종업원 수에 관한 해설과 표, 해외경제정보인 만주국에서 상품별 조합 결성의 소식 등에 관한 것이다. 다섯 번째 경제일지는 1940년 10월 중 경성과 조선의 경제관련 주요 사건과 일본, 외국의 관련 내용 기록이다.

연번	지역	연월일	자료명	호수	키워드
292	경성	1940.12	경제월보	299	수출품, 온관힐(鰮罐詰), 조선인삼, 택지건물, 가격통제령, 주류, 면류(麵類)

【목차】

[조사]

조선산(朝鮮産) 제3국향(第三國向) 수출품 조사(完) / 경성의 상황(商況)과 금융(11월중) / 경성의 노동임은(勞働賃銀)(11월중) / 조선의 회사의 이동(異動)(11월중)

[법령]

택지건물(宅地建物) 등 가격통제령 및 동(同) 시행규칙

[잡록]

식용(食用) 염건어개류(鹽乾魚介類)의 판매가격 / 영업장의 주류(酒類)의 판매가격 / 조선산 소주(燒酎)의 판매가격 / 면류(麵類)(調理된 것)의 판매가격 / 통보일속(通報一束) / 경제일지(11월중)
[주요경제통계]

【해설】

본 호에는 조사가 4건, 법령 1건, 잡록 6건이 수록되어 있으며 말미에 주요경제통계가 첨부되어 있다.

조사의 첫 번째는 7월호에 이은 월호에 이은 조선에서 생산되어 제3국으로 수출하는 유망물품을 조사한 것의 네 번째로 마지막 내용이다. 온관힐(鰮罐詰), 조선인삼을 비롯하여 각 품목별로 살피고 있다. 그 다음의 3건은 1940년 11월 중 경성의 상업현황과 금융, 노동 임금, 조선 내의 회사 변동상황을 다룬 것이다.

법령은 「택지건물(宅地建物) 등 가격통제령 및 동(同) 시행규칙」(칙령 제781호 및 총독부령 제301호, 12월 24일)의 전문을 소개한 것이다.

잡록 중 4건은 식용(食用) 염건어개류(鹽乾魚介類)의 판매가격(12월 4일), 영업장의 주류(酒類)의 판매가격(12월 19일), 조선산 소주(燒酎)의 판매가격(12월 19일), 면류(麵類)(조리된 것)의 판매가격(12월 19일)에 관한 고시이다. 다섯 번째 통보일속은 해외경제정보로 만주 신경의 특수회사의 쇄신안, 만주의 대중국 무역 계획 수립에 관한 내용이다. 여섯 번째의 경제일지는 1940년 11월 중 경성과 조선의 경제관련 주요 사건과 일본, 외국의 관련 내용 기록이다.

연번	지역	연월일	자료명	호수	키워드
293	경성	1941.1	경제월보	300	신체제, 경제계,소 득세령, 영업세령, 시계, 천일염, 모사(毛絲)

【목차】

[자료]

관계(官界) 신체제(新體制)와 문제의 중점(重點) - 경성상공회의소 경제고문 고교구길(高橋龜吉)

[조사]

성전하(聖戰下) 제4년 경제계 회고 / 경성의 상황(商況)과 금융(12월중) / 경성의 노동임은(勞働賃銀)(12월중) / 조선의 회사의 이동(異動)(12월중)

[법령]

대불인(對佛印) 무역조정령(貿易調整令) / 조선 소득세령 중 개정 / 조선 영업세령 중 개정

[잡록]

완시계(腕時計) 및 회중시계(懷中時計)의 판매가격 / 천일염(天日鹽)의 판매가격 / 모사(毛絲)의 판매가격 중 개정 / 통보일속(通報一束) / 경제일지(12월중)

[주요경제통계]

【해설】

본 호에는 자료가 1건, 조사 4건, 법령 3건, 잡록 5건이 수록되어 있으며 말미에 주요경제통계가 첨부되어 있다.

자료는 경성상공회의소 경제고문 다카하시(高橋龜吉)의 기고문이다. 그는 '관계(官界) 신체제(新體制)와 문제의 중점(重點)'이라는 제목의 글에서 관계 신체제 문제 대두의 의의와 그 중요점, 행정기구 개혁 및 관민 협력체제 확립문제와 그 중점, 관리제도의 개혁 및 이도(吏道)의 쇄신 등에 관해 언급하였다.

조사의 첫 번째는 전시체제기의 4년차를 맞이하면서 경제계 일반, 물가 동향, 상품계 동향, 사업계, 금융계 상황 등 경제계 전반에 관해 회고한 것이다. 그 다음 3건은 1940년 12월 중 경성의 상업현황과 금융, 노동 임금, 조선 내의 회사 변동상황을 다룬 것이다.

법령은 「대불인(對佛印) 무역조정령」(총독부고시 제71호, 1월 12일), 「조선 소득세령 중 개정」(제령 제1호, 1월 8일), 「조선 영업세령 중 개정」(제령 제2호, 1월 8일)의 전문을 소개한 것이다.

잡록 중 앞의 3건은 「완시계(腕時計) 및 회중시계(懷中時計)의 판매가격」(1월 13일), 「천일염의 판매가격」(1월 15일), 「모사(毛絲)의 판매가격 중 개정」(1월 9일)에 관한 고시이다. 네 번째의 통보일속은 1939년도 각 도별 수산 생산고의 표, 1938년도 도별 임업 생산 비교표 등으로 되어 있다. 다섯 번째의 경제일지는 1940년 12월 중 경성과 조선의 경제관련 주요 사건과 일본, 외국의 관련 내용 기록이다.

연번	지역	연월일	자료명	호수	키워드
294	경성	1941.2	경제월보	301	공업상태, 조선상공회의소령, 인견직물, 사무용품, 국민복

【목차】

[조사]

경성부내(京城府內)의 공업상태(工業狀態) 조사 / 경성의 상황(商況)과 금융(1월중) / 경성의 노동임은(勞働賃銀)(1월중) / 조선의 회사의 이동(異動)(1월중)

[법령]

조선 상공회의소령(商工會議所令) 시행규칙 중 개정

[잡록]

조선산 광폭(廣幅) 인견직물(人絹織物)의 판매가격 / 조선 광폭 인견교직물(人絹交織物)의 판매가격 / 사무용품의 판매가격 / 국민복(國民服) 의례장(儀禮章)의 판매가격 / 곡물류(米穀類) 명병(銘柄) 및 등급별 최고판매가격 중 개정 / 유미(儒米)의 종류 및 등급별 최고판매가격 중 개정 / 통보일속(通報一束) / 경제일지(1월중)

[주요경제통계]

【해설】

본 호에는 조사가 4건, 법령 1건, 잡록 8건이 수록되어 있으며 말미에 주요경제통계가 첨부되어 있다.

조사의 첫 번째는 1940년 11월 말 현재 경성부 내 공업관계 16개 조합의 상태에 대한 조사 결과를 수록한 것이다. 원재료 입수상황, 생산상황, 판매상황, 종업원 상황, 금융융통 상황, 경제통제 강화에 의한 영향, 대책과 희망사항 순으로 조사하였다. 그 다음 3건은 1941년 1월 중 경성의 상업현황과 금융, 노동 임금, 조선 내의 회사 변동상황을 다룬 것이다.

법령은 「조선 상공회의소령(商工會議所令) 시행규칙 중 개정」(총독부령 제41호, 2월 17일)의 전문을 소개한 것이다.

잡록 중 앞의 6건은 「조선산 광폭(廣幅) 인견직물의 판매가격」(2월 1일), 「조선 광폭 인견교직물(人絹交織物)의 판매가격」(2월 1일), 「사무용품의 판매가격」(2월 12일), 「국민복 의례장(儀禮章)의 판매가격」(2월 5일), 「미곡 종류, 명병(銘柄) 및 등급별 최고판매가격 중 개정」(2월 26일), 「유미(儒米)의 종류 및 등급별 최고판매가격 중 개정」(2월 26일)에 관해 고시한 것이다. 일곱 번째 통보일속은 1939년 말 현재 각 도별, 업종별 공장 및 직공 분포상황, 공산품 액 조사 등을 표로 제시하고 있다. 경제일지는 1941년 1월 중 경성과 조선의 경제관련 주요 사건과 일본, 외국의 관련 내용 기록이다.

연번	지역	연월일	자료명	호수	키워드
295	경성	1941.3	경제월보	302	미곡배급통제, 상업조합령, 공업조합령, 수출입품, 임시자금 조정

【목차】

[조사]

내지의 미곡(米穀) 배급 통제기구 / 경성의 상황(商況)과 금융(2월중) / 경성의 노동임은(勞働賃銀)(2월중) / 조선의 회사의 이동(異動)(2월중)

[법령]

조선 상업조합령 / 조선 공업조합령 중 개정 / 조선 상업조합령 시행 기일(期日) / 조선 공업조합령 중 개정의 건(件) 시행 기일(期日) / 조선 상업조합령 시행규칙 / 조선 공업조합령 시행규칙 개정 / 조선 중요물자 현재고(現在高) 조사규칙 / 수출입품 등에 관한 임시조치령 중 개정 / 임시자금 조정 시행규칙 중 개정

[잡록]

잉크 흑즙(黑汁) 및 필기문구류의 판매가격 / 조선산(朝鮮產) 모자(帽子)의 판매가격 / 조선산 족대(足袋)의 판매가격 / 조선산 하물학동복(夏物學童服)의 판매가격 / 통보일속(通報一束) / 경제일지(2월중)

[주요경제통계]

【해설】

본 호에는 조사가 4건, 법령 9건, 잡록 6건, 수록되어 있으며 말미에 주요경제통계가 첨부되어 있다.

조사의 첫 번째는 전시체제 하 일본의 미곡배급 통제기구에 관한 조사 내용이다. 목차는 생산 및 배급통제의 진전, 생필품 배급기구 정비 및 소비규정의 필요, 생필품 배급 교환표 제도 소개, 미곡문제, 미곡의 집하 및 배급통제, 수급상황, 동경부와 대판부의 미곡배급통제기구 순으로 되어 있다. 그 다음 3건은 1941년 2월 중 경성의 상업현황과 금융, 노동 임금, 조선 내의 회사 변동상황을 다룬 것이다.

법령은 「조선 상업조합령」(3월 10일), 「조선 공업조합령 중 개정」(3월 10일), 「조선 중요물자 현재고(現在高) 조사규칙」(3월 11일), 「수출입품 등에 관한 임시조치령 중 개정」(3월 12일), 「임시자금 조정 시행규칙 중 개정」(3월 18일) 등의 전문을 소개한 것이다.

잡록 중 앞의 4건은 「잉크 흑즙(黑汁) 및 필기문구류의 판매가격」(3월 5일), 「조선산 모자(帽子)의 판매가격」(3월 20일), 「조선산 족대(足袋)의 판매가격 중 개정」(3월 20일), 「조선산 하물학동복(夏物學童服)의 판매가격」(3월 20일)에 관해 고시한 것이다. 다섯 번째 통보일속은 조선 내 가마니(叺) 증산운동의 성적, 임시 농지가격 통제령의 내용 등에 관한 것이다. 그 다음 경제일지는 1941년 2월 중 경성과 조선의 경제관련 주요 사건과 일본, 외국의 관련 내용 기록이다.

연번	지역	연월일	자료명	호수	키워드
296	경성	1941.4	경제월보	303	중소공업, 상업조합, 면류(麵類), 과실 및 소채, 경제관계 신법령

【목차】

[자료]

현하(現下) 중소공업 문제의 성격과 그 대책 - 경성상공회의소 경제고문 고교구길(高橋龜吉)

[조사]

경성의 상업상태 조사 / 경성의 상황(商況)과 금융(3월중) / 경성의 노동임은(勞働賃銀)(3월중) / 조선의 회사의 이동(異動)(3월중)

[잡록]

면류(麵類)의 판매가격 중 개정 / 과실 및 소채의 판매가격 중 개정 / 당유(糠油)의 판매가격 / 아연판(亞鉛板)의 판매가격 / 수은제(水銀製) 의약품(醫藥品)의 판매가격 / 붕사(硼砂)의 판매가격 / 조선산 인조규사(人造珪砂)의 판매가격 / 유화소다(硫化ソーダ)의 판매가격 / 건해태(乾海苔) 및 소해태(燒海苔)의 판매가격 중 개정 / 경제관계 신법령(新法令) 일람 / 통보일속(通報一束) / 경제일지(3월중)

[주요경제통계]

【해설】

본 호에는 자료가 1건, 조사 4건, 잡록 12건이 수록되어 있으며 말미에 주요경제통계가 첨부되어 있다.

자료는 경성상공회의소 경제고문 경제학자 다카하시(高橋龜吉)의 현재 중공업 문제의 성격과 그 대책에 관한 기고문이다. 그는 전시 경제체제기의 중소공업 문제의 성격과 문제의 소재(所在), 중점 대책과 그 방향, 적극적으로 육성할 분야와 소극적으로 육성할 분야를 구분할 필요성 등에 관해 언급하였다.

조사의 첫 번째는 현재 경성부 내 상업관계에 관해 주로 조합을 중심으로 조사한 결과를 수록한 것이다. 구입상황, 판매상황, 종업원 상황, 금융융통 상황, 통제 강화에 의한 영향 정도, 대책과 희망사항 순으로 조사하였다. 그 다음 3건은 1941년 3월 중 경성의 상업현황과 금융, 노동 임금, 조선 내의 회사 변동상황을 다룬 것이다.

잡록 중 앞의 10건은 「면류(麵類)의 판매가격 중 개정」(4월 8일), 「과실 및 소채의 판매가격 중 개정」(4월 8일), 「당유(糠油)의 판매가격」(4월 8일), 「아연판의 판매가격」(4월 15일), 「수은제(水銀製) 의약품의 판매가격」(4월 15일), 「붕사(硼砂)의 판매가격」(4월 16일), 「조선산 인조 규사(珪砂)의 판매가격」(4월 12일), 「유화소다(硫化ソーダ)의 판매가격」(4월 123일), 「건해태(乾海苔) 및 소해태(燒海苔)의 판매가격 중 개정」(4월 19일), 「경제관계 신법령 일람」(3월 1일~4월 15일)에 관해 고시한 것이다. 다음 통보일속은 상업조합의 조직지도 및 운용방침, 미(米)의 실수확고 등에 관한 내용이다. 마지막의 경제일지는 1941년 3월 중 경성과 조선의 경제관련 주요 사건과 일본, 외국의 관련 내용 기록이다.

연번	지역	연월일	자료명	호수	키워드
297	경성	1941.5	경제월보	304	철강 통제기구, 무역통제령, 담힐(墰詰), 경제관계 신법령, 무역통제령, 관동주 신물가대책

【목차】

[조사]

내지의 철강(鐵鋼) 통제기구 / 경성의 상황(商況)과 금융(4월중) / 경성의 노동임은(勞働賃銀)(4월중) / 조선의 회사의 이동(異動)(4월중)

[법령]

무역통제령(貿易統制令)

[잡록]

조선산 소두(小豆) 판매가격 / 식료품 담힐(墰詰)의 판매가격 / 경제관계 신법령(新法令) 일람 / 통보일속(通報一束) / 경제일지(4월중)

[주요경제통계]

【해설】

본 호에는 조사가 4건, 법령 1건, 잡록 5건이 수록되어 있으며 말미에 주요경제통계가 첨부되어 있다.

조사의 첫 번째는 전시체제기 일본 국내의 철강(鐵鋼) 통제기구에 대한 조사보고서이다. 내용은 군수공업의 주축산업으로서 일본 철강업의 현황, 철강수급 통제, 생산통제, 배급통제, 소비통제 및 4월 26일의 철강통제회 창립에 관해 기술한 것이다. 그 다음 3건은 1941년 4월 중 경성의 상업현황과 금융, 노동 임금, 조선 내의 회사 변동상황을 다룬 것이다.

법령은 5월 13일 제령 제581호로 공포된 「무역통제령(貿易統制令)」의 전문내용을 소개한 것이다.

잡록 중 앞의 3건은 「조선산 소두(小豆) 판매가격」(총독부고시 590호, 4월 24일), 「식료품 담힐(墰詰)의 판매가격」(총독부고시 664호, 5월 9일), 「경제관계 신법령(新法令) 일람」(4월 16일~5월 15일)에 관해 고시한 것이다. 네 번째 통보일속은 「무역통제령」 시행에 관한 식산국장의 담화, 해외경제정보의 하나인 만주 대련의 관동주 신 물가대책 등에 관한 내용이다. 다섯 번째 경제일지는 1941년 4월 중 경성과 조선의 경제관련 주요 사건과 일본, 외국의 관련 내용 기록이다.

연번	지역	연월일	자료명	호수	키워드
298	경성	1941.6	경제월보	305	세계체제, 동아경제, 조선주택영단령, 기호음료, 자양음료, 경제관계 신법령

【목차】

[자료]

세계체제의 변혁과 동아경제(東亞經濟)의 전도(前途)(上) - 경성상공회의소 경제고문 고교구길(高橋龜吉)

[조사]

경성의 상황(商況)과 금융(5월중) / 경성의 노동임은(勞働賃銀)(5월중) / 조선의 회사의 이동(異動)(5월중)

[법령]

조선주택영단령(朝鮮住宅營團令)

[잡록]

견절(鰹節) 잡절(雜節) 및 삭절(削節)의 판매가격 / 알미늄(アルミニウム) 알루마이트제(アルマイト製) 가정기물(家庭器物)의 판매가격 / 기호음료(嗜好飮料) 및 자양음료(滋養飮料)의 판매가격 / 경제관계 신법령(新法令) 일람 / 통보일속(通報一束) / 경제일지(5월중)

[주요경제통계]

【해설】

본 호에는 자료가 1건, 조사 3건, 법령 1건, 잡록 6건이 수록되어 있으며 말미에 주요경제통계가 첨부되어 있다.

자료는 경성상공회의소 경제고문 경제학자 다카하시(高橋龜吉)의 '세계체제의 변혁과 동아경제(東亞經濟)의 전도(前途)'라는 제목의 강연 첫 번째 내용이다. 이번 호에서 그는 중일전쟁(지나사변)의 세계사적 의의, 세계체제의 변혁과 그 원인, 세계의 광역경제화의 대세와 동아공영권(東亞共榮圈)에 관해 언급하였다.

조사는 총 3건으로 1941년 5월 중 경성의 상업현황과 금융, 노동 임금, 조선 내의 회사 변동상황을 각기 다룬 것이다.

법령은 제령 제23호로 6월 14일 공포된 「조선주택영단령(朝鮮住宅營團令)」과 그 「시행규칙」(총독부고시 제162호)의 전문을 소개한 것이다.

잡록 중 앞의 4건은 「견절(鰹節) 잡절(雜節) 및 삭절(削節)의 판매가격」(5월 17일), 「알미늄 알루마이트제(製) 가정기물(家庭器物)의 판매가격」(6월 18일), 「기호음료 및 자양음료의 판매가격」(6월 20일), 「경제관계 신법령(新法令) 일람」(5월 16일~6월 20일)에 관해 고시한 것이다. 다섯 번째 통보일속은 1940년도의 각종 생사(生絲) 생산상황과 해외경제정보의 하나인 만주 신경에서의 마직유(麻織維)

연합회의 결성 등에 관한 내용이다. 여섯 번째 경제일지는 1941년 5월 중 경성과 조선의 경제관련 주요 사건과 일본, 외국의 관련 내용 기록이다.

연번	지역	연월일	자료명	호수	키워드
299	경성	1941.7	경제월보	306	세계체제, 동아경제, 화물 집산, 석유배급, 임금통제령, 경제관계 신법령

【목차】

[자료]

세계체제의 변혁과 동아경제(東亞經濟)의 전도(前途)(下) – 경성상공회의소 경제고문, 고교구길(高橋龜吉)

[조사]

철도에 의한 1940년 중의 화물 집산 상황(上) / 경성의 상황(商況)과 금융(6월중) / 경성의 노동임은(勞働賃銀)(6월중) / 조선의 회사의 이동(異動)(6월중)

[법령]

조선 설고무(屑ゴム) 배급 통제규칙 / 석유 배급 통제규칙 개정 / 임금통제령 시행규칙 개정 / 지대가임(地代家賃) 통제령 시행규칙 / 인상흑연(鱗狀黑鉛) 배급 조정규칙

[잡록]

경제관계 신법령(新法令) 일람 / 통보일속(通報一束) / 경제일지(6월중)

[주요경제통계]

【해설】

본 호에는 자료가 1건, 조사 4건, 법령 5건, 잡록 3건이 수록되어 있으며 말미에 주요경제통계가 첨부되어 있다.

자료는 경성상공회의소 경제고문 경제학자 다카하시(高橋龜吉)의 '세계체제의 변혁과 동아경제(東亞經濟)의 전도(前途)'라는 제목의 전월 호에 이은 강연문의 두 번째 내용이다. 이번 호에서 그는 중일전쟁 시기 동아공영권의 건설과 그 세계적 의의 문제에 관해 집중적으로 강조하고 있다.

조사의 첫 번째는 내용은 1940년 중 경성의 화물 이동상황을 조사한 것의 첫 번째 내용이다. 여기서는 일반개황, 도착화물 및 발송화물의 전체 개황에 관해 상세히 기록하였다. 그 다음 3건은 1941년 6월 중 경성의 상업현황과 금융, 노동 임금, 조선 내의 회사 변동상황을 다룬 것이다.

법령은 「조선 설고무(屑ゴム) 배급 통제규칙」(6월 26일), 「석유 배급 통제규칙 개정」(6월 27일), 「임금통제령 시행규칙 개정」(6월 30일), 「지대가임(地代家賃) 통제령 시행규칙」(7월 1일), 「인상흑연(鱗狀黑鉛) 배급 조정규칙」(7월 9일)의 전문을 소개한 것이다.

잡록의 첫 번째는 「경제관계 신법령(新法令) 일람」(6월 21일~7월 20일)에 관해 고시한 것이다. 두 번째 통보일속은 1939년도 주조(酒造) 원료 사용 조사와 해외경제정보 중 중국 북경의 섬유제품 재고의 처리 결정 등에 관한 내용이다. 세 번째 경제일지는 1941년 6월 중 경성과 조선의 경제관련 주요 사건과 일본, 외국의 관련 내용 기록이다.

연번	지역	연월일	자료명	호수	키워드
300	경성	1941.8	경제월보	307	조선 주식계, 경성, 화물집산, 폭리행위, 실적주의, 북만 당업(糖業)

【목차】

[조사]

사변하(事變下)의 조선 주식계(株式界) / 철도에 의한 1940년 중의 화물 집산 상황(下) / 경성의 상황(商況)과 금융(7월중) / 경성의 노동임은(勞働賃銀)(7월중) / 조선의 회사의 이동(異動)(7월중)

[잡록]

통보일속(通報一束) / 해외경제정보 / 경제일지(7월중)

[주요경제통계]

【해설】

본 호에는 조사가 5건, 잡록 3건이 수록되어 있으며 말미에 주요경제통계가 첨부되어 있다.

조사의 첫 번째는 중일전쟁의 전시 경제체제 상황에서의 조선 주식계에 관한 내용이다. 전쟁의 진전과 주식계의 추이, 주가 부진의 원인, 주가대책의 방향에 관해 언급하고 있다. 두 번째 내용은 1940년 중 경성의 화물 이동상황을 조사한 것의 두 번째 내용이다. 이번 호에서는 도착화물의 월별, 품목별 상황, 주요 각 역별 농수산물과 공산품의 발착상황, 수량 등에 관해 상세히 기록하였다. 그 다음 3건은 1941년 7월 중 경성의 상업현황과 금융, 노동 임금, 조선 내의 회사 변동상황을 다룬 것이다.

잡록 중 통보일속은 폭리행위 등 단속규칙 개정에 관한 건, 실적주의에 대한 보정(補正) 건에 관한 내용이다. 두 번째 해외경제정보는 중국 신경의 북만 당업(糖業)의 대대적 생산 확립 및 대일 수출 긴축과 국내 생산 등에 관한 내용으로 되어 있다. 세 번째 경제일지는 1941년 7월 중 경성과 조선의 경제관련 주요 사건과 일본, 외국의 관련 내용 기록이다.

연번	지역	연월일	자료명	호수	키워드
301	경성	1941.9	경제월보	308	저물가 보조금정책, 만관(滿關), 만주국, 관동주, 무역통제기구

【목차】

[자료]

저물가 보조금 정책 개정(改訂)의 필지(必至)와 그 방향 – 경성상공회의소 경제고문 고교구길(高橋龜吉)

[조사]

만관(滿關)의 무역통제기구 / 경성의 상황(商況)과 금융(8월중) / 경성의 노동임은(勞働賃銀)(8월중) / 조선의 회사의 이동(異動)(8월중)

[잡록]

해외경제정보 / 경제일지(8월중)

[주요경제통계]

【해설】

본 호에는 자료가 1건, 조사 4건, 잡록 2건이 수록되어 있으며 말미에 주요경제통계가 첨부되어 있다.

자료는 경성상공회의소 경제고문 경제학자 다카하시(高橋龜吉)의 '저물가 보조금 정책 개정(改訂)의 필지(必至)와 그 방향'이라는 제목의 기고문 내용이다. 그는 저물가 보조금 정책의 개정을 필요로 하는 여러 사정, 재정사정 상 가격정책에 보조금 정책의 속행(續行)이 필요하지 않은 여러 사정, 생산증강대책으로서 보조금 정책의 개혁, 보조금 정책을 대신하는 물가 악순환고 방지대책 등의 문제에 관해 설명하고 있다.

조사의 첫 번째는 만주국과 관동주(關東州) 내의 무역통제기구에 관한 조사 내용이다. 여기서는 중일전쟁 이후 현재까지의 만주국에서의 수출입 관련 무역통제기구의 개관과 현황, 대련(大連)을 중심으로 하는 관동주의 무역통제기구의 개관과 각 연합회와 조합, 회사 현황 등으로 구분하여 정리하였다. 이 글의 결론에서는 새로운 기구를 만들면 일본과 만주, 관동주 간 교역 원활화를 촉진하고, 물자수급의 균형과 가격제도를 원활하게 하고, 수출입 통제료의 부과문제도 자연적으로 해소되고, 업자들의 이중가입 에 대한 불이익과 불편도 해소될 것으로 전망하고 있다. 그 다음의 3건은 1941년 8월중 경성의 상업현황과 금융, 노동 임금, 조선 내의 회사 변동상황을 다룬 것이다.

잡록의 첫 번째는 해외경제정보로 중국 상해의 중지제분(中支製粉)의 증산계획과 신경의 만주국의 무역사(貿易司) 신설 등에 관한 내용으로 되어 있다. 두 번째의 경제일지는 1941년 8월 중 경성과 조선의 경제관련 주요 사건과 일본, 외국의 관련 내용 기록이다.

연번	지역	연월일	자료명	호수	키워드
302	경성	1941.10	경제월보	309	중소 상업기업, 합동, 경제관련 신법령, 만주국 경제부, 흥농부 식량증산

【목차】

[조사]

내지(內地)의 중소 상업기업 합동의 실정 / 경성의 상황(商況)과 금융(9월중) / 경성의 노동임은(勞働賃銀)(9월중) / 조선의 회사의 이동(異動)(9월중)

[잡록]

해외경제정보 / 경제관계 신법령(新法令) 일람 / 경제일지(9월중)

[주요경제통계]

【해설】

본 호에는 조사가 4건, 잡록 3건이 수록되어 있으며 말미에 주요경제통계가 첨부되어 있다.

조사의 첫 번째는 일본 내의 중소 상공기업 합동의 실태에 관한 조사보고서 내용이다. 이 글에서는 먼저 합동문제의 추이를 개관하고 기업합동과 업계의 실정을 미곡판매상을 비롯하여 분야별로 살피고 있다. 그 다음 기업합동을 둘러싼 문제를 경영형태와 이른바 노포료(老鋪*料) 문제, 기업합동과 전(轉) 실업(失業) 문제, 합동 운영상의 문제 등으로 구분하여 정리하고 있다. 그 다음 3건은 1941년 9월 중 경성의 상업현황과 금융, 노동 임금, 조선 내의 회사 변동상황을 다룬 것이다.

잡록의 첫 번째 해외경제정보는 만주 신경의 만주국경제부 기구개혁, 흥농부(興農部) 식량증산 기초 획립 등에 관한 내용이다. 두 번째 「경제관계 신법령(新法令) 일람」은 10월 1일부터 31일까지 칙령과 제령, 부령 등으로 공포된 각종 법령의 제목을 명칭, 번호, 날짜 순으로 제시한 것이다. 세 번째 경제일지는 1941년 9월 중 경성과 조선의 경제관련 주요 사건과 일본, 외국의 관련 내용 기록이다.

* 노포(老鋪) : 대대로 물려 내려오는 점포를 말한다.

연번	지역	연월일	자료명	호수	키워드
303	경성	1941.11	경제월보	310	경성, 배급통제기구, 경제관련 신법령, 피복 기성품, 메리야스, 타올

【목차】

[조사]

조선의(주로 경성을 중심으로 하는) 물자(物資)의 배급통제기구(1) / 경성의 상황(商況)과 금융(10월중) / 경성의 노동임은(勞働賃銀)(10월중) / 조선의 회사의 이동(異動)(10월중)

[잡록]
해외경제정보 / 경제관계 신법령(新法令) 일람 / 경제일지(10월중)
[주요경제통계]

【해설】
본 호에는 조사가 4건, 잡록 3건이 수록되어 있으며 말미에 주요경제통계가 첨부되어 있다.
조사의 첫 번째는 주로 경성을 중심으로 하는 조선 내의 물자배급 통제기구에 관한 7부작 조사 중 첫 번째 내용이다. 전시 경제체제 하의 조선에서의 배급통제 대상 항목과 배급기구, 생산통제, 통제방법 등에 관해 설명하고 있다. 이번 호에서는 면사, 인조섬유 및 견사(絹絲), 일본산 직물과 인조직물, 설(屑) 섬유(纖維), 조선산 피복 기성품, 메리아스 제품, 타올을 대상으로 하고 있다. 그 다음 3건은 1941년 10월 중 경성의 상업현황과 금융, 노동 임금, 조선 내의 회사 변동상황을 다룬 것이다.
잡록의 첫 번째 해외경제정보는 만주 신경의 병호품(丙號品)의 통제기구 개조, 북경의 화북(華北) 일본상공회의소 본부의 출현 등에 관한 내용이다. 두 번째 「경제관계 신법령(新法令) 일람」은 11월 1일부터 20일까지 칙령과 제령, 부령 등으로 공포된 각종 법령의 제목을 명칭, 번호, 날짜 순으로 제시한 것이다. 세 번째 경제일지는 1941년 10월 중 경성과 조선의 경제관련 주요 사건과 일본, 외국의 관련 내용 기록이다.

연번	지역	연월일	자료명	호수	키워드
304	경성	1941.12	경제월보	311	물자배급 통제기구, 조선산 광폭 면직물, 미곡, 백화점, 경제관련 신법령

【목차】
[조사]
조선의(주로 경성을 중심으로 하는) 물자(物資)의 배급통제기구(2) / 경성의 상황(商況)과 금융(11월중) / 경성의 노동임은(勞働賃銀)(11월중) / 조선의 회사의 이동(異動)(11월중)
[잡록]
해외경제정보 / 경제관계 신법령(新法令) 일람 / 경제일지(11월중)
[주요경제통계]

【해설】
본 호에는 조사가 4건, 잡록 3건이 수록되어 있으며 말미에 주요경제통계가 첨부되어 있다.
조사의 첫 번째는 주로 경성을 중심으로 하는 조선 내의 물자배급 통제기구에 관한 7부작 조사 중 전월 호에 이은 두 번째 내용이다. 전시 경제체제 하의 조선에서의 배급통제 대상 항목과 배급기관,

판매기관, 종류 별 용도, 배급 수량, 할당 방법, 생산 및 배급방법, 현물확보 등에 관해 설명하고 있다. 이번 호에서는 조선산 광폭 면직물 배급통제 요강, 면봉사(綿縫絲) 배급통제 요강, 모직물 배급통제 요강, 모사(毛絲) 배급통제요강, 마닐라 삼 배급통제 요강, 미곡 및 잡곡 배급통제 요강, 사탕 배급통제 요강, 연유 및 분유 배급통제 요강, 소맥분 배급통제 요강, 고무 배급통제 요강 및 경성부 내의 고무소비 할당제 시행 상황, 식물성 유지 배급통제 요강, 주류 배급통제 요강을 설명하고 있다. 그 다음 3건은 1941년 11월 중 경성의 상업현황과 금융, 노동 임금, 조선 내의 회사 변동상황을 다룬 것이다.

잡록의 첫 번째 해외경제정보는 중국 청도의 청도-일본 간 선차(船車) 연락의 구체화, 만주 신경의 만관(滿關) 백화점 조합 결성 등에 관한 내용이다. 두 번째 「경제관계 신법령(新法令) 일람」은 11월 21일부터 12월 20일까지 칙령과 제령, 부령 등으로 공포된 각종 법령의 제목을 명칭, 번호, 날짜 순으로 제시한 것이다. 세 번째 경제일지는 1941년 11월 중 경성과 조선의 경제관련 주요 사건과 일본, 외국의 관련 내용 기록이다.

연번	지역	연월일	자료명	호수	키워드
305	경성	1942.1	경제월보	312	대동아전쟁, 일본경제, 대련, 만관무역연합회, 남양 원료, 경제관련 신법령

【목차】

[자료]

대동아전쟁(大東亞戰爭)과 우리 경제의 위치 – 경성상공회의소 경제고문 고교구길(高橋龜吉)

[조사]

성전하(聖戰下) 제5년 일반경제계 회고 / 경성의 상황(商況)과 금융(12월중) / 경성의 노동임은(勞働賃銀)(12월중) / 조선의 회사의 이동(異動)(12월중)

[잡록]

해외경제정보 / 경제관계 신법령(新法令) 일람 / 경제일지(12월중)

[주요경제통계]

【해설】

본 호에는 자료가 1건, 조사 4건, 잡록 3건이 수록되어 있으며 말미에 주요경제통계가 첨부되어 있다.

자료는 경성상공회의소 경제고문 경제학자 다카하시(高橋龜吉)의 '대동아전쟁(大東亞戰爭)과 우리 경제의 위치'라는 제목의 기고문 내용이다. (1) 대전(大戰) 발발 전 일본의 대전(對戰) 경제력의 위치, (2) 대동아 장기전과 일본의 대전 경제력의 위치 순으로 되어 있다.

조사의 첫 번째는 1941년 12월 8일부터 태평양전쟁의 전시 경제체제기를 맞이하면서 그간 진행된 일반 경제계 전반을 회고하고 있다. 말미에 1941년 1월 8일부터 12월 26일까지 조선에서 공포된 주요 경제관련 법안을 소개하였다. 그 다음 3건은 1941년 12월 중 경성의 상업현황과 금융, 노동 임금, 조선 내의 회사 변동상황을 다룬 것이다.

잡록의 첫 번째 해외경제정보는 중국 만주 대련의 만관(滿關) 무역연합회 창립과 남양(南洋) 원료와 관련한 공업발전 계획 수립에 관한 내용이다. 두 번째 「경제관계 신법령(新法令) 일람」은 1941년 12월 22일부터 1942년 1월 20일까지 칙령과 제령, 부령 등으로 공포된 각종 법령의 제목을 명칭, 번호, 날짜 순으로 제시한 것이다. 세 번째 경제일지는 1941년 12월 중 경성과 조선의 경제관련 주요 사건과 일본, 외국의 관련 내용 기록이다.

연번	지역	연월일	자료명	호수	키워드
306	경성	1942.2	경제월보	313	물자배급 통제기구, 배급통제, 북경, 대련, 회북 식량대책, 관동주 생필품

【목차】

[조사]

조선의(주로 경성을 중심으로 하는) 물자(物資)의 배급통제기구(3) / 경성의 상황(商況)과 금융(1월중) / 경성의 노동임은(勞働賃銀)(1월중) / 조선의 회사의 이동(異動)(1월중)

[잡록]

해외경제정보 / 경제관계 신법령(新法令) 일람 / 경제일지(1월중)

[주요경제통계]

【해설】

본 호에는 조사가 4건, 잡록 3건이 수록되어 있으며 말미에 주요경제통계가 첨부되어 있다.

조사의 첫 번째는 전년도 12월 호에 이은 주로 경성을 중심으로 하는 조선 내의 물자배급 통제기구에 관한 7부작 조사 중 세 번째 내용이다. 전시 경제체제 하의 조선에서의 배급통제 대상 항목과 배급기관, 판매기관, 종류 별 용도, 배급 수량, 할당 방법, 생산 및 배급방법, 현물확보 등에 관해 설명하고 있다. 이번 호에서는 제면(製綿) 배급통제 요강, 군수(軍手; 작업용 목장갑) 배급통제 요강, 카바이트 배급통제 요강, 시멘트 배급통제 요강, 합성염료 배급통제 요강, 판(板) 초자(硝子) 배급통제 요강, 면제품 및 아연철판 배급통제 요강, 자동차 및 부분품(部分品), 부속품 배급통제 요강, 인촌(燐寸; 성냥) 배급통제 요강, 양지(洋紙) 배급통제 요강, 공업용 소가죽 제품 배급통제 요강을 설명하고 있다. 그 다음 3건은 1942년 1월 중 경성의 상업현황과 금융, 노동 임금, 조선 내의 회사 변동상황을 다룬 것이다.

잡록의 첫 번째 해외경제정보는 중국 북경의 화북 식량대책 확립 결정, 만주 대련의 관동주 생필품 배급 개황 등에 관한 내용이다. 두 번째 「경제관계 신법령(新法令) 일람」은 1월 21일부터 2월 20일까지 법률과 칙령, 제령, 부령 등으로 공포된 각종 법령의 제목을 명칭, 번호, 날짜 순으로 제시한 것이다. 세 번째 경제일지는 1942년 1월 중 경성과 조선의 경제관련 주요 사건과 일본, 외국 관련 내용 기록이다.

연번	지역	연월일	자료명	호수	키워드
307	경성	1942.3	경제월보	314	물자배급 통제기구, 우유, 염(鹽), 자동차, 화북 면업계, 만주 기계

【목차】

[조사]

조선의(주로 경성을 중심으로 하는) 물자(物資)의 배급통제기구(4) / 경성의 상황(商況)과 금융(2월중) / 경성의 노동임은(勞働賃銀)(2월중) / 조선의 회사의 이동(異動)(2월중)

[잡록]

해외경제정보 / 경제관계 신법령(新法令) 일람 / 경제일지(2월중)

[주요경제통계]

【해설】

본 호에는 조사가 4건, 잡록 3건이 수록되어 있으며 말미에 주요경제통계가 첨부되어 있다.

조사의 첫 번째는 앞의 2월 호에 이은 주로 경성을 중심으로 하는 조선 내의 물자배급 통제기구에 관한 7부작 조사 중 네 번째 내용이다. 전시 경제체제 하의 조선에서의 배급통제 대상 항목과 배급기관, 판매기관, 종류 별 용도, 배급 수량, 할당 방법, 생산 및 배급방법, 현물확보 등에 관해 설명하고 있다. 이번 호에서는 음용 우유(牛乳) 배급통제 요강, 식량용 염(鹽) 배급통제 요강, 자동차 및 소형자동차용 타이어 및 튜브 배급통제 요강, 비료 배급통제 요강, 석탄 및 연탄, 목탄의 배급통제 요강을 설명하고 있다. 그 다음 3건은 1942년 2월 중 경성의 상업현황과 금융, 노동 임금, 조선 내의 회사 변동상황을 다룬 것이다.

잡록의 첫 번째 해외경제정보는 중국 북경의 화북 면업계(棉業界)의 일관(一貫) 통제, 봉천의 만주기계의 독자적 통제 등에 관한 내용이다. 두 번째 「경제관계 신법령(新法令) 일람」은 2월 21일부터 3월 20일까지 법률과 칙령, 제령, 부령 등으로 공포된 각종 법령의 제목을 명칭, 번호, 날짜 순으로 제시한 것이다. 세 번째 경제일지는 1942년 2월 중 경성과 조선의 경제관련 주요 사건과 일본, 외국의 관련 내용 기록이다.

연번	지역	연월일	자료명	호수	키워드
308	경성	1942.4	경제월보	315	물자배급 통제기구, 면화 배급통제, 봉천, 만철(滿鐵), 신용조합, 신법령

【목차】

[조사]

조선의(주로 경성을 중심으로 하는) 물자(物資)의 배급통제기구(5) / 경성의 상황(商況)과 금융(3월중) / 경성의 노동임은(勞働賃銀)(3월중) / 조선의 회사의 이동(異動)(3월중)

[잡록]

해외경제정보 / 경제관계 신법령(新法令) 일람 / 경제일지(3월중)

[주요경제통계]

【해설】

본 호에는 조사가 4건, 잡록 3건이 수록되어 있으며 말미에 주요경제통계가 첨부되어 있다.

조사의 첫 번째는 앞의 3월 호에 이은 주로 경성을 중심으로 하는 조선 내의 물자배급 통제기구에 관한 7부작 조사 중 다섯 번째 내용이다. 전시 경제체제 하의 조선에서의 배급통제 대상 항목과 배급기관, 판매기관, 종류 별 용도, 배급 수량, 할당 방법, 생산 및 배급방법, 현물확보 등에 관해 설명하고 있다. 이번 호에서는 면화 배급통제 요강, 소다 공업약품 배급통제 요강, 경화유(硬化油) 등 배급통제 요강, 의약품 및 위생재료 배급통제 요강, 석면 슬레이트 배급통제 요강, 휘발유 및 중유 배급통제 요강, 등유 및 경유 배급통제 요강, 호공품(蒿工品) 배급통제 요강, 철강 배급통제 요강을 설명하고 있다. 그 다음 3건은 1942년 3월 중 경성의 상업현황과 금융, 노동 임금, 조선 내의 회사 변동상황을 다룬 것이다.

잡록의 첫 번째 해외경제정보는 만주 봉천의 만철(滿鐵)의 신년도 수송 방책, 중국 상해의 중소업자를 위한 신용조합 창립 등에 관한 내용이다. 두 번째 「경제관계 신법령(新法令) 일람」은 3월 21일부터 4월 20일까지 법률과 칙령, 제령, 부령 등으로 공포된 각종 법령의 제목을 명칭, 번호, 날짜 순으로 제시한 것이다. 세 번째 경제일지는 1942년 3월 중 경성과 조선의 경제관련 주요 사건과 일본, 외국의 관련 내용 기록이다.

연번	지역	연월일	자료명	호수	키워드
309	경성	1942.5	경제월보	316	물자배급 통제기구, 견직물, 기성복, 섬유제품 배급통제, 공정가격 품명 일람

【목차】

[조사]

조선의(주로 경성을 중심으로 하는) 물자(物資)의 배급통제기구(6) / 경성의 상황(商況)과 금융(4월중) / 경성의 노동임은(勞働賃銀)(4월중) / 조선의 회사의 이동(異動)(4월중)

[잡록]

해외경제정보 / 경제관계 신법령(新法令) 일람 / 경제일지(4월중)

[주요경제통계]

[부록]

조선총독부 및 경기도 공정가격(公定價格) 품명(品名) 일람표

【해설】

본 호에는 조사가 4건, 잡록 3건이 수록되어 있으며 말미에 주요경제통계와 부록이 첨부되어 있다.

조사의 첫 번째는 앞의 4월 호에 이은 주로 경성을 중심으로 하는 조선 내의 물자배급 통제기구에

관한 7부작 조사 중 여섯 번째 내용이다. 전시 경제체제 하의 배급통제 대상 항목과 배급기관, 판매기관, 종류 별 용도, 배급 수량, 할당 방법, 생산 및 배급방법, 현물확보 등에 관해 설명하고 있다. 이번 호에서는 일본산 견직물 및 견교직물(絹交織物) 배급통제 요강, 모직물 기성복류, 단복(團服) 작업의류 및 포백(布帛) 잡품류, 화장(和裝) 제품, 고직유(故織維), 일본 내의 섬유제품 배급통제 규칙 등에 관해 설명하고 있다. 그 다음 3건은 1942년 4월 중 경성의 상업현황과 금융, 노동, 임금, 조선 내의 회사 변동상황을 다룬 것이다.

잡록의 첫 번째 해외경제정보는 중국 북경의 백미 등의 배급표와 구입권, 만주 신경의 철강의 대일 증송(增送) 방책 강구 등에 관한 내용이다. 두 번째 「경제관계 신법령(新法令) 일람」은 4월 21일부터 5월 20일까지 법률과 칙령, 제령, 부령 등으로 공포된 각종 법령의 제목을 명칭, 번호, 날짜 순으로 제시한 것이다. 세 번째 경제일지는 1942년 4월 중 경성과 조선의 경제관련 주요 사건과 일본, 외국의 관련 내용 기록이다.

부록은 1942년 3월 말 현재 조선총독부 및 경기도가 고시한 「공정가격(公定價格) 품명(品名) 일람표」로 각 품목별, 고시번호, 공포연월일 순으로 정리되어 있다.

연번	지역	연월일	자료명	호수	키워드
310	경성	1942.6	경제월보	317	물자배급 통제기구, 공업용 고무제품, 신발용 가죽, 청도, 신경, 보상금

【목차】

[조사]

조선의(주로 경성을 중심으로 하는) 물자(物資)의 배급통제기구(完) / 경성의 상황(商況)과 금융(5월중) / 경성의 노동임은(勞働賃銀)(5월중) / 조선의 회사의 이동(異動)(5월중)

[잡록]

해외경제정보 / 경제관계 신법령(新法令) 일람 / 경제일지(5월중)

[주요경제통계]

【해설】

본 호에는 조사가 4건, 잡록 3건이 수록되어 있으며 말미에 주요경제통계가 첨부되어 있다.

조사의 첫 번째는 앞의 5월 호에 이은 주로 경성을 중심으로 하는 조선 내의 물자배급 통제기구에 관한 7부작 조사 중 마지막 내용이다. 전시 경제체제 하의 배급통제 대상 항목과 배급기관, 판매기관, 종류 별 용도, 배급 수량, 할당 방법, 생산 및 배급방법, 현물확보 등에 관해 설명하고 있다. 이번 호에서는 공업용 고무제품, 알콜, 벤졸, 코크스, 신발용 가죽 등에 관해 설명하고 있다. 그 다음 3건은

1942년 5월 중 경성의 상업현황과 금융, 노동 임금, 조선 내의 회사 변동상황을 다룬 것이다.

잡록의 첫 번째 해외경제정보는 중국 청도의 대일본 수출개혁과 보상금 한도, 만주 신경의 고무공업계의 일원적 통제강화 등에 관한 내용이다. 두 번째 「경제관계 신법령(新法令) 일람」은 5월 21일부터 6월 20일까지 법률과 칙령, 제령, 부령 등으로 공포된 각종 법령의 제목을 명칭, 번호, 날짜 순으로 제시한 것이다. 세 번째 경제일지는 1942년 5월 중 경성과 조선의 경제관련 주요 사건과 일본, 외국의 관련 내용 기록이다.

연번	지역	연월일	자료명	호수	키워드
311	경성	1942.7	경제월보	318	상업현황, 금융, 노동임금, 회사, 만주무역연합회, 상공경영간담회

【목차】

[조사]

경성의 상황(商況)과 금융(6월중) / 경성의 노동임은(勞働賃銀)(6월중) / 조선의 회사의 이동(異動)(6월중)

[잡록]

해외경제정보 / 경제관계 신법령(新法令) 일람 / 경제일지(6월중)

[주요경제통계]

[부록]

상공경영간담회(商工經營懇談會) 속기록

【해설】

본 호에는 조사가 3건, 잡록 3건이 수록되어 있으며 말미에 주요경제통계와 부록이 첨부되어 있다.

조사의 3건은 1942년 6월 중 경성의 상업현황과 금융, 노동 임금, 조선 내의 회사 변동상황을 다룬 것이다.

잡록의 첫 번째 해외경제정보는 만주 신경의 국내 중요광물의 증산 강화와 만주무역연합회의 강화설 대두 등에 관한 내용이다. 두 번째 「경제관계 신법령(新法令) 일람」은 6월 20일부터 7월 20일까지 법률과 칙령, 제령, 부령 등으로 공포된 각종 법령의 제목을 명칭, 번호, 날짜 순으로 제시한 것이다. 세 번째 경제일지는 1942년 6월 중 경성과 조선의 경제관련 주요 사건과 일본, 외국의 관련 내용 기록이다.

부록은 1942년 4월 28일 경성상공회의소에서 개최된 상공경영간담회의 속기록 내용을 전재한 것이다. 이 간담회는 경성상공회의소와 조선경제연구소가 주최하고 경성제국대학 교수 스즈키 다케오(鈴木武雄)가 좌장이 되어 진행한 것이다.

연번	지역	연월일	자료명	호수	키워드
312	경성	1942.8	경제월보	319	국토계획, 중화학공업, 북선(北鮮), 대련, 대련, 신경, 중기(重機) 수입통제협회

【목차】

[자료]

국토계획과 조선 - 기획원 칙임조사관 전변충웅(田邊忠雄)

[조사]

경성의 상황(商況)과 금융(7월중) / 경성의 노동임은(勞働賃銀)(7월중) / 조선의 회사의 이동(異動)(7월중)

[잡록]

해외경제정보 / 경제관계 신법령(新法令) 일람 / 경제일지(7월중)

[주요경제통계]

【해설】

본 호에는 자료가 1건, 조사 3건, 잡록 3건이 수록되어 있으며 말미에 주요경제통계가 첨부되어 있다.

자료는 7월 28일 경성상공회의소 공회당에서 주최한 일본 기획원 칙임 조사관 다나베(田邊忠雄)의 초청강연회의 속기록 내용이다. 경제원론과 교통정책 전문가인 다나베는 '국토계획과 조선'이라는 주제로 조선의 각 지역 중 북선(北鮮)은 압록강을 중심으로 하는 전력이 매우 유망한 지역이며 발전소의 전력을 이용한 중화학공업에 유리한 조건을 가지고 있다고 주장하였다. 그는 동아공영권 전체를 아우르는 종합정책으로서 국토계획을 실시할 것을 언급하면서 조선은 먼저 일본의 군수품 생산과 인적자원 보유를 위한 전진병참기지로서 매우 편리한 지역이라고 파악하였다. 두 번째는 전쟁수행을 위해 일본으로부터의 군수품 및 생활필수품의 증가에 따라 생산력이 비약적으로 증가하지 않으면 안 되는 중요한 지역이라고 지적하고 있다. 세 번째는 일본 전체의 산업 및 인구 비율로 보아 조선은 산업 종류가 다양한 가장 최적지라고 주장하고 있다. 결론적으로 그는 조선의 진보는 오로지 공업화 방면, 특히 북선의 중공업에 가장 중요점을 두어야 할 것이라고 부연하고 있다.

조사의 3건은 1942년 7월 중 경성의 상업현황과 금융, 노동 임금, 조선 내의 회사 변동상황을 다룬 것이다.

잡록의 첫 번째 해외경제정보는 만주 대련의 만관(滿關) 중기(重機) 수입통제협회 창립, 신경의 하얼빈 각 유방(油房)의 기업합동 등에 관한 내용이다. 두 번째 「경제관계 신법령(新法令) 일람」은 7월 21일부터 8월 20일까지 법률과 칙령, 제령, 부령 등으로 공포된 각종 법령의 제목을 명칭, 번호, 날짜 순으로 제시한 것이다. 세 번째 경제일지는 1942년 7월 중 경성과 조선의 경제관련 주요 사건과 일본, 외국의 관련 내용 기록이다.

연번	지역	연월일	자료명	호수	키워드
313	경성	1942.9	경제월보	320	남방 경제사정, 대동아전쟁,. 태평양, 남방, 화상(華商), 창고업

【목차】

[자료]

남방(南方) 경제사정 - 육군성 촉탁 죽정십부(竹井十部)

[조사]

경성의 상황(商況)과 금융(8월중) / 경성의 노동임은(勞働賃銀)(8월중) / 조선의 회사의 이동(異動)(8월중)

[잡록]

해외경제정보 / 경제관계 신법령(新法令) 일람 / 경제일지(8월중)

[주요경제통계]

【해설】

본 호에는 자료가 1건, 조사 3건, 잡록 3건이 수록되어 있으며 말미에 주요경제통계가 첨부되어 있다.

자료는 8월 21일 경성상공회의소 공회당에서 주최한 일본 육군성 남방정무부(南方政務部) 촉탁 다케이(竹井十部)의 초청강연회의 속기록으로 남방(南方)의 경제사정에 관한 내용이다. 남방사정 연구의 권위자인 다케이는 대동아전쟁의 본질은 영국과 미국 세력을 아시아에서 완전히 구축 타파하는데 근본을 두고 있다고 하면서, 태평양의 바다를 확보하는 것이 동시에 동아시아를 확보하고 안정을 공고히 하는 길이라고 지적하였다. 그는 특히 남방은 천혜지택(天惠地澤)의 부를 가진 곳으로 아프리카의 열대지역이나 아라비아, 남미 열대지역과는 다른 풍부한 자연의 혜택을 보유한 지역인 동시에 지하자원과 해산물도 풍부하므로 남방의 농산물과 자원 개발이 급선무라고 주장하고 있다.

조사의 3건은 1942년 8월 중 경성의 상업현황과 금융, 노동 임금, 조선 내의 회사 변동상황을 다룬 것이다.

잡록의 첫 번째 해외경제정보는 중국 상해의 상해 화상(華商) 각 동업 공회(公會)가 물가대책에 협조한다는 내용과 상해의 창고업의 통일에 관한 내용이다. 두 번째와 세 번째의 「경제관계 신법령(新法令) 일람」, 8월 중 경제일지는 표지 제목에는 기재되어 있으나 본문에서는 보이지 않는다.

연번	지역	연월일	자료명	호수	키워드
314	경성	1942.10	경제월보	321	갱생금고제도, 갱생금융제도, 배급기구, 화학공업통제회, 경제관계 신법령

【목차】

[자료]

갱생금고제도(更生金庫制度)와 갱생금융제도(更生金融制度)

[조사]

경성의 상황(商況)과 금융(9월중) / 경성의 노동임은(勞働賃銀)(9월중) / 조선의 회사의 이동(異動)(9월중)

[잡록]

해외경제정보 / 경제관계 신법령(新法令) 일람 / 경제일지(9월중)

[주요경제통계]

【해설】

본 호에는 자료가 1건, 조사 3건, 잡록 3건이 수록되어 있으며 말미에 주요경제통계가 첨부되어 있다.

자료는 일본 국내에서 시행되고 있는 갱생금고제도(更生金庫制度)와 조선에서 시행되고 있는 갱생금융제도(更生金融制度)의 현황을 살핀 것이다. 내용은 1. 일본에서의 갱생금융제도의 일반개요(갱생금융제도의 발생원인, 업무내용, 전폐업자(轉廢業者) 자산평가 기준), 2. 갱생금고제도의 실시상황, 3. 조선에서의 갱생금융제도의 일반개요(갱생금고제도와 갱생금융제도의 상이점), 4. 갱생금융제도 실시의 전제조건(기업정리 계획, 운용기관, 유지육성책과 갱생금융제도) 순으로 되어 있다.

조사의 3건은 1942년 9월 중 경성의 상업현황과 금융, 노동 임금, 조선 내의 회사 변동상황을 다룬 것이다.

잡록의 첫 번째 해외경제정보는 중국 북경의 배급기구 정비에 진척이 있었다는 것과 만주에서도 화학공업통제회에 가입하였다는 등에 관한 내용이다. 두 번째 「경제관계 신법령(新法令) 일람」은 9월 21일부터 10월 20일까지 법률과 칙령, 제령, 부령 등으로 공포된 각종 법령의 제목을 명칭, 번호, 날짜 순으로 제시한 것이다. 세 번째 경제일지는 1942년 9월 중 경성과 조선의 경제관련 주요 사건과 일본, 외국의 관련 내용 기록이다.

연번	지역	연월일	자료명	호수	키워드
315	경성	1942.11	경제월보	322	신상도(新商道), 황도(皇道), 도량형, 대조선 육로 수입, 경제관계 신법령

【목차】

[자료]

신상도(新商道)에 대하여

[조사]

경성의 상황(商況)과 금융(10월중) / 경성의 노동임은(勞働賃銀)(10월중) / 조선의 회사의 이동(異動)(10월중) / 공영권(共榮圈)의 도량형

[잡록]

해외경제정보 / 경제관계 신법령(新法令) 일람 / 경제일지(10월중)

[주요경제통계]

【해설】

본 호에는 자료가 1건, 조사 4건, 잡록 3건이 수록되어 있으며 말미에 주요경제통계가 첨부되어 있다.

자료는 1942년 7월 28일 경성상공회의소가 주최한 간부 점원 연성(錬成) 강좌에서 전 조선상공회의소 및 경성상공회의소 회두 가다 나오지(賀田直治)가 강연한 내용의 속기록이다. 그는 '신상도(新商道)에 대하여'라는 제목의 강연에서 지금 전쟁 상황에서 경제계도 환경이 많이 변하여 국가의 경제체제도 자유경제적 이기주의를 배제하고 공익우선, 멸사봉공의 기조를 견지하지 않으면 안 된다고 주장하고 있다. 또한 새로운 '상도'는 일본 고유의 '황도(皇道)'를 참고하고 이를 기반으로 하여 향후 시국의 진전과 함께 '황도경제'로 발전시켜 나가야 할 것을 강조하였다.

조사 중 앞의 3건은 1942년 10월 중 경성의 상업현황과 금융, 노동 임금, 조선 내의 회사 변동상황을 다룬 것이다. 네 번째는 '공영권의 도량형'이라는 제목으로 중국과 태국, 프랑스령 인도차이나, 필리핀, 말레이시아, 동인도의 도량형 제도를 소개하고 있다.

잡록의 첫 번째 해외경제정보는 중국 천진의 대조선 육로 수입 체화(滯貨) 대책과 만주 신경의 만주 농산물의 대일 수출 증대 등에 관한 내용이다. 두 번째 「경제관계 신법령(新法令) 일람」은 10월 20일부터 11월 19일까지 법률과 칙령, 제령, 부령 등으로 공포된 각종 법령의 제목을 명칭, 번호, 날짜순으로 제시한 것이다. 세 번째 경제일지는 1942년 10월 중 경성과 조선의 경제관련 주요 사건과 일본, 외국의 관련 내용 기록이다.

연번	지역	연월일	자료명	호수	키워드
316	경성	1942.12	경제월보	323	경성부, 물품판매업자, 생활필수품 배급업자, 영등포, 청량리, 왕십리, 마포

【목차】

[조사]

경성 신부역지대(新府域地帶)의 주요 필수품 배급업자의 분포상황 개요 / 경성의 상황(商況)과 금융(11월중) / 경성의 노동임은(勞働賃銀)(11월중) / 조선의 회사의 이동(異動)(11월중)

[잡록]

해외경제정보 / 경제관계 신법령(新法令) 일람 / 경제일지(11월중)

[주요경제통계]

【해설】

본 호에는 조사가 4건, 잡록 3건이 수록되어 있으며 말미에 주요경제통계가 첨부되어 있다.

조사의 첫 번째는 경성상공회의소에서 실시 중인 '경성에서의 물품판매업자의 조사'의 중간보고서의 성격을 갖는 내용으로 되어 있다. 1936년 4월부터 경성부에 편입된 강남의 영등포역 부근 일대, 동부 청량리 및 왕십리 가도, 서부 마포가도 일대 등을 대상으로 주로 생활필수품 배급업자로 되어 있는 물품판매업자의 생성과 분포 등에 관해 조사한 것이다. 이들 지역을 세분화하여 각 정별(町別)로 구분하여 분포상황 표를 만들고 배급업자 수와 비율, 분포 통계를 제시하였다. 그 다음 3건은 1942년 11월 중 경성의 상업현황과 금융, 노동 임금, 조선 내의 회사 변동상황을 다룬 것이다.

잡록의 첫 번째 해외경제정보는 만주 신경의 일만(日滿) 수출입 무역의 호조, 봉천에 경제사무소를 설치하였다는 등에 관한 내용이다. 두 번째 「경제관계 신법령(新法令) 일람」은 11월 21일부터 12월 20일까지 법률과 칙령, 제령, 부령 등으로 공포된 각종 법령의 제목을 명칭, 번호, 날짜 순으로 제시한 것이다. 세 번째 경제일지는 1942년 11월 중 경성과 조선의 경제관련 주요 사건과 일본, 외국의 관련 내용 기록이다.

연번	지역	연월일	자료명	호수	키워드
317	경성	1943.1	경제월보	324	조선경제, 결전체제, 배급통제, 소비통제

【목차】

[조사]

대동아전 하(大東亞戰下) 조선 경제의 추이(1942년의 회고) / 결전체제하의 배급통제와 내지(內地) 대도시의 소비통제의 상황 / 경성의 상황(商況)과 금융(12월중) / 경성의 노동임금(12월중) / 조선의 회사의 이동(異動)(12월중)

[잡록]

해외경제정보 / 경제관계 신법령(新法令) 일람 / 경제일지(12월중)

[주요경제통계]

【해설】

본호에는 조사 5건, 잡록 3건이 수록되어 있으며 말미에 주요경제통계가 첨부되어 있다.

'조사'의 '대동아전 하(大東亞戰下) 조선 경제의 추이'는 1942년을 회고하는 내용으로 하여 결전체제를 목표로 한 국내 정치경제기구의 정비, 신 총독 하 강화한 반도의 총후체제, 통제 강화와 전시경제체제의 정비, 식량통제의 진전과 농업정책의 신 전개의 목차로 작성된 글이다. '결전체제하의 배급통제와 내지(內地) 대도시의 소비통제의 상황'은 당시 배급통제에 대해 시정해야 할 주요 문제로서 부분적 통제로부터 전면적 통제로 이행해야 한다는 것, 부족 물자의 배급에 즉응한 배급통제에 부수하여 소비통제가 필연적이란 것, 소비통제의 방법으로서는 배급통제로써 하는 할당제, 할당제의 한 형태로서 다시 특수한 의미를 갖는 절부(切符)제, 불급 불요품의 수입제한, 사치품의 생산 제한 금지 및 판매제한 금지 등 4가지를 열거하였다. 이어 동경시·대판시의 미곡·미증(味噌) 장유·사탕 소맥분 식용유·염(鹽)·유제품·어류·청과물·의료품(衣料品)·가정용 면(綿)·출산용 면 및 가제·성냥·연료[목탄·연탄·두탄(豆炭)·신(薪)]에 대한 소비통제 상황을 소개하였다. 그밖의 조사 3건은 1942년 12월 중 경성의 상업현황과 금융, 노동 임금, 조선 내의 회사 변동상황을 다룬 것이다.

'잡록'의 '해외경제정보'는 먼저 만주국내 경공업 문제에 대한 글인데, 만주국 정부는 제2차 산업5개년 계획 산업으로서 국내 경공업의 진흥 조성안을 수립하여 국내에서 생활필수품의 자급력을 증강하는 것으로 하여 1942년 8월에 지방산업의 자력진흥 지방자금에 관한 요강과 국내 경공업진흥요강을 제정하였는데, 이는 제1차 산업개발 5개년계획이 중공업 편중이 되어 자금, 자재, 원료의 획득이 상상 이상의 곤란을 수반하고 생필 물자의 가격은 국내에서 생산한 것보다 대일 의존이 저렴하고 품질도 우량하였기 때문이라는 것, 그리하여 1942년 1년간 모두 63개의 경공업 공장 설립을 이뤘다는 내용이다. 또 무역통제회 상해지부의 대일 수입물자 순위 계획, 천진 상련(商聯)에서 산하 통제조합의 적정 희망 이윤 조사 내용이다. 두 번째 「경제관계 신법령(新法令) 일람」은 1942년 12월 20일부터

1943년 1월 19일까지 법률과 칙령, 제령, 부령 등으로 공포된 각종 법령의 제목을 명칭, 종류 및 번호, 관보 게재 날짜 순으로 제시한 것이다. 세 번째 경제일지는 1942년 12월 중 경성과 조선의 경제관련 주요 사건과 일본 및 외국의 관련 내용 기록이다. 마지막으로 중요경제통계가 수록되어 있다.

연번	지역	연월일	자료명	호수	키워드
318	경성	1943.2	경제월보	325	중소상공업, 융자손실보상제

【목차】

[조사]

조선 중소 상공업 융자 손실 보상제의 검토 / 경성의 상황(商況)과 금융(1월중) / 경성의 노동임금(1월중) / 조선의 회사의 이동(異動)(1월중)

[잡록]

해외경제정보 / 경제관계 신법령(新法令) 일람 / 경제일지(1월중)

[주요경제통계]

【해설】

본호에는 조사 4건, 잡록 3건이 수록되어 있으며 말미에 주요경제통계가 첨부되어 있다.

'조사'의 '조선 중소 상공업 융자 손실 보상제의 검토'는 1939년 8월 23일 조선총독부고시 제684호로써 공포 실시된 조선중소상공업융자손실보상규정에 대해 보상제 융자의 성과, 보통금융의 실적 검토(자금 종류별로 본 대부상황, 규모별 융자상황, 업종별 융자상황, 지방별 융자상황), 본 제도 운용상의 문제점에 대해 서술한 글이다. 그밖의 조사 3건은 1943년 1월 중 경성의 상업현황과 금융, 노동임금, 조선 내의 회사 변동상황을 다룬 것이다.

'잡록'의 '해외경제정보'는 모두 7가지 내용인데, 첫 번째는 생필 물자의 대일 의존을 해소하기 위해 만주국 정부는 생필물자증산 5개년계획의 제2연도에 공장의 신설을 일본으로부터의 이주 촉진에 만전의 책을 계획하였다는 내용이다. 두 번째는 1942년말 선만 당국간 선만보세운송수속을 간첩화(簡牒化)하여 선만간 물자교류의 원활화에 기여케 할 협의를 하고, 요강을 협정하여 2월 10일부터 실시하였다는 내용이다. 세 번째는 여유자금의 퇴적으로 보험 신탁 은행 등 금융기관의 신설이 두드러진 현상인데, 이를 방지하고자 상해 정부 재정부는 1월 17일 중앙회의에서 금융기관신설 제한에 관한 2개 법안을 비준 통과했다는 내용이다. 네 번째는 만철(滿鐵)에서 가목사(佳木斯)에 보세 창고를 개설하고 20일부터 영업 개시했다는 내용이다. 다섯 번째는 만주에서 농산물 수하(蒐荷) 실적이 호조를 보여 음력 1월까지 97%를 달성했다는 내용이다. 여섯 번째는 만주국의 경제부가 잡화류 13품목에 대해 적정 공정가격을 설정하기 위해 가격구성요소인 수도(受渡) 조건, 이윤율, 사고물 창고료 등에 대해 검토 결과 수도 조건을 결정했다는 내용이다. 일곱 번째는 만주국 교통부에서 소(小) 운송비의 기준을 통제한다는 내용이다. 「경제관계 신법령(新法令) 일람」은 1943년 1월 21일부터 2월 20일까지 법률과 칙령, 제령, 부령 등으로 공포된 각종 법령의 제목을 명칭, 종류 및 번호, 관보 게재 날짜 순으로 제시한 것이다. '경제일지'는 1943년 1월 중 경성과 조선의 경제관련 주요 사건과 일본 및 외국의 관련 내용 기록이다. 마지막으로 중요경제통계가 수록되어 있다.

연번	지역	연월일	자료명	호수	키워드
319	경성	1943.3	경제월보	326	상공업, 대동아전쟁, 통제경제, 내선일체, 중소상공업자, 경제관계 신법령

【목차】

[자료]

상공업의 장래

[조사]

경성의 상황(商況)과 금융(2월중) / 경성의 노동임은(勞働賃銀)(2월중) / 조선의 회사의 이동(異動)(2월중)

[잡록]

해외경제정보 / 경제관계 신법령(新法令) 일람 / 경제일지(2월중)

[주요경제통계]

【해설】

본 호에는 자료가 1건, 조사 3건, 잡록 3건이 수록되어 있으며 말미에 주요경제통계가 첨부되어 있다.

자료는 경성제국대학 교수인 경제학 박사 다니구치 요시히코(谷口吉彦)의 '상공업의 장래'라는 제목의 강연록을 녹취한 것이다. 그는 태평양전쟁(대동아전쟁)과 전시 통제경제 상황에서 상공업자는 어떻게 노력해야 하는가에 대한 질문을 던지고 있다. 이어 일본에서 통제경제의 역사적 연원을 고찰하고 현 시점에서 공황과 통제경제의 원인과 결과, 통제경제와 공산경제의 차이점 등에 관해 언급하고 있다. 또한 통제경제 하의 내선일체(內鮮一體)와 조선 상공인의 국책에 순응하는 자세, 국민생활과 군수(軍需)에 필요한 물품제조, 중소상공업자의 육성과 조직화 등에 관해 설명하고 있다.

조사의 3건은 1943년 2월 중 경성의 상업현황과 금융, 노동 임금, 조선 내의 회사 변동상황을 다룬 것이다.

잡록의 첫 번째 해외경제정보는 중국 청도의 관만화(關滿華; 관동주, 만주, 중국 관내) 해운력의 일원화 계획, 만주 신경의 만주무역회사 창립 등에 관한 내용이다. 두 번째 「경제관계 신법령(新法令)

일람」은 2월 21일부터 3월 20일까지 법률과 칙령, 제령, 부령 등으로 공포된 각종 법령의 제목을 명칭, 번호, 날짜 순으로 제시한 것이다. 세 번째 경제일지는 1943년 2월 중 경성과 조선의 경제관련 주요 사건과 일본, 외국의 관련 내용 기록이다.

연번	지역	연월일	자료명	호수	키워드
320	경성	1943.4	경제월보	327	물가등귀, 지나사변, 도매물가, 소매물가, 경제관계 신법령, 경성상공회의소

【목차】

[조사]

경성의 물가등귀의 현상(現狀) / 경성의 상황(商況)과 금융(3월중) / 경성의 노동임은(勞働賃銀)(3월중) / 조선의 회사의 이동(異動)(3월중)

[잡록]

해외경제정보 / 경제관계 신법령(新法令) 일람 / 경제일지(3월중)

[주요경제통계]

경성상공회의소 설립 이후 누년 세출액(歲出額)

【해설】

본 호에는 조사가 4건, 잡록 3건이 수록되어 있으며 말미에 주요경제통계와 경성상공회의소 설립 이후 누년 세출액(歲出額)이 첨부되어 있다.

조사의 첫 번째는 중일전쟁 이후부터 태평양전쟁에 이르기까지의 경성의 물가등귀 현상을 조사 분석한 것이다. 중일전쟁(지나사변) 발발 이후 물가등귀의 현상을 도매물가, 소매물가, 생활필수품 등으로 나누어 살피고, 전시물가의 현 단계를 진단하고 전시물가정책의 목표를 설정하고 저물가 견지를 위한 대안으로 가격조정 보급금 제도와 가격보장 제도를 제시하고 있다. 그 다음 3건은 1943년 3월 중 경성의 상업현황과 금융, 노동 임금, 조선 내의 회사 변동상황을 다룬 것이다.

잡록의 첫 번째 해외경제정보는 만주 신경의 신경지역 경제 분단(分團)의 조직과 남방지역 연락운수 취급 등에 관한 내용이다. 두 번째 「경제관계 신법령(新法令) 일람」은 3월 21일부터 4월 20일까지 법률과 칙령, 제령, 부령 등으로 공포된 각종 법령의 제목을 명칭, 번호, 날짜 순으로 제시한 것이다. 세 번째 경제일지는 1943년 3월 중 경성과 조선의 경제관련 주요 사건과 일본, 외국의 관련 내용 기록이다.

마지막 내용은 1915년 경성상공회의소 설립 시기부터 1942년까지의 누년 세출액(歲出額) 결산내역을 표로 작성한 것이다.

연번	지역	연월일	자료명	호수	키워드
321	경성	1943.5	경제월보	328	무역통제회, 만주국, 무역통제기관

【목차】

[조사]

경성의 상황(商況)과 금융(4월중) / 경성의 노동임금(4월중) / 조선의 회사의 이동(異動)(4월중)

[잡록]

해외경제정보 / 경제관계 신법령(新法令) 일람 / 경제일지(4월중) / 무역통제회 조정기관 일람 / 만주국 무역통제기관 일람

[주요경제통계]

【해설】

본호에는 조사 3건, 잡록 4건이 수록되어 있으며 말미에 주요경제통계가 첨부되어 있다.

'조사'의 3건은 1943년 4월 중 경성의 상업현황과 금융, 노동 임금, 조선 내의 회사 변동상황을 다룬 것이다.

'잡록'의 '해외경제정보'는 모두 7가지 내용인데, 첫 번째는 천진(天津) 상공회의소와 천진일본인공업조합연합회 사이에 합동론이 대두되어 협의 중인데, 조만간 합동이 실현되리라는 내용이다. 두 번째는 청도(靑島) 지역 중국인 상인 사이의 거래에서 현금결제로 이행하고 있다는 내용이다. 세 번째는 만주경금속공장이 공장 부지를 매수하고 공장 건설에 착공했다는 내용이다. 네 번째는 몽고정부가 생필품 자급체제 확립을 위해 방책을 강구중이라는 내용이다. 다섯 번째는 필리핀의 남방개발금고 비도(比島) 지(支)금고에서 필리핀 내의 개발 복구 촉진을 위해 4월 15일부터 대출 이율을 개정하고 예금 이율을 인상했다는 내용이다. 여섯 번째는 화중(華中) 염(鹽)에 의한 소다 공업 각종 제품의 현지 생산은 상해화학공업 진흥의 일익으로서 기대된다는 내용이다. 일곱 번째는 태국의 경제 통제에 대한 것으로 3월 25일에 면포의 최고가액을 설정하고 27일에는 매석 및 폭리를 반국가적 행위로 하여 엄벌에 처한다는 포고를 내리고 4월 1일부터 신회계법을 적용하여 자국내 상업에 종사하는 전 상사, 개인에 대해 연 1회 자산상태를 보고하도록 했다는 내용이다. 「경제관계 신법령(新法令) 일람」은 1943년 4월 21일부터 5월 20일까지 법률과 칙령, 제령, 부령 등으로 공포된 각종 법령의 제목을 명칭, 종류 및 번호, 관보 게재 날짜 순으로 제시한 것이다. '경제일지'는 1943년 4월 중 경성과 조선의 경제관련 주요 사건과 일본 및 외국의 관련 내용 기록이다.

무역통제회 조정기관 일람은 일본 내 무역조합 기타 단체 20개, 회사 34개의 명칭과 주소이다. 만주국 무역통제기관 일람은 기관명(자본금), 소재지, 지부 소재지, 통제 품목, 대표자, 근거 법규 항목으로 이뤄져 있고, 말미에 만관무역연합 산하 통제기관, 만관일체 통제상사, 만관일체 통제단체의 명칭과 소재지도 기재되어 있다. 마지막으로 중요경제통계가 수록되어 있다.

연번	지역	연월일	자료명	호수	키워드
322	경성	1943.6	경제월보	329	경제관계 신법령, 대련, 관동주, 북경, 경제관계 신법령, 경성상공회의소, 상공상담소

【목차】

[조사]

경성의 상황(商況)과 금융(5월중) / 경성의 노동임은(勞働賃銀)(5월중) / 조선의 회사의 이동(異動)(5월중)

[잡록]

해외경제정보 / 경제관계 신법령(新法令) 일람 / 경제일지(5월중)

[주요경제통계]

1942년도 경성상공회의소 결산

【해설】

본 호에는 조사가 3건, 잡록 3건이 수록되어 있으며 말미에 주요경제통계와 1942년도 경성상공회의소 결산이 첨부되어 있다.

조사의 3건은 1943년 5월 중 경성의 상업현황과 금융, 노동 임금, 조선 내의 회사 변동상황을 다룬 것이다.

잡록의 첫 번째 해외경제정보는 만주 대련의 관동주 기업정비 방책, 중국 북경의 화북(華北) 물동계획 조만간 실시 등에 관한 내용이다. 두 번째 「경제관계 신법령(新法令) 일람」은 5월 21일부터 6월 20일까지 법률과 칙령, 제령, 부령 등으로 공포된 각종 법령의 제목을 명칭, 번호, 날짜 순으로 제시한 것이다. 세 번째 경제일지는 1943년 5월 중 경성과 조선의 경제관련 주요 사건과 일본, 외국의 관련 내용 기록이다.

마지막 내용은 1942년도 경성상공회의소와 상공상담소의 세입 세출 결산내역, 퇴직급여와 적립금, 직원 숙사(宿舍) 건설자금 적립금, 대차대조표, 재산목록을 표로 작성한 것이다.

연번	지역	연월일	자료명	호수	키워드
323	경성	1943.7	경제월보	330	남방 사정, 금융, 노동임금

【목차】

[자료]

남방(南方) 사정에 대하여

[조사]
경성의 상황(商況)과 금융(6월중) / 경성의 노동임금(6월중) / 조선의 회사의 이동(異動)(6월중)
[잡록]
해외경제정보 / 경제관계 신법령(新法令) 일람 / 경제일지(6월중)
[주요경제통계]

【해설】

본호에는 자료 1건, 조사 3건, 잡록 3건이 수록되어 있으며 말미에 주요경제통계가 첨부되어 있다.

'자료'의 '남방(南方) 사정에 대하여'는 7월 1일 경성상공회의소 주최 제2회 말레이어(語) 강습회 개강식에서 강사인 전 육군 통역관 아베[安部實]의 강연내용을 수록한 것이다. '조사'의 3건은 1943년 6월 중 경성의 상업현황과 금융, 노동 임금, 조선 내의 회사 변동상황을 다룬 것이다.

'잡록'의 '해외경제정보'는 모두 9가지 내용인데, 첫 번째는 만주국 정부가 중소경공업진흥에 노력하고 있지만, 1943년도 시책의 중점은 기존 시설의 생산력 증강, 유휴 설비의 적극적 활용을 지향하고 신규 공장 건설과 일본으로부터의 공장 이주 실적은 극히 미약하다는 내용이다. 두 번째는 관동주청에서 6월 1일부터 실시예정인 선어(鮮魚) 등록 절부(切符)제와 서로 전후하여 두부·야채·수육·계란 기타 주요 식료 및 생활 용품에 대해 적정한 통제가 실시될 것이라는 내용이다. 세 번째는 1943년도 만몽 교역협정에 따라 교역 물자의 가액차, 조정에 관한 절충이 진행되어 4월 1일부터 소급 실시되었다는 내용이다. 네 번째는 만주국정부는 5월 24일 칙령으로써 물품판매업통제법을 공포, 시행했다는 내용이다. 다섯 번째는 관동주청에서 관동주의 기업정비 방침을 정했다는 내용이다. 여섯 번째는 관동주공업회가 중공업 대공장에 협력하는 중소공장의 진흥에 대해 자료 수집을 위해 금속공업조합 협력 하에 실태 조사를 하여 공장 재편성에 관한 판단의 근거를 마련했다는 내용이다. 일곱 번째는 상해 지역의 대일 수입에서 위체수형[(爲替手形, 환어음] 결제를 한다는 내용이다. 여덟 번째는 대련에서 교역영단이 7월 1일부터 본격적으로 업무를 개시했다는 내용이다. 아홉 번째는 필리핀에서 통제경제 제2단계(소비규정을 다시 합리화, 전국적 식량증산운동, 경공업설비를 증강, 가격통제령을 실시)에 들어섰다는 내용이다. 「경제관계 신법령(新法令) 일람」은 1943년 6월 21일부터 7월 20일까지 법률과 칙령, 제령, 부령 등으로 공포된 각종 법령의 제목을 명칭, 종류 및 번호, 관보 게재 날짜 순으로 제시한 것이다. '경제일지'는 1943년 6월 중 경성과 조선의 경제관련 주요 사건과 일본 및 외국의 관련 내용 기록이다. 마지막으로 중요경제통계가 수록되어 있다.

연번	지역	연월일	자료명	호수	키워드
324	경성	1943.8	경제월보	331	창고업, 전시 통제경제, 농업창고, 미곡창고, 신경, 대련, 경제관계 신법령

【목차】

[조사]

조선의 창고업의 일반 개황 / 경성의 상황(商況)과 금융(7월중) / 경성의 노동임금(勞動賃金)(7월중) / 조선의 회사의 이동(異動)(7월중)

[잡록]

해외경제정보 / 경제관계 신법령(新法令) 일람 / 경제일지(7월중)

[주요경제통계]

【해설】

본 호에는 조사가 4건, 잡록 3건이 수록되어 있으며 말미에 주요경제통계가 첨부되어 있다.

조사의 첫 번째는 조선의 창고업 현황에 관한 내용의 조사보고서이다. 조선에서 창고의 발생사유, 업무실태, 전시 통제경제가 창고에 미치는 영향과 기능 능에 관해 설명하고 있다. 이 글에서는 창고의 기능, 경제계에서 차지하는 위치를 일본과 비교하고 특이점을 검출하였다. 또한 각 도별 미곡 생산고와 창고의 형태와 농업창고, 미곡창고 등 각 종류별 창고 현황을 소개하고 있다. 그 다음은 일본과 달리 조선의 창고 설비가 부진한 원인과 전시 통제경제 하에서 창고의 사명과 기능 및 대책 등에 관해 언급하였다. 그 다음 3건은 1943년 7월 중 경성의 상업현황과 금융, 노동 임금, 조선 내의 회사 변동 상황을 다룬 것이다.

잡록의 첫 번째 해외경제정보는 만주 신경의 일본으로부터 14개 공장의 이주 결정, 대련의 관동주 내 기업정비의 추이 현황 등에 관한 내용이다. 두 번째 「경제관계 신법령(新法令) 일람」은 7월 21일부터 8월 20일까지 법률과 칙령, 제령, 부령 등으로 공포된 각종 법령의 제목을 명칭, 번호, 날짜 순으로 제시한 것이다. 세 번째 경제일지는 1943년 7월 중 경성과 조선의 경제관련 주요 사건과 일본, 외국의 관련 내용 기록이다.

연번	지역	연월일	자료명	호수	키워드
325	경성	1943.10	경제월보	333	산업경제, 장가구, 선몽(鮮蒙) 경제간담회, 몽골, 경제관계 신법령

【목차】

[자료]

조선의 일반 사정과 산업경제의 개황

[조사]

경성의 상황(商況)과 금융(9월중) / 경성의 노동임금(勞働賃金)(9월중) / 조선의 회사의 이동(異動)(9월중)

[잡록]

해외경제정보 / 경제관계 신법령(新法令) 일람 / 경제일지(9월중)

[주요경제통계]

【해설】

본 호에는 자료가 1건, 조사 3건, 잡록 3건이 수록되어 있으며 말미에 주요경제통계가 첨부되어 있다.

자료는 1943년 8월 31일 북중국 장가구(張家口)에서 개최된 선몽(鮮蒙) 경제간담회에서 경성상공회의소 이사 스기야마(杉山)의 강연 속기록이다. 강연제목은 '조선의 일반사정과 산업경제의 개황'으로, 여기서 그는 조선과 몽골의 경제 제휴와 상호인식의 필요성을 언급하면서 조선의 일반사정과 산업경제의 개황을 설명하고 있다. 다음은 조선의 인구, 역사, 지리, 행정, 산업경제, 총독부의 각종사업을 개괄적으로 소개하였다. 또한 각종 자원의 개발과 경제발전, 생산력 확충, 물자교류, 교통 무역, 전력, 금융의 통제 등에 관해서도 설명하고 있다.

조사의 3건은 1943년 9월 중 경성의 상업현황과 금융, 노동 임금, 조선 내의 회사 변동상황을 다룬 것이다.

잡록의 첫 번째 해외경제정보는 중국 장가구의 위체(爲替)관리법 임시조치령 공포, 마닐라의 소매업의 8할은 필리핀 사람이 경영한다는 내용 등이다. 두 번째 「경제관계 신법령(新法令) 일람」은 9월 21일부터 10월 20일까지 법률과 칙령, 제령, 부령 등으로 공포된 각종 법령의 제목을 명칭, 번호, 날짜 순으로 제시한 것이다. 세 번째 경제일지는 1943년 9월 중 경성과 조선의 경제관련 주요 사건과 일본, 외국의 관련 내용 기록이다.

연번	지역	연월일	자료명	호수	키워드
326	경성	1943.11	경제월보	334	경성, 상공업 조합, 상공업 연합회, 금융상황, 자카르타, 경제관계 신법령

【목차】

[조사]

경성의 상공업조합의 금융상황 / 경성의 상황(商況)과 금융(10월중) / 경성의 노동임금(勞働賃金)(10월중) / 조선의 회사의 이동(異動)(10월중)

[잡록]
해외경제정보 / 경제관계 신법령(新法令) 일람 / 경제일지(10월중)
[주요경제통계]

【해설】

본 호에는 조사가 4건, 잡록 3건이 수록되어 있으며 말미에 주요경제통계가 첨부되어 있다.

조사의 첫 번째는 1943년 9월 1일 현재 경성 부내에 소재한 482개의 각종 상공업 조합 및 연합회의 금융상황에 대한 실태조사 보고서 내용이다. 조사대상인 단위조합과 연합회 수, 조합의 외부자본 이용 상황, 조합과 금융기관과의 관계, 조합원에 대한 자금원조 등에 관한 내용을 담고 있다. 그 다음 3건은 1943년 10월 중 경성의 상업현황과 금융, 노동 임금, 조선 내의 회사 변동상황을 다룬 것이다.

잡록의 첫 번째 해외경제정보는 자카르타의 경공업 제품의 등장과 최근 상황, 8월 중 북경 거주 일본인의 생활비 조사, 버마의 국립은행 설립 등에 관한 내용이다. 두 번째 「경제관계 신법령(新法令) 일람」은 10월 21일부터 11월 20일까지 법률과 칙령, 제령, 부령 등으로 공포된 각종 법령의 제목을 명칭, 번호, 날짜 순으로 제시한 것이다. 세 번째 경제일지는 1943년 10월 중 경성과 조선의 경제관련 주요 사건과 일본, 외국의 관련 내용 기록이다.

연번	지역	연월일	자료명	호수	키워드
327	경성	1943.12	경제월보	335	말단 배급, 결전체제, 배급할당제, 화학공업, 소맥분, 경제관계 신법령

【목차】

[자료]
말단(末端) 배급의 일구상(一構想)
[조사]
경성의 상황(商況)과 금융(11월중) / 경성의 노동임금(勞働賃金)(11월중) / 조선의 회사의 이동(異動)(11월중)
[잡록]
해외경제정보 / 경제관계 신법령(新法令) 일람 / 경제일지(11월중)
[주요경제통계]

【해설】

본 호에는 자료가 1건, 조사 3건, 잡록 3건이 수록되어 있으며 말미에 주요경제통계가 첨부되어 있다.

자료는 경성상공회의소 의원이자 백화점 조지야(丁子屋) 사장인 고바야시(小林源六)의 강연 속기록이다. 그는 결전체제 하에서 물자의 배급은 전력의 증강과 민생의 안정에 중대한 문제로 배급문제와 시장의 수요에 대해 언급하고 있다. 고바야시는 군수생산의 급속한 증가 결과 임금의 급등과 수요증대가 현저히 나타나고 이에 동반하여 인구의 도시집중이 생기는데 반해 기업자금은 크게 곤란을 겪게 되는 상황이라고 주장하였다. 이를 해결하기 위해서는 물적, 인적 동원과 배급문제 해결이 필요하다는 것이다. 그런데 배급에는 상인의 단속과 제제강화가 필요하므로 그 일환으로 공정가격을 정하고 독점가격을 교정할 필요가 있다고 주장하였다. 그는 또한 상점의 할당제와 등록제를 철저히 시행하는 한편 생산력 확보를 위한 최저생활을 보장하고 배급할당제를 시행할 것도 주장하였다. 말단배급기구의 기본원칙으로 배급구역과 상품의 성격으로 구분하고 이를 다시 대중소 지구로 세분하여 실행하는 것에 관한 표를 제시하였다.

조사의 3건은 1943년 11월 중 경성의 상업현황과 금융, 노동 임금, 조선 내의 회사 변동상황을 다룬 것이다.

잡록의 첫 번째 해외경제정보는 만주 신경의 만주로 15개 공장의 이주가 결정되었다는 것과 북경의 화학공업의 활약, 대련의 관동주 내 소맥분 무역 성행 등에 관한 내용이다. 두 번째 「경제관계 신법령(新法令) 일람」은 11월 21일부터 12월 20일까지 법률과 칙령, 제령, 부령 등으로 공포된 각종 법령의 제목을 명칭, 번호, 날짜 순으로 제시한 것이다. 세 번째 경제일지는 1943년 11월 중 경성과 조선의 경제관련 주요 사건과 일본, 외국의 관련 내용 기록이다.

작성자별 분담 연월

작성자	월 연도	1	2	3	4	5	6	7	8	9	10	11	12
	1911	×	×	×	×	○	○	×	×	○	×	×	×
	1916							○	○	○	○	○	○
	1917	×	×	×	×	×	×	○	○	○	○	○	○
	1918	○	○	○	○	○	○	○	○	○	○	○	○
	1919				○								
정일영	1920							○	○	○	○	○	○
	1922	○	○	○	○	○	○	○	○	○	○	○	○
	1923	○	○	○	○	○	○	○	○	○	○	○	×
	1924	○	○	○	○	○	○	○	○	○	○	○	○
	1925	○	○	○	○	○	○	○	○	○	○	○	○
	1926	○	○	○	○	○	○						
	1926							○	○	○	○	○	○
	1927	○	○	○	○	○	○	○	○	○	○	○	○
	1928	○	○	○	○	○	○	○	○	○	○	○	○
	1929	○	○	○	○	○	○	○	○	○	○	○	○
최진욱	1930	○	○	○	○	○	○	○	○	○	○	○	○
	1931	○	○	○	○	○	○	○	○	○	○	○	○
	1932	○	○	○	○	○	○	○	○	○	○	○	○
	1933	○	○	○	○	○	○	○	○	○	○	○	○
	1934	○	○	○	○	○	○	○	○	○	○	○	○
	1935	○	○	○	○	○	○	○	○	○	○	○	○
	1936	○	○	○	○	○	○	○	○	○	○	○	○
	1937	○	○	○	○	×	×	×	×	○	○	○	○
	1938	○	○	○	○	○	○	○	○	○	○	○	○
조재곤	1939	○	○	○	○	○	○	○	○	○	○	○	○
	1940	○	○	○	○	○	○	○	○	○	○	○	○
	1941	○	○	○	○	○	○	○	○	○	○	○	○
	1942	○	○	○	○	○	○	○	○	○	○	○	○
	1943			○	○		○		○	×	○	○	○
	1916	○	○	○	○	○	○						
	1919	○	○	○		○	○	○	○	○	○	○	○
최재성	1920	○	○	○	○	○	○						
	1921	○	○	○	○	○	○	○	○	○	○	○	○
	1943	○	○			○		○					

* ×표시는 결락분(缺落分)

가..

나..

다..

라..

마..

바..

사..

아..

자..

차..

카..

타..

파..

하..

※필자소개(가나다 순)

▣ 정일영(서강대학교 트랜스내셔널인문학연구소)

대표 논저

- 「일제강점기 '묘지규칙'을 통해 본 식민자와 피식민자의 간극 - 한국인의 반응과 제도상의 문제점을 중심으로」(『한국근현대사연구』 72, 한국근현대사학회, 2015)
- 「일제 식민지기 死者공간의 배치와 이미지 형성 - 공동묘지와 화장장을 중심으로」(『사림』 57, 수선사학회, 2016)
- 「일제 식민지기 남성의 '여성해방' 담론 소비 방식 - 1920년대 잡지로 보는 담론의 전략과 (비)웃음의 정치」(『역사연구』 32, 역사학연구소, 2017)

▣ 조재곤(서강대학교 국제한국학선도센터)

대표 논저

- 『한국근대사회와 보부상』(혜안, 2001)
- 『보부상 : 근대 격변기의 상인』(서울대학교출판부, 2003)
- 『전쟁과 인간, 그리고 '평화' : 러일전쟁과 한국사회』(일조각, 2017)

▣ 최재성(청암대학교 재일코리안연구소)

대표 논저

- 『식민지 조선의 사회경제와 금융조합』(경인문화사, 2006)
- 「『數字朝鮮研究』의 체재와 내용 분석」(『사림』 44, 수선사학회, 2013)
- 「이여성의 1930년대 초 농업문제 인식」(『한국독립운동사연구』 57, 독립기념관 한국독립운동사연구소, 2017)

▣ 최진욱(고려대학교)

대표 논저

- 『광무양안과 진천의 평산신씨 장신가문 연구』(공저 / 혜안, 2012)

일제 식민지기
경성 상공회의소 월보 기사 해설

초판 인쇄 2018년 11월 23일
초판 발행 2018년 11월 30일

지은이 정일영·조재곤·최재성·최진욱
펴낸이 신학태
펴낸곳 도서출판 온샘

등 록 제2018-000042호
주 소 서울시 용산구 한강대로 208-6 1층
전 화 (02) 6338-1608 팩스 (02) 6455-1601
이메일 book1608@naver.com

ISBN 979-11-964308-5-6 93910
값 25,000원